内蒙古财经大学实训与案例教材系列丛书

丛书主编　金　桩　徐全忠

人力资源管理实验实训教程

主　编　李亚慧　池永明

副主编　韩　燕　刘　华　卢田锡

中国财经出版传媒集团

经济科学出版社

Economic Science Press

图书在版编目（CIP）数据

人力资源管理实验实训教程/李亚慧，池永明主编．
—北京：经济科学出版社，2018. 12
ISBN 978 -7 -5218 -0056 -2

Ⅰ. ①人…　Ⅱ. ①李…②池…　Ⅲ. ①人力资源管理 - 教材　Ⅳ. ①F243

中国版本图书馆 CIP 数据核字（2018）第 283397 号

责任编辑：于海汛　李　林
责任校对：隗立娜
责任印制：李　鹏

人力资源管理实验实训教程
主　编　李亚慧　池永明
副主编　韩　燕　刘　华　卢田锡
经济科学出版社出版、发行　新华书店经销
社址：北京市海淀区阜成路甲 28 号　邮编：100142
总编部电话：010 -88191217　发行部电话：010 -88191522
网址：www. esp. com. cn
电子邮件：esp@ esp. com. cn
天猫网店：经济科学出版社旗舰店
网址：http：//jjkxcbs. tmall. com
北京季蜂印刷有限公司印装
787 ×1092　16 开　25. 75 印张　560000 字
2019 年 6 月第 1 版　2019 年 6 月第 1 次印刷
ISBN 978 -7 -5218 -0056 -2　定价：50. 00 元
（图书出现印装问题，本社负责调换。电话：010 -88191510）

《人力资源管理实验实训教程》编委会

主　　编： 李亚慧　池永明

副 主 编： 韩　燕　刘　华　卢田锡

参编人员：（排名不分先后）

于晓鹤　胡日查　张艺鏻

范英杰　张　鸣　陈晓娟

前　言

目前在各个高校人力资源管理专业的人才培养方案中，都设计了相关专业课程，基本上也涵盖到人力资源管理实践工作的各个职能模块，如工作分析与设计、人力资源规划、招聘录用、员工培训开发、员工绩效管理、员工薪酬管理和员工关系管理等。在校期间，理论知识的全方位学习，无疑为学生将来从事本专业的实际工作奠定了良好的基础，但是通过与毕业生的经验交流，以及用人单位对人力资源管理专业学生的工作状况评价反馈，发现学生的理论知识确实比较扎实，可是在工作中经常产生比较理想化的状态，与企业实际工作、国家以及各地区实施的政策之间不能很好地衔接。多数学生认为人力资源管理就是按照几个模块进行常规工作，在理论与实践结合的过程中会质疑所学理论的有用性与实用性。

为了提高学生的人力资源管理实践能力，使学生对学习的理论知识进行深化和直观了解，内蒙古财经大学从2009级开始，在专业人才培养方案中就设置了“人力资源管理实验实训”课程。该课程的实验部分借助相关实验教学模拟软件平台，让学生熟悉企业人力资源信息系统，掌握操作流程；实训部分设计一些实际项目演练，利用“请进来、走出去”的形式①，使学生深刻了解人力资源管理的实践工作和相关前沿问题。实验实训课程的设置很好地帮助学生将理论知识与企业实践进行对接，并且真正地提高了学生的就业能力。

本次编写的实验实训教程是为了解决人力资源管理和相关专业学生将理论知识与实践能力相结合的教程。本教程包括三篇内容，第一篇是实验部分，利用精创教育科技有限公司的软件平台进行操作，主要选取了具有典型代表意义和重大学习价值的工作分析模块、员工绩效管理模块、员工薪酬管理模块以及智能仿真对抗平台。实验部分的内容旨在帮助学生生动直观地了解之前课程学习中的人力资源管理相关理论知识，并进行实际流程操作，利

① “请进来”包括请知名企业人力资源总监进课堂，与学生面对面沟通交流，为学生讲解企业人力资源管理实际工作，解答学生关于人力资源管理相关疑问，或者将本地企业的案例“请进”课堂；“走出去”是带领学生进到企业从事人力资源管理实习工作，或者参与在本地组织的相关人力资源管理会议和活动。

用竞赛对抗的形式使得学生更加深入理解企业运营过程中人工成本的重要性和人力资源招聘、培训、绩效管理、薪酬管理、成本核算等职能和企业生产、销售等其他管理环节的紧密联系。

第二篇是实训部分，根据学习的理论知识与企业人力资源管理实际相结合，利用一些方便可行的实训项目，不仅深化理论知识，更要通过实训锻炼学生的人力资源管理实际技能和沟通、组织、协调等人际能力，而且在实训过程中传递正确的价值导向和优良的职业道德观念。

第三篇是实验实训报告，是对实验和实训项目结束之后的要求，包括设计实验报告及内容，对实验实训软件和课程设置的建议、意见征集，保证学生学有所思，学有所获。

本教程由内蒙古财经大学李亚慧和池永明主编，并进行全书统稿。李亚慧、胡日查、于晓鹤、张艺鏻、范英杰、张鸣、陈晓娟进行了第一篇四个模块的资料收集、撰写和整理；刘华老师编写了综合实训一“工作分析与组织设计”和综合实训三“人力资源获取”两个部分；韩燕老师编写了综合实训二“人力资源规划”和综合实训四“人力资源开发”两部分；池永明老师编写了综合实训五“员工绩效管理”和综合实训七“员工关系管理”两部分；卢田锡老师编写了综合实训六“员工薪酬管理”部分。

本教材的编写得到了浙江精创教育科技有限公司的大力支持，也得到授权使用该公司的人力资源管理实验软件，特此表示感谢。

在“请进来、走出去”实训项目环节设计和实际教学中，得到了内蒙古人力资源经理协会和中国 HRD 俱乐部内蒙古分会的大力资助，特此感谢。

感谢富有情怀和热忱的内蒙古本地企业的人力资源经理们，走进校园走进课堂，带领学生在人力资源管理实践海洋中探寻与成长，为人力资源管理专业人才的培养提供了来自实践的支持。

此外，本教程在编写过程中还借鉴参考了相关的教材、企业资料、网络资料等，由于篇幅原因不一一列出，在此表示真挚的感谢。

由于作者水平有限，本教程在编写过程中存在很多不足之处，恳请广大教师和读者批评指正，更欢迎企业界的人力资源管理同行们一起探讨，并深度参与人力资源管理专业人才的培养，为能够输送高素质的人力资源管理专业人才贡献智慧。主编电子邮箱为 gsxlyhgg@ 126. com。

编委会

2019 年 5 月

目 录
CONTENTS

第一篇　实 验 部 分[①]

本部分人力资源管理实验系统采用仿真模拟与案例相结合的形式进行设计，系统内分系统管理员、教师及学生三种角色。每个角色操作均与系统相关模块对应，因此，在操作本系统之前，请确认自己的角色并详细阅读相关的操作说明。

本部分限于课时安排与实践需要，主要包括工作分析、绩效管理和员工薪酬管理三个最重要的大型综合实验，同时也会涉及其他职能的专业知识和操作技能。

① 实验部分所有图示均来自浙江精创教育科技有限公司的软件平台所进行的操作页面。

1 综合实验一：工作分析

1.1 概　　述

1.1.1 系统简介

工作分析专业技能实训系统分为管理员、教师、学生三种角色的子系统，各个角色在该系统操作中各有不同的任务。该系统主要是管理员为教师与学生创建一个教学的氛围，教师发布工作分析的相关案例，学生学习教师所提供的案例内容。根据系统提供的工作分析流程，一步一步进行工作分析内容的学习，并可以通过相应的练习巩固知识。本系统主要有分析准备、调查方法、资料分析、分析结果、结果应用、核心模块等模块。

1.1.2 实验要求及目的

工作分析实验设计的基本思路是采用仿真模拟的方式让学生了解培训相关知识。其核心追求不仅是把教师掌握的现有知识技能传递给学生，还是为学生提供一个能够自主实践操作的平台，通过进行分析准备、调查方法、资料分析、分析结果、结果应用等实验流程进行企业组织工作分析的学习与了解。本系统是一个理论与实践相结合的操作平台。

工作分析实验需要学生掌握的知识点包括：工作分析的概念、工作分析的流程、工作分析的方法、工作评价的方法、要素计点法。

学生可以在教师设置的参数环境下，根据工作分析的流程结合学习内容和案例，通过案例分析和练习的方式，巩固教学内容，并对企业工作分析流程有一定的了解。在操作过程中，学生可以通过小组讨论的方式，完善答案。该系统操作时，学生需主动思考，积极寻找问题的解决方案，这样才能在轻松学习的环境中提升人力资源管理实践技能。

1.2 学生端功能和操作

1.2.1 学生端登录

教师创建好教学任务后，学生端可登录并操作。输录学生账号和密码，选择学生端，点击登录，如图 1－1 所示。

图 1－1　工作分析专业技能实训系统

1.2.2 工作分析的准备阶段

（1）工作分析的准备阶段模块主要包括六个部分，可通过在主界面点击左侧边栏按钮进入相应模块，如图 1－2 所示。

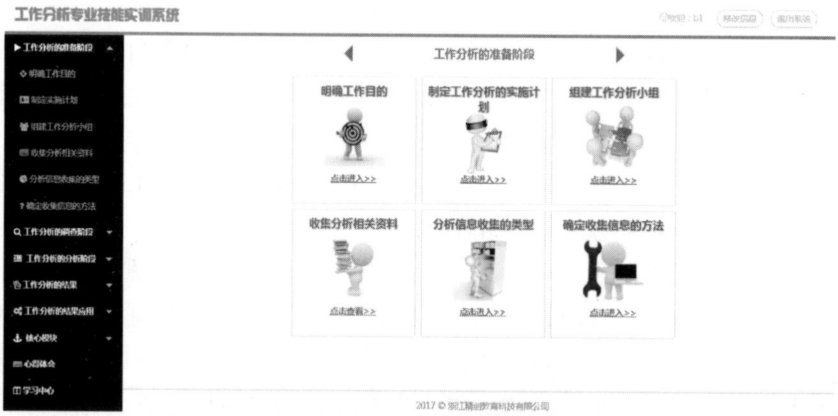

图 1－2　工作分析准备阶段

（2）在主页面点击“明确工作目的”按钮，进入相应界面，点击“总案例”按钮，可阅读案例，如图1－3所示。选择恰当选项，点击“确定”完成该步。完成后，可在主页面查看，如图1－4所示。

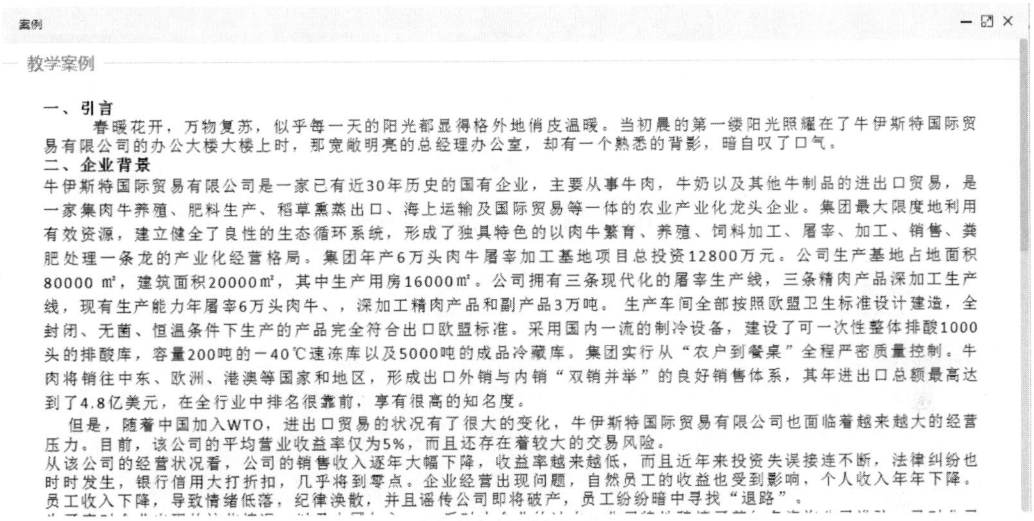

案例

教学案例

一、引言

春暖花开，万物复苏，似乎每一天的阳光都显得格外地俏皮温暖。当初晨的第一缕阳光照耀在了牛伊斯特国际贸易有限公司的办公大楼大楼上时，那宽敞明亮的总经理办公室，却有一个熟悉的背影，暗自叹了口气。

二、企业背景

牛伊斯特国际贸易有限公司是一家已有近30年历史的国有企业，主要从事牛肉，牛奶以及其他牛制品的进出口贸易，是一家集肉牛养殖、肥料生产、稻草熏蒸出口、海上运输及国际贸易等一体的农业产业化龙头企业。集团最大限度地利用有效资源，建立健全了良性的生态循环系统，形成了独具特色的以肉牛繁育、养殖、饲料加工、屠宰、加工、销售、粪肥处理一条龙的产业化经营格局。集团年产6万头肉牛屠宰加工基地项目总投资12800万元。公司生产基地占地面积80000 ㎡，建筑面积20000㎡，其中生产用房16000㎡。公司拥有三条现代化的屠宰生产线，三条精肉产品深加工生产线，现有生产能力年屠宰6万头肉牛、，深加工精肉产品和副产品3万吨。 生产车间全部按照欧盟卫生标准设计建造，全封闭、无菌、恒温条件下生产的产品完全符合出口欧盟标准。采用国内一流的制冷设备，建设了可一次性整体排酸1000头的排酸库，容量200吨的－40℃速冻库以及5000吨的成品冷藏库。集团实行从“农户到餐桌”全程严密质量控制。牛肉将销往中东、欧洲、港澳等国家和地区，形成出口外销与内销“双销并举”的良好销售体系，其年进出口总额最高达到了4.8亿美元，在全行业中排名很靠前，享有很高的知名度。

但是，随着中国加入WTO，进出口贸易的状况有了很大的变化，牛伊斯特国际贸易有限公司也面临着越来越大的经营压力。目前，该公司的平均营业收益率仅为5%，而且还存在着较大的交易风险。
从该公司的经营状况看，公司的销售收入逐年大幅下降，收益率越来越低，而且近年来投资失误接连不断，法律纠纷也时时发生，银行信用大打折扣，几乎将到零点。企业经营出现问题，自然员工的收益也受到影响，个人收入年年下降。员工收入下降，导致情绪低落，纪律涣散，并且谣传公司即将破产，员工纷纷暗中寻找“退路”。

图1－3 教学案例

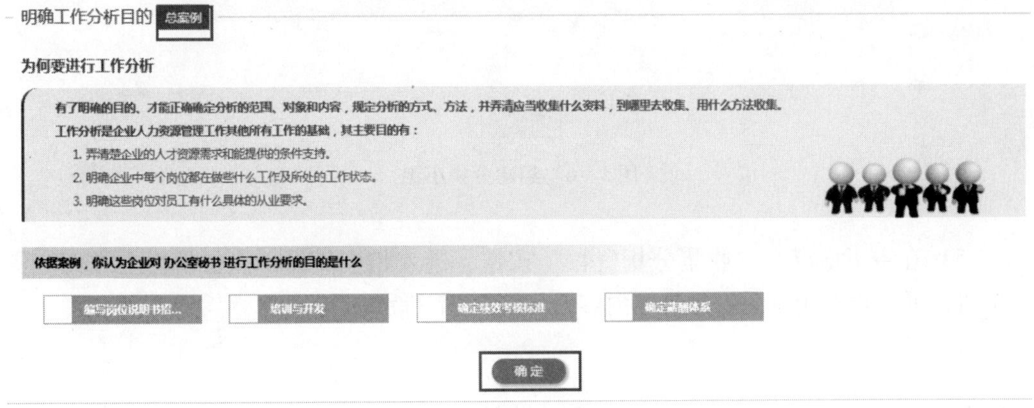

图1－4 工作分析目的

（3）在主页面点击“制定工作分析实施计划”按钮，进入相应界面，点击“总案例”按钮，阅读案例（案例同上），勾选恰当的计划内容，点击“确定”完成该步。完成后，可在主页面查看，如图1－5所示。

（4）在主页面点击“组建分析小组”按钮，进入相应界面，点击“总案例”按钮，阅读案例后（案例同上），将相应人员拖动到恰当的小组中，点击“确定”完成该步。完成后，可在主页面查看，如图1－6所示。

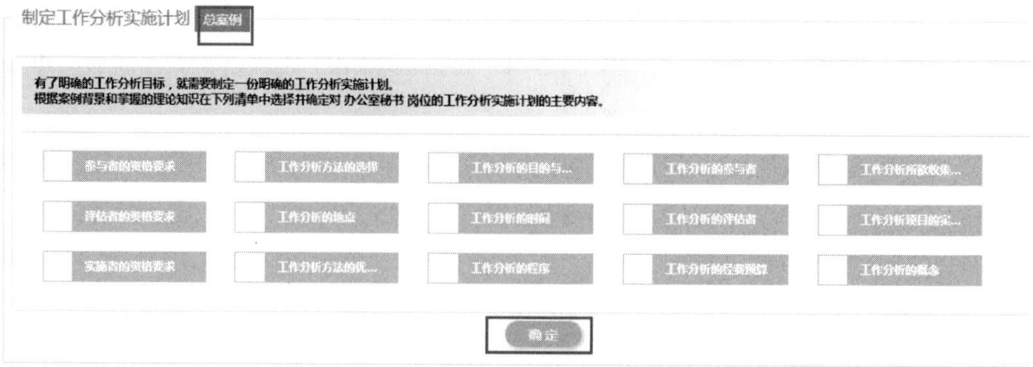

图 1－5　制定工作分析实施计划

图 1－6　组建分析小组

（5）在主页面点击“收集分析资料”按钮，进入相应界面，点击界面上方四个图表按钮，可以查看相应图表的具体内容，如图 1－7 所示。

图 1－7　收集分析资料

（6）在主页面点击“信息收集类型”按钮，进入相应界面，根据选择的分析目的选择恰当的信息收集类型，点击“确定”完成该步。完成后，可在主页面查看，如图 1－8 所示。

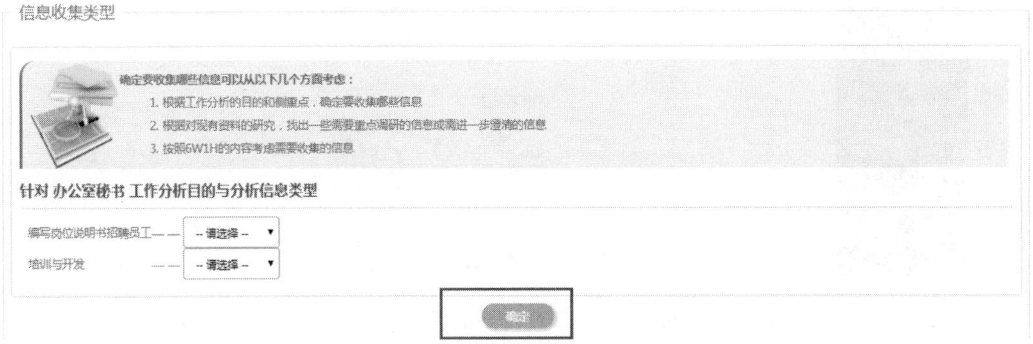

图 1－8　信息收集类型

（7）在主页面点击“信息收集方法”按钮，进入相应界面，点击“总案例”按钮，阅读案例（案例同上）后，选择恰当的信息收集方法和信息分析的方法，点击“确定”完成该步。完成后，可在主页面查看，如图 1－9 所示。

图 1－9　信息收集方法

1.2.3　工作分析的调查阶段

（1）工作分析的调查阶段模块主要包括四个部分，可通过主界面按钮点击或左侧边栏按钮点击进入相应模块，如图 1－10 所示。

（2）点击“问卷调查法”按钮，进入相应界面，点击“总案例”按钮，阅读案例。根据要求设计问卷调查的卷首语，至少输入 30 个字，点击“下一步”，进入问卷设计界面，如图 1－11 和图 1－12 所示。

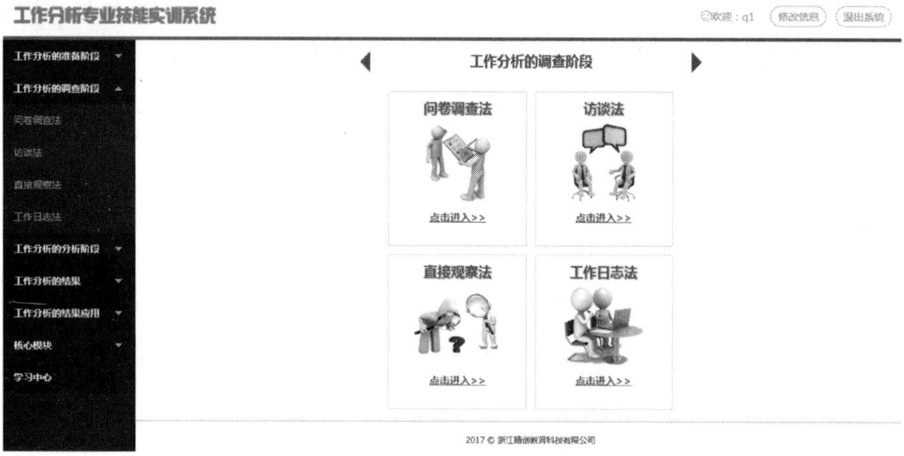

图 1－10　工作分析的调查阶段

图 1－11　设计问卷

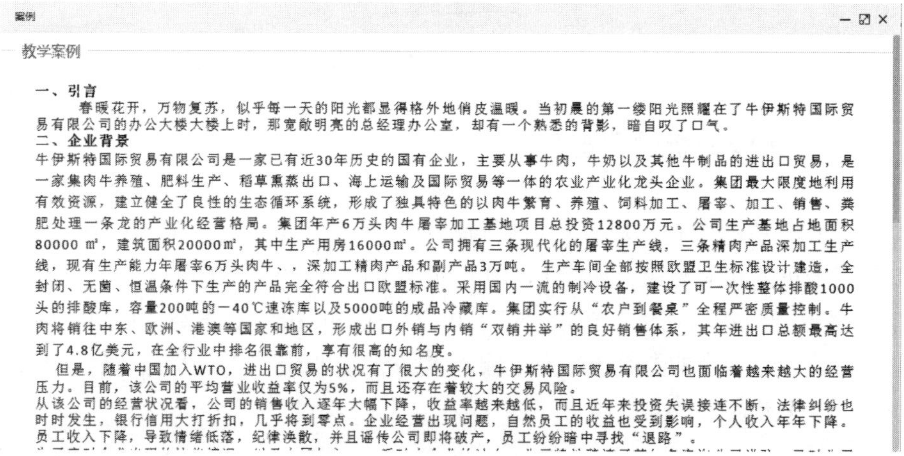
案例

教学案例

一、引言

春暖花开，万物复苏，似乎每一天的阳光都显得格外地俏皮温暖。当初晨的第一缕阳光照耀在了牛伊斯特国际贸易有限公司的办公大楼大楼上时，那宽敞明亮的总经理办公室，却有一个熟悉的背影，暗自叹了口气。

二、企业背景

牛伊斯特国际贸易有限公司是一家已有近30年历史的国有企业，主要从事牛肉，牛奶以及其他牛制品的进出口贸易，是一家集肉牛养殖、肥料生产、稻草熏蒸出口、海上运输及国际贸易等一体的农业产业化龙头企业。集团最大限度地利用有效资源，建立健全了良性的生态循环系统，形成了独具特色的以肉牛繁育、养殖、饲料加工、屠宰、加工、销售、粪肥处理一条龙的产业化经营格局。集团年产6万头肉牛屠宰加工基地项目总投资12800万元。公司生产基地占地面积80000 ㎡，建筑面积20000㎡，其中生产用房16000㎡。公司拥有三条现代化的屠宰生产线，三条精肉产品深加工生产线，现有生产能力年屠宰6万头肉牛、，深加工精肉产品和副产品3万吨。 生产车间全部按照欧盟卫生标准设计建造，全封闭、无菌、恒温条件下生产的产品完全符合出口欧盟标准。采用国内一流的制冷设备，建设了可一次性整体排酸1000头的排酸库，容量200吨的－40℃速冻库以及5000吨的成品冷藏库。集团实行从“农户到餐桌”全程严密质量控制。牛肉将销往中东、欧洲、港澳等国家和地区，形成出口外销与内销“双销并举”的良好销售体系，其年进出口总额最高达到了4.8亿美元，在全行业中排名很靠前，享有很高的知名度。

但是，随着中国加入WTO，进出口贸易的状况有了很大的变化，牛伊斯特国际贸易有限公司也面临着越来越大的经营压力。目前，该公司的平均营业收益率仅为5%，而且还存在着较大的交易风险。

从该公司的经营状况看，公司的销售收入逐年大幅下降，收益率越来越低，而且近年来投资失误接连不断，法律纠纷也时时发生，银行信用大打折扣，几乎将到零点。企业经营出现问题，自然员工的收益也受到影响，个人收入年年下降。员工收入下降，导致情绪低落，纪律涣散，并且谣传公司即将破产，员工纷纷暗中寻找“退路”。

图 1－12　案例

进入“问卷设计”界面后，点击“添加问题”可选择问题添加，也可以自定义问题，问题不能少于12道，如图1－13、图1－14、图1－15、图1－16和图1－17所示。

图1－13　调查问卷的形式

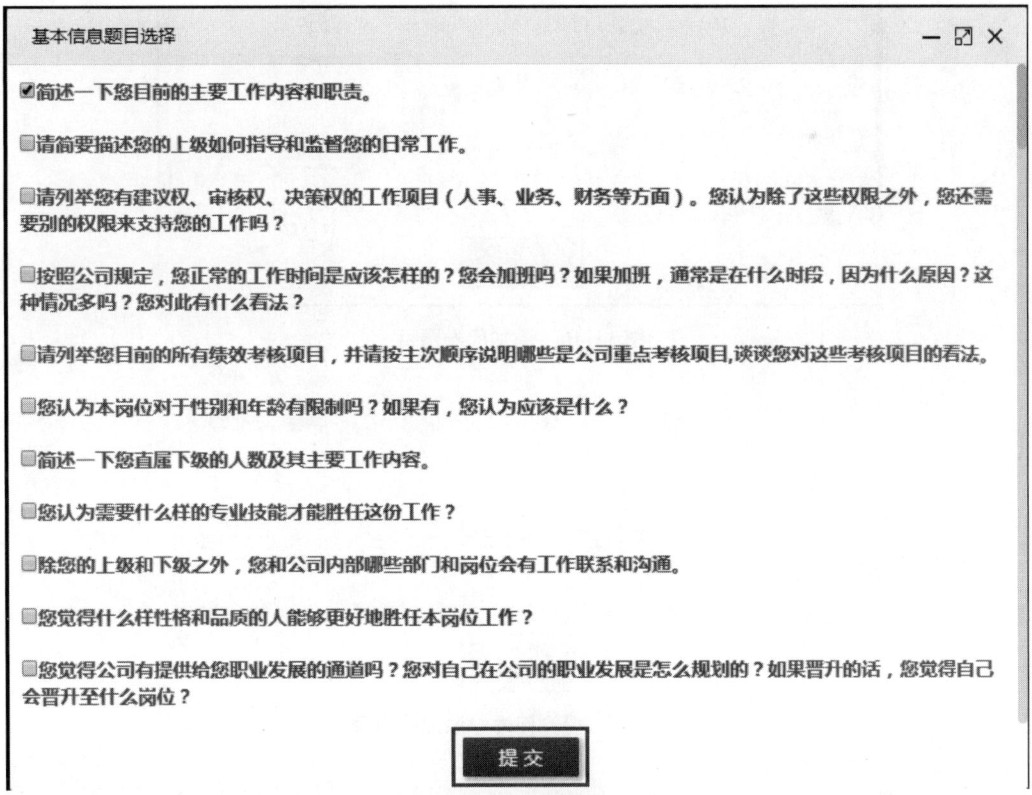

图1－14　基本信息题目选择

图 1－15　问卷题目添加

图 1－16　添加问卷题目

图 1－17　提交问卷中添加的问题

选择完毕后，点击“提交”按钮，即可形成问卷。点击“系统样卷”按钮，可以查看系统样卷的内容，如图 1－18 和图 1－19 所示。

图 1－18　形成工作分析调查问卷

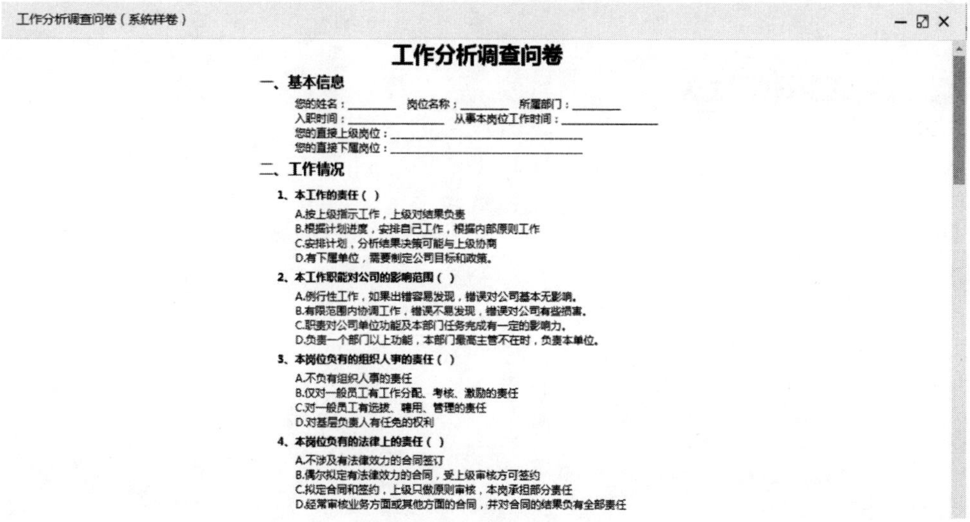

图 1－19　查看系统样卷

(3) 点击“访谈法”按钮，进入相应界面，点击“案例”按钮，阅读案例（案例同上）。根据要求设计访谈提纲，点击“形成访谈提纲”，即可生成访谈提纲，如图1－20所示。

图1－20　生成访谈提纲

生成访谈提纲后，点击“系统模板”可查看模板提纲，如图1－21和图1－22所示。

图1－21　查看模板提纲

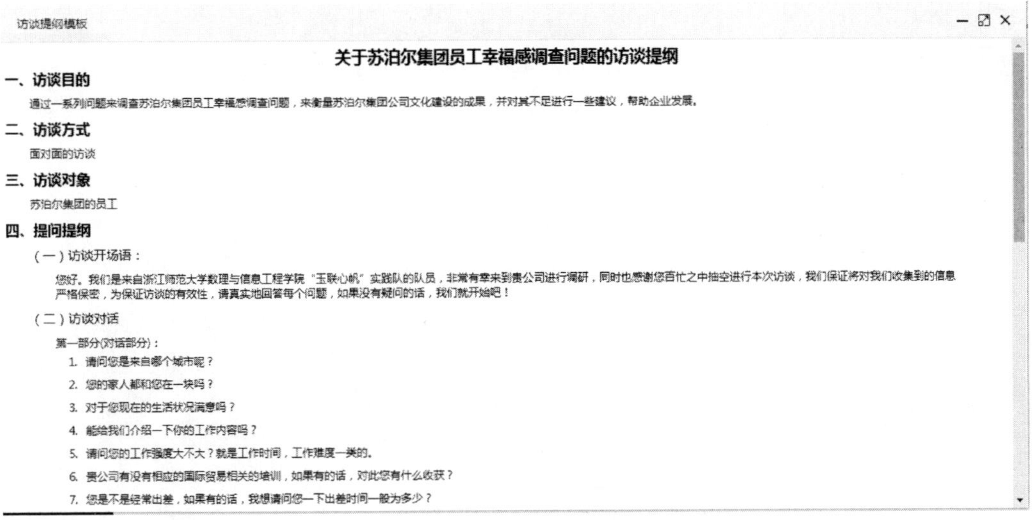

图 1－22 查看模板提纲

（4）点击“直接观察法”按钮，进入相应界面，阅读学习直接观察法的相关内容，如图 1－23 所示。

图 1－23 直接观察法

（5）点击“工作日志法”按钮，进入相应界面。根据要求设计填写工作日志表，点击“提交”按钮，即可生成工作日志表，如图 1－24 和图 1－25 所示。

图 1－24　填写工作日志表

工作日志法

<<返回首页

工作日志表

姓名：小A　部门：销售部　职位：专员　日期：2017-07-31

分类		记录	工作项目记录	完成状况	待解决问题	工作时间量（分钟）
工作内容	日常例行工作	上午	产品销售	完成		3H
		下午	总结 产品销售	完成		4H
	当日工作总结		完成			
	明日工作展望		加油			
建议或说明事项						

图 1－25　生成工作日志表

1.2.4　工作分析的分析阶段

（1）工作分析的分析阶段模块主要包括四个部分，可通过点击主界面的按钮或左侧边栏按钮分别进入相应模块，如图 1－26 所示。

图 1－26　工作分析的分析阶段模块

（2）点击“职能工作分析法”按钮，进入相应界面，学生通过阅读左边的案例内容，在小组内使用该界面右边的聊天窗口可进行讨论，如图 1－27 所示。

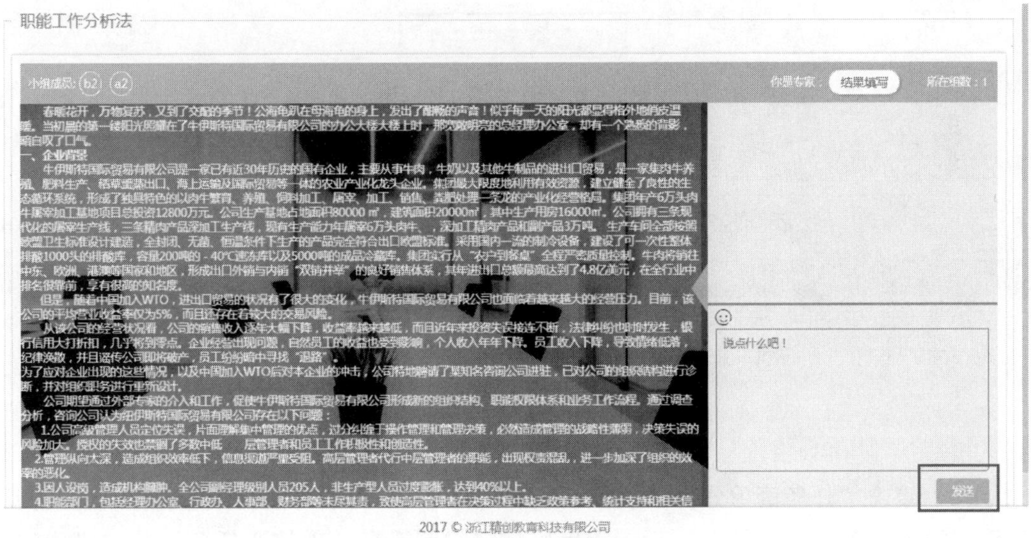

图 1－27　案例阅读及讨论

（3）点击“关键事件法”按钮，进入相应界面，点击“关键事件法案例”按钮，阅读案例后，学生可根据案例填写页面内容。点击“添加 STAR 模型”可在页面上增加一个 STAR 模型，填写完成后，点击“提交”按钮，完成该模块，如图 1－28 和图 1－29 所示。

图 1－28　添加 STAR 模型

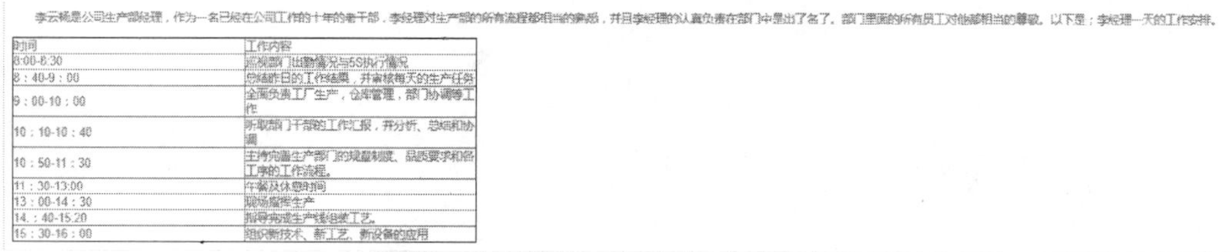

李云杨是公司生产部经理，作为一名已经在公司工作的十年的老干部，李经理对生产部的所有流程都相当的熟悉，并且李经理的认真负责在部门中是出了名了。部门里面的所有员工对他都相当的尊敬。以下是：李经理一天的工作安排。

时间	工作内容
8:00-8:30	巡视部门出勤情况与5S执行情况
8：40-9：00	总结昨日的工作结果，并审核每天的生产任务
9：00-10：00	全面负责工厂生产，仓库管理，部门协调等工作
10：10-10：40	听取部门干部的工作汇报，并分析、总结和协调
10：50-11：30	主持完善生产部门的规章制度、品质要求和各工序的工作流程。
11：30-13:00	午餐及休息时间
13：00-14：30	现场指挥生产
14.：40-15:20	指导完成生产线组装工艺。
15：30-16：00	组织新技术、新工艺、新设备的应用

图 1－29　生成 STAR 模型

（4）点击“任务清单分析系统”按钮，进入相应界面，点击“任务清单法案例”按钮，阅读案例（案例同上）后，学生可根据案例选择 6 项核心任务，点击“确定”进入核心任务界面，如图 1－30 所示。填写完成后点击“完成”，生成任务清单，如图 1－31 所示。

（5）点击“四种展示方法”按钮，进入相应界面，学生可在界面中阅读学习临界特质分析系统、工作要素法、管理人员职务描述问卷（MPDQ）、职位分析问卷的相关内容，如图 1－32 所示。

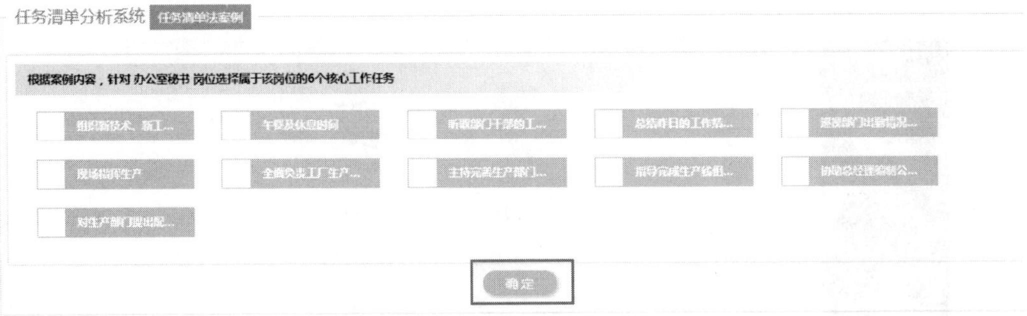

图 1－30　核心任务界面

图 1－31　生成任务清单

图 1－32　四种展示方法

1.2.5　工作分析的结果

（1）分析结果模块主要包括四个部分，可通过点击主界面按钮或左侧边栏按钮进入相应模块，如图 1－33 所示。

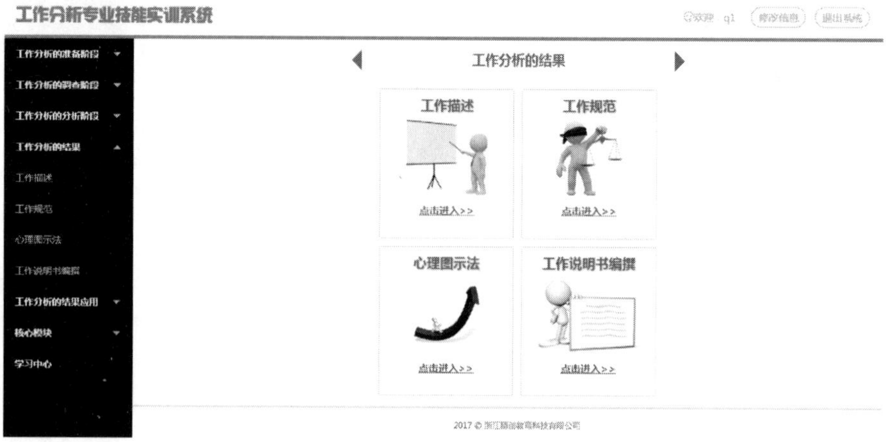

图 1－33　分析结果模块

（2）点击“工作描述”按钮，进入相应界面，学生可在界面中阅读学习相关知识，如图 1－34 所示。

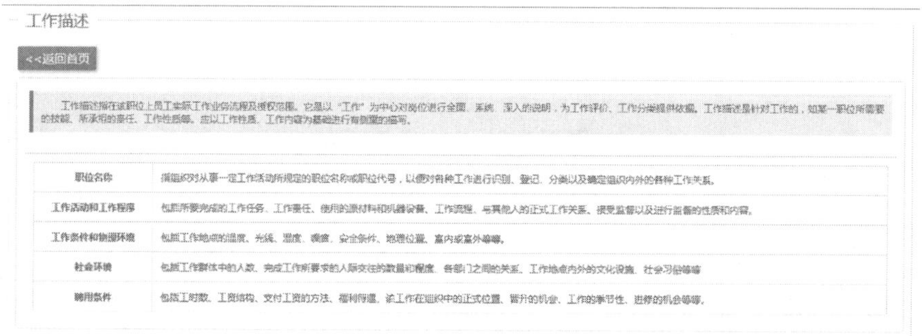

图 1－34　工作描述

（3）点击“工作规范”按钮，进入相应界面，学生可在界面中阅读学习相关知识，如图 1－35 所示。

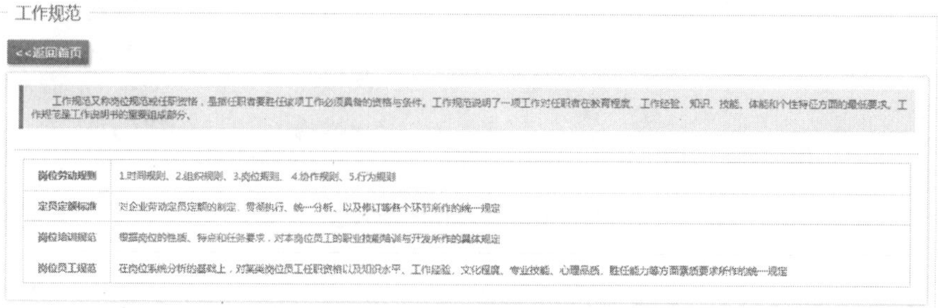

图 1－35　工作规范

（4）点击“心理图示”按钮，进入相应界面，学生可在界面中阅读学习相关知识，如图 1－36 所示。

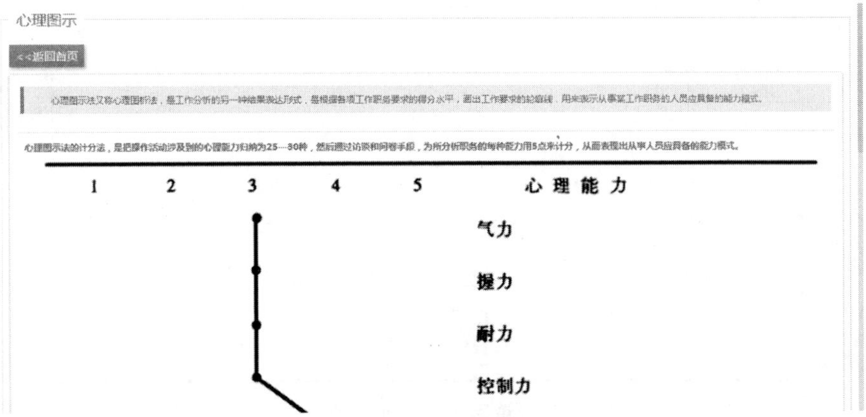

图 1-36　心理图示

（5）点击“工作说明书编撰”按钮，进入相应界面，如图 1-37 所示。点击“案例”按钮，阅读案例，如图 1-38 所示。学生可根据案例选择或者填写工作说明书的分析内容，如图 1-39 和图 1-40 所示。点击“提交”，进入下一步信息采集。

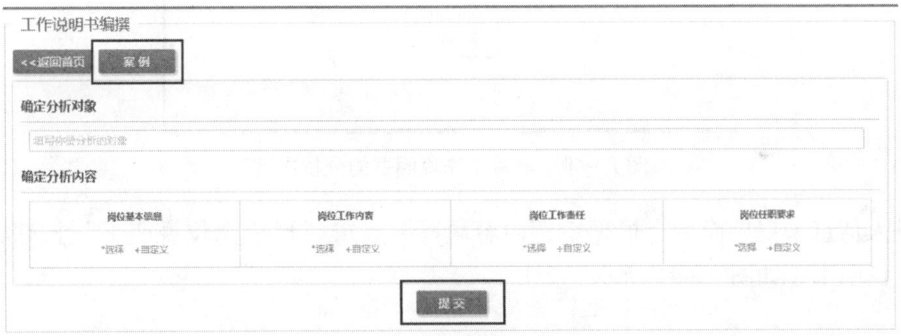

图 1-37　工作说明书编撰

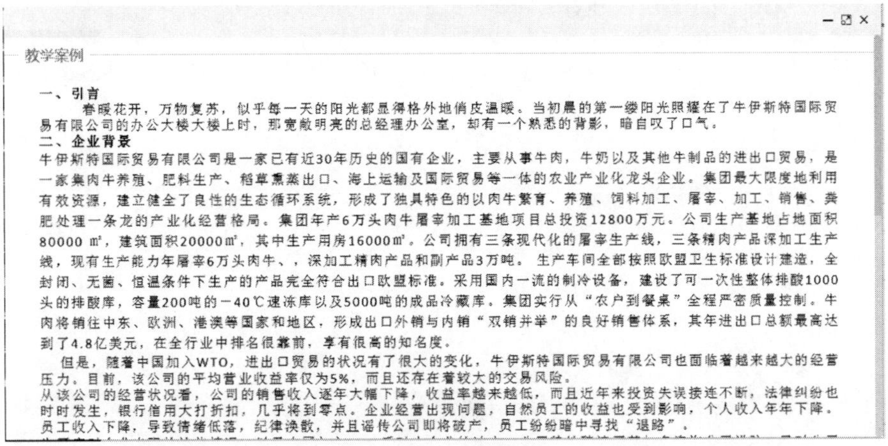
教学案例

一、引言

春暖花开，万物复苏，似乎每一天的阳光都显得格外地俏皮温暖。当初晨的第一缕阳光照耀在了牛伊斯特国际贸易有限公司的办公大楼大楼上时，那宽敞明亮的总经理办公室，却有一个熟悉的背影，暗自叹了口气。

二、企业背景

牛伊斯特国际贸易有限公司是一家已有近30年历史的国有企业，主要从事牛肉，牛奶以及其他牛制品的进出口贸易，是一家集肉牛养殖、肥料生产、稻草熏蒸出口、海上运输及国际贸易等一体的农业产业化龙头企业。集团最大限度地利用有效资源，建立健全了良性的生态循环系统，形成了独具特色的以肉牛繁育、养殖、饲料加工、屠宰、加工、销售、粪肥处理一条龙的产业化经营格局。集团年产6万头肉牛屠宰加工基地项目总投资12800万元。公司生产基地占地面积80000 m²，建筑面积20000m²，其中生产用房16000m²。公司拥有三条现代化的屠宰生产线，三条精肉产品深加工生产线，现有生产能力年屠宰6万头肉牛、，深加工精肉产品和副产品3万吨。 生产车间全部按照欧盟卫生标准设计建造，全封闭、无菌、恒温条件下生产的产品完全符合出口欧盟标准。采用国内一流的制冷设备，建设了可一次性整体排酸1000头的排酸库，容量200吨的－40℃速冻库以及5000吨的成品冷藏库。集团实行从“农户到餐桌”全程严密质量控制。牛肉将销往中东、欧洲、港澳等国家和地区，形成出口外销与内销“双销并举”的良好销售体系，其年进出口总额最高达到了4.8亿美元，在全行业中排名很靠前，享有很高的知名度。

但是，随着中国加入WTO，进出口贸易的状况有了很大的变化，牛伊斯特国际贸易有限公司也面临着越来越大的经营压力。目前，该公司的平均营业收益率仅为5%，而且还存在着较大的交易风险。

从该公司的经营状况看，公司的销售收入逐年大幅下降，收益率越来越低，而且近年来投资失误接连不断，法律纠纷也时时发生，银行信用大打折扣，几乎将到零点。企业经营出现问题，自然员工的收益也受到影响，个人收入年年下降。员工收入下降，导致情绪低落，纪律涣散，并且谣传公司即将破产，员工纷纷暗中寻找“退路”。

图 1-38　阅读案例

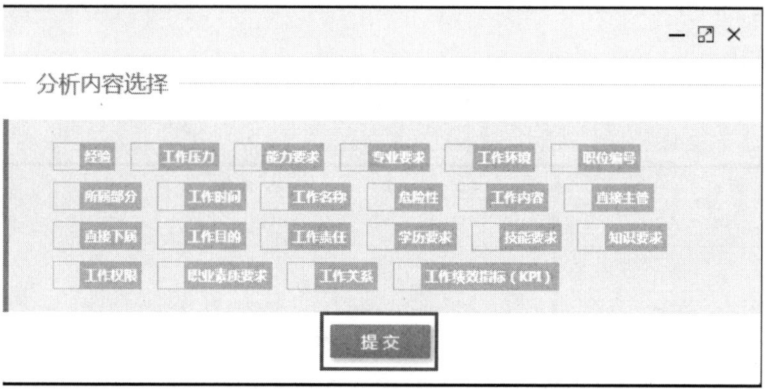

图 1－39　填写工作说明书的分析内容

图 1－40　填写工作说明书的分析内容

进入信息采集界面后，根据案例内容填写，点击“形成岗位说明书”按钮，可形成工作说明书，如图 1－41 所示。

图 1－41　工作说明书的信息采集与描述

1.2.6 工作分析的结果应用

（1）结果应用模块主要包括四个部分，可通过点击主界面按钮或左侧边栏按钮进入相应模块，如图1－42所示。

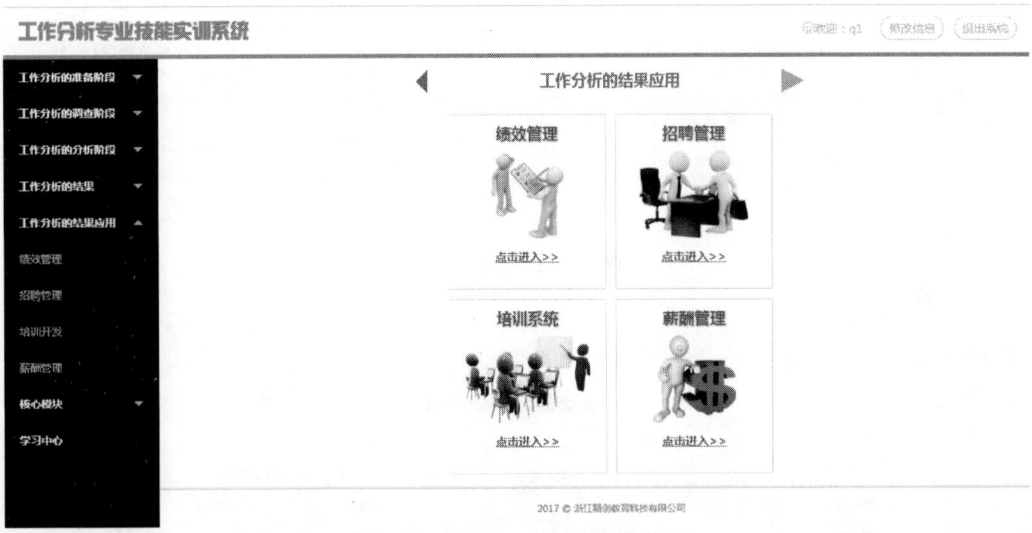

图1－42 结果应用模块

（2）点击“工作分析在绩效管理中的应用”按钮，进入相应界面，点击“工作说明书案例”和“工作说明书”按钮，阅读后，学生可根据案例和工作说明书选择工作内容和对应的绩效考核指标。点击“添加”按钮，可以添加一项工作内容，点击“提交”，完成该步。完成后，可在主页面查看，如图1－43、图1－44和图1－45所示。

图1－43 添加工作内容

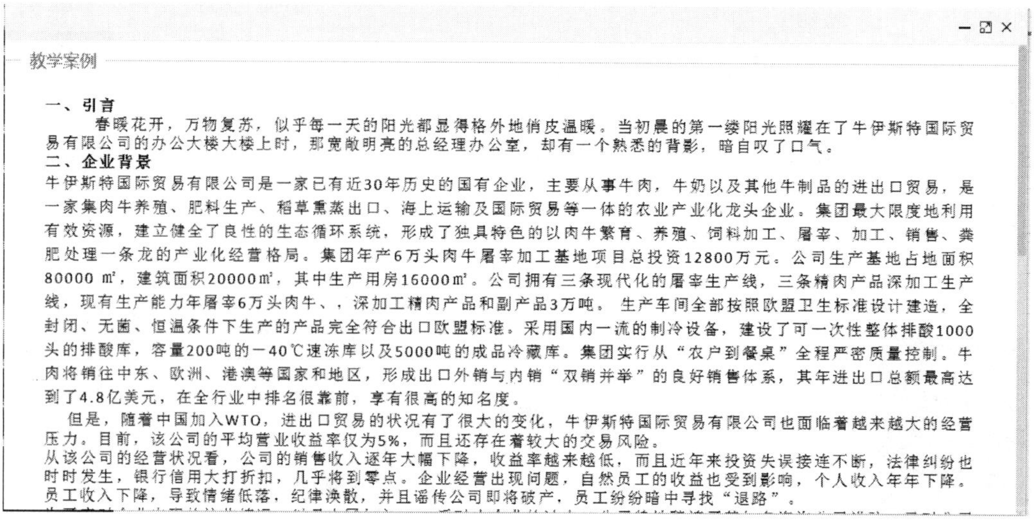

教学案例

一、引言

春暖花开，万物复苏，似乎每一天的阳光都显得格外地俏皮温暖。当初晨的第一缕阳光照耀在了牛伊斯特国际贸易有限公司的办公大楼大楼上时，那宽敞明亮的总经理办公室，却有一个熟悉的背影，暗自叹了口气。

二、企业背景

牛伊斯特国际贸易有限公司是一家已有近30年历史的国有企业，主要从事牛肉，牛奶以及其他牛制品的进出口贸易，是一家集肉牛养殖、肥料生产、稻草熏蒸出口、海上运输及国际贸易等一体的农业产业化龙头企业。集团最大限度地利用有效资源，建立健全了良性的生态循环系统，形成了独具特色的以肉牛繁育、养殖、饲料加工、屠宰、加工、销售、粪肥处理一条龙的产业化经营格局。集团年产6万头肉牛屠宰加工基地项目总投资12800万元。公司生产基地占地面积80000 m²，建筑面积20000m²，其中生产用房16000m²。公司拥有三条现代化的屠宰生产线，三条精肉产品深加工生产线，现有生产能力年屠宰6万头肉牛、，深加工精肉产品和副产品3万吨。 生产车间全部按照欧盟卫生标准设计建造，全封闭、无菌、恒温条件下生产的产品完全符合出口欧盟标准。采用国内一流的制冷设备，建设了可一次性整体排酸1000头的排酸库，容量200吨的－40℃速冻库以及5000吨的成品冷藏库。集团实行从“农户到餐桌”全程严密质量控制。牛肉将销往中东、欧洲、港澳等国家和地区，形成出口外销与内销“双销并举”的良好销售体系，其年进出口总额最高达到了4.8亿美元，在全行业中排名很靠前，享有很高的知名度。

但是，随着中国加入WTO，进出口贸易的状况有了很大的变化，牛伊斯特国际贸易有限公司也面临着越来越大的经营压力。目前，该公司的平均营业收益率仅为5%，而且还存在着较大的交易风险。

从该公司的经营状况看，公司的销售收入逐年大幅下降，收益率越来越低，而且近年来投资失误接连不断，法律纠纷也时时发生，银行信用大打折扣，几乎将到零点。企业经营出现问题，自然员工的收益也受到影响，个人收入年年下降。员工收入下降，导致情绪低落，纪律涣散，并且谣传公司即将破产，员工纷纷暗中寻找“退路”。

图1－44　案例阅读

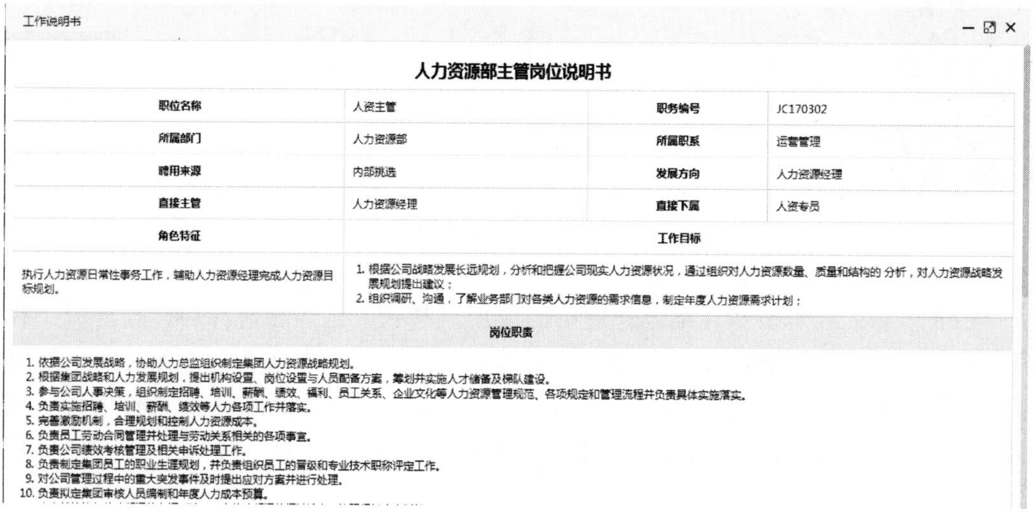

工作说明书

人力资源部主管岗位说明书

职位名称	人资主管	**职务编号**	JC170302
所属部门	人力资源部	**所属职系**	运营管理
聘用来源	内部挑选	**发展方向**	人力资源经理
直接主管	人力资源经理	**直接下属**	人资专员
角色特征	**工作目标**		
执行人力资源日常性事务工作，辅助人力资源经理完成人力资源目标规划。	1. 根据公司战略发展长远规划，分析和把握公司现实人力资源状况，通过组织对人力资源数量、质量和结构的 分析，对人力资源战略发展规划提出建议； 2. 组织调研、沟通，了解业务部门对各类人力资源的需求信息，制定年度人力资源需求计划；		

岗位职责

1. 依据公司发展战略，协助人力总监组织制定集团人力资源战略规划。
2. 根据集团战略和人力发展规划，提出机构设置、岗位设置与人员配备方案，筹划并实施人才储备及梯队建设。
3. 参与公司人事决策，组织制定招聘、培训、薪酬、绩效、福利、员工关系、企业文化等人力资源管理规范、各项规定和管理流程并负责具体实施落实。
4. 负责实施招聘、培训、薪酬、绩效等人力各项工作并落实。
5. 完善激励机制，合理规划和控制人力资源成本。
6. 负责员工劳动合同管理并处理与劳动关系相关的各项事宜。
7. 负责公司绩效考核管理及相关申诉处理工作。
8. 负责制定集团员工的职业生涯规划，并负责组织员工的晋级和专业技术职称评定工作。
9. 对公司管理过程中的重大突发事件及时提出应对方案并进行处理。
10. 负责拟定集团审核人员编制和年度人力成本预算。

图1－45　阅读工作说明书

（3）点击“工作分析在招聘管理中的应用”按钮，进入相应界面，点击“工作说明书案例”和“工作说明书”按钮，可阅读相应内容（内容同上），学生可根据案例和工作说明书设计招聘广告内容。点击“提交”，完成该步。完成后，可在主页面查看，如图1－46所示。

（4）点击“工作分析在培训开发中的应用”按钮，进入相应界面，点击“工作说明书案例”和“工作说明书”按钮，可阅读相应内容（内容同上），学生可根据案例和工作说明书选择培训需求和对应课程。点击“添加”按钮，可以添加一项，点击“提交”，完成该步。完成后，可在主页面查看，如图1－47所示。

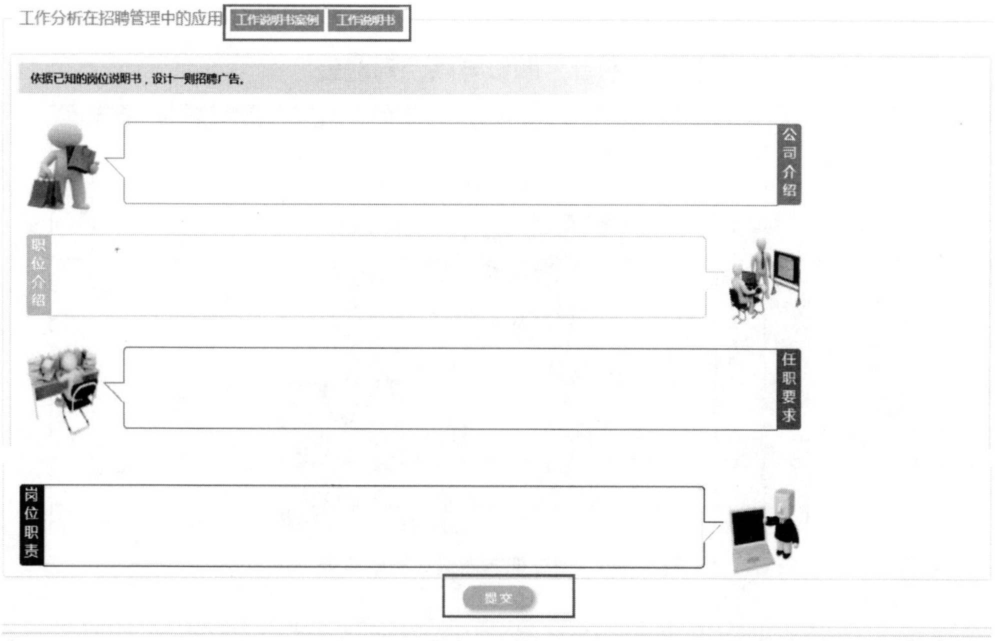

图 1-46　工作分析在招聘管理中的应用

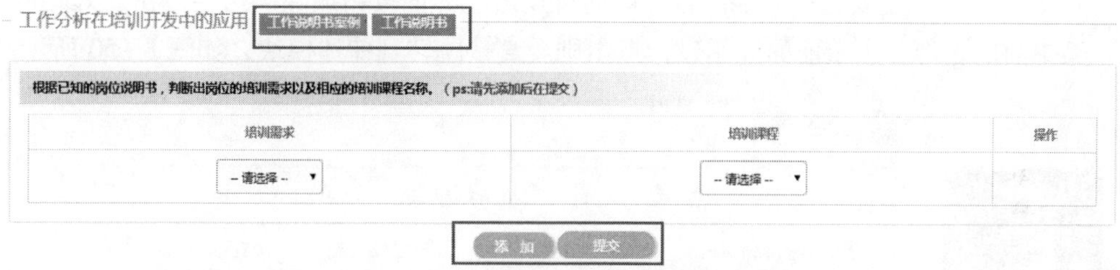

图 1-47　工作分析在培训开发中的应用

（5）点击“工作分析在薪酬管理中的运用”按钮，进入相应界面，点击“案例”“工作说明书”和“职等职级薪资对应表”按钮，阅读后，学生可根据以上材料填写。点击“提交”，完成该步。完成后，可在主页面查看，如图 1-48 和图 1-49 所示。

图 1-48　工作分析在薪酬管理中的运用

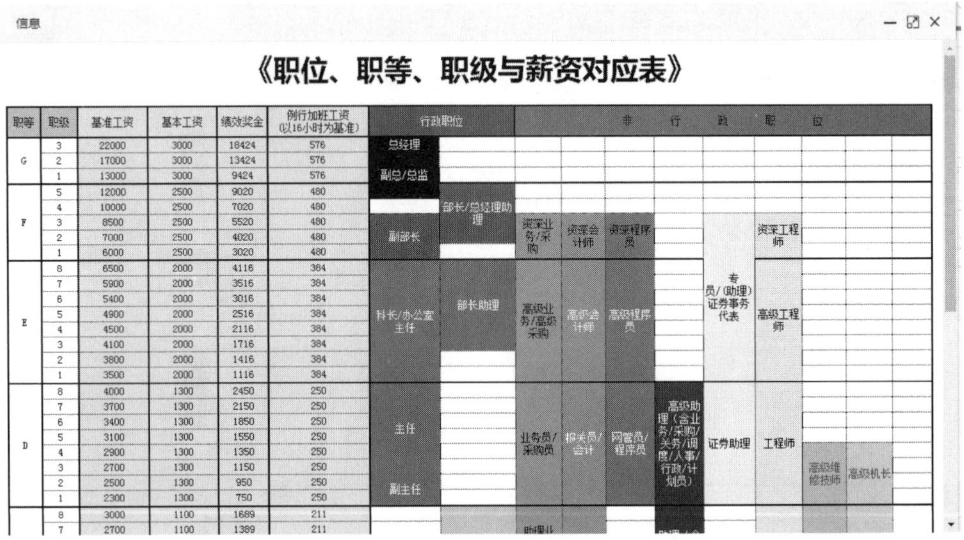

职等	职级	基准工资	基本工资	绩效奖金	例行加班工资(以16小时为基准)
G	3	22000	3000	18424	576
	2	17000	3000	13424	576
	1	13000	3000	9424	576
F	5	12000	2500	9020	480
	4	10000	2500	7020	480
	3	8500	2500	5520	480
	2	7000	2500	4020	480
	1	6000	2500	3020	480
E	8	6500	2000	4116	384
	7	5900	2000	3516	384
	6	5400	2000	3016	384
	5	4900	2000	2516	384
	4	4500	2000	2116	384
	3	4100	2000	1716	384
	2	3800	2000	1416	384
	1	3500	2000	1116	384
D	8	4000	1300	2450	250
	7	3700	1300	2150	250
	6	3400	1300	1850	250
	5	3100	1300	1550	250
	4	2900	1300	1350	250
	3	2700	1300	1150	250
	2	2500	1300	950	250
	1	2300	1300	750	250
	8	3000	1100	1689	211
	7	2700	1100	1389	211

图1－49　阅读职等职级薪资对应表

1.2.7　核心模块

（1）核心模块主要包括七个部分，可通过点击主界面按钮或左侧边栏按钮进入相应模块。其中前四个部分由于前面介绍过，点击则会直接跳转到前述模块，如图1－50所示。

图1－50　核心模块

（2）点击“经典胜任力素质模型训练”按钮，进入相应界面，如图1－51所示。点击“胜任力模型案例”按钮，可阅读案例，如图1－52所示。在界面可阅读学习冰山模型和洋葱模型的相关知识。完成页面下方对某一特定岗位的初步胜任力选择（6个以上），点击“提交”按钮进入下一步，如图1－53和图1－54所示。

图 1－51 胜任力素质模型训练

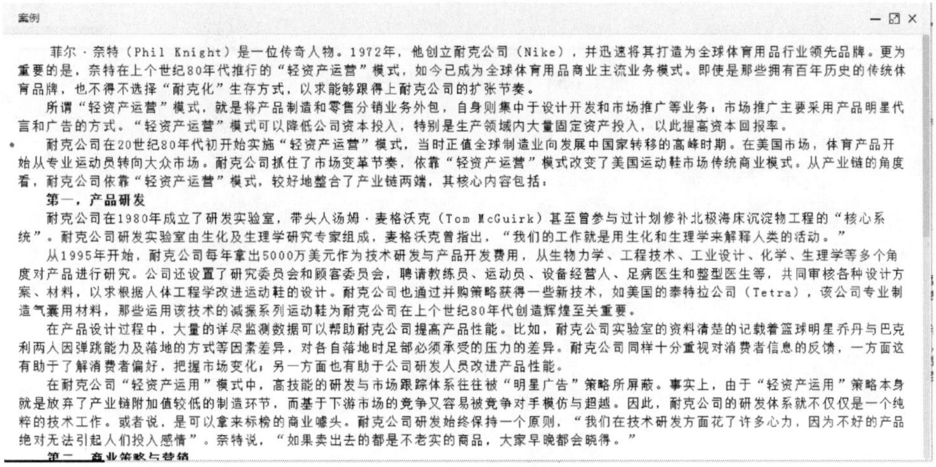
案例

菲尔·奈特（Phil Knight）是一位传奇人物。1972年，他创立耐克公司（Nike），并迅速将其打造为全球体育用品行业领先品牌。更为重要的是，奈特在上个世纪80年代推行的"轻资产运营"模式，如今已成为全球体育用品商业主流业务模式。即使是那些拥有百年历史的传统体育品牌，也不得不选择"耐克化"生存方式，以求能够跟得上耐克公司的扩张节奏。

所谓"轻资产运营"模式，就是将产品制造和零售分销业务外包，自身则集中于设计开发和市场推广等业务；市场推广主要采用产品明星代言和广告的方式。"轻资产运营"模式可以降低公司资本投入，特别是生产领域内大量固定资产投入，以此提高资本回报率。

耐克公司在20世纪80年代初开始实施"轻资产运营"模式，当时正值全球制造业向发展中国家转移的高峰时期。在美国市场，体育产品开始从专业运动员转向大众市场。耐克公司抓住了市场变革节奏，依靠"轻资产运营"模式改变了美国运动鞋市场传统商业模式。从产业链的角度看，耐克公司依靠"轻资产运营"模式，较好地整合了产业链两端，其核心内容包括：

第一，产品研发

耐克公司在1980年成立了研发实验室，带头人汤姆·麦格沃克（Tom McGuirk）甚至曾参与过计划修补北极海床沉淀物工程的"核心系统"。耐克公司研发实验室由生化及生理学研究专家组成，麦格沃克曾指出，"我们的工作就是用生化和生理学来解释人类的活动。"

从1995年开始，耐克公司每年拿出5000万美元作为技术研发与产品开发费用，从生物力学、工程技术、工业设计、化学、生理学等多个角度对产品进行研究。公司还设置了研究委员会和顾客委员会，聘请教练员、运动员、设备经营人、足病医生和整型医生等，共同审核各种设计方案、材料，以求根据人体工程学改进运动鞋的设计。耐克公司也通过并购策略获得一些新技术，如美国的泰特拉公司（Tetra），该公司专业制造气囊用材料，那些运用该技术的减振系列运动鞋为耐克公司在上个世纪80年代创造辉煌至关重要。

在产品设计过程中，大量的详尽监测数据可以帮助耐克公司提高产品性能。比如，耐克公司实验室的资料清楚的记载着篮球明星乔丹与巴克利两人因弹跳能力及落地的方式等因素差异，对各自落地时足部必须承受的压力的差异。耐克公司同样十分重视对消费者信息的反馈，一方面这有助于了解消费者偏好，把握市场变化；另一方面也有助于公司研发人员改进产品性能。

在耐克公司"轻资产运用"模式中，高技能的研发与市场跟踪体系往往被"明星广告"策略所屏蔽。事实上，由于"轻资产运用"策略本身就是放弃了产业链附加值较低的制造环节，而基于下游市场的竞争又容易被竞争对手模仿与超越。因此，耐克公司的研发体系就不仅仅是一个纯粹的技术工作。或者说，是可以拿来标榜的商业噱头。耐克公司研发始终保持一个原则，"我们在技术研发方面花了许多心力，因为不好的产品绝对无法引起人们投入感情"。奈特说，"如果卖出去的都是不老实的商品，大家早晚都会晓得。"

第二，商业策略与营销

图 1－52 阅读案例

进入下一步后，从公司战略、岗位职责要求、企业对员工的通用要求和卓越企业对员工的要求四个层面来深入挖掘胜任力素质（选择六个以上），选择完毕后点击"确定"按钮进入下一步，如图 1－55 所示。

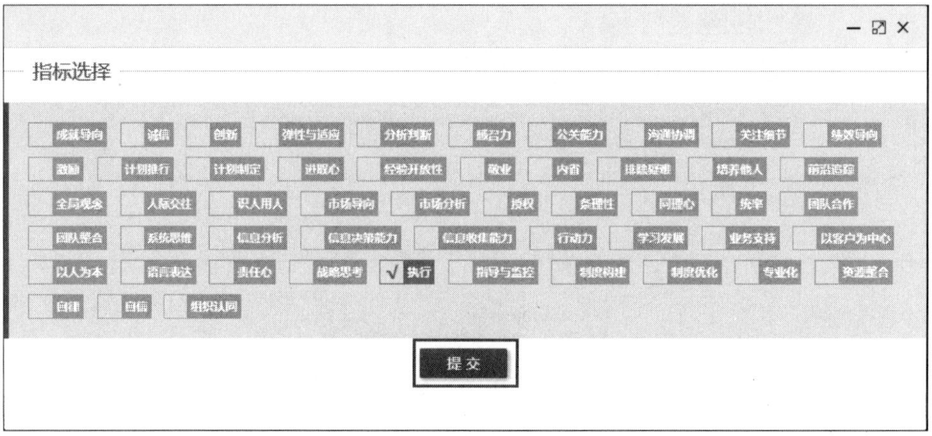

图 1－53　指标选择

图 1－54　提交初步胜任力选择

图 1－55　经典胜任力素质指标

页面显示已选择的胜任力指标的具体分级描述，如图 1－56 所示。点击“下一步”按钮，可查看生成的胜任力模型，如图 1－57 所示。

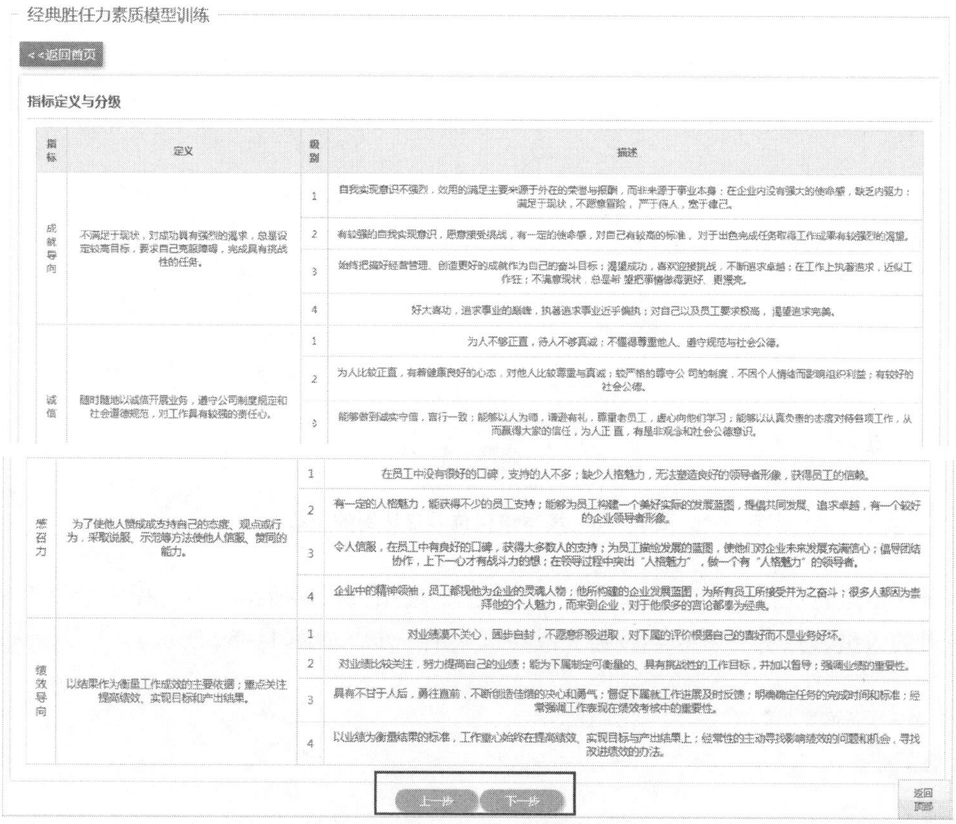

经典胜任力素质模型训练

<<返回首页

指标定义与分级

指标	定义	级别	描述
成就导向	不满足于现状，对成功具有强烈的渴求，总是设定较高目标，要求自己克服障碍，完成具有挑战性的任务。	1	自我实现意识不强烈，效用的满足主要来源于外在的荣誉与报酬，而非来源于事业本身；在企业内没有强大的使命感，缺乏内驱力；满足于现状，不愿意冒险，严于待人，宽于律己。
		2	有较强的自我实现意识，愿意接受挑战，有一定的使命感，对自己有较高的标准，对于出色完成任务取得工作成果有较强烈的渴望。
		3	始终把搞好经营管理、创造更好的成就作为自己的奋斗目标；渴望成功，喜欢迎接挑战，不断追求卓越；在工作上执着追求，近似工作狂；不满意现状，总是希望把事情做得更好、更漂亮。
		4	好大喜功，追求事业的巅峰，执着追求事业近乎偏执；对自己以及员工要求极高，渴望追求完美。
诚信	随时随地以诚信开展业务，遵守公司制度规定和社会道德规范，对工作具有较强的责任心。	1	为人不够正直，待人不够真诚；不懂得尊重他人、遵守规范与社会公德。
		2	为人比较正直，有着健康良好的心态，对他人比较尊重与真诚；较严格的尊守公 司的制度，不因个人情绪而影响组织利益；有较好的社会公德。
		3	能够做到诚实守信，言行一致；能够以人为师，谦逊有礼，尊重老员工，虚心向他们学习；能够以认真负责的态度对待各项工作，从而赢得大家的信任，为人正 直，有是非观念和社会公德意识。
感召力	为了使他人赞成或支持自己的态度、观点或行为，采取说服、示范等方法使他人信服、赞同的能力。	1	在员工中没有很好的口碑，支持的人不多；缺少人格魅力，无法塑造良好的领导者形象，获得员工的信赖。
		2	有一定的人格魅力，能获得不少的员工支持；能够为员工构建一个美好实际的发展蓝图，提倡共同发展、追求卓越，有一个较好的企业领导者形象。
		3	令人信服，在员工中有良好的口碑，获得大多数人的支持；为员工描绘发展的蓝图，使他们对企业未来发展充满信心；倡导团结协作，上下一心才有战斗力的想；在领导过程中突出“人格魅力”，做一个有“人格魅力”的领导者。
		4	企业中的精神领袖，员工都视他为企业的灵魂人物；他所构建的企业发展蓝图，为所有员工所接受并为之奋斗；很多人都因为崇拜他的个人魅力，而来到企业，对于他很多的言论都奉为经典。
绩效导向	以结果作为衡量工作成效的主要依据；重点关注提高绩效、实现目标和产出结果。	1	对业绩漠不关心，固步自封，不愿意积极进取，对下属的评价根据自己的喜好而不是业务好坏。
		2	对业绩比较关注，努力提高自己的业绩；能为下属制定可衡量的、具有挑战性的工作目标，并加以督导；强调业绩的重要性。
		3	具有不甘于人后，勇往直前，不断创造佳绩的决心和勇气；督促下属就工作进展及时反馈；明确确定任务的完成时间和标准；经常强调工作表现在绩效考核中的重要性。
		4	以业绩为衡量结果的标准，工作重心始终在提高绩效、实现目标与产出结果上；经常性的主动寻找影响绩效的问题和机会，寻找改进绩效的办法。

上一步　下一步　返回顶部

图 1－56　胜任力指标的具体分级描述

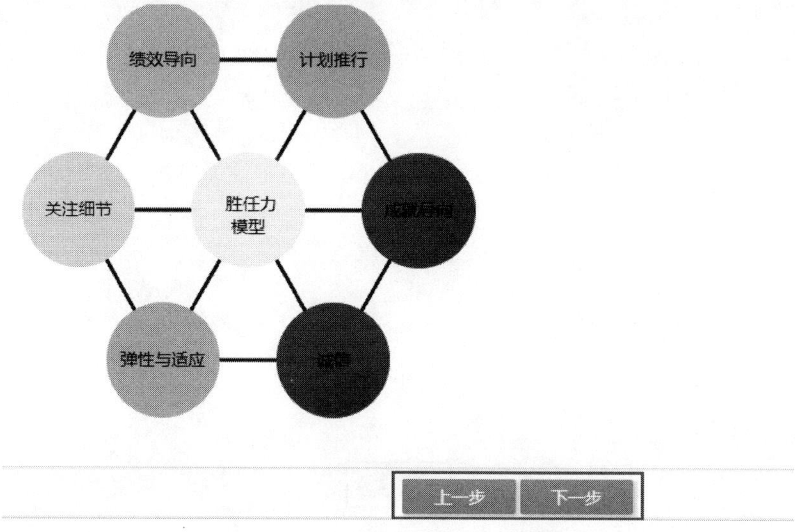

图 1－57　查看生成的胜任力模型

生成胜任力模型后，点击“下一步”按钮，填写该岗位要求达到的层级，并点击“确定”按钮进入下一步，如图1－58所示。

图1－58　填写该岗位要求达到的层级

下一步进行胜任力素质模型在员工晋升上的应用，根据所给材料选择所给员工中可以晋升的人员，点击“晋升”按钮完成并进入下一步，如图1－59所示。

图1－59　胜任力素质模型在晋升上的应用

下一步进行胜任力素质模型在培训上的应用，根据所给材料填写员工的培训需求，点击“确定”按钮完成，如图1－60所示。

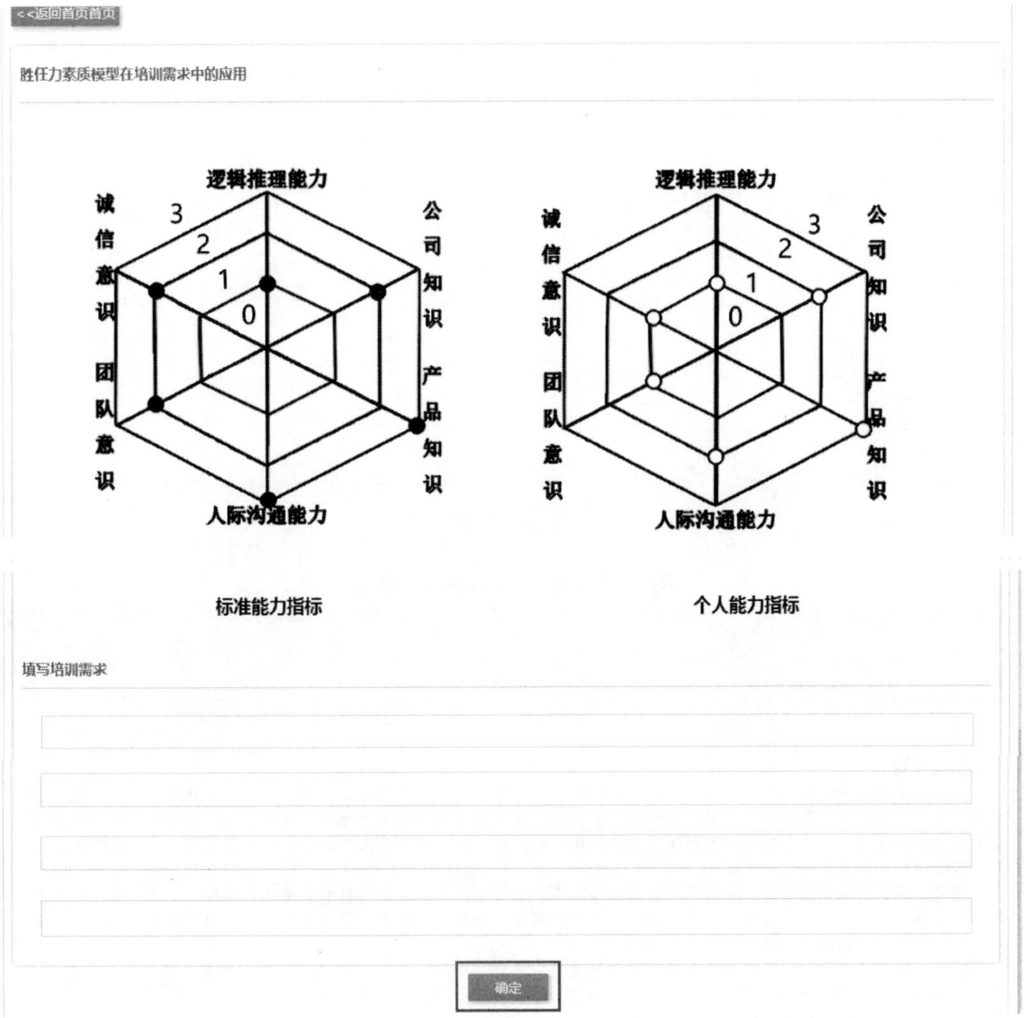

图1－60　填写员工的培训需求

（3）点击“O＊NET系统训练法”按钮，进入相应界面，如图1－61所示。点击“案例”按钮，可阅读案例，如图1－62所示。选择一个岗位后，可根据其信息填写分析内容，点击“生成胜任力模型”按钮，生成该岗位的胜任力模型，并查看参考标准。完成后，可在主页面查看，如图1－63和图1－64所示。

图 1-61　O * NET 系统训练法

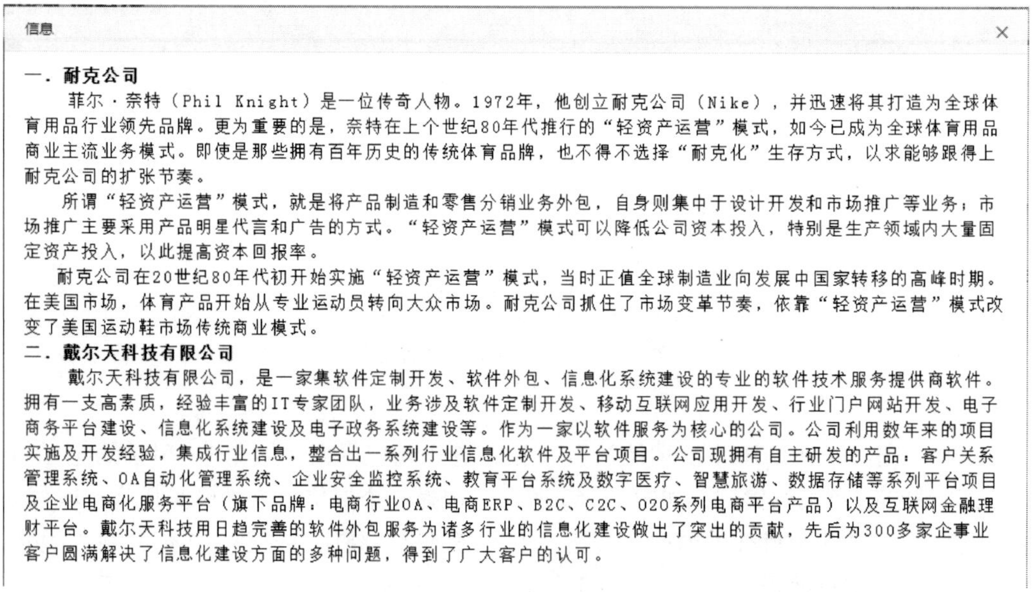

信息

一．耐克公司

菲尔·奈特（Phil Knight）是一位传奇人物。1972年，他创立耐克公司（Nike），并迅速将其打造为全球体育用品行业领先品牌。更为重要的是，奈特在上个世纪80年代推行的“轻资产运营”模式，如今已成为全球体育用品商业主流业务模式。即使是那些拥有百年历史的传统体育品牌，也不得不选择“耐克化”生存方式，以求能够跟得上耐克公司的扩张节奏。

所谓“轻资产运营”模式，就是将产品制造和零售分销业务外包，自身则集中于设计开发和市场推广等业务；市场推广主要采用产品明星代言和广告的方式。“轻资产运营”模式可以降低公司资本投入，特别是生产领域内大量固定资产投入，以此提高资本回报率。

耐克公司在20世纪80年代初开始实施“轻资产运营”模式，当时正值全球制造业向发展中国家转移的高峰时期。在美国市场，体育产品开始从专业运动员转向大众市场。耐克公司抓住了市场变革节奏，依靠“轻资产运营”模式改变了美国运动鞋市场传统商业模式。

二．戴尔天科技有限公司

戴尔天科技有限公司，是一家集软件定制开发、软件外包、信息化系统建设的专业的软件技术服务提供商软件。拥有一支高素质，经验丰富的IT专家团队，业务涉及软件定制开发、移动互联网应用开发、行业门户网站开发、电子商务平台建设、信息化系统建设及电子政务系统建设等。作为一家以软件服务为核心的公司。公司利用数年来的项目实施及开发经验，集成行业信息，整合出一系列行业信息化软件及平台项目。公司现拥有自主研发的产品：客户关系管理系统、OA自动化管理系统、企业安全监控系统、教育平台系统及数字医疗、智慧旅游、数据存储等系列平台项目及企业电商化服务平台（旗下品牌：电商行业OA、电商ERP、B2C、C2C、O2O系列电商平台产品）以及互联网金融理财平台。戴尔天科技用日趋完善的软件外包服务为诸多行业的信息化建设做出了突出的贡献，先后为300多家企事业客户圆满解决了信息化建设方面的多种问题，得到了广大客户的认可。

图 1-62　阅读案例

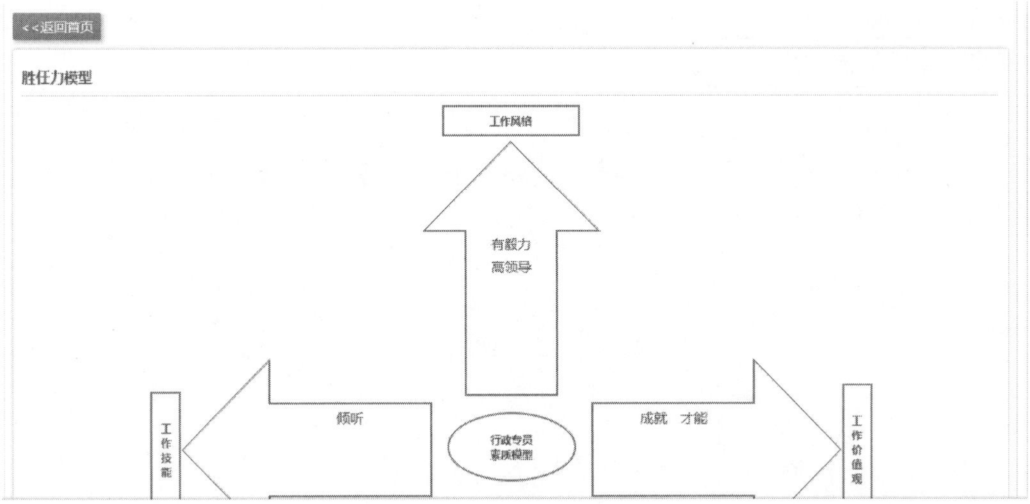

图 1-63　生成胜任力模型

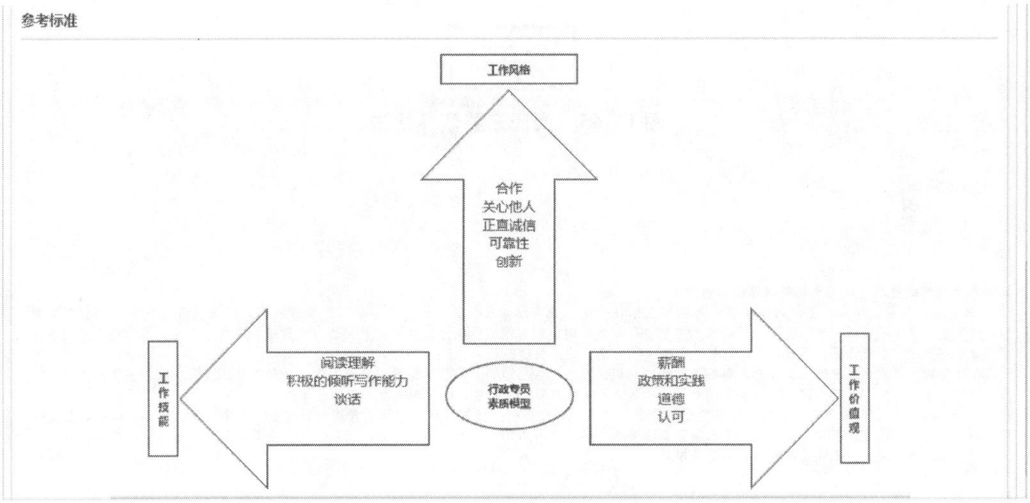

图 1-64　查看胜任力模型

（4）点击“海氏三要素评估法”按钮，进入相应界面，如图 1-65 所示。点击“案例”和“海氏三要素指标”按钮，可阅读相关内容，如图 1-66 和图 1-67 所示。根据案例填写页面内容，点击“提交”按钮，完成。完成后，可在主页面查看，如图 1-68 所示。

图 1－65　海氏三要素评估法

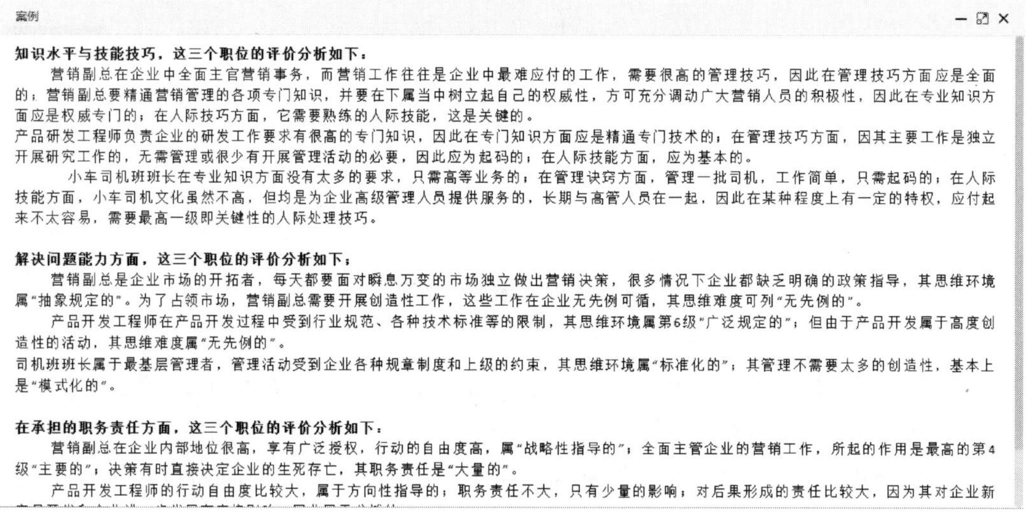

案例

知识水平与技能技巧，这三个职位的评价分析如下：

营销副总在企业中全面主官营销事务，而营销工作往往是企业中最难应付的工作，需要很高的管理技巧，因此在管理技巧方面应是全面的；营销副总要精通营销管理的各项专门知识，并要在下属当中树立起自己的权威性，方可充分调动广大营销人员的积极性，因此在专业知识方面应是权威专门的；在人际技巧方面，它需要熟练的人际技能，这是关键的。

产品研发工程师负责企业的研发工作要求有很高的专门知识，因此在专门知识方面应是精通专门技术的；在管理技巧方面，因其主要工作是独立开展研究工作的，无需管理或很少有开展管理活动的必要，因此应为起码的；在人际技能方面，应为基本的。

小车司机班班长在专业知识方面没有太多的要求，只需高等业务的；在管理诀窍方面，管理一批司机，工作简单，只需起码的；在人际技能方面，小车司机文化虽然不高，但均是为企业高级管理人员提供服务的，长期与高管人员在一起，因此在某种程度上有一定的特权，应付起来不太容易，需要最高一级即关键性的人际处理技巧。

解决问题能力方面，这三个职位的评价分析如下：

营销副总是企业市场的开拓者，每天都要面对瞬息万变的市场独立做出营销决策，很多情况下企业都缺乏明确的政策指导，其思维环境属"抽象规定的"。为了占领市场，营销副总需要开展创造性工作，这些工作在企业无先例可循，其思维难度可列"无先例的"。

产品开发工程师在产品开发过程中受到行业规范、各种技术标准等的限制，其思维环境属第6级"广泛规定的"；但由于产品开发属于高度创造性的活动，其思维难度属"无先例的"。

司机班班长属于最基层管理者，管理活动受到企业各种规章制度和上级的约束，其思维环境属"标准化的"；其管理不需要太多的创造性，基本上是"模式化的"。

在承担的职务责任方面，这三个职位的评价分析如下：

营销副总在企业内部地位很高，享有广泛授权，行动的自由度高，属"战略性指导的"；全面主管企业的营销工作，所起的作用是最高的第4级"主要的"；决策有时直接决定企业的生死存亡，其职务责任是"大量的"。

产品开发工程师的行动自由度比较大，属于方向性指导的；职务责任不大，只有少量的影响；对后果形成的责任比较大，因为其对企业新

图 1－66　阅读案例

海氏三要素指标

海氏工作评价指导图表一——技能水平

管理决窍	起码的			相关的			多样的			广博的			
人际关系 专业 理论知识	基本的	重要的	关键的	基本的	重要的	关键的	基本的	重要的	关键的	基本的	重要的	关键的	基本的
基本的	50	57	66	66	76	87	87	100	115	115	132	152	152
	57	66	76	76	87	100	100	115	132	132	152	175	175
	66	76	87	87	100	115	115	132	152	152	175	200	200
初等业务的	66	76	87	87	100	115	115	132	152	152	175	200	200
	76	87	100	100	115	132	132	152	175	175	200	230	230
	87	100	115	115	132	152	152	175	200	200	230	264	264
中等业务的	87	100	115	115	132	152	152	175	200	200	230	264	264
	100	115	132	132	152	175	175	200	230	230	264	304	304
	115	132	152	152	175	200	200	230	264	264	304	350	350
高等业务的	115	132	152	152	175	200	200	230	264	264	304	350	350
	132	152	175	175	200	230	230	264	304	304	350	400	400
	152	175	200	200	230	264	264	304	350	350	400	460	460
基本专门技术	152	175	200	200	230	264	264	304	350	350	400	460	460
	175	200	230	230	264	304	304	350	400	400	460	528	528
	200	230	264	264	304	350	350	400	460	460	528	608	608
熟练专门技术	200	230	264	264	304	350	350	400	460	460	528	608	608
	230	264	304	304	350	400	400	460	528	528	608	700	700
	264	304	2350	350	400	460	460	528	608	608	700	800	800
精通专门技术	264	304	350	350	400	460	460	528	608	608	700	800	800
	304	350	400	400	460	528	528	608	700	700	800	920	920
	350	400	460	460	528	608	608	700	800	800	920	1056	1056
	350	400	460	460	528	608	608	700	800	800	920	1056	1056

图 1－67 阅读海氏三要素指标

海氏三要素评估法

<<返回首页

海氏三要素评估表

人事经理		等级	得分	职务形态构成
知识水平与技能技巧	专业知识技能（1-8） 管理技巧（1-5） 人际关系技巧（1-3）	初等业务的 起码的 基本的	3	上山型
解决问题能力	思维环境（1-8） 思维难度（1-5）	一般规定的 模式化的	1	
承担职务责任	行为自由度（1-9） 职务对后果形成的作用（1-4） 财务责任（1-4）	受控制的 少量 分摊	0	
综合得分			4	

图 1－68 填写并提交的海氏三要素评估表

1.2.8 心得体会

点击“心得体会”按钮，进入相应界面，输入此次练习后的学习心得，点击“提交”按钮进行保存，完成操作，如图 1－69 所示。

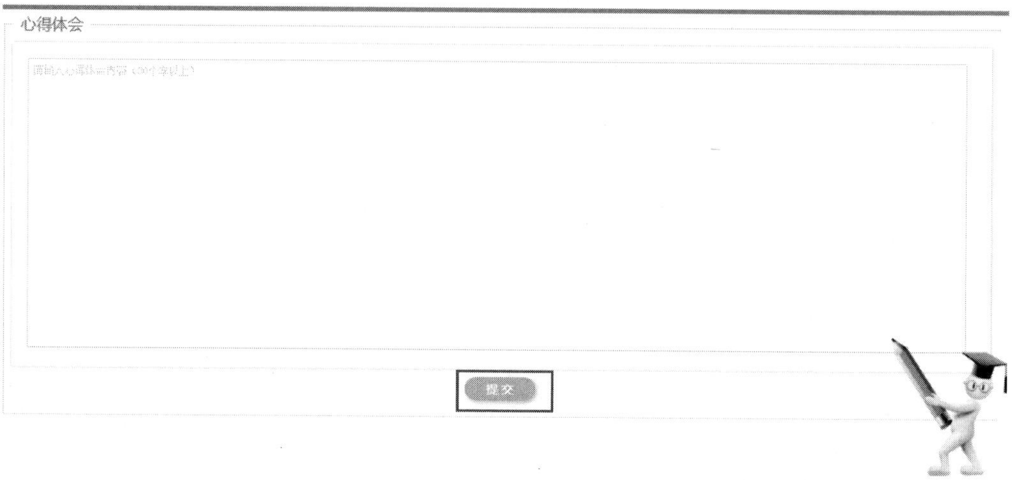

图 1－69　心得体会

1.2.9　学习中心

点击“学习中心资料”按钮，进入相应界面，点击“查看”按钮，可以查看并下载相关学习中心资料，如图 1－70 和图 1－71 所示。

学习中心资料

序号	名称	备注	上传者	资料类型	操作
1	工作分析总案例背景	123	teacher	文字资料	查看

图 1－70　查看学习中心资料

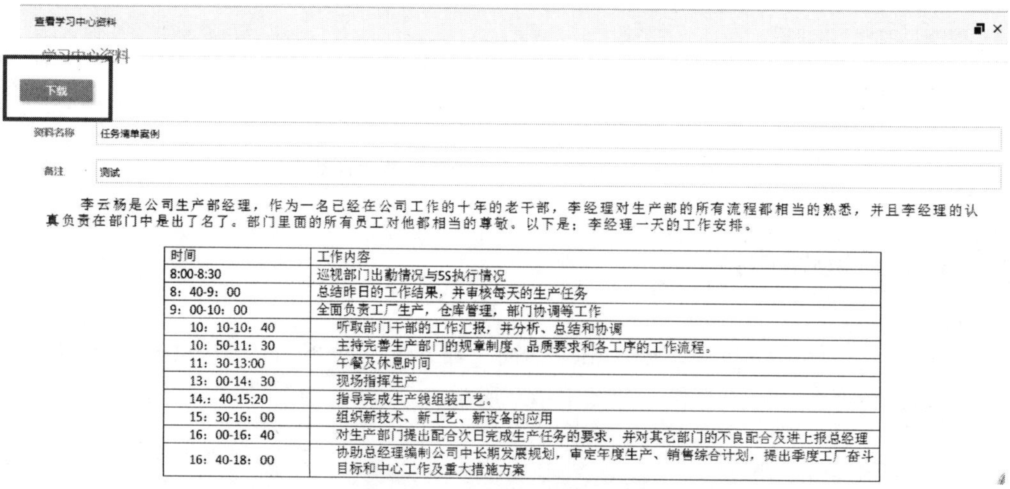
查看学习中心资料

学习中心资料

下载

资料名称　任务清单案例

备注　测试

李云杨是公司生产部经理，作为一名已经在公司工作的十年的老干部，李经理对生产部的所有流程都相当的熟悉，并且李经理的认真负责在部门中是出了名了。部门里面的所有员工对他都相当的尊敬。以下是：李经理一天的工作安排。

时间	工作内容
8:00-8:30	巡视部门出勤情况与5S执行情况
8：40-9：00	总结昨日的工作结果，并审核每天的生产任务
9：00-10：00	全面负责工厂生产，仓库管理，部门协调等工作
10：10-10：40	听取部门干部的工作汇报，并分析、总结和协调
10：50-11：30	主持完善生产部门的规章制度、品质要求和各工序的工作流程。
11：30-13:00	午餐及休息时间
13：00-14：30	现场指挥生产
14.：40-15:20	指导完成生产线组装工艺。
15：30-16：00	组织新技术、新工艺、新设备的应用
16：00-16：40	对生产部门提出配合次日完成生产任务的要求，并对其它部门的不良配合及进上报总经理
16：40-18：00	协助总经理编制公司中长期发展规划，审定年度生产、销售综合计划，提出季度工厂奋斗目标和中心工作及重大措施方案

图 1－71　下载学习中心资料

2 综合实验二：员工绩效管理

2.1 概　　述

2.1.1 系统简介

绩效管理专业技能实训系统分为管理员、教师、学生三种角色子系统，各个角色在该系统操作中各有不同的任务。该系统主要是管理员为教师与学生创建一个教学的氛围，教师发布公司绩效相关案例、绩效提升率、员工参数、薪酬等级等参数，学生学习教师所提供的案例内容，结合前期理论教学内容制定出自己认为合适的公司绩效计划，通过绩效监控、绩效评价、绩效反馈，最后将绩效结果运用到企业绩效改进和人力资源管理其他模块当中。本系统主要由基础教学、实训系统、学习中心三大模块组成，其中基础教学模块主要有战略绩效管理的核心目的、绩效管理工具、绩效计划、绩效监控、绩效评价、绩效反馈、绩效结果运用、学习中心等模块。

2.1.2 实验要求及目的

员工绩效管理实验设计的基本思路是采用仿真模拟的方式让学生了解组织绩效管理的相关知识。其核心追求不仅是把教师掌握的现有知识技能传递给学生，还是为学生提供一个能够自主实践操作的平台，通过模拟进行公司绩效体系搭建、绩效计划的制订、绩效监控、绩效反馈、绩效结果运用等操作，让学生能够对公司绩效管理相关知识有更深的学习与了解。该系统是一个理论与实践相结合的操作平台。

本实验系统提供当前典型的公司绩效制定规则，进行绩效管理工具选择、绩效计划制订、绩效监控、绩效评价、绩效反馈、绩效结果运用的模拟和演练，具有数据的量化、充满竞争和互动性、灵活的后台控制能力、寓教于乐的特色。

本部分需要学生学习的知识点包括绩效、绩效管理的基本概念，绩效管理的设计、周期、方法、流程及结果评价。

学生可以在教师设置的参数环境下，熟悉并完善好前期教学的内容，对绩效体系制定有一定的了解之后进行公司绩效管理操作，对其中涉及的各个部门绩效体系做出自己的决策，在这个过程中有效提升学生的绩效管理理论知识水平，锻炼学生绩效管理的实践操作能力。在操作该系统时，学生需主动思考，积极寻找问题的解决方案，这样才能在轻松的学习环境中获得更多的成果。

2.2 学生端功能和操作

2.2.1 学生端登录

教师创建好教学任务后，学生端可登录并操作。输入学生账号和密码，选择学生端，点击登录，如图2－1所示。

图2－1 学生端登录

2.2.2 学生端功能区介绍

学生端主要包括三大功能区，基础教学、实战系统和学习中心，如图2－2所示。

图2－2 学生端功能区

（1）基础教学学生端功能区介绍。

学生登录基础教学后界面由两块功能区组成，分别是导航区、基础教学。基础教学又分为战略绩效管理的核心目的、绩效管理工具、绩效计划、绩效监控、绩效评价、绩效反馈、绩效结果应用、学习中心八个部分，如图2－3和图2－4所示。

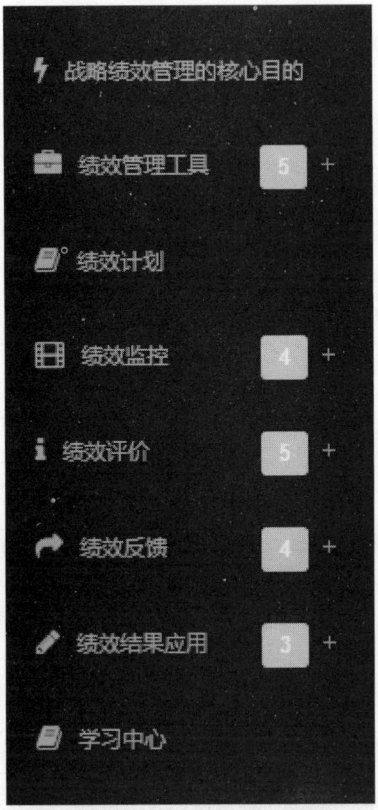

图2－3 基础教学

图2－4 导航区

（2）实战系统学生端功能区介绍。

学生登录实战系统后界面有3块功能区组成，分别是个人信息、操作流程、员工信息，如图2－5、图2－6和图2－7所示。其中个人信息和员工信息这块区域是不可操作的，供学生查看相应信息。操作流程是可操作部分。

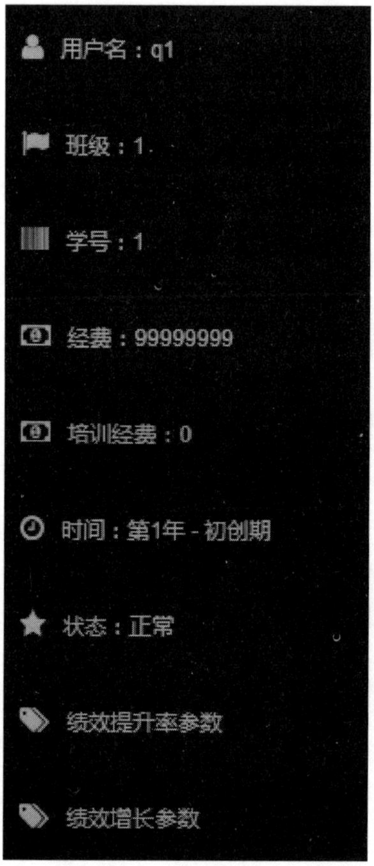

图2－5　个人信息

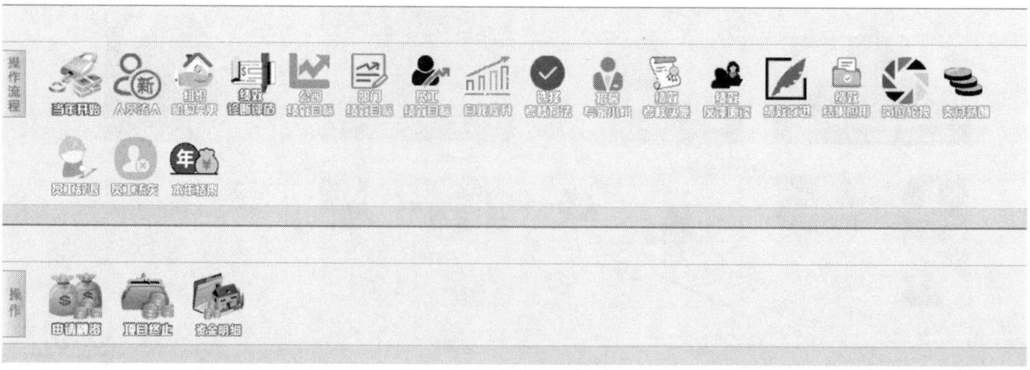

图2－6　操作流程

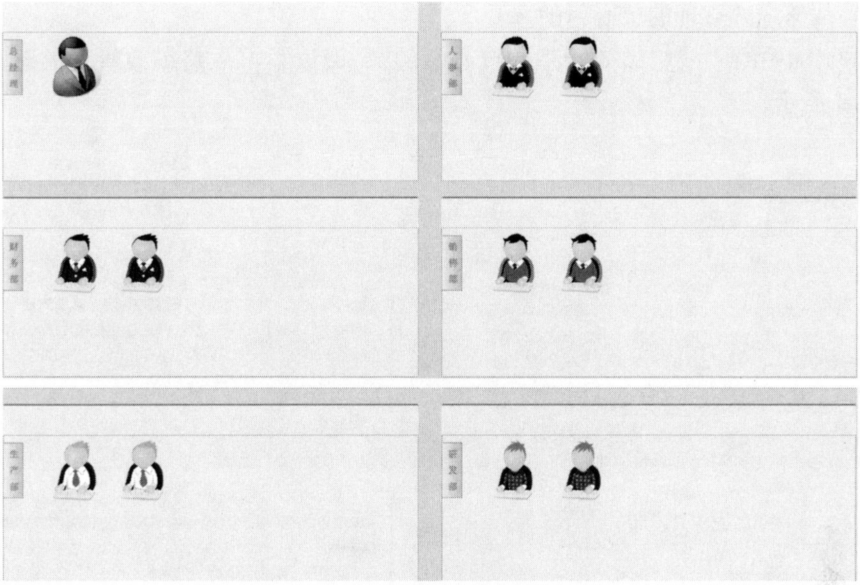

图 2-7 员工信息

2.2.3 基础教学操作流程介绍

点击“基础教学”首次登录会出现“信息完善”的弹窗，在这里可以填写学生的学前心得。填写完成后点击“立即提交”即可开始基础学习，如图 2-8 所示。

图 2-8 信息完善

（1）战略绩效管理的核心目的。

点击页面中的“战略绩效管理的核心目的”，阅读学习战略绩效管理的五大目的，如图 2－9 所示。

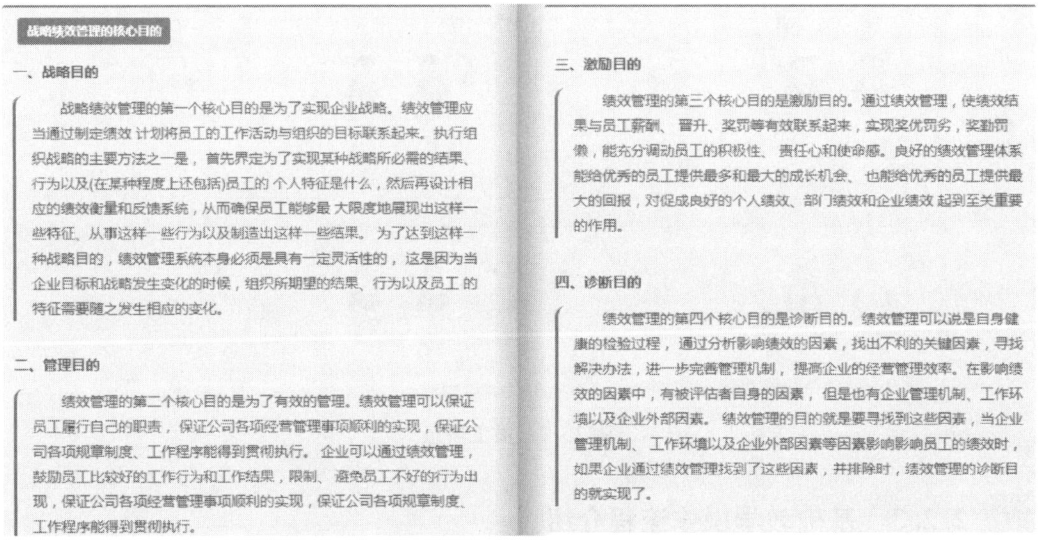
战略绩效管理的核心目的

一、战略目的

战略绩效管理的第一个核心目的是为了实现企业战略。绩效管理应当通过制定绩效 计划将员工的工作活动与组织的目标联系起来。执行组织战略的主要方法之一是，首先界定为了实现某种战略所必需的结果、行为以及(在某种程度上还包括)员工的 个人特征是什么，然后再设计相应的绩效衡量和反馈系统，从而确保员工能够最 大限度地展现出这样一些特征、从事这样一些行为以及制造出这样一些结果。 为了达到这样一种战略目的，绩效管理系统本身必须是具有一定灵活性的，这是因为当企业目标和战略发生变化的时候，组织所期望的结果、行为以及员工 的特征需要随之发生相应的变化。

二、管理目的

绩效管理的第二个核心目的是为了有效的管理。绩效管理可以保证员工履行自己的职责，保证公司各项经营管理事项顺利的实现，保证公司各项规章制度、工作程序能得到贯彻执行。 企业可以通过绩效管理，鼓励员工比较好的工作行为和工作结果，限制、 避免员工不好的行为出现，保证公司各项经营管理事项顺利的实现，保证公司各项规章制度、工作程序能得到贯彻执行。

三、激励目的

绩效管理的第三个核心目的是激励目的。通过绩效管理，使绩效结果与员工薪酬、 晋升、奖罚等有效联系起来，实现奖优罚劣，奖勤罚懒，能充分调动员工的积极性、 责任心和使命感。良好的绩效管理体系能给优秀的员工提供最多和最大的成长机会、 也能给优秀的员工提供最大的回报，对促成良好的个人绩效、部门绩效和企业绩效 起到至关重要的作用。

四、诊断目的

绩效管理的第四个核心目的是诊断目的。绩效管理可以说是自身健康的检验过程， 通过分析影响绩效的因素，找出不利的关键因素，寻找解决办法，进一步完善管理机制， 提高企业的经营管理效率。在影响绩效的因素中，有被评估者自身的因素， 但是也有企业管理机制、工作环境以及企业外部因素。 绩效管理的目的就是要寻找到这些因素，当企业管理机制、 工作环境以及企业外部因素等因素影响影响员工的绩效时，如果企业通过绩效管理找到了这些因素，并排除时，绩效管理的诊断目的就实现了。

图 2－9　阅读学习战略绩效管理的五大目的

（2）绩效管理工具。

点击导航栏的“绩效管理工具”按钮，下拉出现绩效管理的五个工具，如图 2－10 所示，包括关键绩效指标（KPI）、平衡记分卡（BSC）、360 度绩效考评、360 目标管理（MBO）、标杆超越法，点击相应的管理工具会出现相应的基础教学内容，如图 2－11 所示。

①关键绩效指标。点击“关键绩效指标（KPI）”进入对应界面，点击“案例查看”按钮，新跳出的网页中阅读案例。阅读过后完成相应练习，如图 2－12 和图 2－13 所示。

查看案例后，依据案例确定企业关键成功领域点击“立即前往”按钮跳出弹框填写相关的关键成功领域，完成后点击“立即提交”按钮完成操作，如图 2－14、图 2－15 所示。

确定企业关键成功领域填写完毕后“立即前往”按钮变为“查看”按钮，点击“查看”按钮可以对填写内容进行查看，并可以点击查看教师上传的参考答案，如图 2－16、图 2－17 所示。

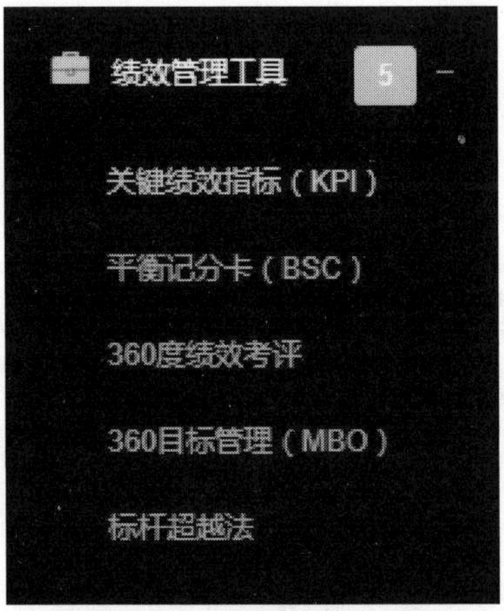

图 2－10　绩效管理工具

图 2－11　基础教学内容

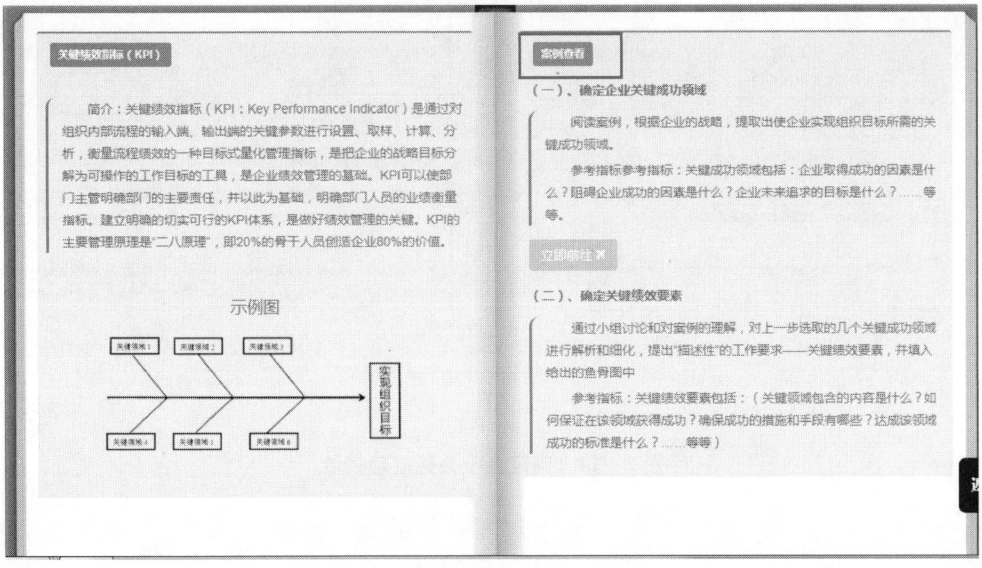

图 2－12　关键绩效指标（KPI）界面

案例

一、公司简介

辉煌计算机公司是一家专业从事嵌入式工业计算机及自动化控制系统设计、开发、销售的高科技公司，成立于2002年。公司继承了自控领域的经验，融入当今先进的工业计算机技术，在自动化控制及嵌入式计算机系统领域取得了骄人的业绩，成为在该领域具有较强影响力的公司。辉煌计算机公司有较强的设计、研发和生产能力，可为用户提供嵌入式计算机系统产品设计、开发、系统集成、自动化工程实施等服务。随着公司的发展，目前已有自主品牌的四个系列(工业级平板电脑4款、工作站4款及平板显示器6款和BOX PC5款)近20款产品投入批量生产。我们的宗旨：专业是基础、服务是保证、质量是信誉。凭借可靠的产品质量和良好的售后服务，赢得了广大用户的认可，产品应用涵盖公共交通，电力、军工、金融、网络安全、船舶制造、医药器械、数控、仪表、科研等行业，并连续多年成为地铁和军工科研单位嵌入式计算机产品指定供应商。

辉煌计算机公司和上海张江高科技园区的许多高科技公司一样，以超常规的速度发展，但也面临着来自北京中关村高科技园区、广东深圳地区等大公司的激烈竞争。

二、绩效计划与实施

如今，辉煌计算机公司正处在蓬勃发展的阶段，市场的现状是口碑及销售业绩很好，商业经验丰富。2015年，公司在全国各地的总销售额超过2500万元，市场占有率超过30%，且新研发里12项新产品，是同类公司中的佼佼者。目前公司在经营中保持创新的新鲜度，提升经营定位，巩固市场份额，继续提高盈利能力，从而延长公司的成熟期，保持公司的竞争优势。

2016年初，辉煌公司针对公司的整体目标和各部门的发展要求制定了相应的绩效目标，帮助各部门和雇员自身对未来发展进行自我监控。

对于辉煌计算机公司来讲，提升销售收入，提高利润率是其首要目标，在经营过程中要注重毛利率的提升和费用的降低，从而增强盈利能力。公司计划在新一年扩大销售，销售总额比上年提升5%，毛利率也提升5%。公司还十分注重品牌的维护和公司形象的塑造，注重一线品牌的占有、品牌的到位情况，并致力于为客户提供更多更好的服务，提升客户的满意度，减少客户投诉率，维持现有客户并不断开发和拓展新的客户，使公司在行业中占有更大的市场份额。

在企业外部谋求发展的同时，内部员工的和谐相处、员工的团队建设。在提升当前经营水平的同时，公司也关注管理者和员工的学习与成长，公司要求管理者不断提升自己的组织领导能力和学习创新能力。公司组织各类活动塑造和传播企业文化，增强企业凝聚力，减少人员流失，为员工组织各类培训不少于10次，提高员工工作能力。

图2－13　阅读案例

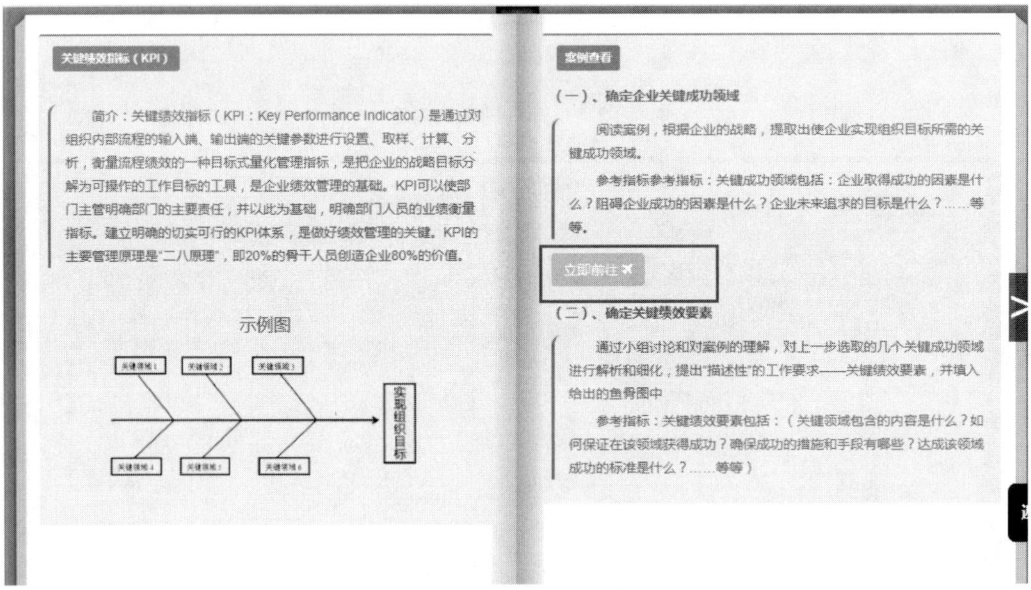

图2－14　确定企业关键成功领域

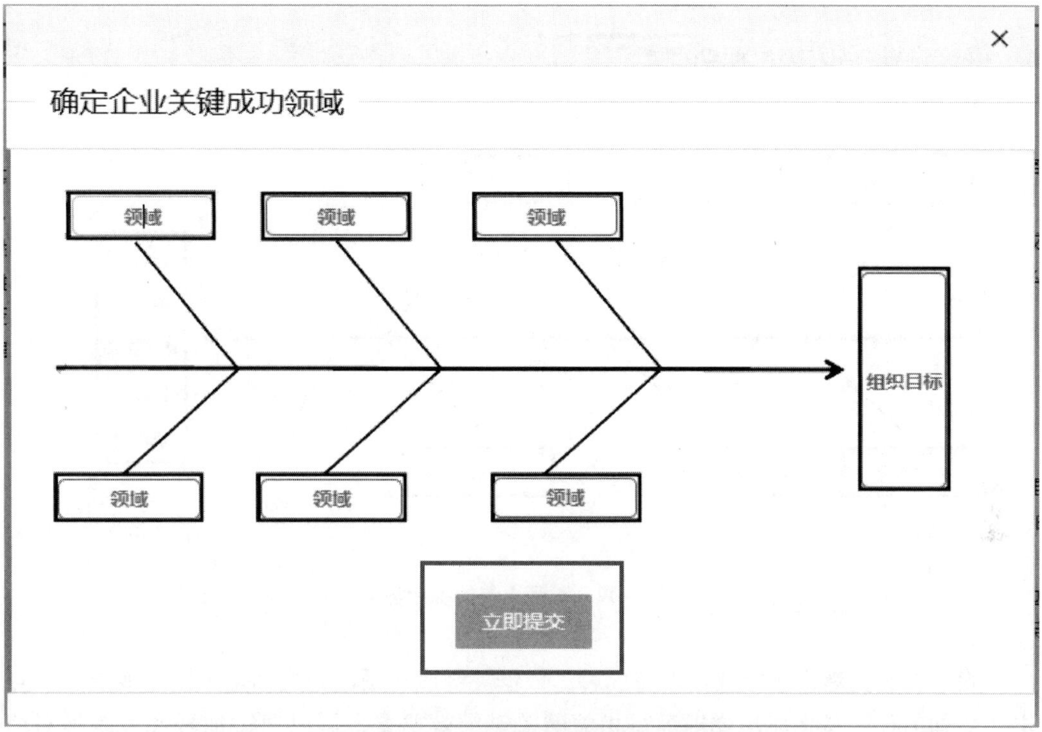

图 2 - 15　填写相关的关键成功领域

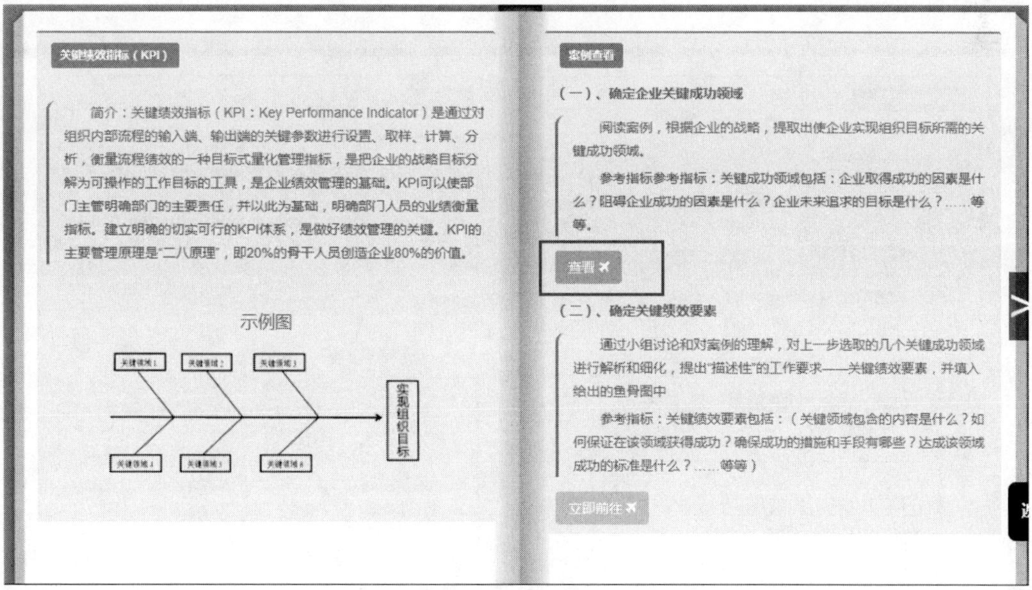

图 2 - 16　查看填写内容

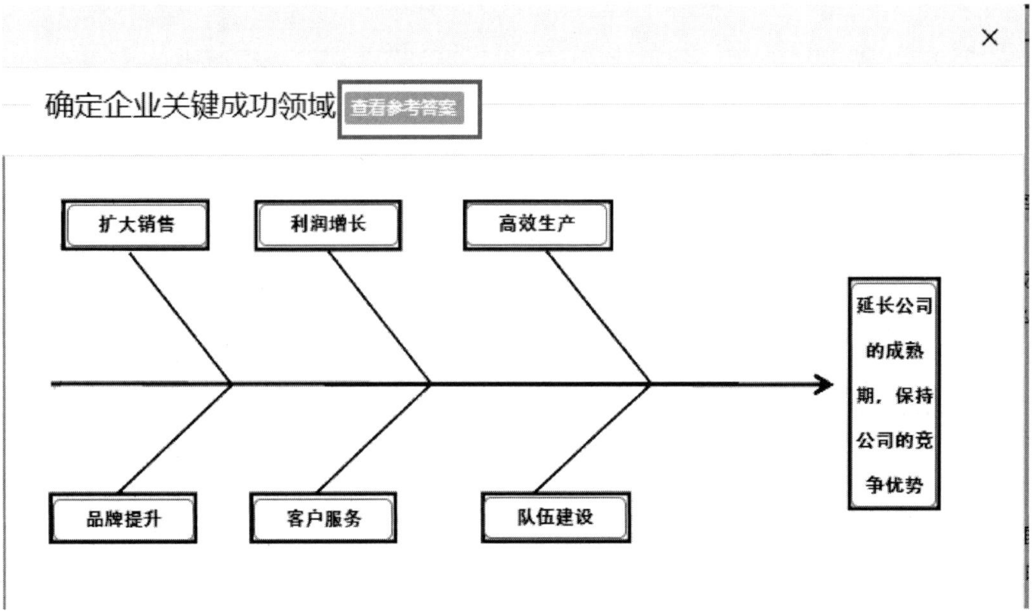

图 2－17　教师上传的参考答案

确定企业关键成功领域操作完成后，依据关键成功领域完成确定关键绩效要素，点击“立即前往”按钮跳出弹框填写相关的关键绩效要素，可以通过加号或者减号对绩效领域填写多个要素，每一个领域要素不能少于 1 个，完成后点击“立即提交”按钮完成操作，如图 2－18、图 2－19 所示。

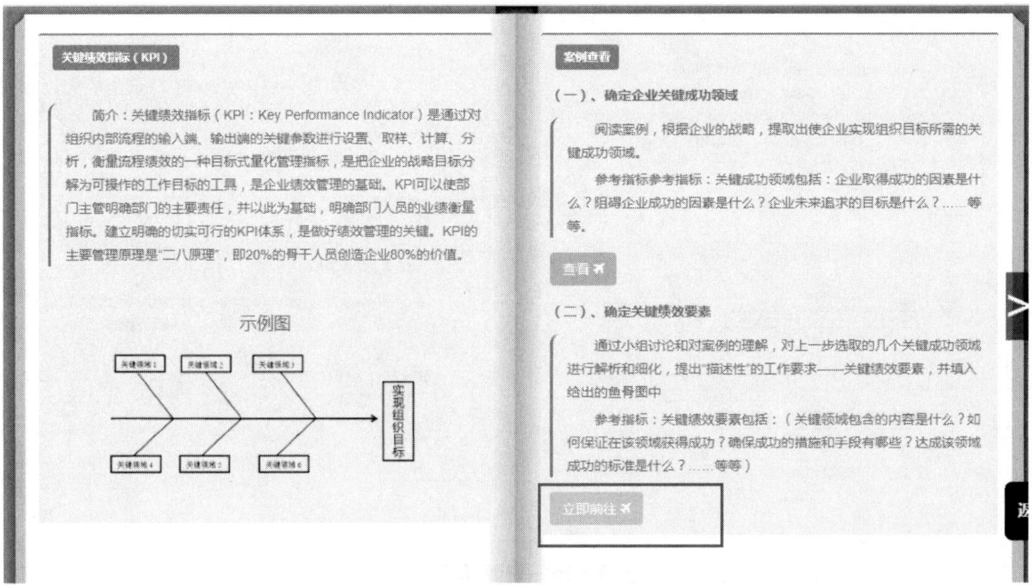

图 2－18　确定关键绩效要素

图 2－19　填写相关的关键绩效要素并提交

确定关键绩效要素填写完毕后“立即前往”按钮变为“查看”按钮，点击“查看”按钮可以对填写内容进行查看，并可以点击查看教师上传的参考答案，如图 2－20、图 2－21 所示。

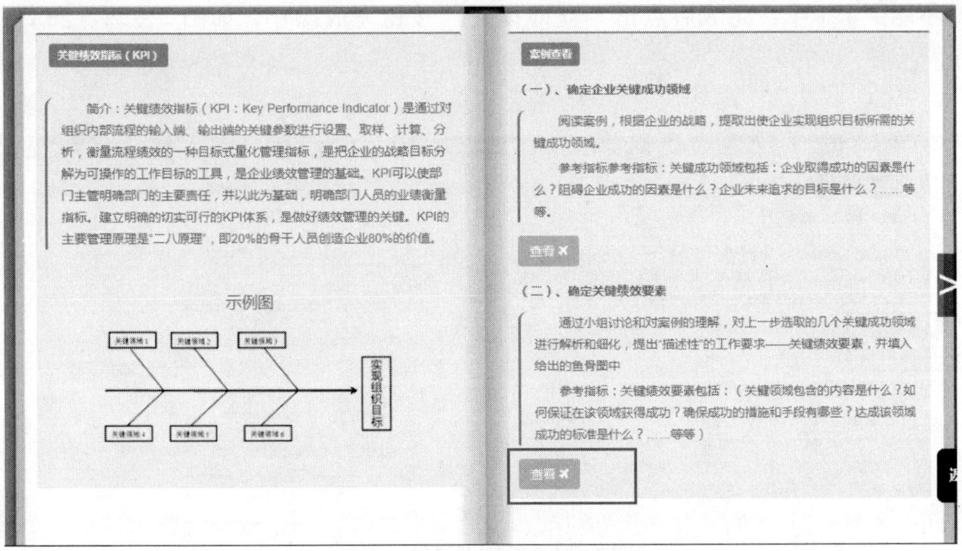

图 2－20　查看填写的关键绩效要素

×

确定关键绩效要素

关键领域	关键绩效要素
执行力	完成实践
	完成效果
想象力	绩效
领导力	管理
绩效	实践
管理	关键
实践	要素

图 2－21　教师上传的参考答案

确定关键绩效要素完成后，依据关键绩效要素完成确定关键绩效指标，点击“立即前往”按钮跳出弹框填写与关键绩效要素相对应的关键绩效指标，可以通过加号或者减号对绩效指标和指标定义填写多几条或少几条，每一个绩效要素对应的绩效指标和定义不能少于1个，完成后点击“立即提交”按钮完成操作，如图2－22、图2－23所示。

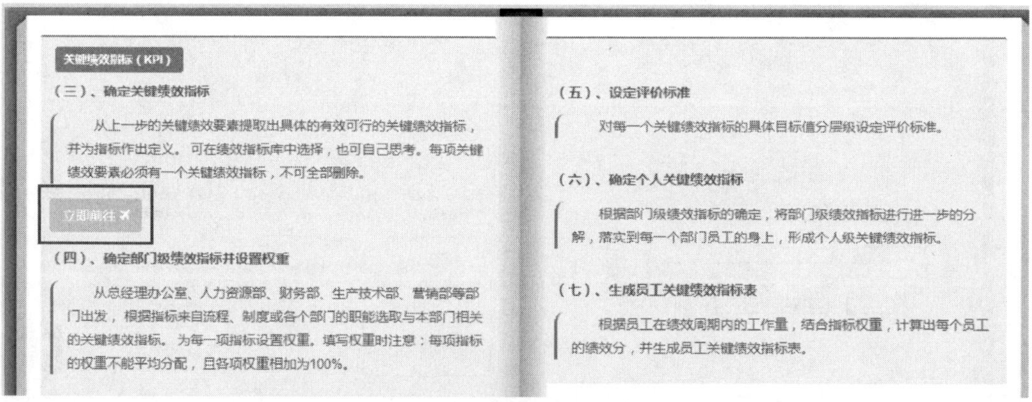

图 2－22　确定关键绩效指标

图 2-23 填写与关键绩效要素相对应的关键绩效指标

确定关键绩效指标填写完毕后“立即前往”按钮变为“查看”按钮，点击“查看”按钮可以对填写内容进行查看，并可以点击查看教师上传的参考答案，如图 2-24、图 2-25 所示。

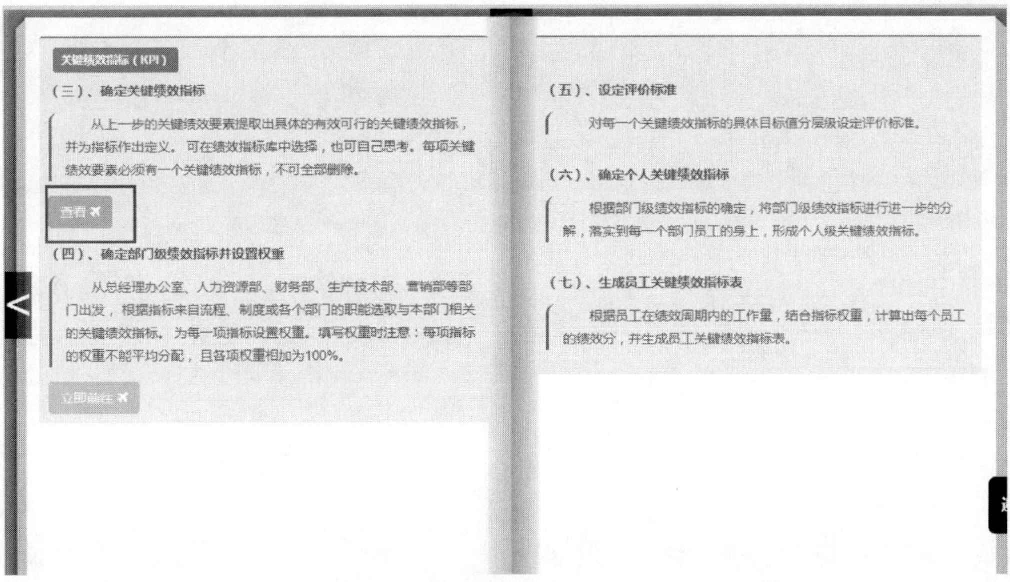

图 2-24 查看填写的与关键绩效要素相对应的关键绩效指标

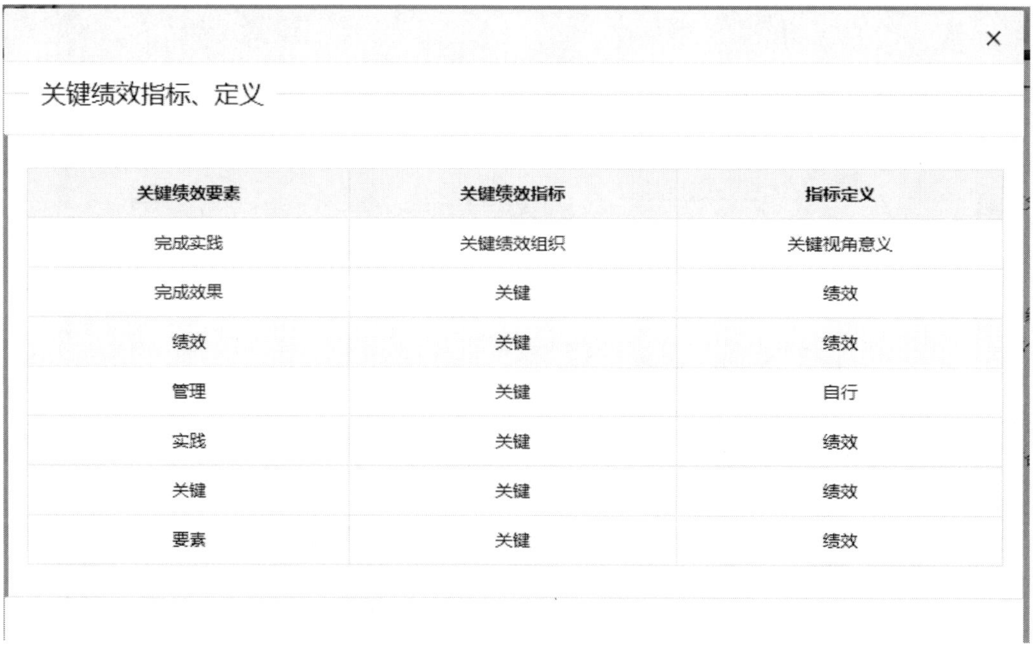

关键绩效要素	关键绩效指标	指标定义
完成实践	关键绩效组织	关键视角意义
完成效果	关键	绩效
绩效	关键	绩效
管理	关键	自行
实践	关键	绩效
关键	关键	绩效
要素	关键	绩效

图 2－25　教师上传的参考答案

确定关键绩效指标完成后，依据关键绩效指标完成确定部门绩效指标及设置权重，点击“立即前往”按钮，跳出弹框，选择与部门相关的关键绩效指标，填写部门名称，设置相应的绩效指标权重，点击“增加部门”和“减少部门”完成相应权重设置，完成后点击“立即提交”按钮完成操作如图 2－26、图 2－27 所示。

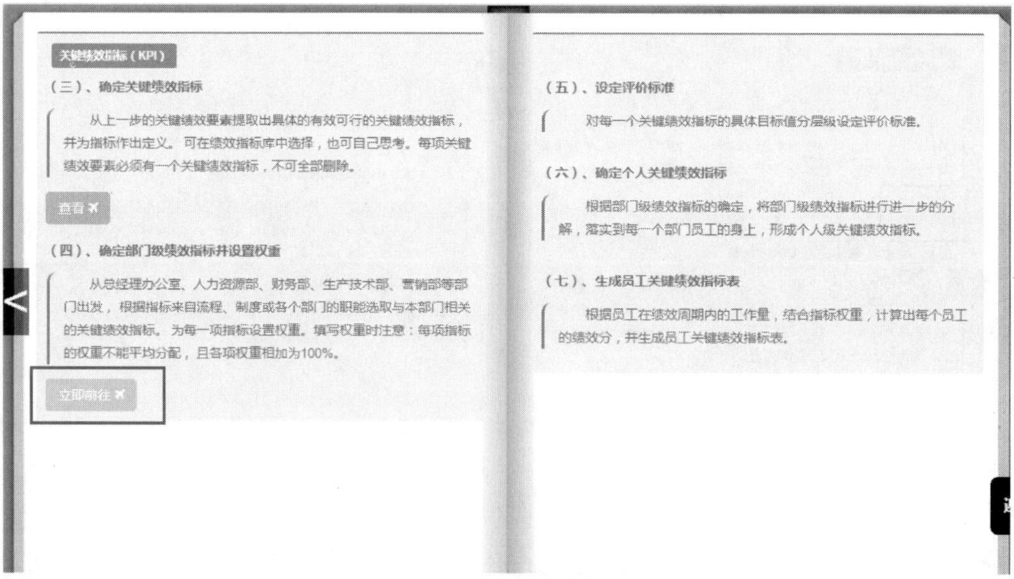

图 2－26　确定部门绩效指标及设置权重

图 2－27　确定部门绩效指标及设置权重

关键绩效指标权重填写完毕后“立即前往”按钮变为“查看”按钮，点击“查看”按钮可以对填写内容进行查看，并可以点击查看教师上传的参考答案，如图 2－28、图 2－29 所示。

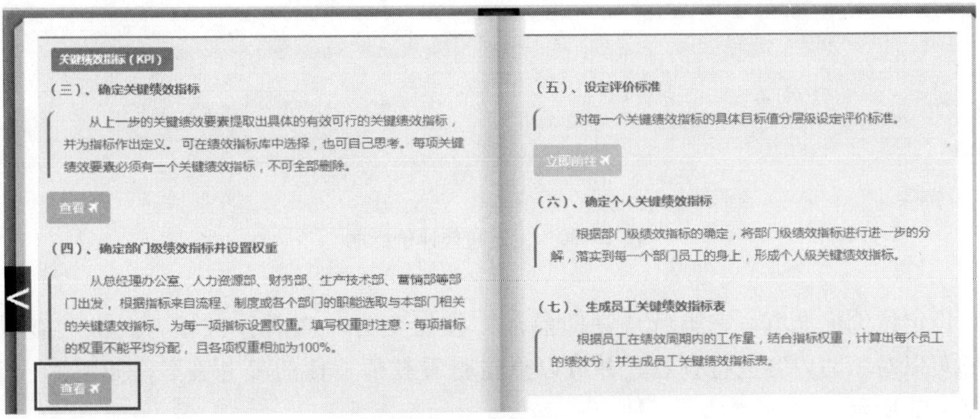

图 2－28　查看填写的内容

关键指标绩效指标权重

销售部				
关键领域	关键绩效要素	关键绩效指标	指标定义	指标权重/%
执行力	完成实践	关键绩效组织	关键视角意义	10 %
	完成效果	关键	绩效	10 %
想象力	绩效	关键	绩效	10 %
领导力	管理	关键	自行	10 %
绩效	实践	关键	绩效	10 %
管理	关键	关键	绩效	25 %
实践	要素	关键	绩效	25 %

图 2-29　教师上传的参考答案

确定部门绩效指标及权重完成后，依据前面的几步操作设定绩效评价标准，点击“立即前往”按钮，跳出弹框，依据部门不同权重设置不同的绩效目标值，完成后点击“立即提交”按钮完成操作，如图 2-30、图 2-31 所示。

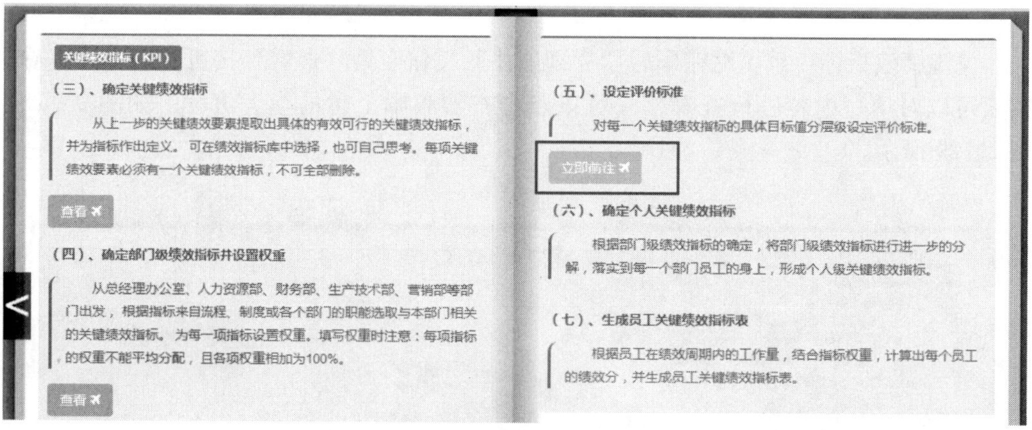

图 2-30　设定绩效评价标准

设定评价标准填写完毕后“立即前往”按钮变为“查看”按钮，点击“查看”按钮可以对填写内容进行查看，并可以点击查看教师上传的参考答案，如图 2-32、图 2-33 所示。

销售部				
关键绩效要素	关键绩效指标	指标定义	指标权重/%	绩效目标值
关键	关键	绩效	10 %	绩效目标值
完成实践	关键绩效组织	关键视角意义	10 %	绩效目标值
实践	关键	自行	10 %	绩效目标值
管理	关键	绩效	10 %	绩效目标值
绩效	关键	绩效	10 %	绩效目标值
要素	关键	绩效	25 %	绩效目标值

图 2－31　填写绩效目标值

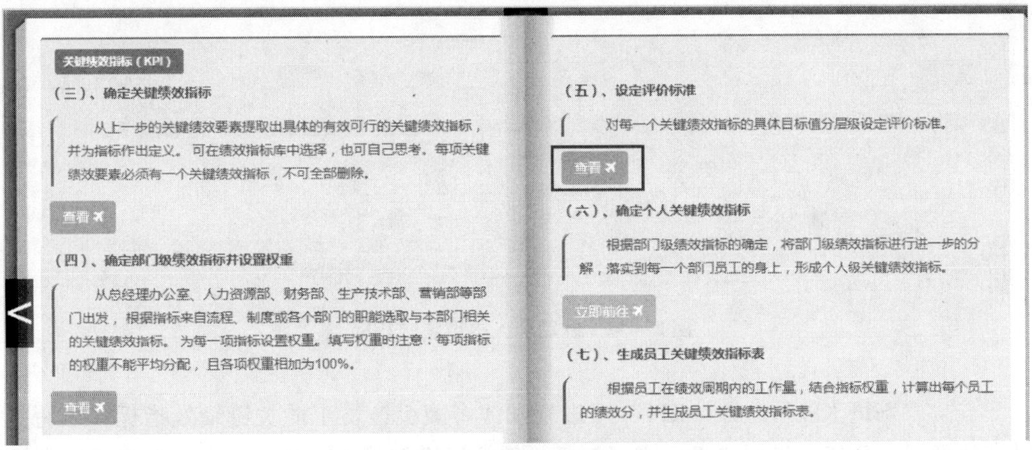

图 2－32　查看填写的绩效目标值

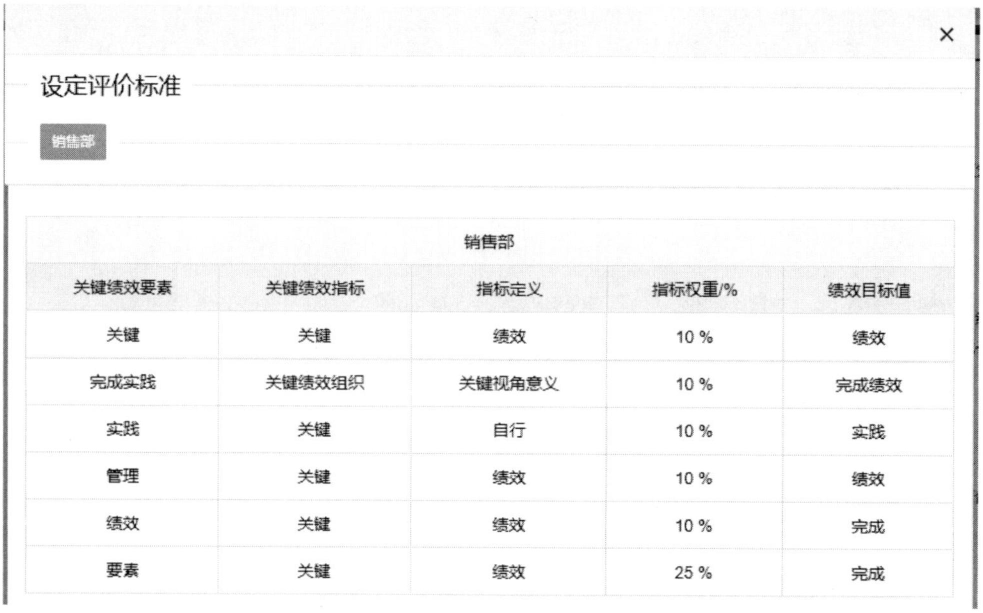

设定评价标准

销售部

销售部				
关键绩效要素	关键绩效指标	指标定义	指标权重/%	绩效目标值
关键	关键	绩效	10 %	绩效
完成实践	关键绩效组织	关键视角意义	10 %	完成绩效
实践	关键	自行	10 %	实践
管理	关键	绩效	10 %	绩效
绩效	关键	绩效	10 %	完成
要素	关键	绩效	25 %	完成

图 2－33　教师上传的参考答案

设定评价标准完成后，依据前面的几步操作确定个人关键绩效指标，点击“立即前往”按钮跳出弹框填写员工的姓名，选择所在部门，对应填写绩效的分值、权重和绩效标准，可以点击添加减少员工，减少信息只能在增加的基础上减少，已存在的信息不能减少，完成后点击“立即提交”按钮完成操作，如图 2－34、图 2－35 所示。

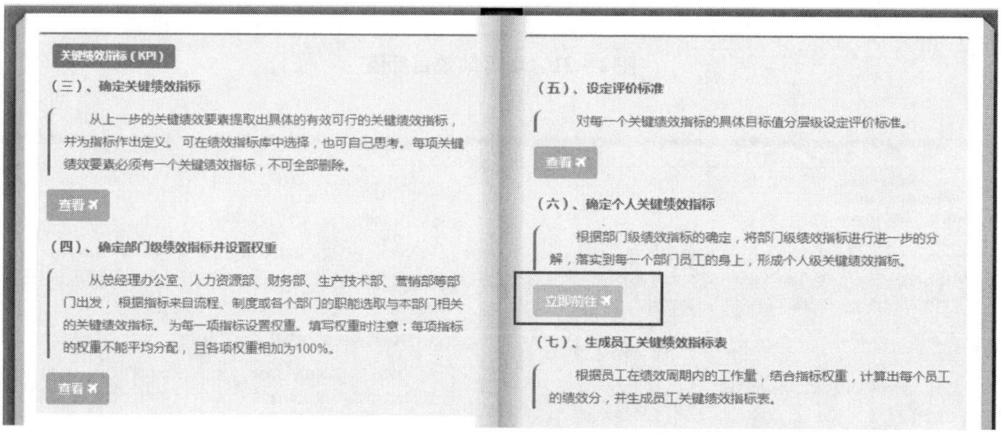

图 2－34　确定个人关键绩效指标

点击“新增 KPI”“减少 KPI”可以增加或者减少该员工的关键绩效指标，填写关键绩效指标、分值、指标定义、指标权重、绩效标准等具体内容，减少信息只能在增加的基础上减少，已存在的信息不能减少，全部完成后点击“立即提交”完成操作，如图 2－36 所示。

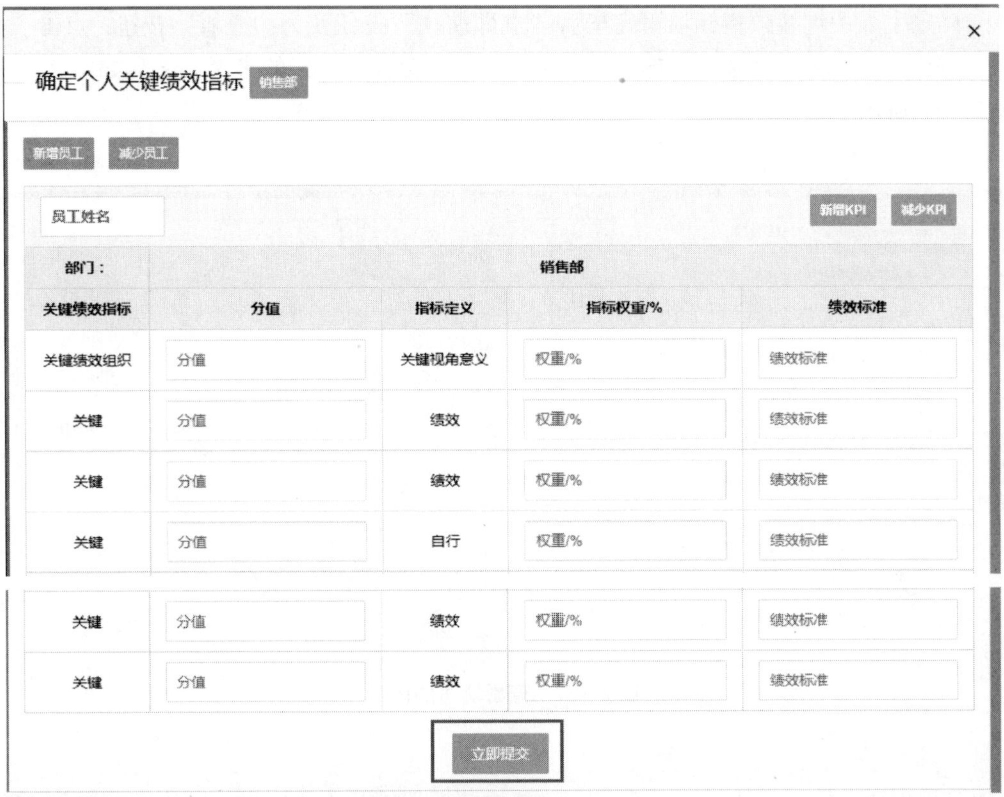

图 2－35　填写相关内容

图 2－36　增加该员工的关键绩效指标

确定个人关键绩效指标填写完毕后“立即前往”按钮变为“查看”按钮，点击“查看”按钮可以对填写内容进行查看，并可以点击查看教师上传的参考答案，如图 2－37、图 2－38 所示。

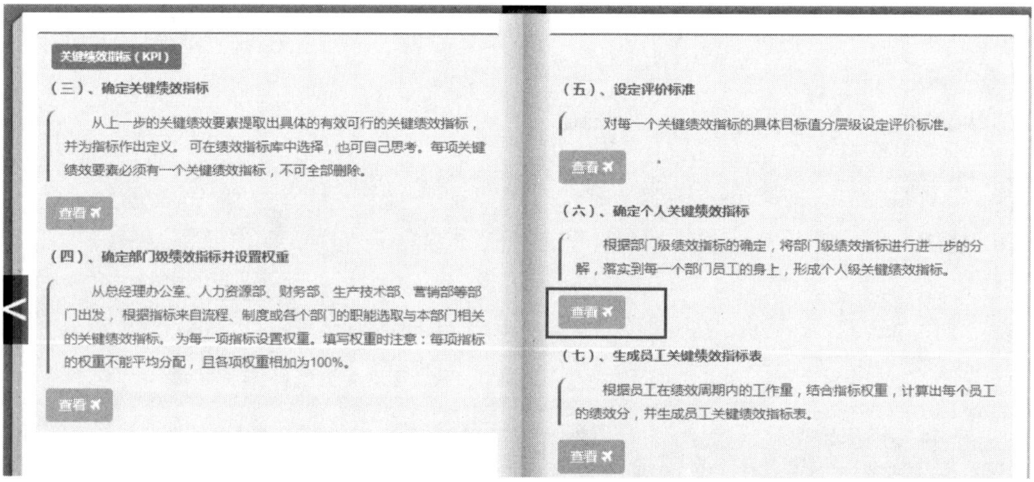

图 2－37　查看填写的内容

员工姓名：王

部门名称：销售部

关键绩效指标	分值	指标定义	指标权重/%	绩效标准
关键	-1	绩效	1 /%	3
关键	1	自行	1 /%	123
关键	1	绩效	1 /%	12
关键	1	绩效	1 /%	2
关键	1	绩效	1 /%	23
关键绩效组织	1	关键视角意义	1 /%	123

图 2－38　教师上传的参考答案

上面所有步骤完成后点击生成员工关键绩效指标表的“查看”按钮查看员工关键绩效指标表，如图 2－39、图 2－40 所示。

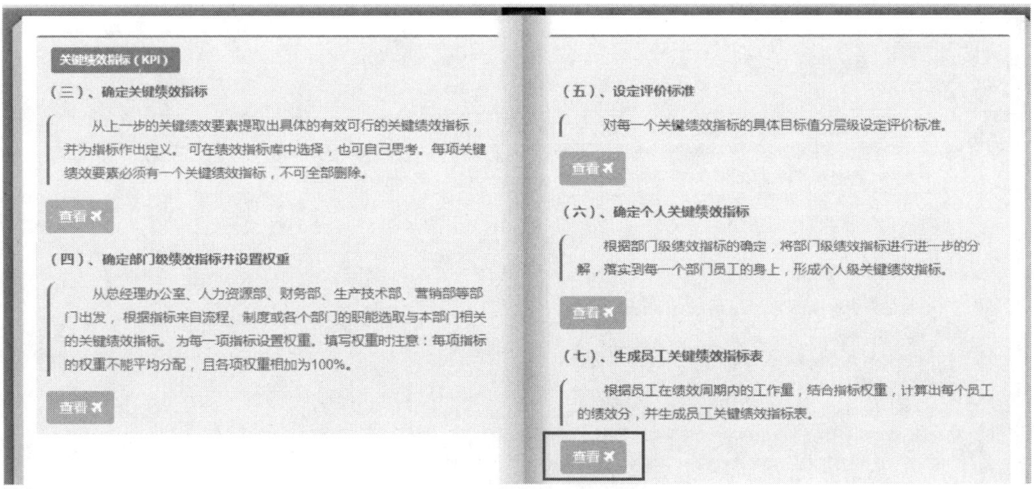

图 2－39　查看员工关键绩效指标

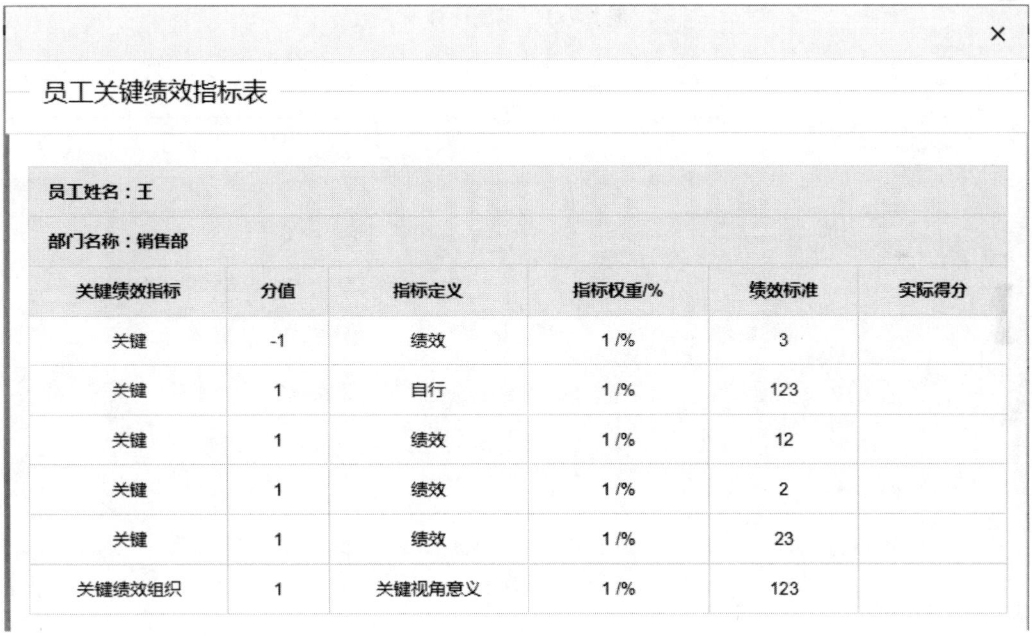

员工关键绩效指标表

员工姓名：王

部门名称：销售部

关键绩效指标	分值	指标定义	指标权重/%	绩效标准	实际得分
关键	-1	绩效	1 /%	3	
关键	1	自行	1 /%	123	
关键	1	绩效	1 /%	12	
关键	1	绩效	1 /%	2	
关键	1	绩效	1 /%	23	
关键绩效组织	1	关键视角意义	1 /%	123	

图 2－40　员工关键绩效指标表

②平衡计分卡。点击“平衡计分卡（BSC）”，出现平衡计分卡的定义、优缺点和适应情况，如图 2－41 所示。点击页面中部的“翻页”按钮，查看案例的基础上完成相应的练习，完成后点击“下一步”，如图 2－42、图 2－43 所示。

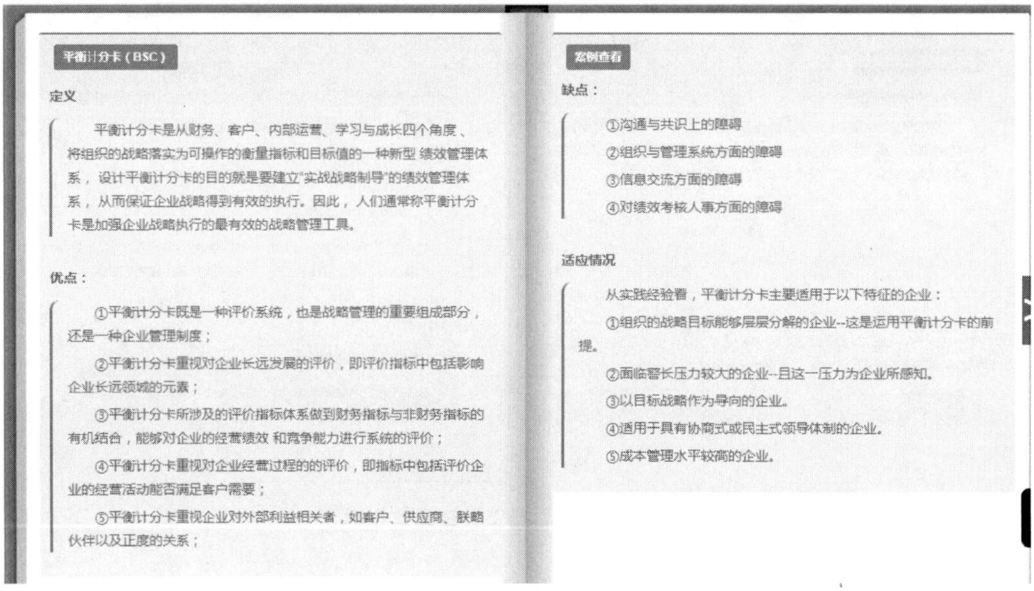

图 2-41　平衡计分卡

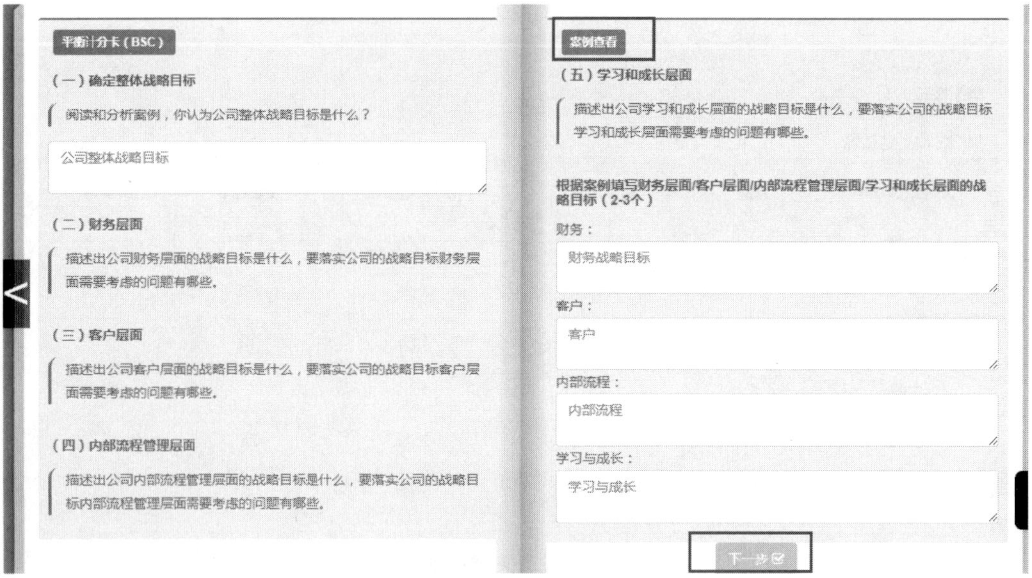

图 2-42　案例查看

完成上面平衡计分卡的相关练习，点击“下一步”生成战略地图，如图 2-44 所示。

案例

一、公司简介

辉煌计算机公司是一家专业从事嵌入式工业计算机及自动化控制系统设计、开发、销售的高科技公司，成立于2002年。公司继承了自控领域的经验，融入当今先进的工业计算机技术，在自动化控制及嵌入式计算机系统领域取得了骄人的业绩，成为在该领域具有较强影响力的公司。辉煌计算机公司有较强的设计、研发和生产能力，可为用户提供嵌入式计算机系统产品设计、开发、系统集成、自动化工程实施等服务。随着公司的发展，目前已有自主品牌的四个系列(工业级平板电脑4款、工作站4款及平板显示器6款和BOX PC5款)近20款产品投入批量生产。我们的宗旨：专业是基础、服务是保证、质量是信誉。凭借可靠的产品质量和良好的售后服务，赢得了广大用户的认可，产品应用涵盖公共交通，电力、军工、金融、网络安全、船舶制造、医药器械、数控、仪表、科研等行业，并连续多年成为地铁和军工科研单位嵌入式计算机产品指定供应商。

辉煌计算机公司和上海张江高科技园区的许多高科技公司一样，以超常规的速度发展，但也面临着来自北京中关村高科技园区、广东深圳地区等大公司的激烈竞争。

二、绩效计划与实施

如今，辉煌计算机公司正处在蓬勃发展的阶段，市场的现状是口碑及销售业绩很好，商业经验丰富。2015年，公司在全国各地的总销售额超过2500万元，市场占有率超过30%，且新研发里12项新产品，是同类公司中的佼佼者。目前公司在经营中保持创新的新鲜度，提升经营定位，巩固市场份额，继续提高盈利能力，从而延长公司的成熟期，保持公司的竞争优势。

2016年初，辉煌公司针对公司的整体目标和各部门的发展要求制定了相应的绩效目标，帮助各部门和雇员自身对未来发展进行自我监控。

对于辉煌计算机公司来讲，提升销售收入，提高利润率是其首要目标，在经营过程中要注重毛利率的提升和费用的降低，从而增强盈利能力。公司计划在新一年扩大销售，销售总额比上年提升5%，毛利率也提升5%。公司还十分注重品牌的维护和公司形象的塑造，注重一线品牌的占有、品牌的到位情况，并致力于为客户提供更多更好的服务，提升客户的满意度，减少客户投诉率，维持现有客户并不断开发和拓展新的客户，使公司在行业中占有更大的市场份额。

在企业外部谋求发展的同时，内部员工的和谐相处、员工的团队建设。在提升当前经营水平的同时，公司也关注管理者和员工的学习与成长，公司要求管理者不断提升自己的组织领导能力和学习创新能力。公司组织各类活动塑造和传播企业文化，增强企业凝聚力，减少人员流失，为员工组织各类培训不少于10次，提高员工工作能力。

图 2－43　阅读案例

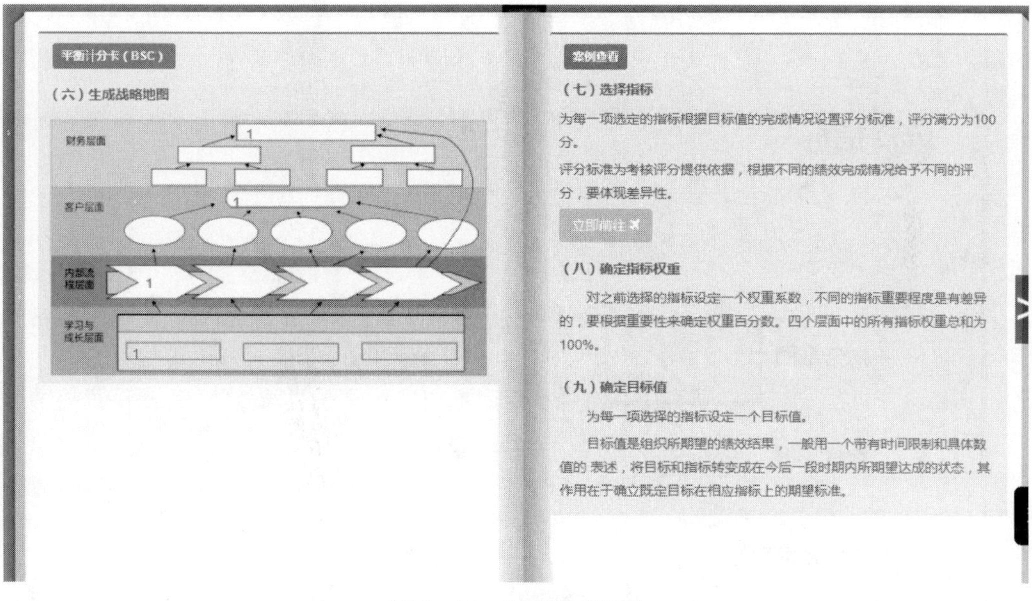

图 2－44　生成战略地图

生成战略地图步骤完成后，点击“立即前往”按钮，跳出弹框下拉选择添加不同的指标，弹框里面加号减号可以添加或者减少指标，每一项指标不少于一项，选择完毕后点击“立即提交”完成操作，如图 2－45、图 2－46 所示。

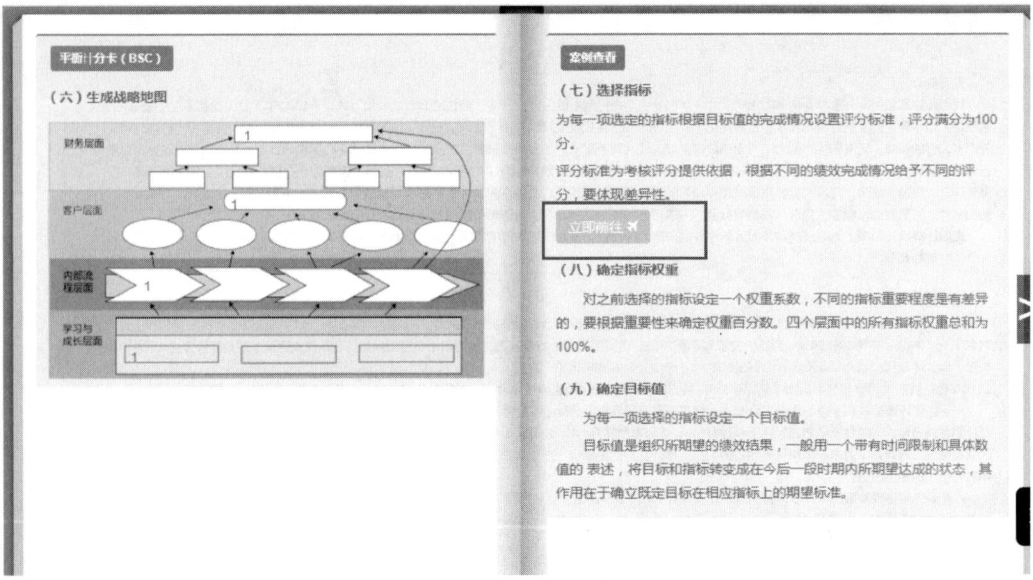

图 2－45　生成战略地图后立即前往页面

图 2－46　选择指标并提交

选择指标步骤完成后“立即前往”按钮变为“查看”按钮，点击“查看”按钮可以对填写内容进行查看，并可以点击查看教师上传的参考答案，如图 2－47、图 2－48 所示。

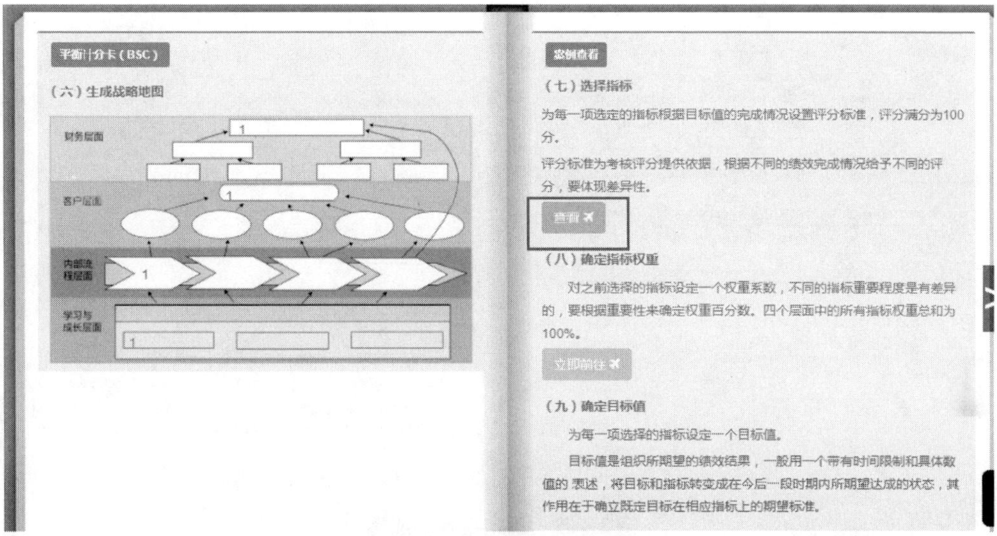

图 2－47　查看填写的内容

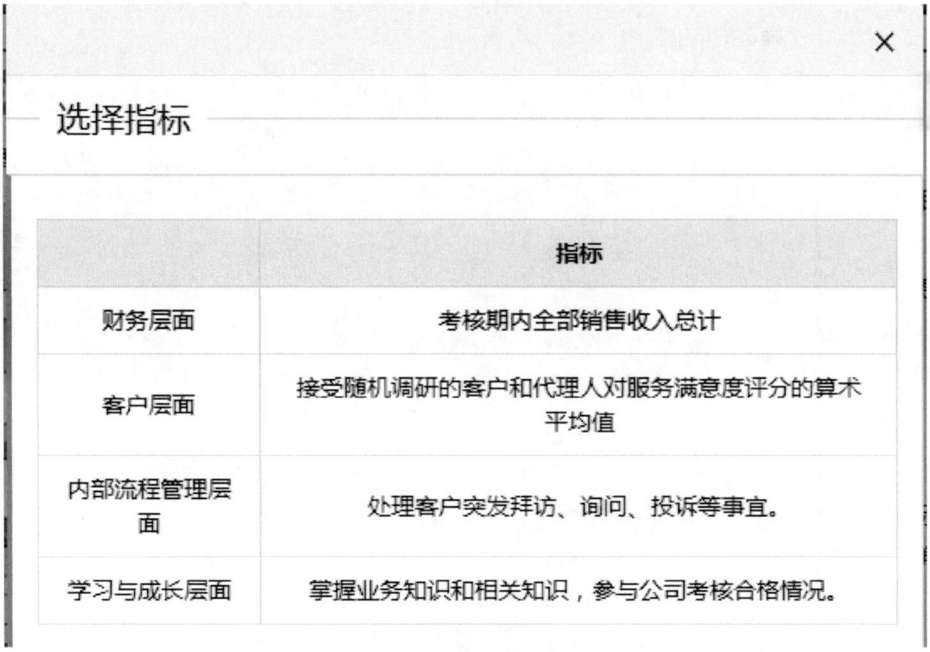

选择指标

	指标
财务层面	考核期内全部销售收入总计
客户层面	接受随机调研的客户和代理人对服务满意度评分的算术平均值
内部流程管理层面	处理客户突发拜访、询问、投诉等事宜。
学习与成长层面	掌握业务知识和相关知识，参与公司考核合格情况。

图 2－48　教师上传的参考答案

选择指标步骤完成后，点击“立即前往”按钮，跳出弹框确定指标的权重，填写完毕后点击“立即提交”完成操作，如图 2－49、图 2－50 所示。

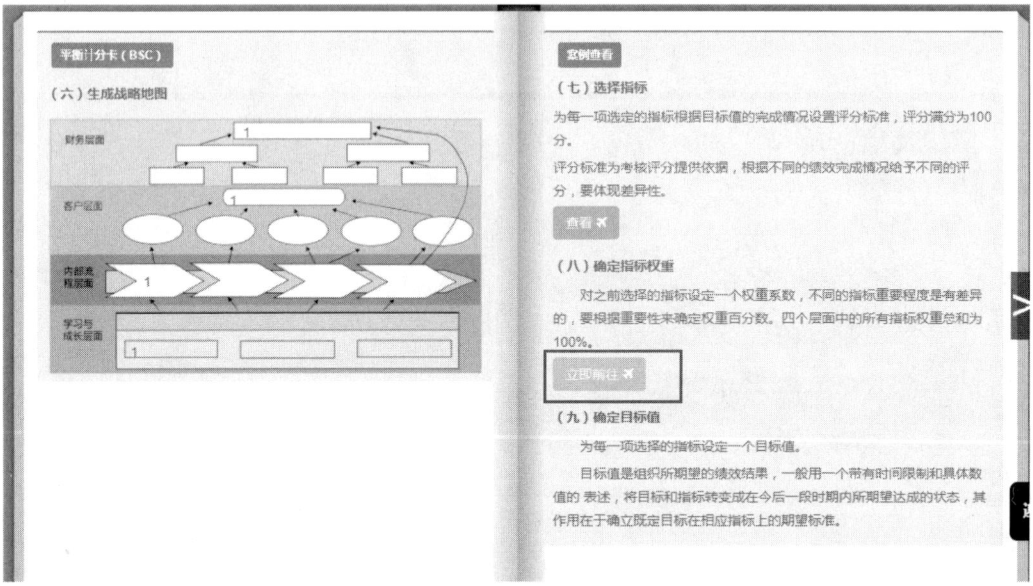

图 2－49　确定指标的权重

图 2－50　选择指标的权重

确定指标权重步骤完成后“立即前往”按钮变为“查看”按钮，点击“查看”按钮可以对填写内容进行查看，并可以点击查看教师上传的参考答案，如图 2－51、图 2－52 所示。

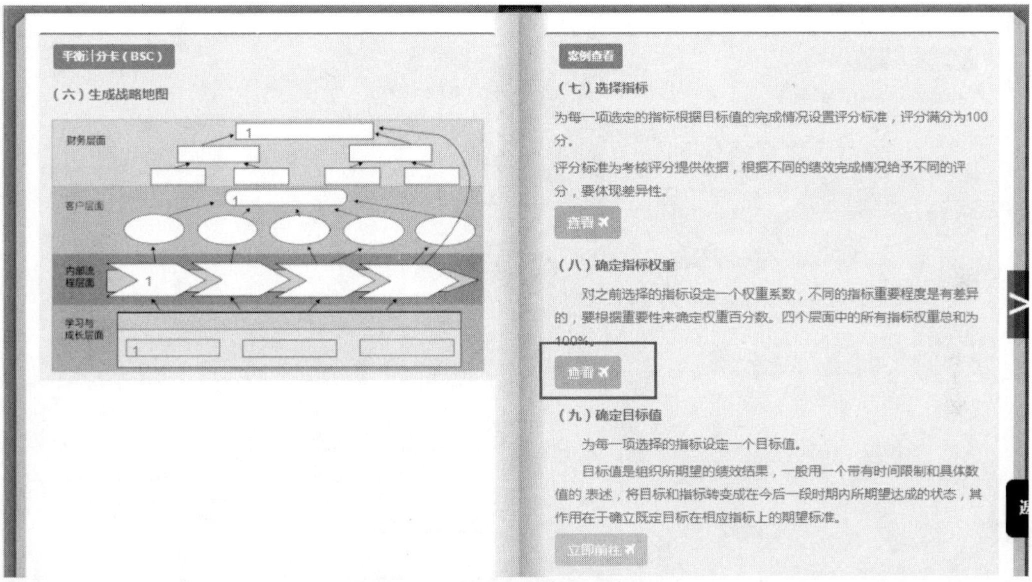

图 2－51　查看选择的指标权重

×

确定指标权重

财务层面	权重/%
销售总额	20 %
客户层面	**权重/%**
客户满意度	10 %
内部业务流程层面	**权重/%**
突发事件处理情况	25 %
学习与成长层面	**权重/%**
专业知识合格情况	45 %

图 2－52　教师上传的参考答案

确定指标权重步骤完成后，点击“立即前往”按钮，跳出弹框依据设置的目标名称填入相应的目标值，填写完毕后点击“立即提交”完成操作，如图 2 - 53、图 2 - 54 所示。

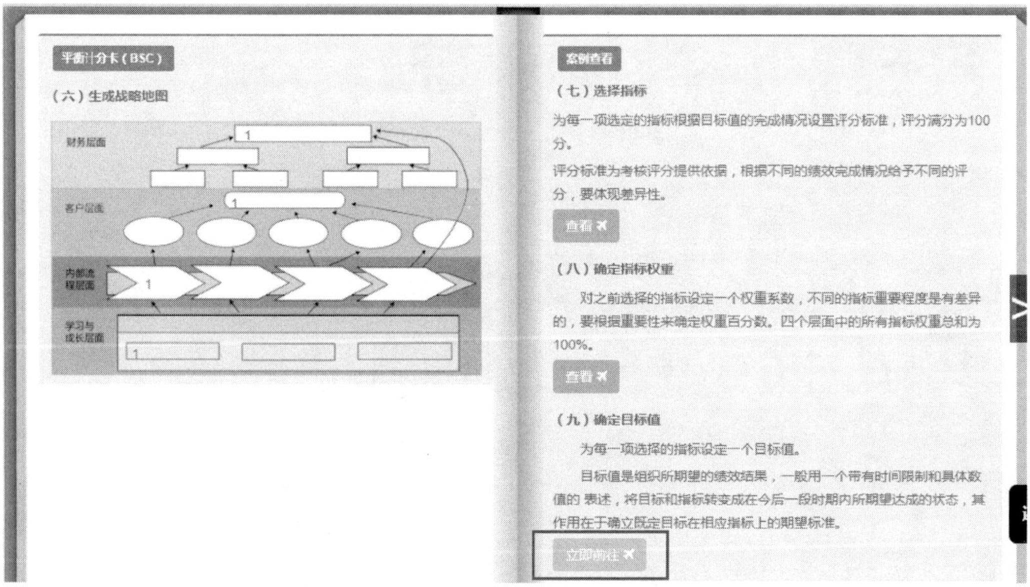

图 2 - 53　确定目标值

图 2 - 54　填写目标值

确定目标值步骤完成后“立即前往”按钮变为“查看”按钮，点击“查看”按钮可以对填写内容进行查看，并可以点击查看教师上传的参考答案，如图 2－55、图 2－56 所示。

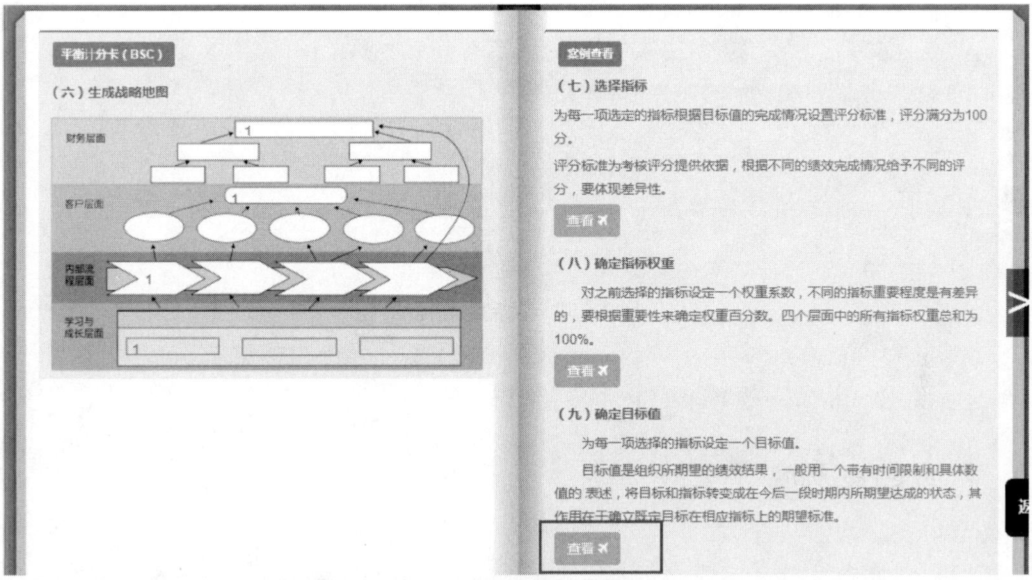

图 2－55　查看填写的目标值

确定目标值

指标名称	目标值
销售总额	1
客户满意度	1
突发事件处理情况	1
专业知识合格情况	1

图 2－56　教师上传的参考答案

确定目标值步骤完成后，点击“立即前往”按钮，跳出弹框依据已经设好的目标名称和目标值，自行填写评分标准，填写完毕后点击“立即提交”完成操作，如图 2－57、

图 2 – 58 所示。

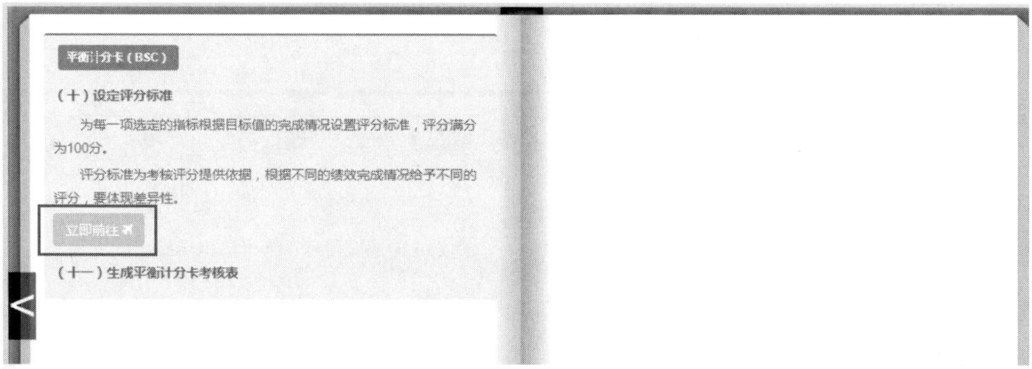

图 2 – 57　设定评分标准

图 2 – 58　填写评分标准

设置评分标准步骤完成后“立即前往”按钮变为“查看”按钮，点击“查看”按钮可以对填写内容进行查看，并可以点击查看教师上传的参考答案，如图 2 – 59、图 2 – 60 所示。

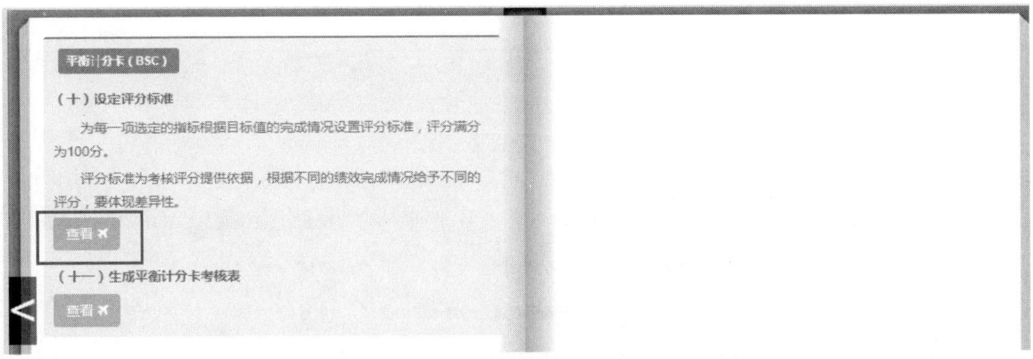

图 2－59　查看填写的评分标准

设定评分标准

指标名称	目标值	评分标准
销售总额	1	1
客户满意度	1	1
突发事件处理情况	1	1
专业知识合格情况	1	1

图 2－60　教师上传的参考答案

上面所有步骤完成后，点击生成平衡计分卡考核表的“查看”按钮，查看平衡计分卡考核表，如图 2－61、图 2－62 所示。

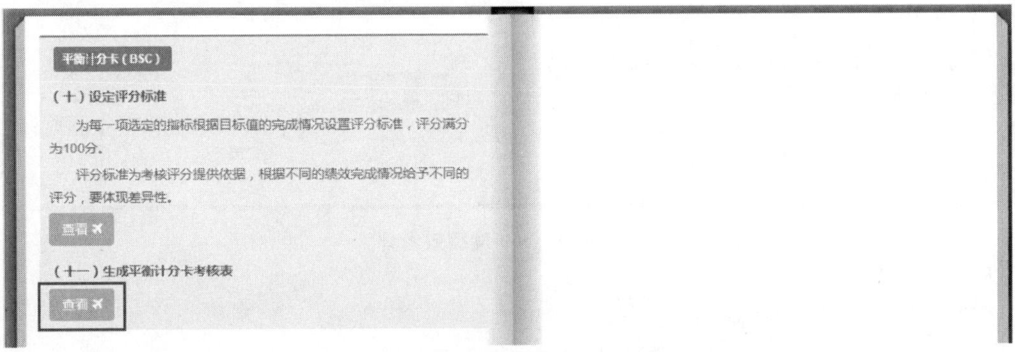

图 2－61　查看平衡计分卡考核表

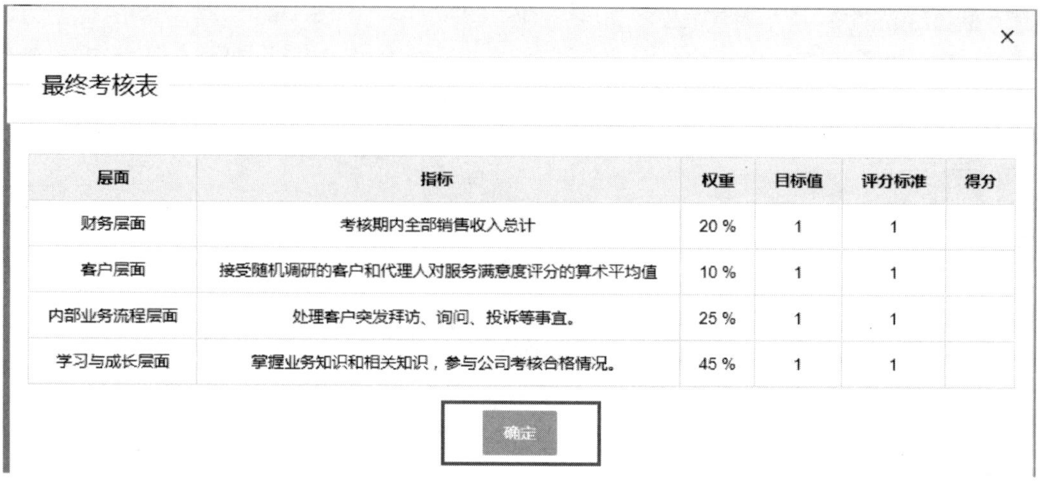

最终考核表

层面	指标	权重	目标值	评分标准	得分
财务层面	考核期内全部销售收入总计	20 %	1	1	
客户层面	接受随机调研的客户和代理人对服务满意度评分的算术平均值	10 %	1	1	
内部业务流程层面	处理客户突发拜访、询问、投诉等事宜。	25 %	1	1	
学习与成长层面	掌握业务知识和相关知识，参与公司考核合格情况。	45 %	1	1	

确定

图 2－62　平衡计分卡考核表

③360 度绩效考评。点击“360 度绩效考评”，出现 360 度绩效考评的定义、优缺点和适用范围，如图 2－63 所示。点击页面中部的“翻页”按钮，查看案例的基础上完成相应的练习，如图 2－64 所示。

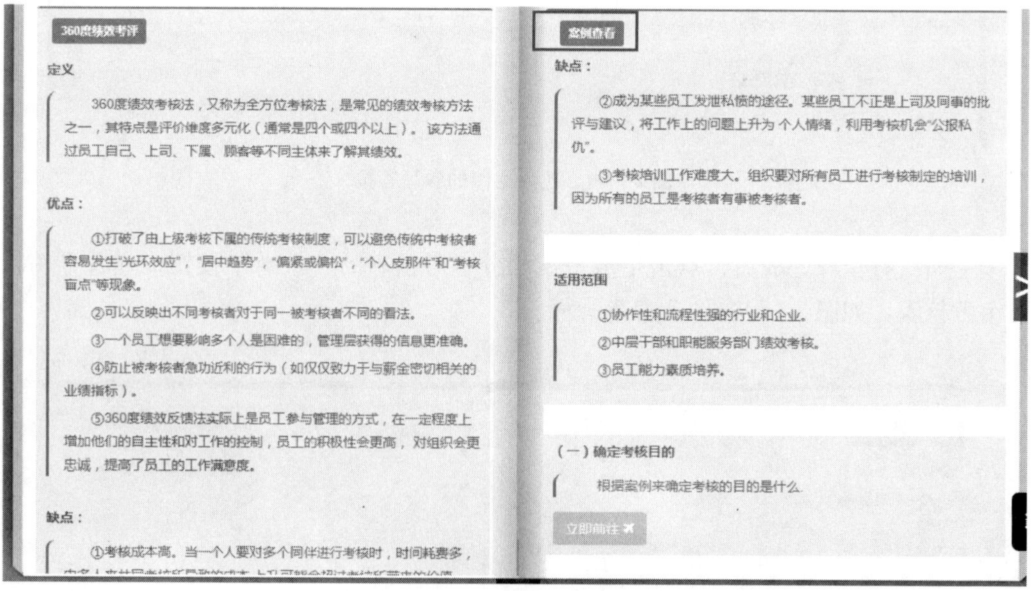

图 2－63　360 度绩效考评

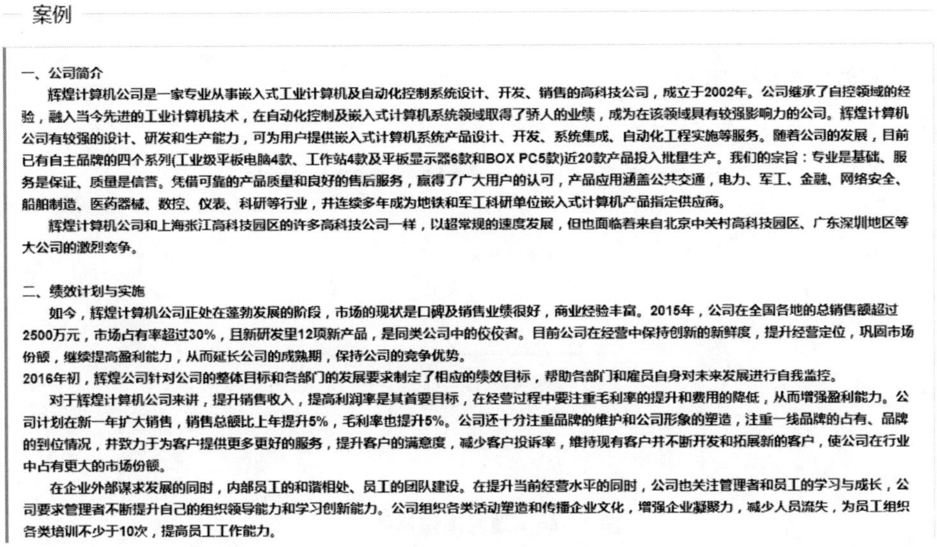

案例

一、公司简介

辉煌计算机公司是一家专业从事嵌入式工业计算机及自动化控制系统设计、开发、销售的高科技公司，成立于2002年。公司继承了自控领域的经验，融入当今先进的工业计算机技术，在自动化控制及嵌入式计算机系统领域取得了骄人的业绩，成为在该领域具有较强影响力的公司。辉煌计算机公司有较强的设计、研发和生产能力，可为用户提供嵌入式计算机系统产品设计、开发、系统集成、自动化工程实施等服务。随着公司的发展，目前已有自主品牌的四个系列(工业级平板电脑4款、工作站4款及平板显示器6款和BOX PC5款)近20款产品投入批量生产。我们的宗旨：专业是基础、服务是保证、质量是信誉。凭借可靠的产品质量和良好的售后服务，赢得了广大用户的认可，产品应用涵盖公共交通，电力、军工、金融、网络安全、船舶制造、医药器械、数控、仪表、科研等行业，并连续多年成为地铁和军工科研单位嵌入式计算机产品指定供应商。

辉煌计算机公司和上海张江高科技园区的许多高科技公司一样，以超常规的速度发展，但也面临着来自北京中关村高科技园区、广东深圳地区等大公司的激烈竞争。

二、绩效计划与实施

如今，辉煌计算机公司正处在蓬勃发展的阶段，市场的现状是口碑及销售业绩很好，商业经验丰富。2015年，公司在全国各地的总销售额超过2500万元，市场占有率超过30%，且新研发里12项新产品，是同类公司中的佼佼者。目前公司在经营中保持创新的新鲜度，提升经营定位，巩固市场份额，继续提高盈利能力，从而延长公司的成熟期，保持公司的竞争优势。

2016年初，辉煌公司针对公司的整体目标和各部门的发展要求制定了相应的绩效目标，帮助各部门和雇员自身对未来发展进行自我监控。

对于辉煌计算机公司来讲，提升销售收入，提高利润率是其首要目标，在经营过程中要注重毛利率的提升和费用的降低，从而增强盈利能力。公司计划在新一年扩大销售，销售总额比上年提升5%，毛利率也提升5%。公司还十分注重品牌的维护和公司形象的塑造，注重一线品牌的占有、品牌的到位情况，并致力于为客户提供更多更好的服务，提升客户的满意度，减少客户投诉率，维持现有客户并不断开发和拓展新的客户，使公司在行业中占有更大的市场份额。

在企业外部谋求发展的同时，内部员工的和谐相处、员工的团队建设。在提升当前经营水平的同时，公司也关注管理者和员工的学习与成长，公司要求管理者不断提升自己的组织领导能力和学习创新能力。公司组织各类活动塑造和传播企业文化，增强企业凝聚力，减少人员流失，为员工组织各类培训不少于10次，提高员工工作能力。

图 2－64　阅读案例

找到页面中“（一）确定考核目的”，点击“立即前往”按钮，跳出弹框依据案例，填写考核的目的，填写完成后点击“立即提交”按钮，完成操作，如图 2－65、图 2－66 所示。

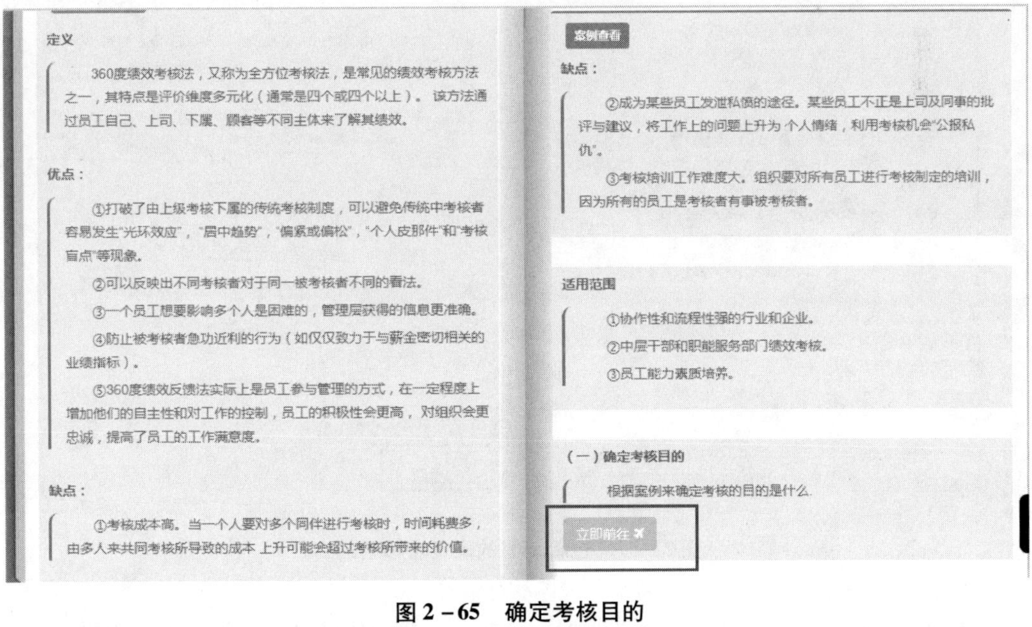

图 2－65　确定考核目的

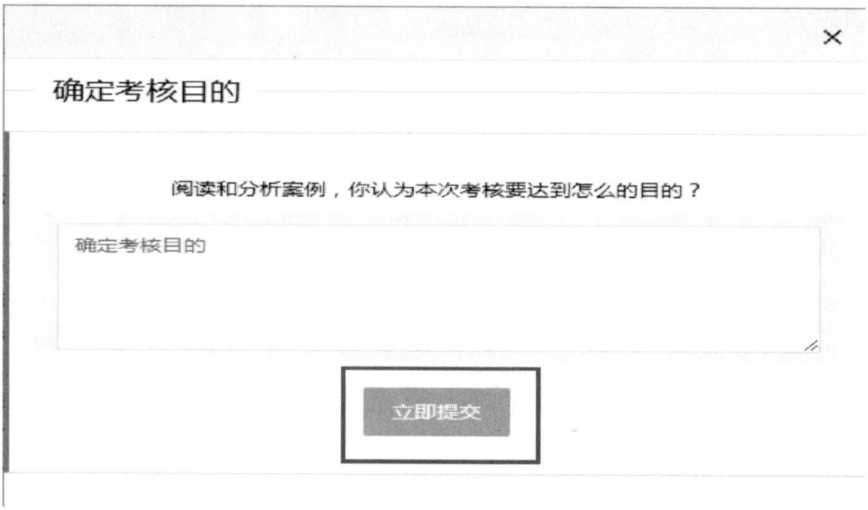

图 2－66　填写考核目的

确定考核目的步骤完成后“立即前往”按钮变为“查看”按钮，点击“查看”按钮可以对填写内容进行查看，并可以点击查看教师上传的参考答案，如图 2－67、图 2－68 所示。

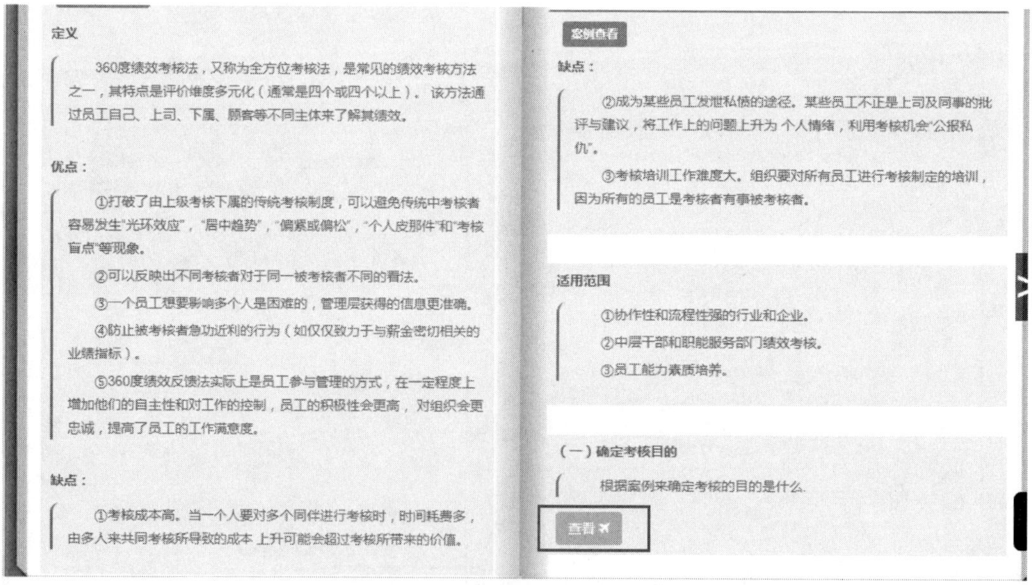

图 2－67　查看填写的确定考核目的

找到页面中“（二）被考核者分类”，点击“立即前往”按钮，跳出弹框依据案例，填写被考核者的分类，加号或者减号是用来增减考核者的类别，考核者分类至少填写一项，填写完成后点击“立即提交”按钮，完成操作，如图 2－69、图 2－70 所示。

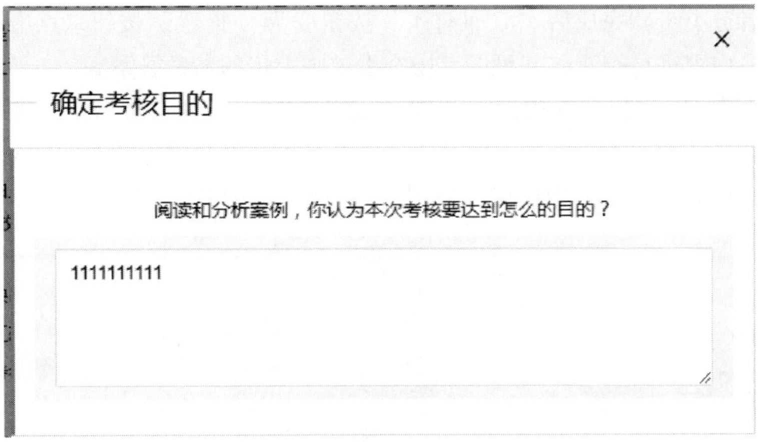

图 2－68　教师上传的参考答案

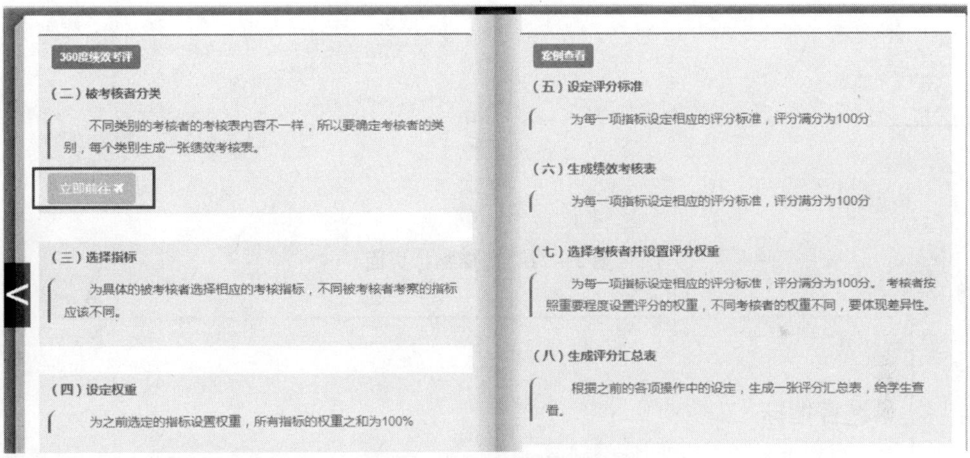

图 2－69　被考核者分类

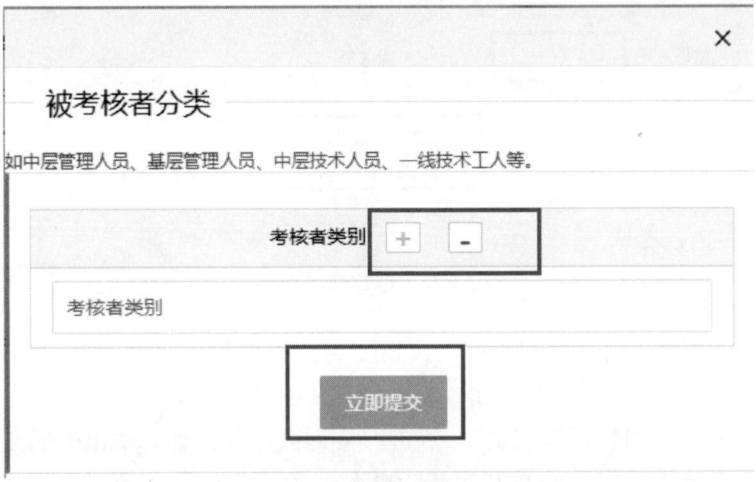

图 2－70　填写被考核者的分类

被考核者分类步骤完成后“立即前往”按钮变为“查看”按钮，点击“查看”按钮可以对填写内容进行查看，并可以点击查看教师上传的参考答案。

找到页面中“（三）选择指标”，点击“立即前往”按钮，跳出弹框被考核者分类，编辑框选择被考核者的考核指标，加号或者减号是用来增减被考核者的指标，至少填写一项，填写完成后点击“立即提交”按钮，完成操作，如图 2－71、图 2－72 所示。

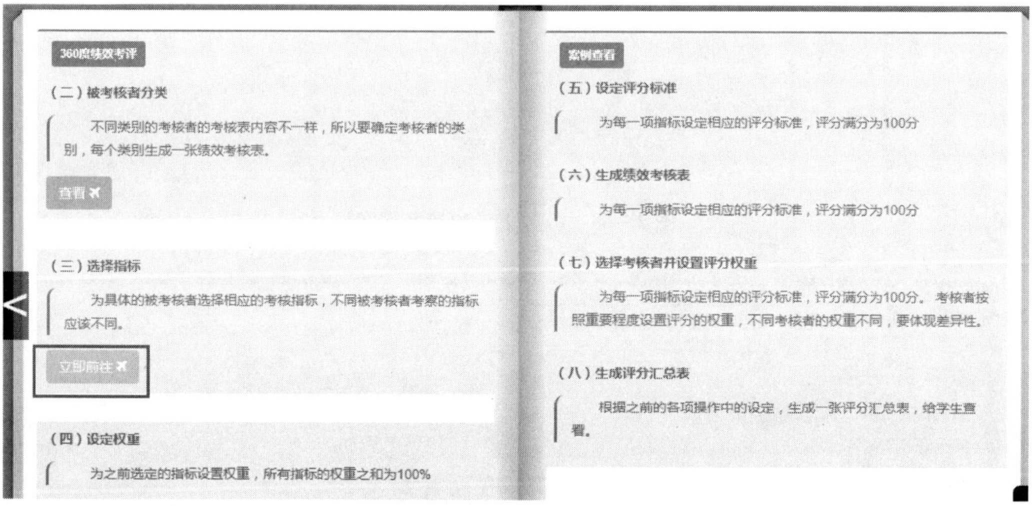

图 2－71　选择指标页面

图 2－72　填写选择指标

选择指标步骤完成后“立即前往”按钮变为“查看”按钮，点击“查看”按钮可以对填写内容进行查看，并可以点击查看教师上传的参考答案。

找到页面中“（四）设置权重”，点击“立即前往”按钮，跳出弹框考核指标权重设置，所有的考核指标权重的总和等于 100%，填写完成后点击“立即提交”按钮，完成操作，如图 2－73、图 2－74 所示。

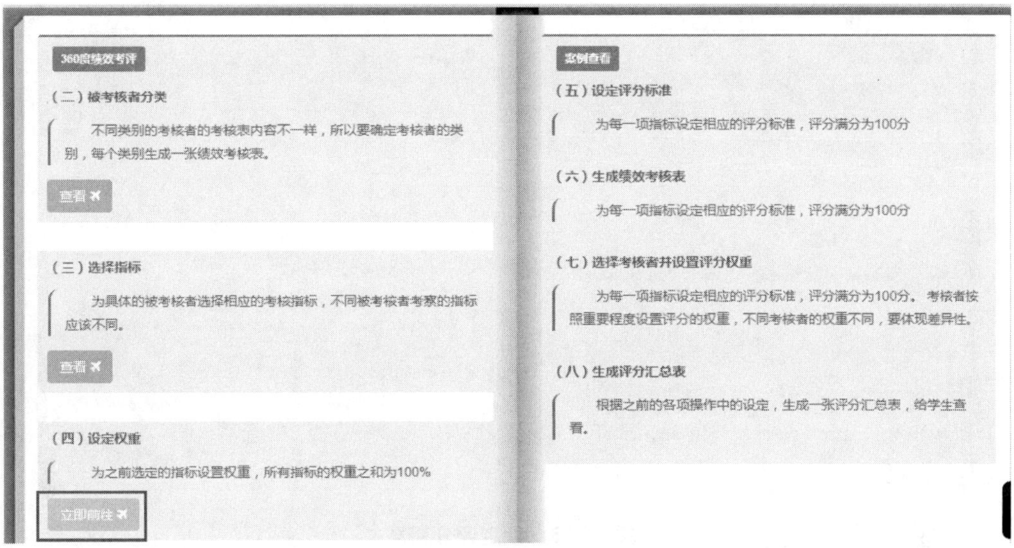

图 2－73　查看选择的指标

图 2－74　教师上传的参考答案

设置权重步骤完成后“立即前往”按钮变为“查看”按钮，点击“查看”按钮可以对填写内容进行查看。并可以点击查看教师上传的参考答案。

找到页面中“（五）设定评分标准”，点击“立即前往”按钮，跳出弹框依据指标名称和定义，设定评分标准，填写完成后点击“立即提交”按钮，完成操作，如图 2－75、图 2－76 所示。

设定评分标准步骤完成后“立即前往”按钮变为“查看”按钮，点击“查看”按钮可以对填写内容进行查看。并可以点击查看教师上传的参考答案。

上面所有步骤完成后，点击“（六）生成绩效考核表”中的“查看”按钮即可查看员工的绩效指标权重、评分标准和得分信息，如图 2－77、图 2－78 所示。

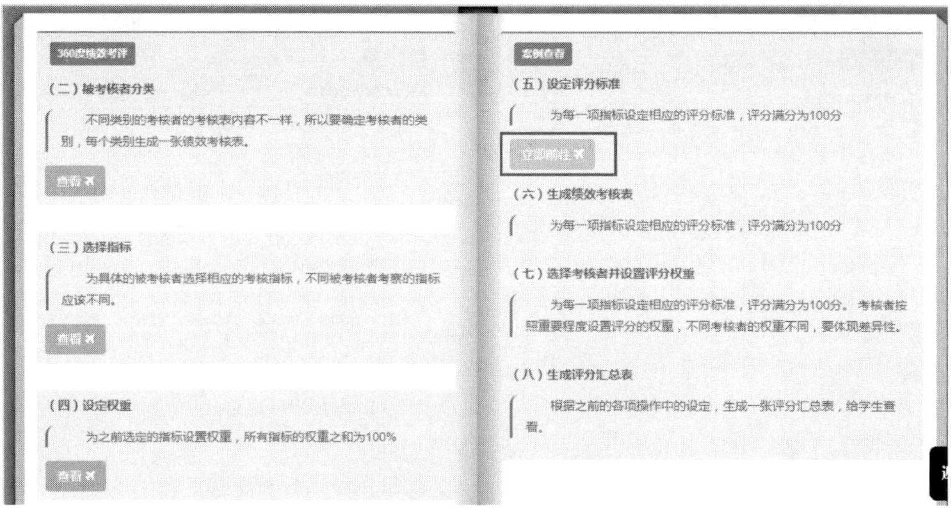

图2－75　设定评分标准

图2－76　提交评分标准

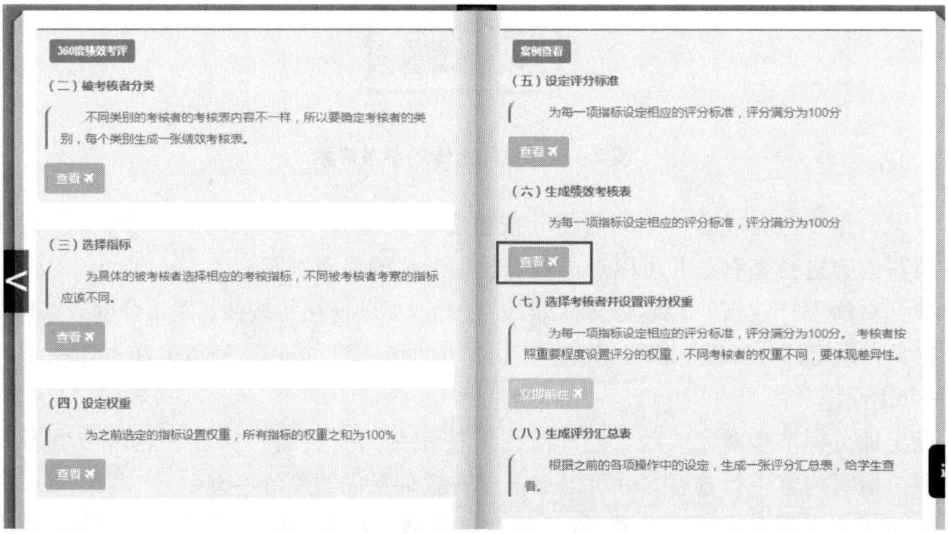

图2－77　查看填写的评分标准页面

图 2－78　查看员工绩效考核表

找到页面中“（七）选择考核者并设置评分权重”，点击“立即前往”按钮，跳出弹框从“本人”“上级”“下属”“服务对象”“统计部门”五个维度设置评分权重，所有权重总和等于 100%，填写完成后点击“确定”按钮，完成操作，如图 2－79、图 2－80 所示。

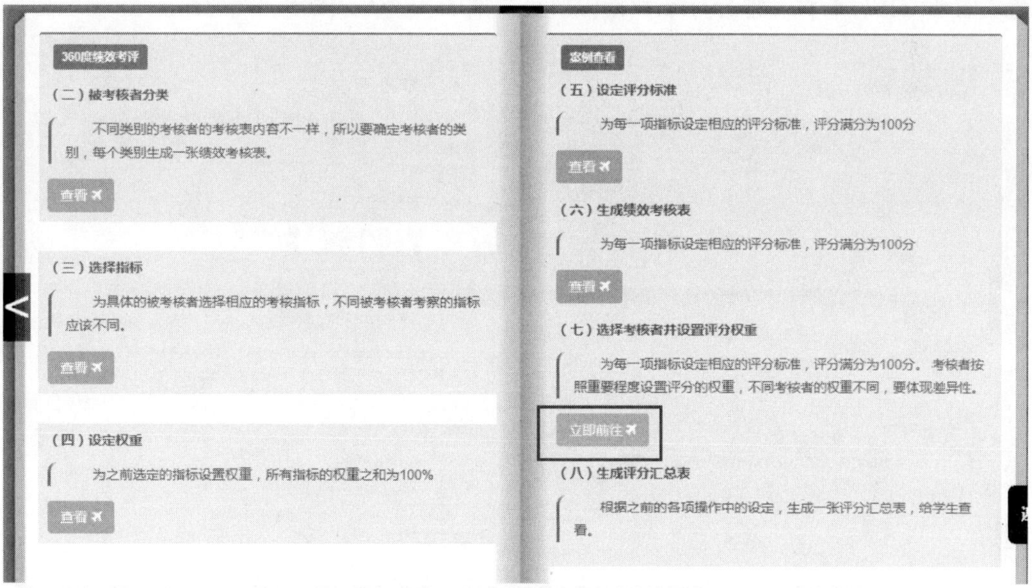

图 2－79　360 度绩效考评与案例

选择考核者并设置评分权重步骤完成后“立即前往”按钮变为“查看”按钮，点击“查看”按钮可以对填写内容进行查看，并可以点击查看教师上传的参考答案。

图 2-80　绩效考核权重表

上面所有步骤完成后，点击“（八）生成评分汇总表”中的“查看”按钮即可查看员工的绩效指标名称，评分标准和指标权重，如图 2-81、图 2-82 所示。

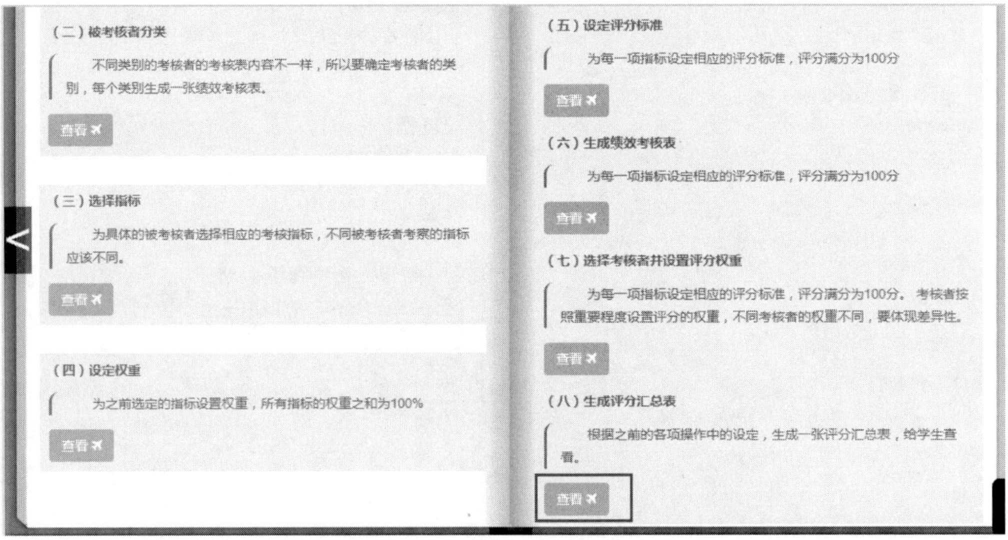

图 2-81　绩效考核汇总页面

④目标管理。点击“目标管理（MBO）”，出现目标管理的简介、主要特点、优缺点、基本程序、填置目标管理表格，如图 2-83 所示，点击页面中部的“翻页”按钮。

评分汇总表

被考核者：管理人员		被考核者职级
指标名称	指标权重	评分标准
突发事件处理情况	100 %	1
本人：20 %		
上级评分：35 %		
下属评分：35 %		
服务对象评分：5 %		
同级部门评分：5 %		
最终得分		

图 2－82 评分汇总表

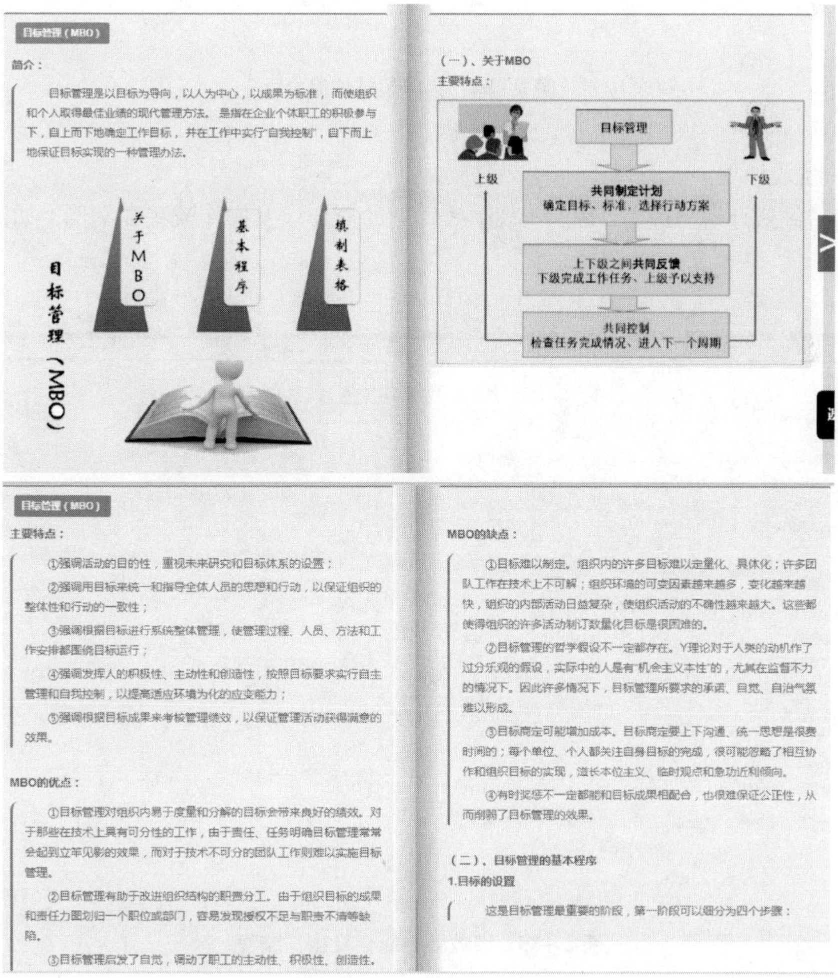

图 2－83 目标管理简介

⑤标杆超越法。点击“标杆超越法”，界面出现标杆超越法的定义、优缺点、操作流程，如图2－84所示。

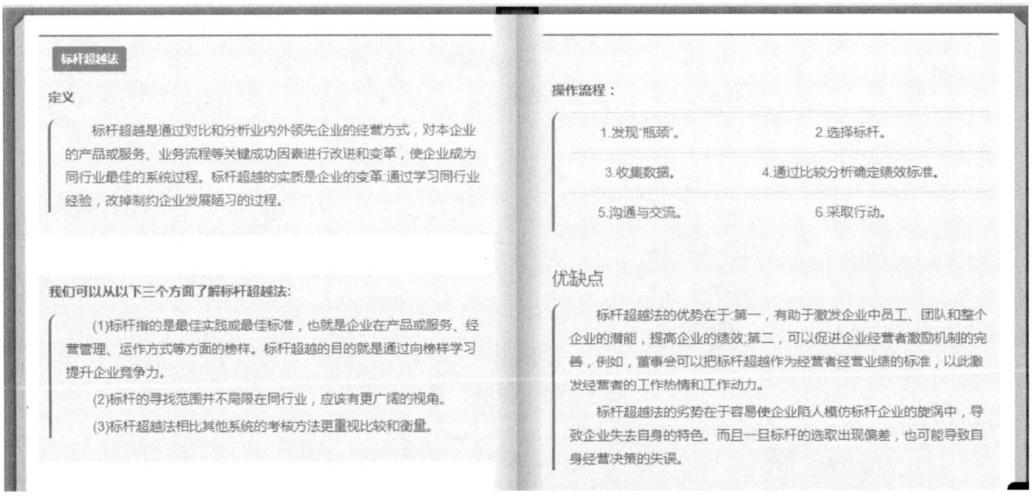

图2－84　标杆超越法简介

（3）绩效计划。

点击“绩效计划”进入界面，出现绩效计划的简介以及操作流程和案例，如图2－85、图2－86所示。

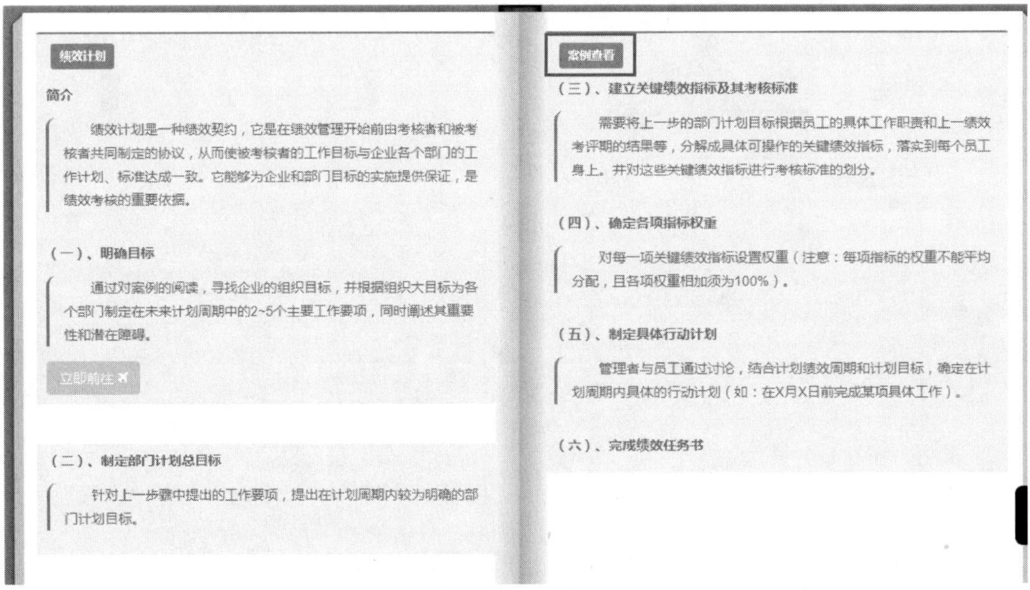

图2－85　绩效计划简介及操作流程

案例

一、公司简介

辉煌计算机公司是一家专业从事嵌入式工业计算机及自动化控制系统设计、开发、销售的高科技公司，成立于2002年。公司继承了自控领域的经验，融入当今先进的工业计算机技术，在自动化控制及嵌入式计算机系统领域取得了骄人的业绩，成为在该领域具有较强影响力的公司。辉煌计算机公司有较强的设计、研发和生产能力，可为用户提供嵌入式计算机系统产品设计、开发、系统集成、自动化工程实施等服务。随着公司的发展，目前已有自主品牌的四个系列(工业级平板电脑4款、工作站4款及平板显示器6款和BOX PC5款)近20款产品投入批量生产。我们的宗旨：专业是基础、服务是保证、质量是信誉。凭借可靠的产品质量和良好的售后服务，赢得了广大用户的认可，产品应用涵盖公共交通，电力、军工、金融、网络安全、船舶制造、医药器械、数控、仪表、科研等行业，并连续多年成为地铁和军工科研单位嵌入式计算机产品指定供应商。

辉煌计算机公司和上海张江高科技园区的许多高科技公司一样，以超常规的速度发展，但也面临着来自北京中关村高科技园区、广东深圳地区等大公司的激烈竞争。

二、绩效计划与实施

如今，辉煌计算机公司正处在蓬勃发展的阶段，市场的现状是口碑及销售业绩很好，商业经验丰富。2015年，公司在全国各地的总销售额超过2500万元，市场占有率超过30%，且新研发里12项新产品，是同类公司中的佼佼者。目前公司在经营中保持创新的新鲜度，提升经营定位，巩固市场份额，继续提高盈利能力，从而延长公司的成熟期，保持公司的竞争优势。

2016年初，辉煌公司针对公司的整体目标和各部门的发展要求制定了相应的绩效目标，帮助各部门和雇员自身对未来发展进行自我监控。

对于辉煌计算机公司来讲，提升销售收入，提高利润率是其首要目标，在经营过程中要注重毛利率的提升和费用的降低，从而增强盈利能力。公司计划在新一年扩大销售，销售总额比上年提升5%，毛利率也提升5%。公司还十分注重品牌的维护和公司形象的塑造，注重一线品牌的占有、品牌的到位情况，并致力于为客户提供更多更好的服务，提升客户的满意度，减少客户投诉率，维持现有客户并不断开发和拓展新的客户，使公司在行业中占有更大的市场份额。

在企业外部谋求发展的同时，内部员工的和谐相处、员工的团队建设。在提升当前经营水平的同时，公司也关注管理者和员工的学习与成长，公司要求管理者不断提升自己的组织领导能力和学习创新能力。公司组织各类活动塑造和传播企业文化，增强企业凝聚力，减少人员流失，为员工组织各类培训不少于10次，提高员工工作能力。

图 2－86 绩效计划案例

找到页面中“（一）明确目标”，点击“立即前往”按钮，跳出弹框，依据案例，添加“部门”“工作要项”“重要性”“潜在障碍”等信息，可以通过加减号来增减“部门”“工作要项”信息，填写完成后点击“立即提交”，完成操作，如图 2－87、图 2－88 所示。

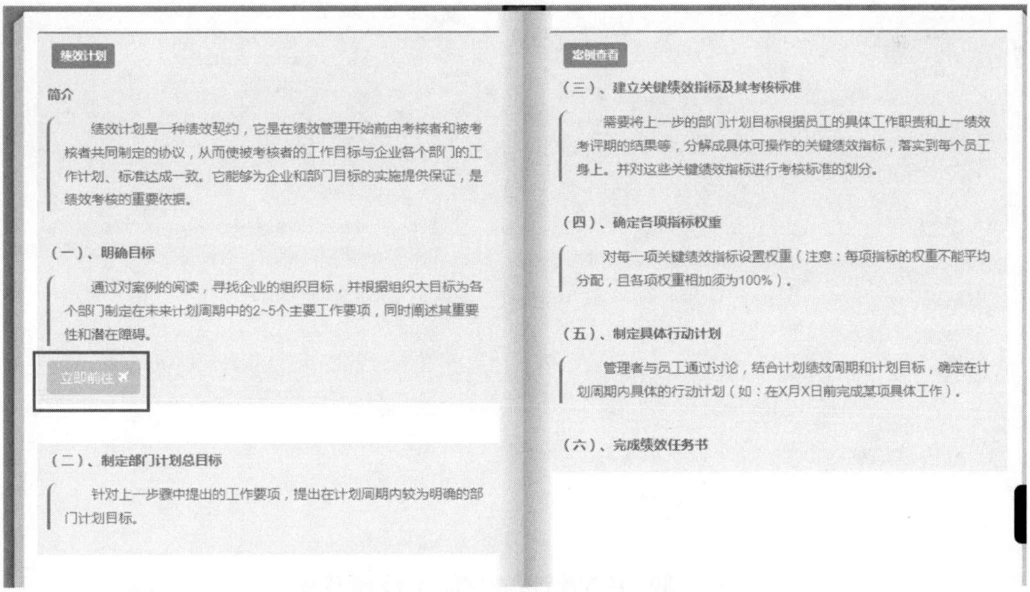

图 2－87 绩效计划中明确目标

图 2－88　明确目标

明确目标步骤完成后“立即前往”按钮变为“查看”按钮，点击“查看”按钮可以对填写内容进行查看，并可以点击查看教师上传的参考答案。

找到页面中“（二）制定部门计划总目标”，点击“立即前往”按钮，跳出弹框，依据上一步骤填写的部门、工作要项，填写部门计划目标，填写完成后点击“立即提交”，完成操作，如图 2－89、图 2－90 所示。

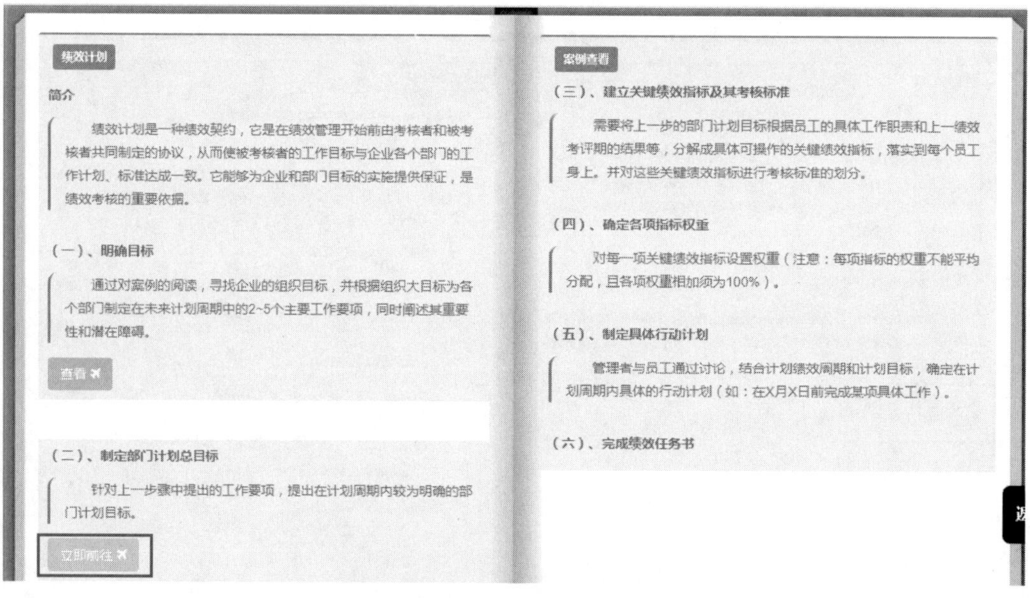

图 2－89　绩效计划中制定部门计划总目标

制定部门计划总目标步骤完成后“立即前往”按钮变为“查看”按钮，点击“查看”按钮可以对填写内容进行查看，并可以点击查看教师上传的参考答案。

图 2－90　制定部门计划目标

找到页面中“（三）建立关键绩效指标及其考核标准”，点击“立即前往”按钮，跳出弹框，依据上一步骤填写的工作要项，填写部门计划目标，选择对应的员工及部门，选择关键绩效指标填写绩效考核标准，加减号可以添加减少部门、KPI，右上角“删除”按钮可以删除员工的绩效标准设定，填写完成后点击“立即提交”，完成操作，如图 2－91、图 2－92 所示。

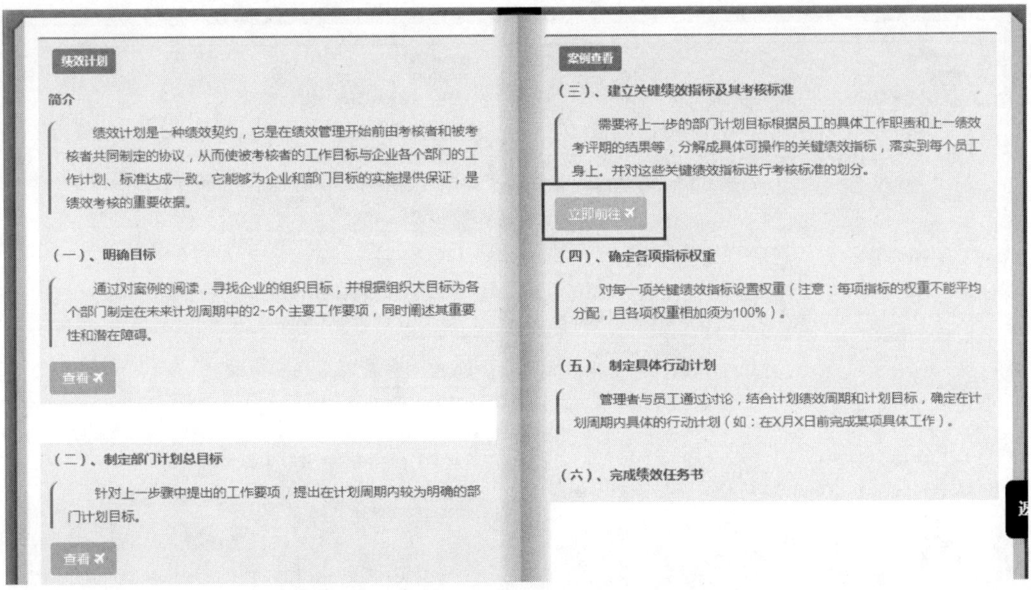

图 2－91　建立关键绩效指标及其考核标准

图 2－92　员工绩效标准设定

员工绩效标准设定步骤完成后"立即前往"按钮变为"查看"按钮，点击"查看"按钮可以对填写内容进行查看，并可以点击查看教师上传的参考答案。

找到页面中"（四）确定各项指标权重"，点击"立即前往"按钮，跳出弹框，依据前面填写的内容，设置指标权重，所有项目的权重总和为 100%，填写完成后点击"立即提交"，完成操作，如图 2－93、图 2－94 所示。

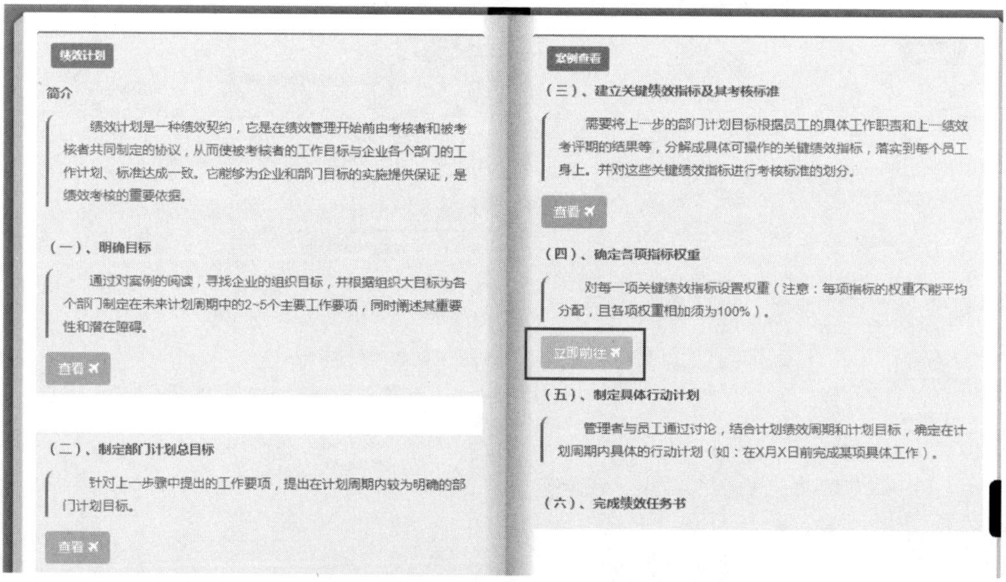

图 2－93　绩效计划中确定各项指标权重

图 2-94　确定各项指标权重

确定各项指标权重步骤完成后“立即前往”按钮变为“查看”按钮，点击“查看”按钮可以对填写内容进行查看，并可以点击查看教师上传的参考答案。

找到页面中“（五）制定具体行动计划”，点击“立即前往”按钮，跳出弹框，依据前面填写的内容，对应填写行动计划，填写完成后点击“立即提交”按钮，完成操作，如图 2-95、图 2-96 所示。

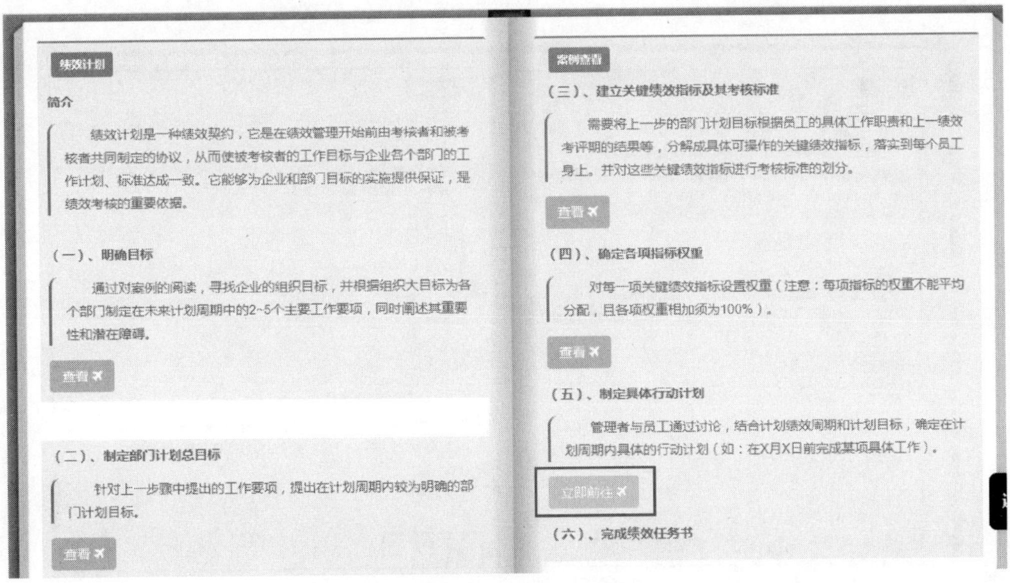

图 2-95　绩效计划中制定具体行动计划

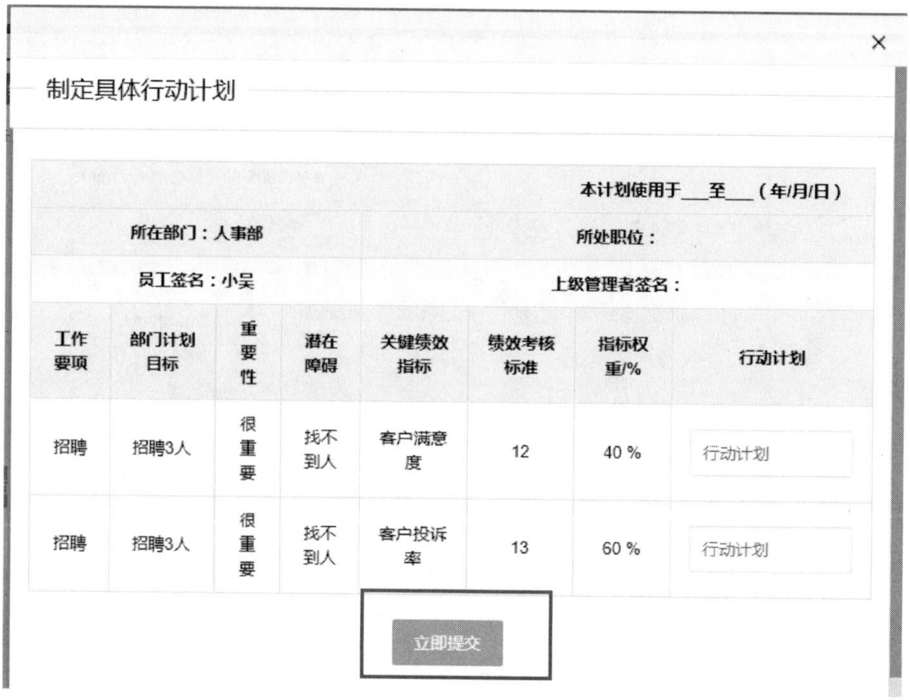

工作要项	部门计划目标	重要性	潜在障碍	关键绩效指标	绩效考核标准	指标权重/%	行动计划
招聘	招聘3人	很重要	找不到人	客户满意度	12	40 %	行动计划
招聘	招聘3人	很重要	找不到人	客户投诉率	13	60 %	行动计划

图2－96　制定具体行动计划

制定具体行动计划步骤完成后“立即前往”按钮变为“查看”按钮，点击“查看”按钮可以对填写内容进行查看，并可以点击查看教师上传的参考答案。

完成上面所有步骤后，找到页面中“（六）完成绩效任务书”，点击“查看”按钮，查看绩效任务书，如图2－97、图2－98所示。

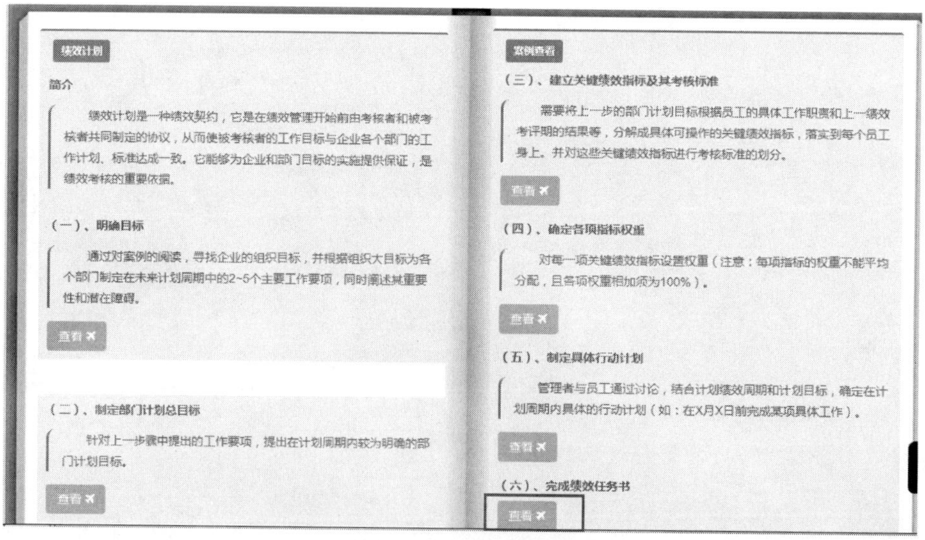

图2－97　生成并查看绩效任务书

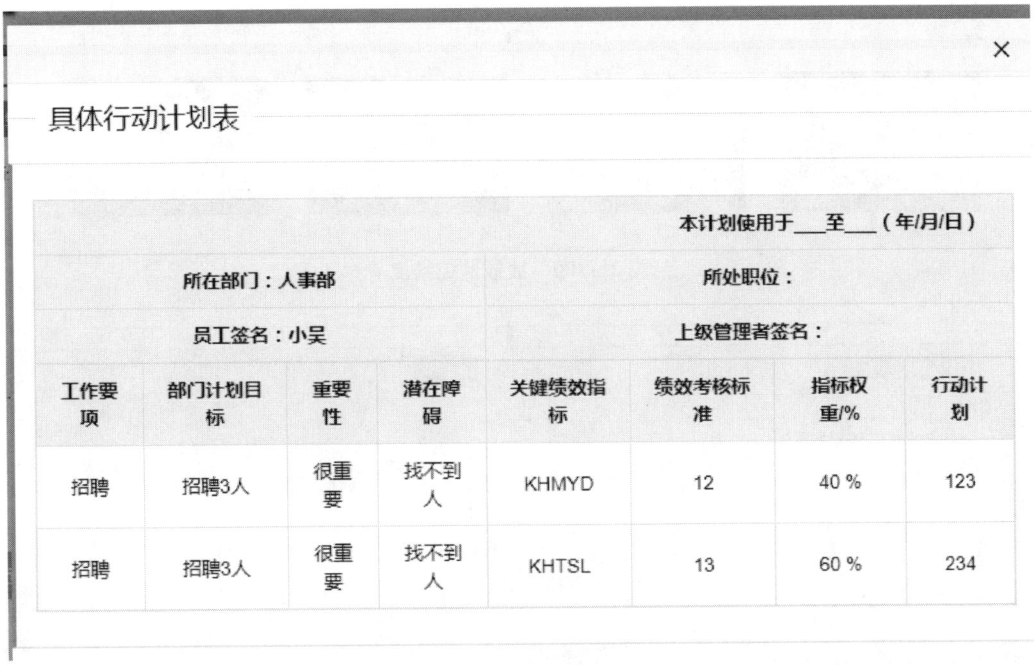

具体行动计划表

本计划使用于___至___（年/月/日）							
所在部门：人事部				所处职位：			
员工签名：小吴				上级管理者签名：			
工作要项	部门计划目标	重要性	潜在障碍	关键绩效指标	绩效考核标准	指标权重/%	行动计划
招聘	招聘3人	很重要	找不到人	KHMYD	12	40 %	123
招聘	招聘3人	很重要	找不到人	KHTSL	13	60 %	234

图 2－98　具体行动计划表

（4）绩效监控。

点击导航栏的“绩效监控”按钮，下拉出现绩效监控的四个工具，如图 2－99 所示。包括领导风格、信息收集、绩效沟通、绩效指导，点击相应的管理工具会出现相应的基础教学内容，如图 2－100 所示。

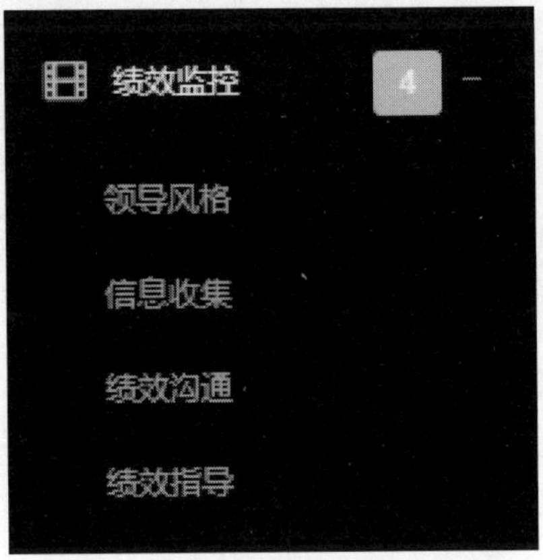

图 2－99　绩效监控

①领导风格。点击“领导风格”按钮，界面上出现简介、领导情景理论、路径—目标理论、参考模型等信息介绍，分别如图 2－101 的（a）（b）（c）所示。

图 2－100　绩效监控维度

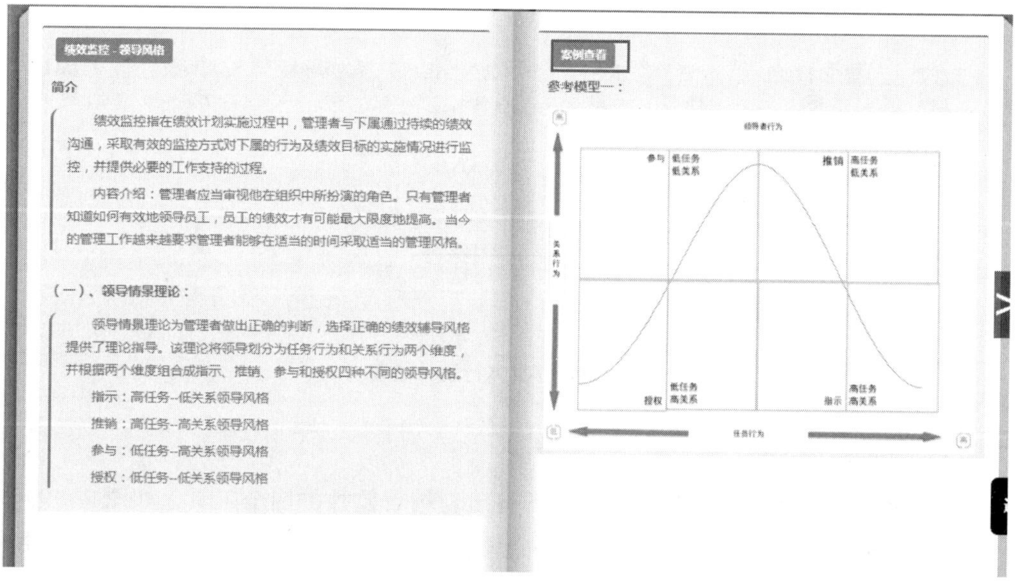

(a)

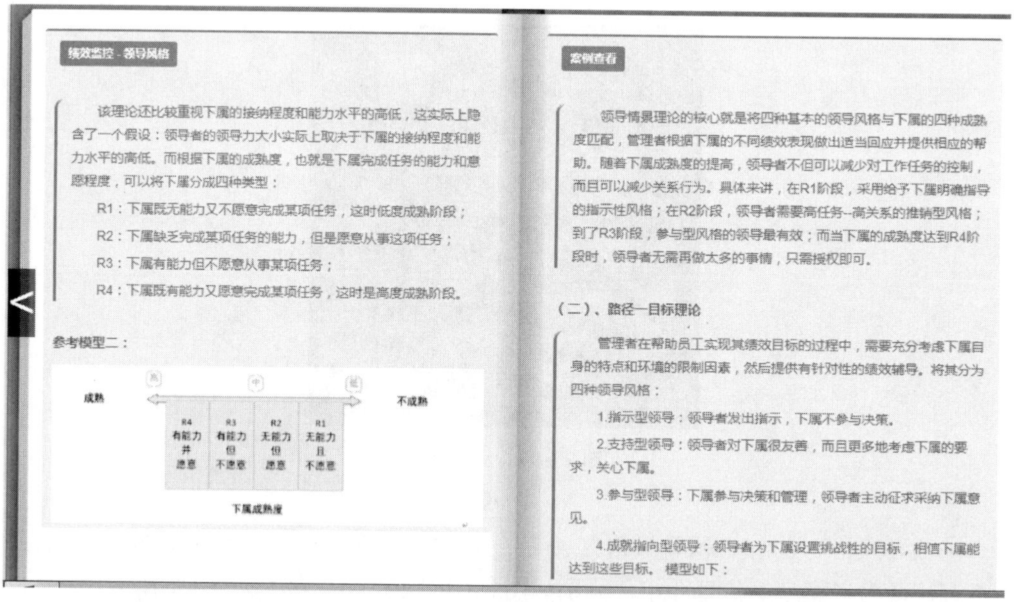

(b)

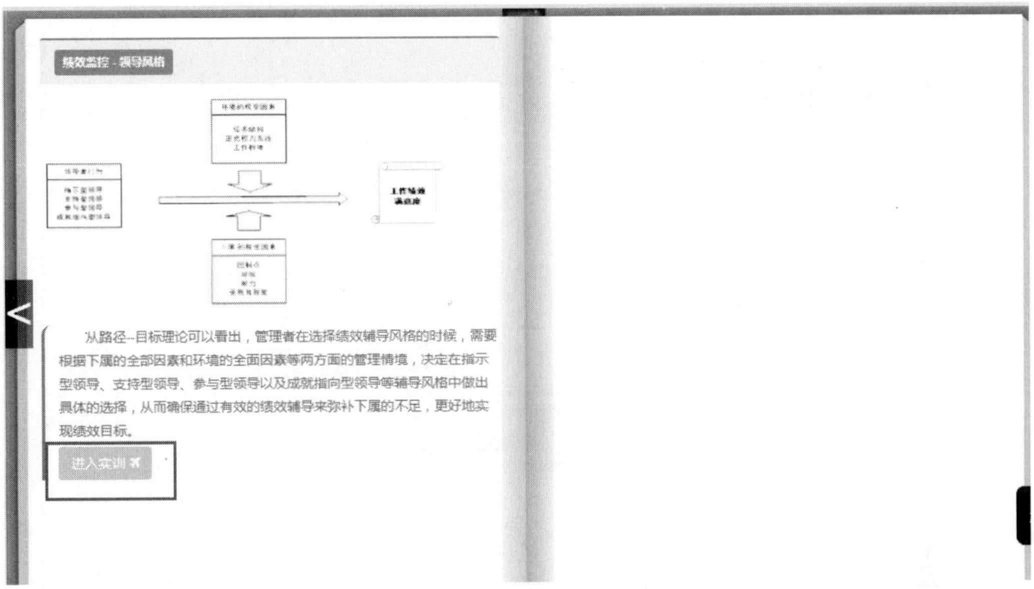

（c）

图 2－101　领导风格简介及内容

领导风格最后一页，有“进入实训”的按钮，跳出弹框，点击案例查看，依据案例填写领导风格，加减号可以增减部门和领导方式，减少不得少于一条信息，如图 2－102、图 2－103 和图 2－104 所示。

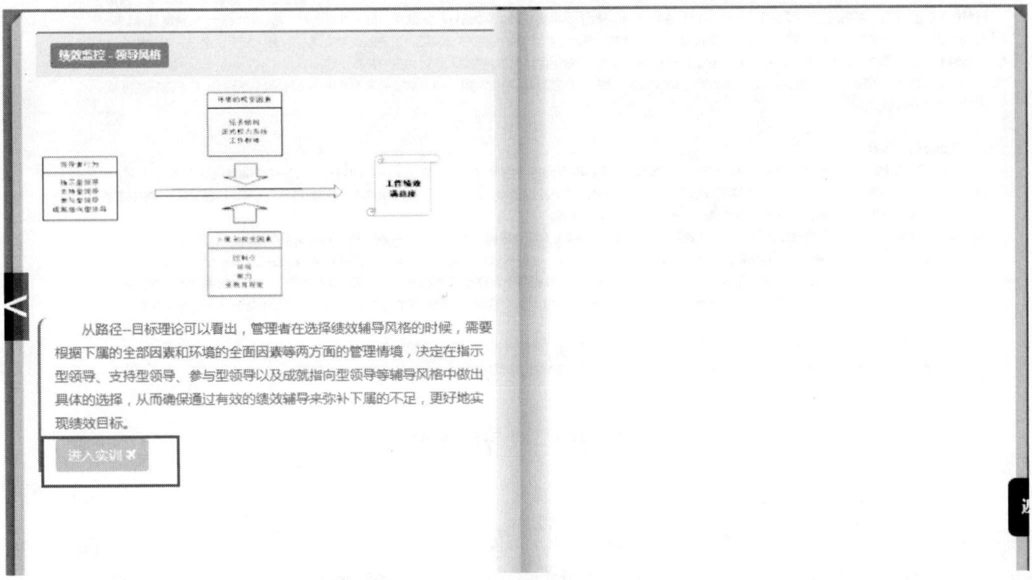

图 2－102　进入领导风格实训

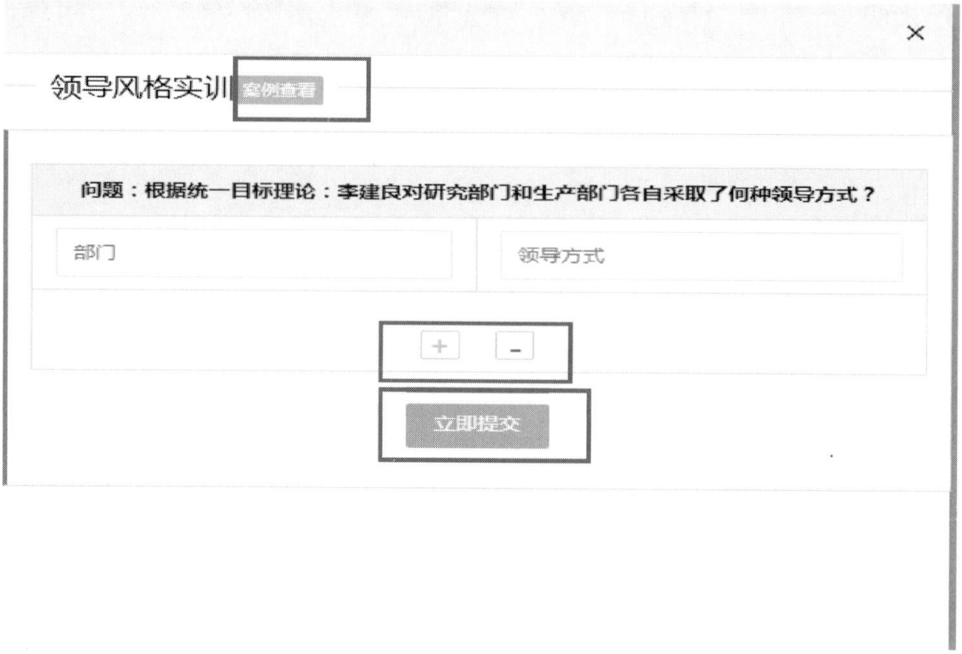

图 2－103　领导风格实训

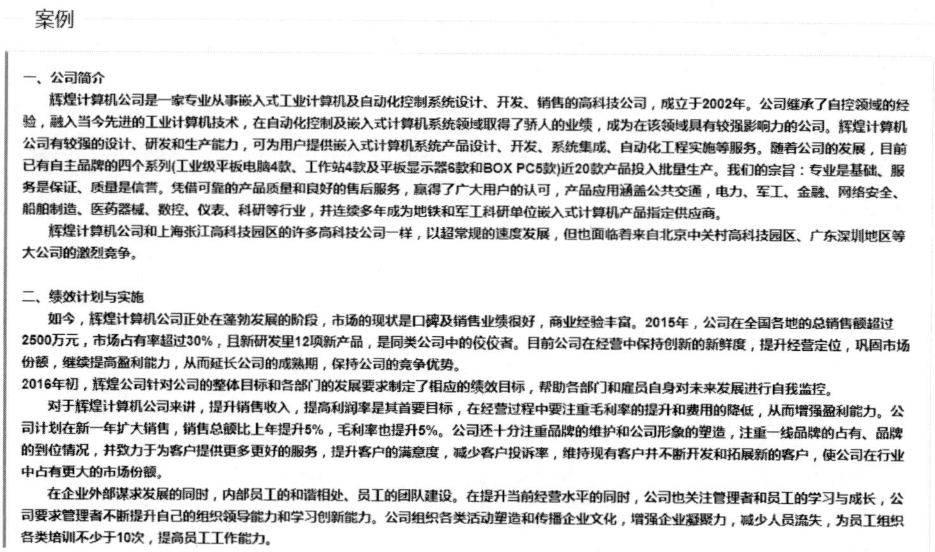

案例

一、公司简介

辉煌计算机公司是一家专业从事嵌入式工业计算机及自动化控制系统设计、开发、销售的高科技公司，成立于2002年。公司继承了自控领域的经验，融入当今先进的工业计算机技术，在自动化控制及嵌入式计算机系统领域取得了骄人的业绩，成为在该领域具有较强影响力的公司。辉煌计算机公司有较强的设计、研发和生产能力，可为用户提供嵌入式计算机系统产品设计、开发、系统集成、自动化工程实施等服务。随着公司的发展，目前已有自主品牌的四个系列(工业级平板电脑4款、工作站4款及平板显示器6款和BOX PC5款)近20款产品投入批量生产。我们的宗旨：专业是基础、服务是保证、质量是信誉。凭借可靠的产品质量和良好的售后服务，赢得了广大用户的认可，产品应用涵盖公共交通，电力、军工、金融、网络安全、船舶制造、医药器械、数控、仪表、科研等行业，并连续多年成为地铁和军工科研单位嵌入式计算机产品指定供应商。

辉煌计算机公司和上海张江高科技园区的许多高科技公司一样，以超常规的速度发展，但也面临着来自北京中关村高科技园区、广东深圳地区等大公司的激烈竞争。

二、绩效计划与实施

如今，辉煌计算机公司正处在蓬勃发展的阶段，市场的现状是口碑及销售业绩很好，商业经验丰富。2015年，公司在全国各地的总销售额超过2500万元，市场占有率超过30%，且新研发里12项新产品，是同类公司中的佼佼者。目前公司在经营中保持创新的新鲜度，提升经营定位，巩固市场份额，继续提高盈利能力，从而延长公司的成熟期，保持公司的竞争优势。

2016年初，辉煌公司针对公司的整体目标和各部门的发展要求制定了相应的绩效目标，帮助各部门和雇员自身对未来发展进行自我监控。

对于辉煌计算机公司来讲，提升销售收入，提高利润率是其首要目标，在经营过程中要注重毛利率的提升和费用的降低，从而增强盈利能力。公司计划在新一年扩大销售，销售总额比上年提升5%，毛利率也提升5%。公司还十分注重品牌的维护和公司形象的塑造，注重一线品牌的占有、品牌的到位情况，并致力于为客户提供更多更好的服务，提升客户的满意度，减少客户投诉率，维持现有客户并不断开发和拓展新的客户，使公司在行业中占有更大的市场份额。

在企业外部谋求发展的同时，内部员工的和谐相处、员工的团队建设。在提升当前经营水平的同时，公司也关注管理者和员工的学习与成长，公司要求管理者不断提升自己的组织领导能力和学习创新能力。公司组织各类活动塑造和传播企业文化，增强企业凝聚力，减少人员流失，为员工组织各类培训不少于10次，提高员工工作能力。

图 2－104　领导风格案例

领导风格实训练习完成后“进入实训”按钮变为“查看”按钮，点击“查看”按钮可以对填写内容进行查看，并可以点击查看教师上传的参考答案。

②信息收集。点击“信息收集”按钮，界面上出现简介、不同信息收集方法的简介及优缺点（工作日志法、抽查或检查法、观察法、关键事件法），如图 2－105 的

（a）（b）所示。

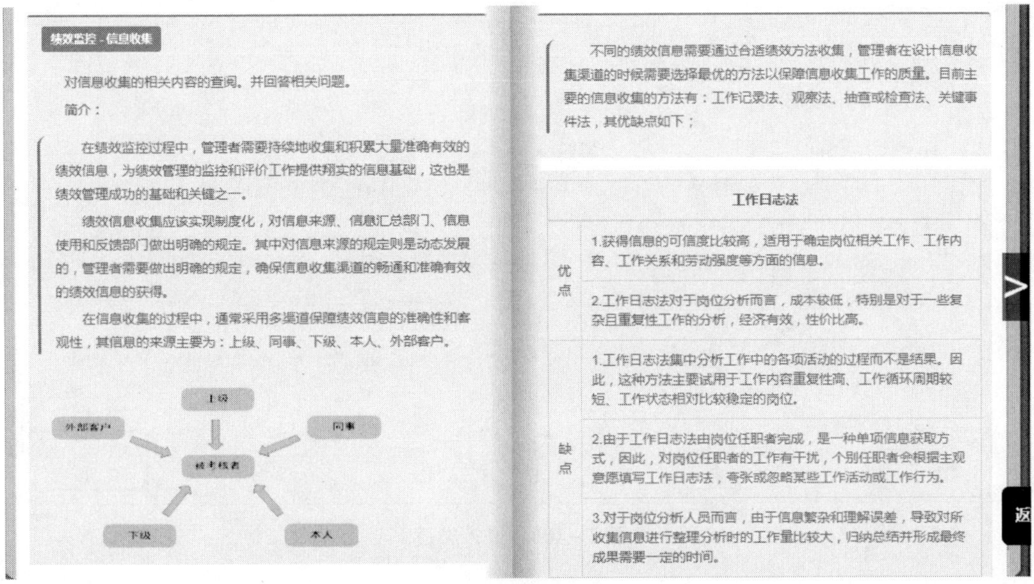

（a）

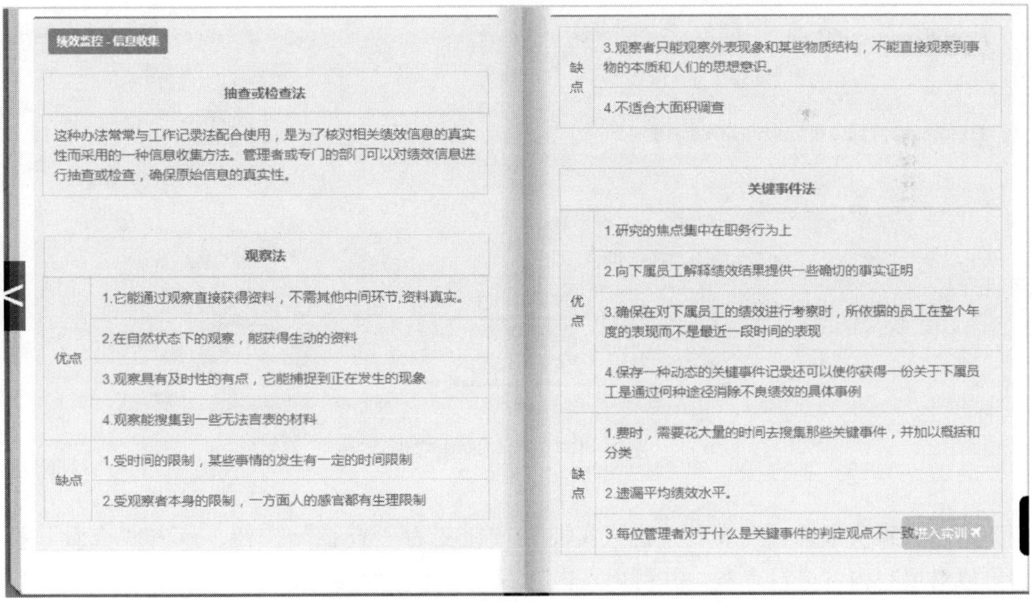

（b）

图 2－105　信息收集简介

查看完信息收集，最后点击“进入实训”按钮，跳出弹框，选择合适的调查方法，填写完成后，点击“立即提交”完成实训操作，如图 2－106、图 2－107 所示。

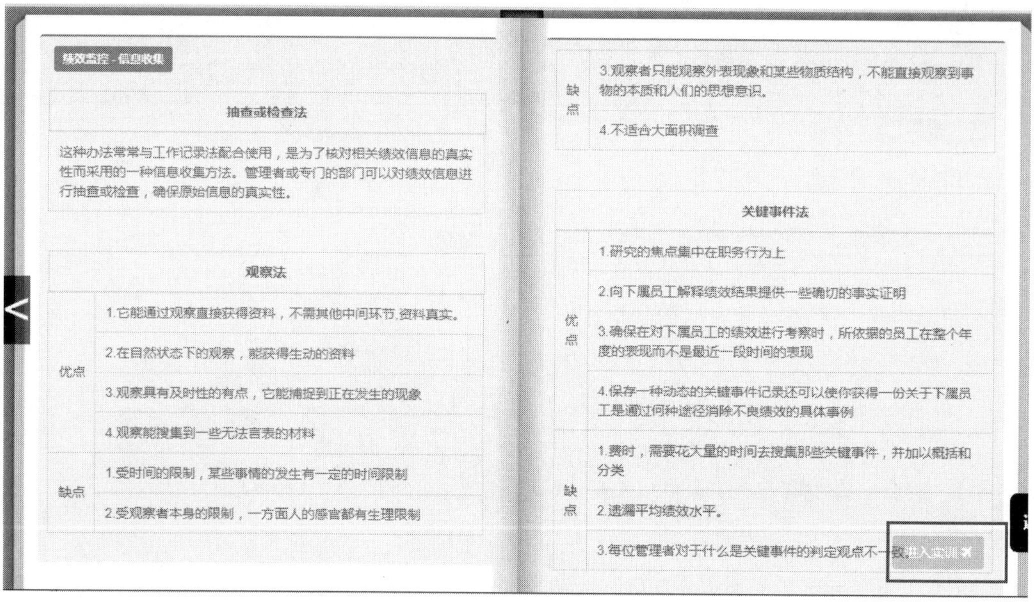

图 2 – 106　进入实战

图 2 – 107　信息收集实训

信息收集实训练习完成后“进入实训”按钮变为“查看”按钮，点击“查看”按钮可以对填写内容进行查看，并可以点击查看教师上传的参考答案。

③绩效沟通。点击“绩效沟通”按钮，界面上出现绩效沟通简介，如图 2 – 108 所示，点击“进入实训”按钮，跳出弹框填写绩效沟通的内容，填写完成后点击“立即提交”，完成操作，如图 2 – 109 所示。

绩效沟通实训练习完成后“进入实训”按钮变为“查看”按钮，点击“查看”按钮可以对填写内容进行查看，并可以点击查看教师上传的参考答案。

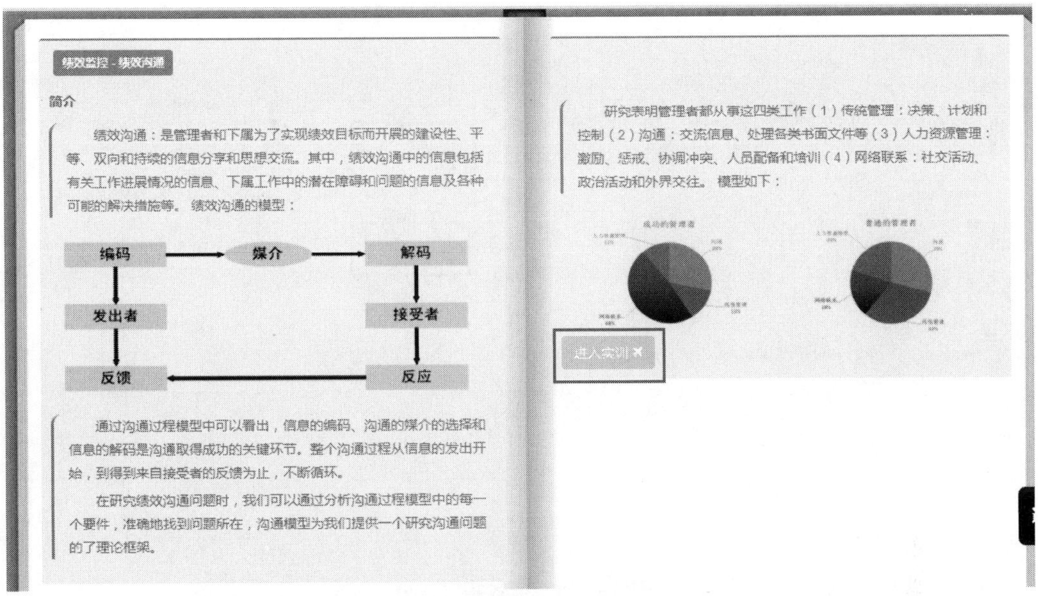

图 2 –108　绩效沟通简介

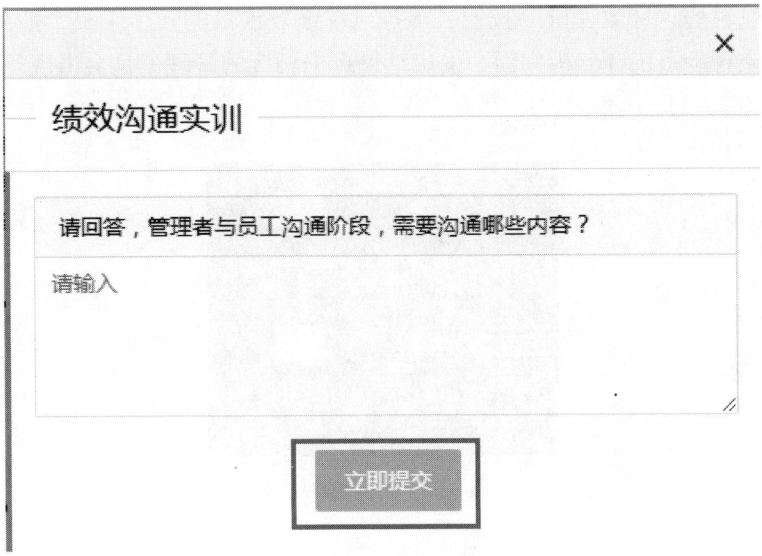

图 2 –109　绩效沟通实训

④绩效指导。点击“绩效指导”按钮，界面上出现绩效指导简介及参考模型，如图 2 –110 所示，点击“进入实训”按钮，跳出弹框完成绩效指导的题目，填写完成后点击“立即提交”完成操作。

绩效指导实训练习完成后“进入实训”按钮变为“查看”按钮，点击“查看”按钮可以对填写内容进行查看，并可以点击查看教师上传的参考答案。

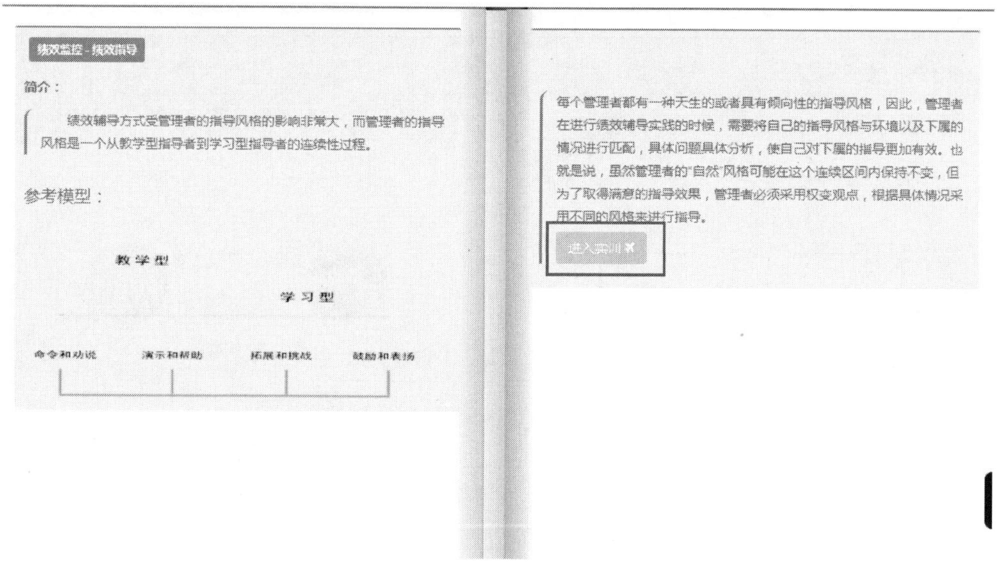

图 2－110　绩效指导简介

（5）绩效评价。

点击导航栏的“绩效评价”按钮，下拉出现绩效评价的三个工具，如图 2－111 所示。包括建立评价系统、分析判断、输出结果点击相应的管理工具会出现相应的基础教学内容，如图 2－112 所示。

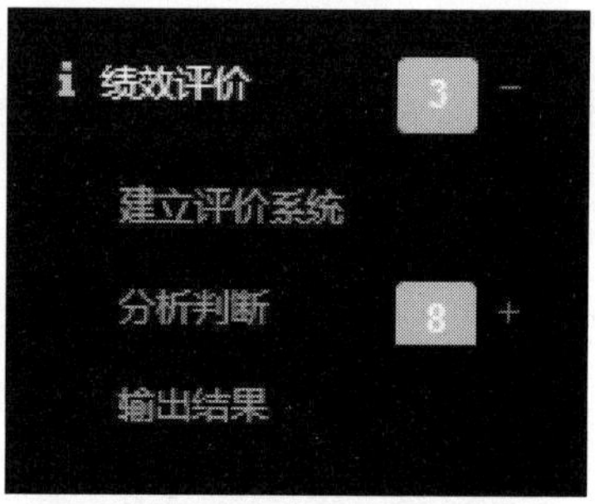

图 2－111　绩效评价

图 2－112　绩效评价维度

①建立评价系统。点击“建立绩效评价”按钮，界面上出现绩效评价简介及建立评价系统的操作流程，点击页面“案例查看”按钮，可以查看绩效评价案例，如图 2－113、图 2－114 所示。

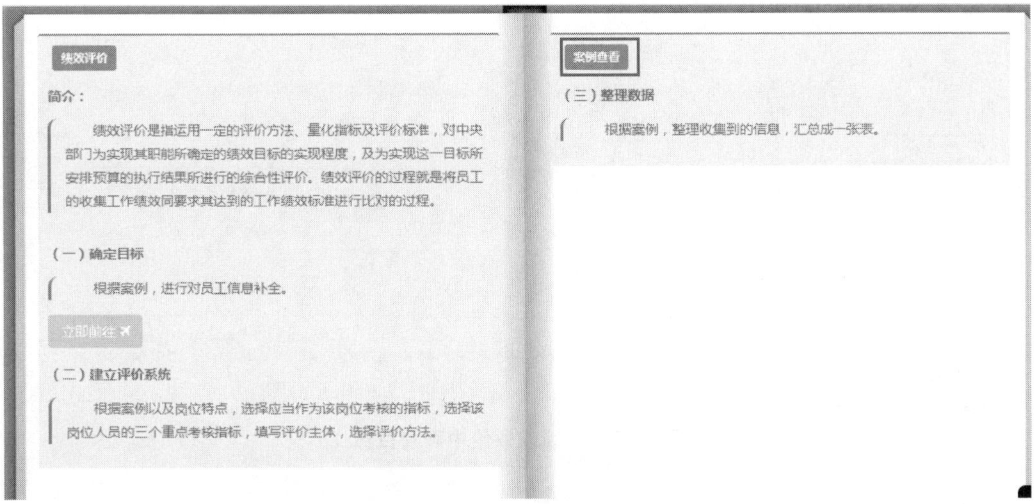

图 2－113　建立绩效评价

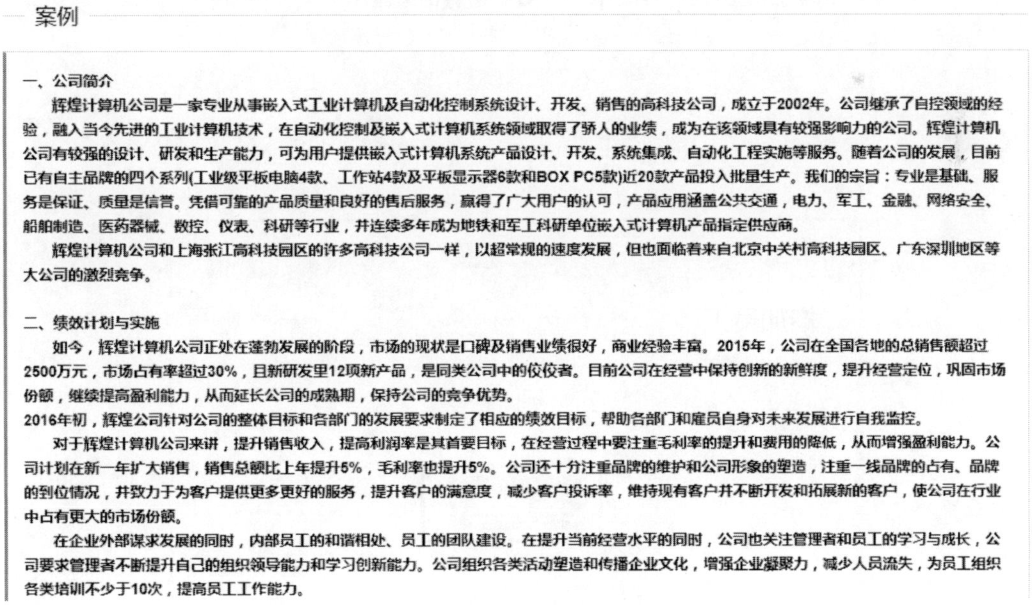
案例

一、公司简介

辉煌计算机公司是一家专业从事嵌入式工业计算机及自动化控制系统设计、开发、销售的高科技公司，成立于2002年。公司继承了自控领域的经验，融入当今先进的工业计算机技术，在自动化控制及嵌入式计算机系统领域取得了骄人的业绩，成为在该领域具有较强影响力的公司。辉煌计算机公司有较强的设计、研发和生产能力，可为用户提供嵌入式计算机系统产品设计、开发、系统集成、自动化工程实施等服务。随着公司的发展，目前已有自主品牌的四个系列(工业级平板电脑4款、工作站4款及平板显示器6款和BOX PC5款)近20款产品投入批量生产。我们的宗旨：专业是基础、服务是保证、质量是信誉。凭借可靠的产品质量和良好的售后服务，赢得了广大用户的认可，产品应用涵盖公共交通，电力、军工、金融、网络安全、船舶制造、医药器械、数控、仪表、科研等行业，并连续多年成为地铁和军工科研单位嵌入式计算机产品指定供应商。

辉煌计算机公司和上海张江高科技园区的许多高科技公司一样，以超常规的速度发展，但也面临着来自北京中关村高科技园区、广东深圳地区等大公司的激烈竞争。

二、绩效计划与实施

如今，辉煌计算机公司正处在蓬勃发展的阶段，市场的现状是口碑及销售业绩很好，商业经验丰富。2015年，公司在全国各地的总销售额超过2500万元，市场占有率超过30%，且新研发里12项新产品，是同类公司中的佼佼者。目前公司在经营中保持创新的新鲜度，提升经营定位，巩固市场份额，继续提高盈利能力，从而延长公司的成熟期，保持公司的竞争优势。

2016年初，辉煌公司针对公司的整体目标和各部门的发展要求制定了相应的绩效目标，帮助各部门和雇员自身对未来发展进行自我监控。

对于辉煌计算机公司来讲，提升销售收入，提高利润率是其首要目标，在经营过程中要注重毛利率的提升和费用的降低，从而增强盈利能力。公司计划在新一年扩大销售，销售总额比上年提升5%，毛利率也提升5%。公司还十分注重品牌的维护和公司形象的塑造，注重一线品牌的占有、品牌的到位情况，并致力于为客户提供更多更好的服务，提升客户的满意度，减少客户投诉率，维持现有客户并不断开发和拓展新的客户，使公司在行业中占有更大的市场份额。

在企业外部谋求发展的同时，内部员工的和谐相处、员工的团队建设。在提升当前经营水平的同时，公司也关注管理者和员工的学习与成长，公司要求管理者不断提升自己的组织领导能力和学习创新能力。公司组织各类活动塑造和传播企业文化，增强企业凝聚力，减少人员流失，为员工组织各类培训不少于10次，提高员工工作能力。

图 2－114　绩效评价案例

确定目标，点击“立即前往”按钮，跳出弹框依据案例对员工信息进行补充，点击加减号添加减少人员信息，点击“＋”号跳出弹框，填写员工姓名，点击“立即提交”完成操作，如图 2－115、图 2－116 所示。

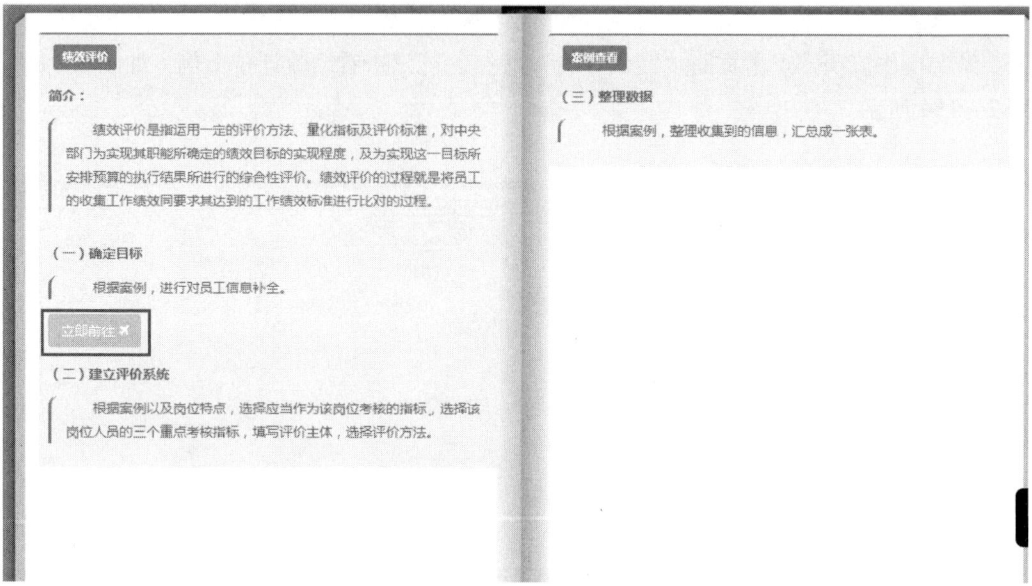

图 2－115　绩效评价中确立目标

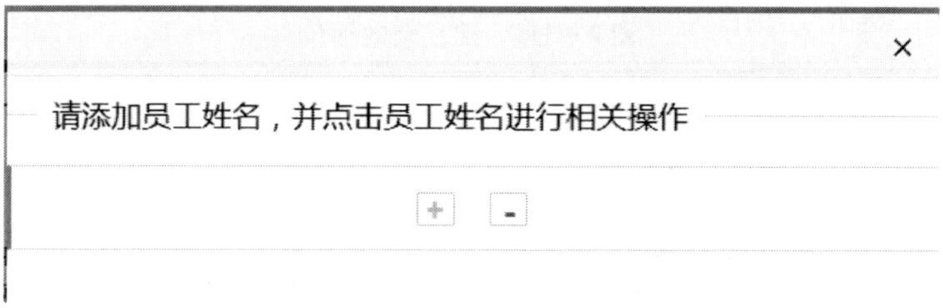

（a）

（b）

图 2－116　在绩效评价中添加人员

添加完人员姓名后，点击该人员姓名的按钮，可以对人员信息进行编辑，填写岗位、工龄、评价周期、组织战略目标、个人绩效目标等信息，完成后点击“立即提交”

按钮完成操作，完成后点击该员工名字所对应的按钮就可以对编辑的信息进行查看，如图 2－117、图 2－118 所示。

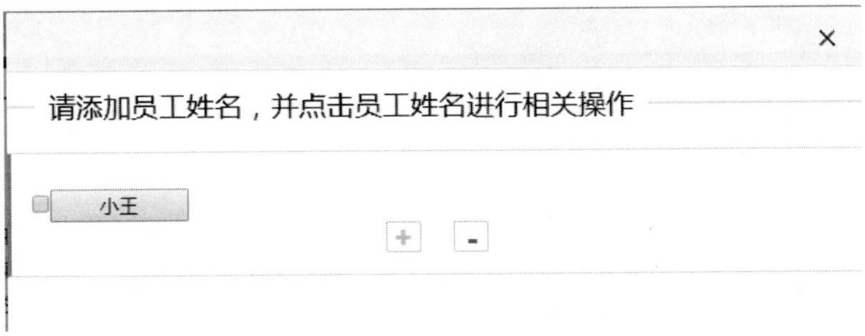

图 2－117　添加员工信息

图 2－118　确定员工绩效目标

确定目标步骤完成后“立即前往”按钮变为“查看”按钮，点击“查看”按钮可以对填写内容进行查看，并可以点击查看教师上传的参考答案。

建立评价系统，点击“立即前往”按钮，跳出弹框依据案例下拉编辑框选择填写评价系统表，填写完成后，点击“立即提交”完成操作，如图 2－119、图 2－120 所示。

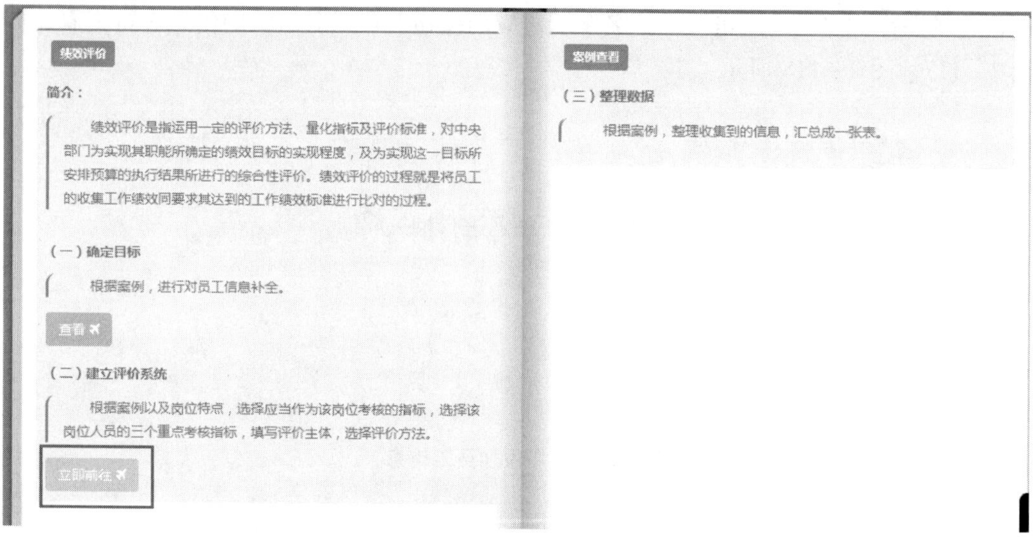

图 2－119　建立评价系统

图 2－120　填写评价系统表

建立评价系统步骤完成后“立即前往”按钮变为“查看”按钮，点击“查看”按钮可以对填写内容进行查看，并可以点击查看教师上传的参考答案。

找到页面中“（三）整理数据”，点击“立即前往”按钮，跳出弹框依据案例添加员工的绩效指标，加减号可以添加或者减少员工的考评指标，但至少保留一条信息，填写完成后，点击“立即提交”完成操作，如图 2－121、图 2－122 所示。

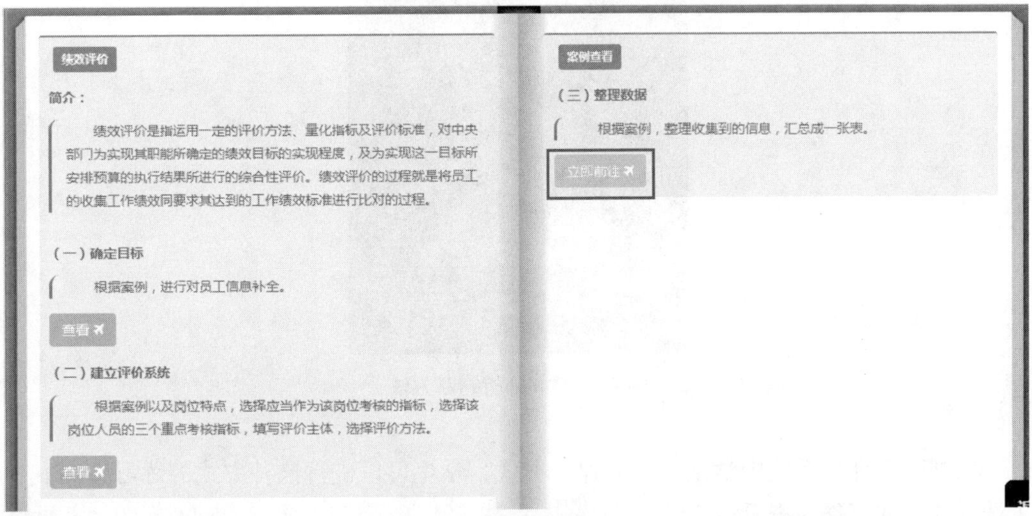

图 2－121　前往整理数据

图 2－122　整理数据

整理数据步骤完成后“立即前往”按钮变为“查看”按钮，点击“查看”按钮可以对填写内容进行查看，并可以点击查看教师上传的参考答案。

②分析判断。分析判断主要包括：配对比较法、图尺度量法、混合标准量表法、行为锚定量表法、行为对照表法、关键事件法、态度记录法、行为观察量表法，如图 2－123 所示。

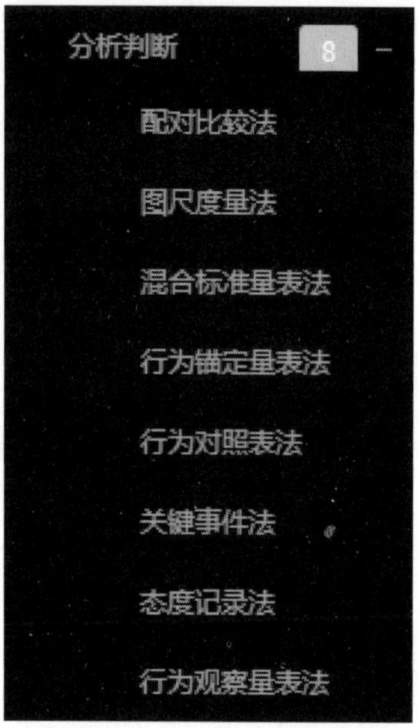

图 2－123　分析判断方法

依据建立评价系统中学生填写的评价方式，学生可以进行该种方式的练习，而其他未选择的方式仅作为查看。

ⓐ配对比较法。点击“配对比较法”，进入对应的界面，可以查看配对比较法的定义、优缺点，依据上一步建立评价体系的内容，输入相应员工的绩效得分，完成后点击“立即提交”按钮，完成操作，即可查看员工的绩效得分，如图 2－124、图 2－125 和图 2－126 所示。

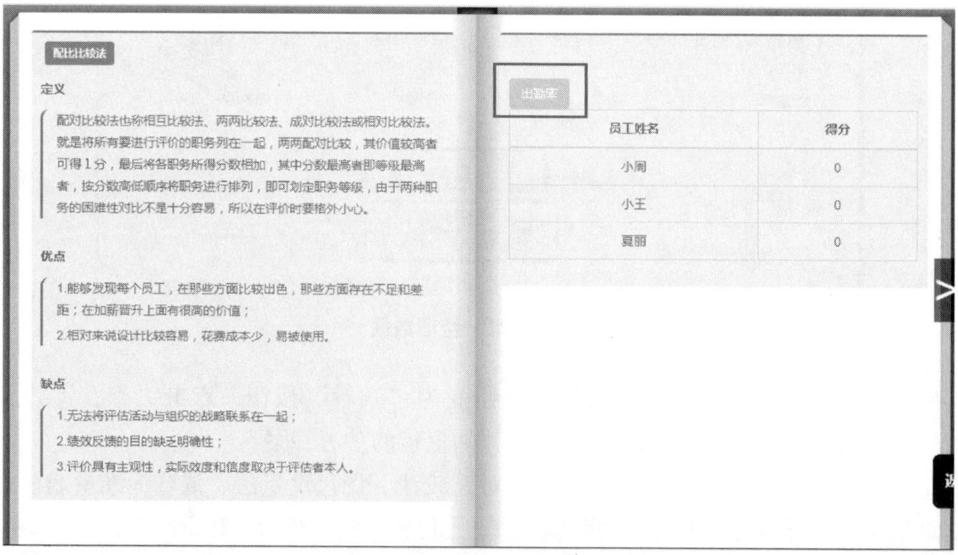

图 2－124　配比分析法简介

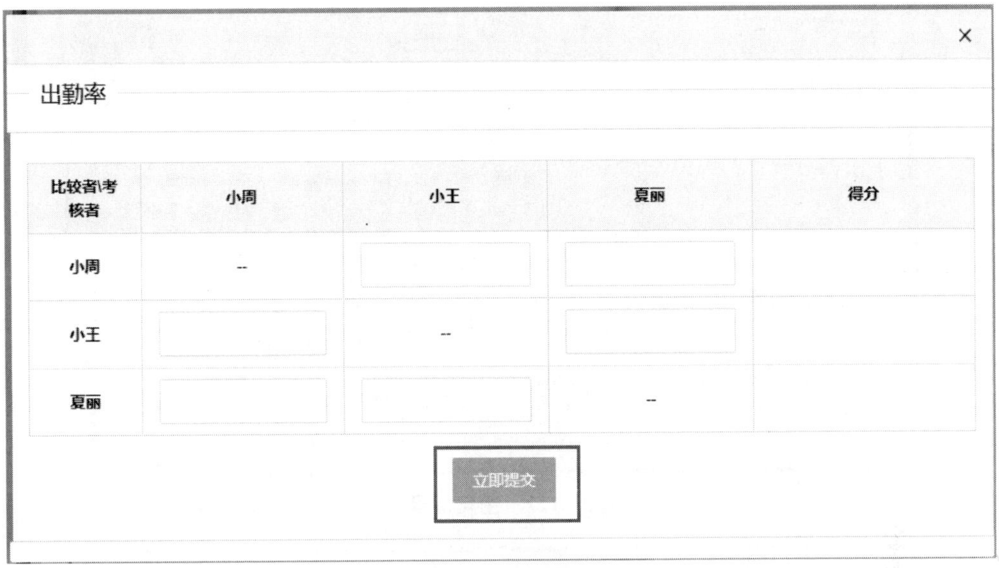

图 2－125　出勤率

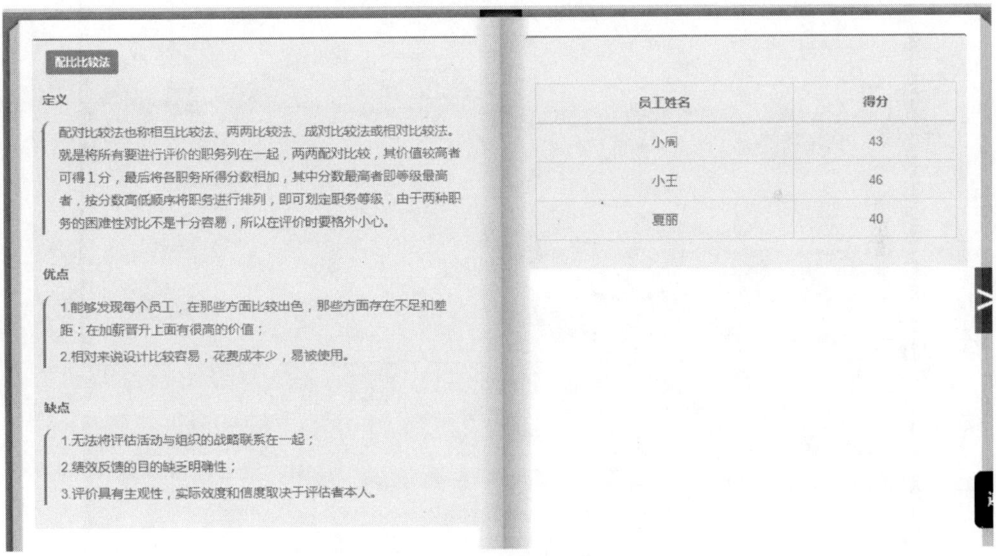

图 2－126　配比分析法计算员工绩效得分

ⓑ图尺度量法。点击“图尺度量法”，进入对应的界面，可以查看图尺度量法的定义、优缺点，依据上一步建立评价体系的内容，输入相应员工的绩效得分，完成后点击“立即提交”按钮，完成操作，即可查看员工的绩效得分，如图 2－127 所示。

ⓒ混合标准量表法。点击“混合标准量表法”，进入对应的界面，可以查看混合标准量表法的定义、优缺点和示例图，依据上一步建立评价体系的内容和案例，输入相应员工的绩效得分，完成后点击“立即提交”按钮，完成操作，即可查看员工的绩效得分，如图 2－128 的（a）（b）（c）（d）所示。

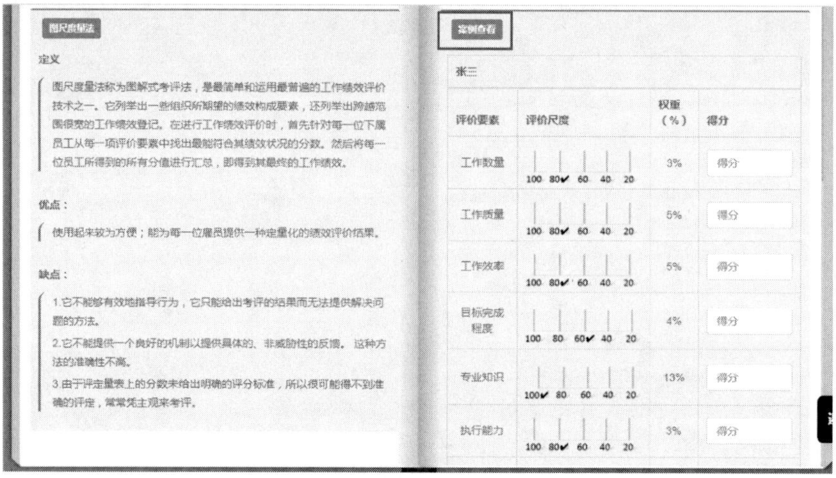

图 2－127　图尺度量法

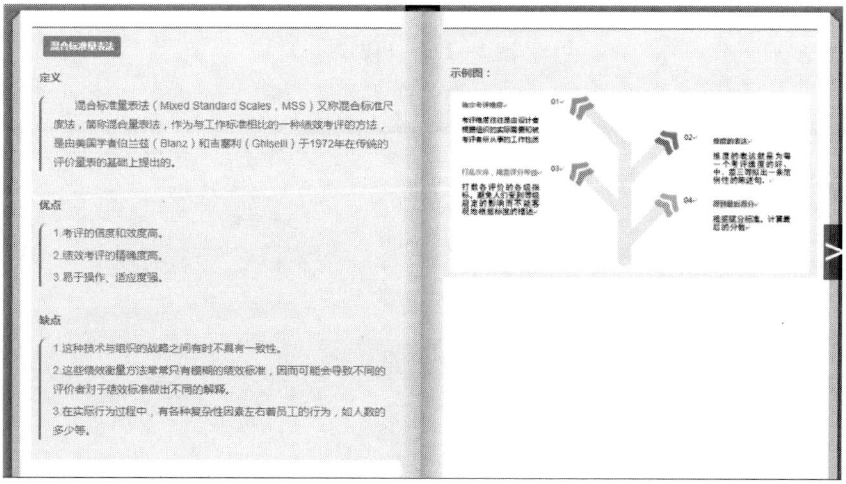

（a）

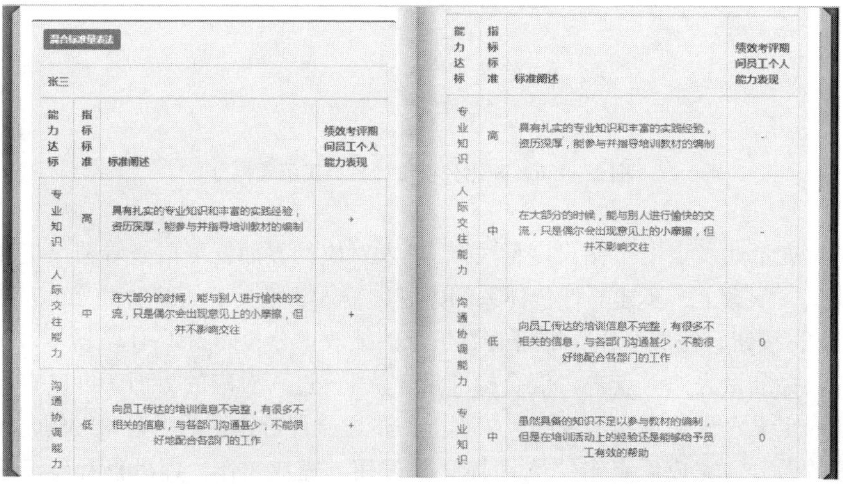

（b）

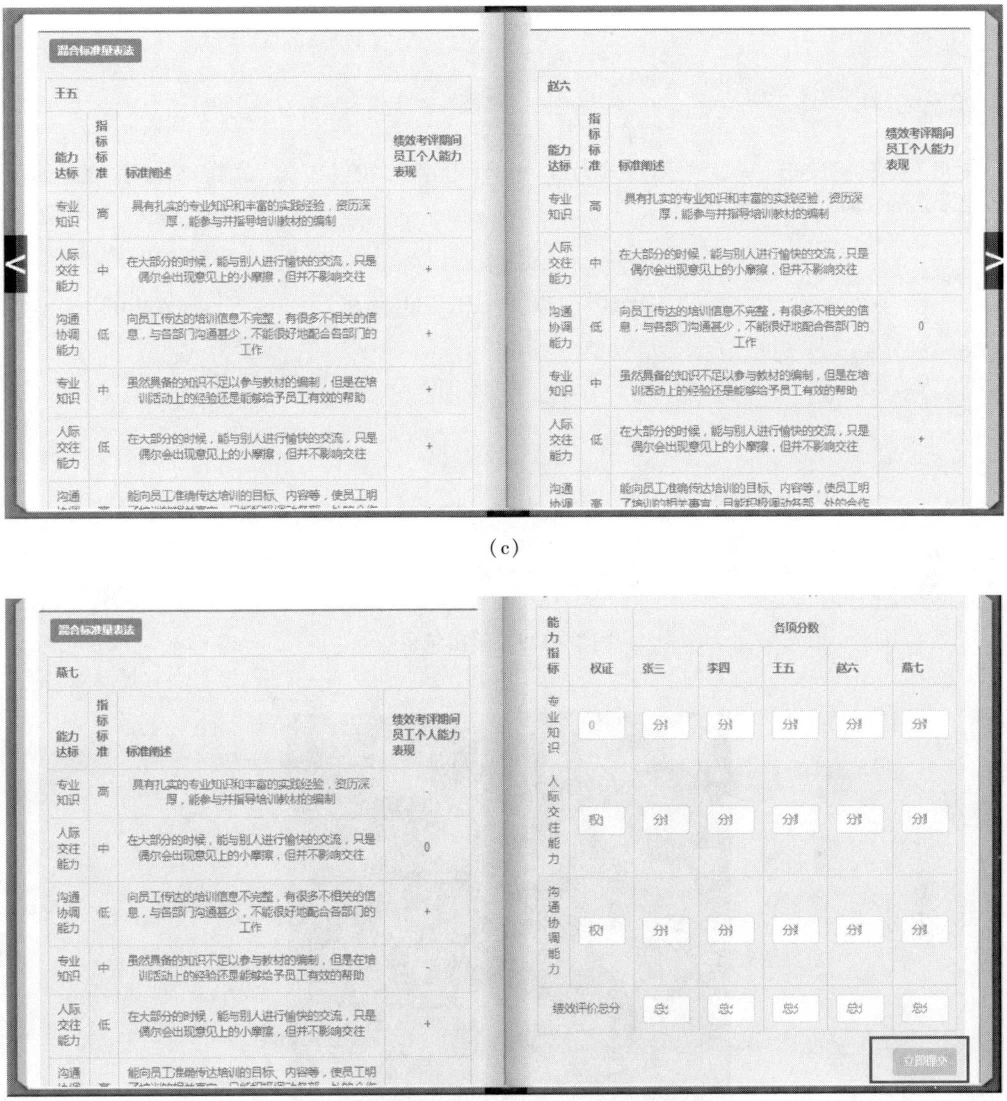

(c)

(d)

图 2－128　混合标准量表法

其他五项分析方法如上，学生可以依次进行操作、学习与查看。

③输出结果。点击“输出结果”按钮，依据案例填写员工的等级、能职低项与原因分析，加减号可以增减结果信息，填写完成后，点击“立即提交”按钮，完成操作，如图 2－129 所示。

（6）绩效反馈。

点击导航栏的“绩效反馈”按钮，下拉出现绩效反馈的四个内容，包括建立方法与原则、内容及策略、步骤及过程、绩效反馈实例分析，点击相应的管理工具会出现相应的基础教学内容，如图 2－130、图 2－131 所示。

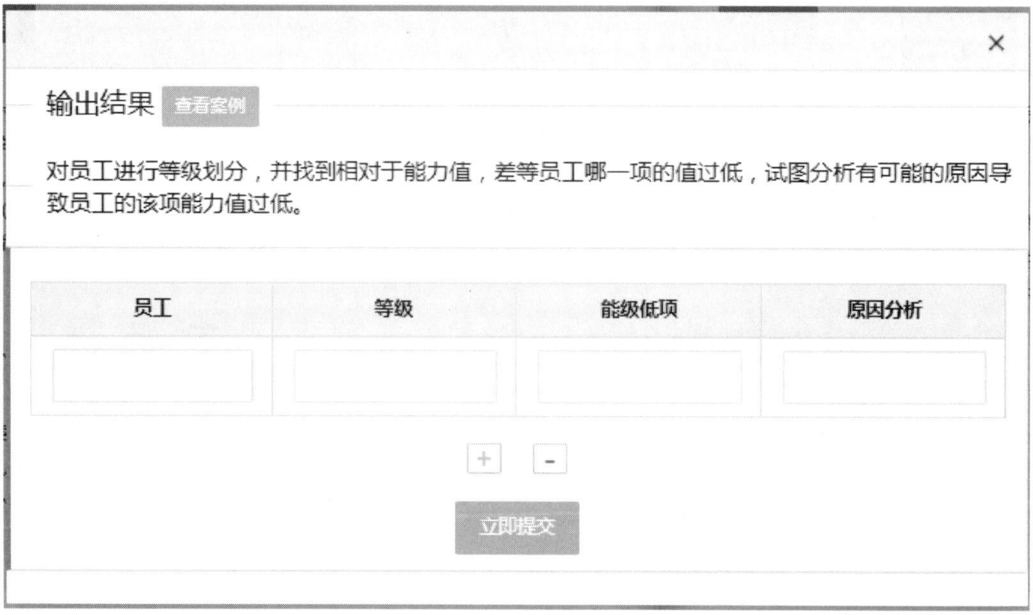

图 2－129　输出结果

图 2－130　绩效反馈

图 2－131　绩效反馈维度

方法与原则。点击“方法与原则”按钮，进入对应界面，可以翻页查看 BEST 反馈法、汉堡法、SMART 原则的相关内容，点击“案例查看”按钮，可以查看案例，依据案例完成对应练习，点击“立即提交”完成操作，如图 2－132 的（a）（b）和图 2－133 所示。

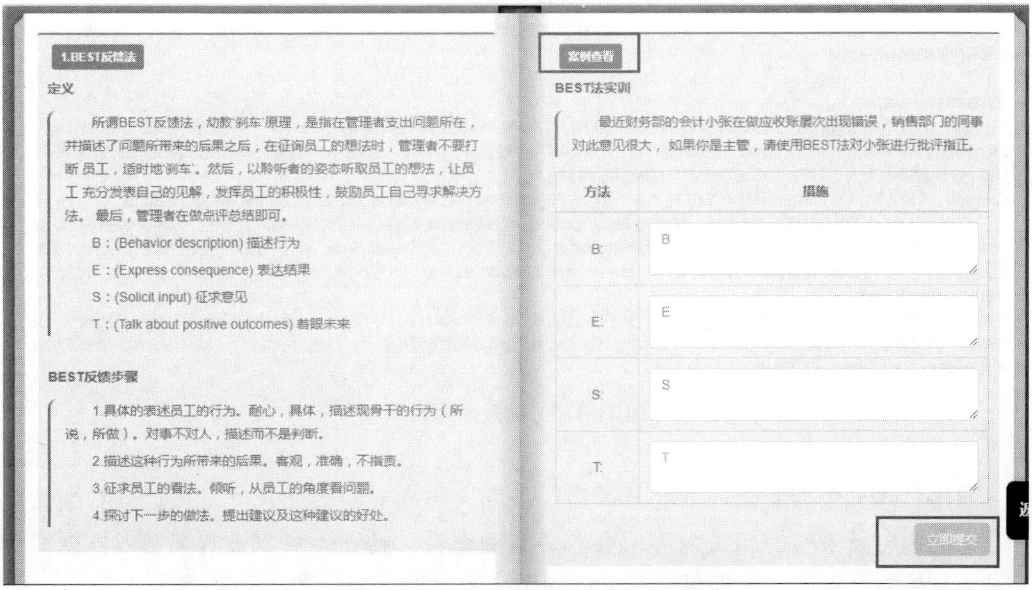

（a）

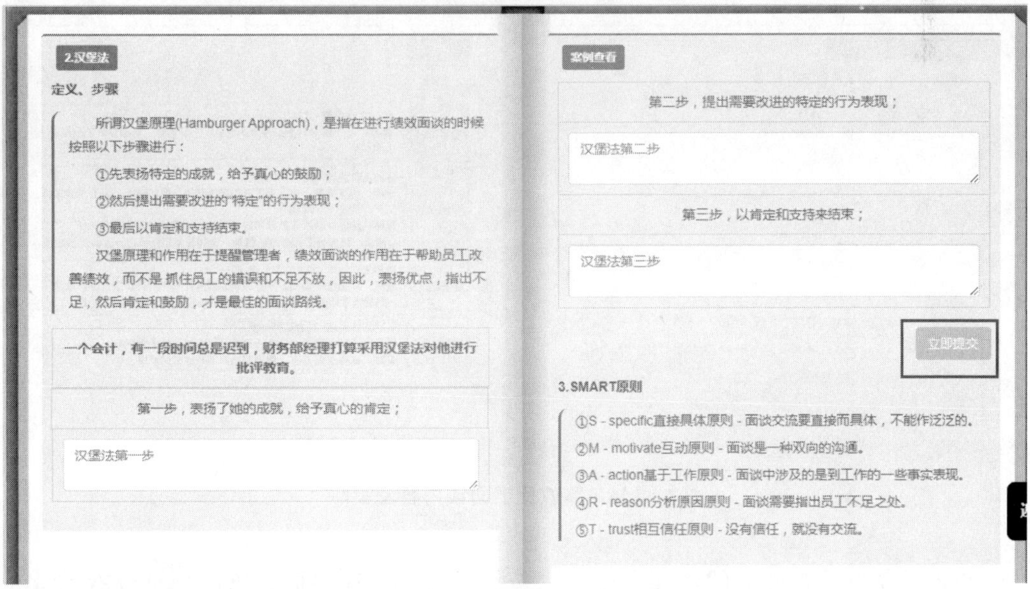

（b）

图 2－132　绩效反馈方法及简介

案例

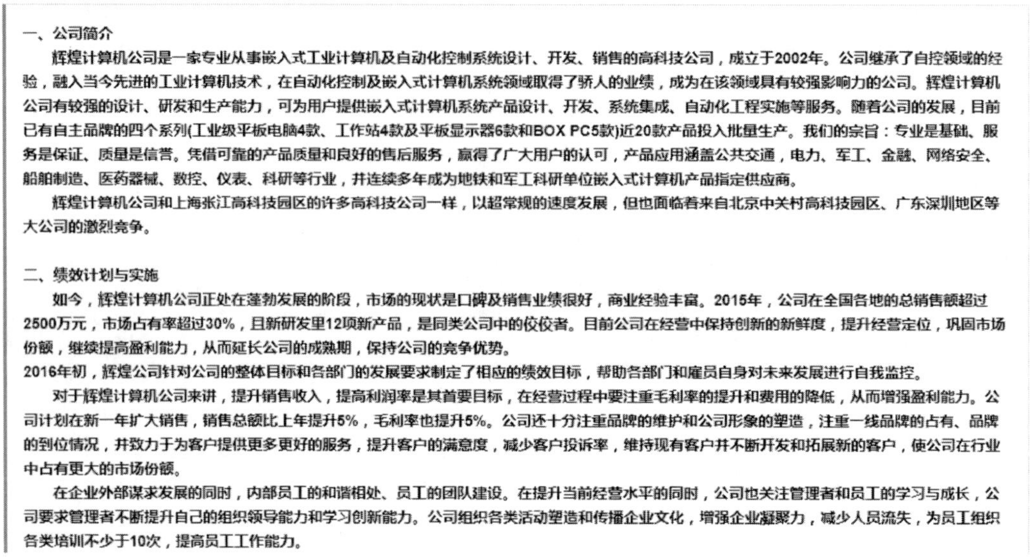

一、公司简介

辉煌计算机公司是一家专业从事嵌入式工业计算机及自动化控制系统设计、开发、销售的高科技公司，成立于2002年。公司继承了自控领域的经验，融入当今先进的工业计算机技术，在自动化控制及嵌入式计算机系统领域取得了骄人的业绩，成为在该领域具有较强影响力的公司。辉煌计算机公司有较强的设计、研发和生产能力，可为用户提供嵌入式计算机系统产品设计、开发、系统集成、自动化工程实施等服务。随着公司的发展，目前已有自主品牌的四个系列(工业级平板电脑4款、工作站4款及平板显示器6款和BOX PC5款)近20款产品投入批量生产。我们的宗旨：专业是基础、服务是保证、质量是信誉。凭借可靠的产品质量和良好的售后服务，赢得了广大用户的认可，产品应用涵盖公共交通，电力、军工、金融、网络安全、船舶制造、医药器械、数控、仪表、科研等行业，并连续多年成为地铁和军工科研单位嵌入式计算机产品指定供应商。

辉煌计算机公司和上海张江高科技园区的许多高科技公司一样，以超常规的速度发展，但也面临着来自北京中关村高科技园区、广东深圳地区等大公司的激烈竞争。

二、绩效计划与实施

如今，辉煌计算机公司正处在蓬勃发展的阶段，市场的现状是口碑及销售业绩很好，商业经验丰富。2015年，公司在全国各地的总销售额超过2500万元，市场占有率超过30%，且新研发里12项新产品，是同类公司中的佼佼者。目前公司在经营中保持创新的新鲜度，提升经营定位，巩固市场份额，继续提高盈利能力，从而延长公司的成熟期，保持公司的竞争优势。

2016年初，辉煌公司针对公司的整体目标和各部门的发展要求制定了相应的绩效目标，帮助各部门和雇员自身对未来发展进行自我监控。

对于辉煌计算机公司来讲，提升销售收入，提高利润率是其首要目标，在经营过程中要注重毛利率的提升和费用的降低，从而增强盈利能力。公司计划在新一年扩大销售，销售总额比上年提升5%，毛利率也提升5%。公司还十分注重品牌的维护和公司形象的塑造，注重一线品牌的占有、品牌的到位情况，并致力于为客户提供更多更好的服务，提升客户的满意度，减少客户投诉率，维持现有客户并不断开发和拓展新的客户，使公司在行业中占有更大的市场份额。

在企业外部谋求发展的同时，内部员工的和谐相处、员工的团队建设。在提升当前经营水平的同时，公司也关注管理者和员工的学习与成长，公司要求管理者不断提升自己的组织领导能力和学习创新能力。公司组织各类活动塑造和传播企业文化，增强企业凝聚力，减少人员流失，为员工组织各类培训不少于10次，提高员工工作能力。

图 2－133　绩效反馈案例

点击“绩效反馈面谈的内容及策略”按钮，进入对应界面，可以翻页查看绩效反馈面谈的内容及策略的相关内容，点击“案例查看”按钮，可以查看案例，依据案例完成对应练习，点击“立即提交”完成操作，如图 2－134、图 2－135 所示。

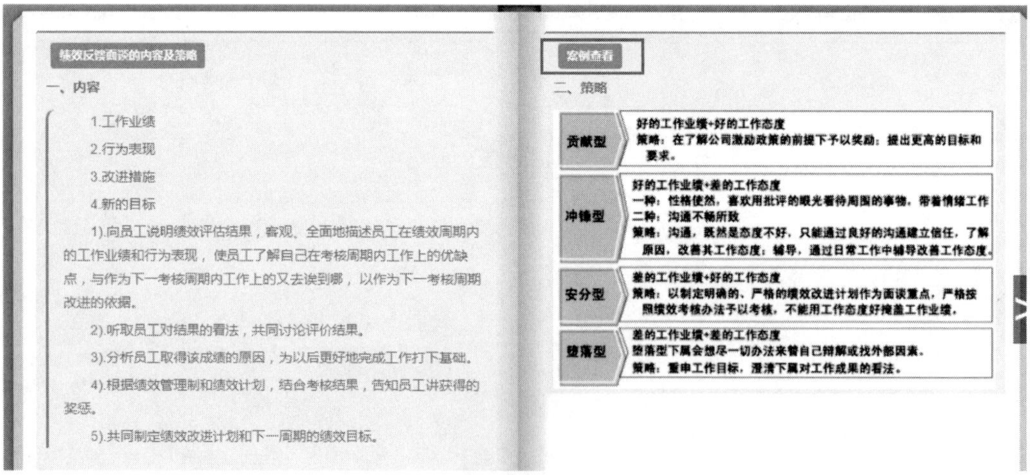

图 2－134　绩效反馈面谈内容及策略

点击“绩效反馈面谈的步骤及过程”按钮，进入对应界面，可以翻页查看绩效反馈操作过程（管理者准备、员工准备、明确面谈内容、面谈实训过程、提出改进计划）的相关内容，点击“案例查看”按钮，可以查看案例，如图 2－136 所示。

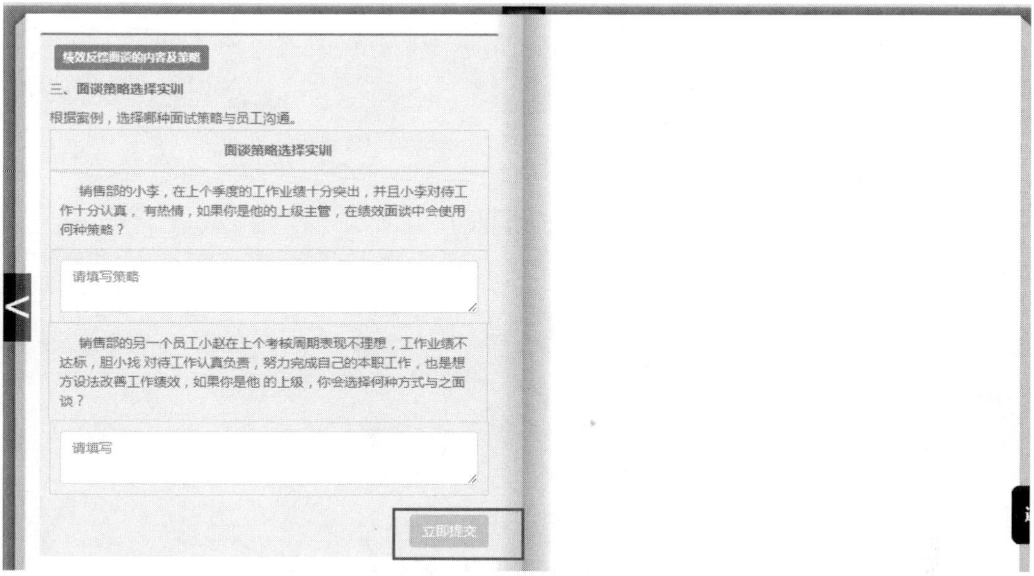

图 2 - 135　内容策略实训

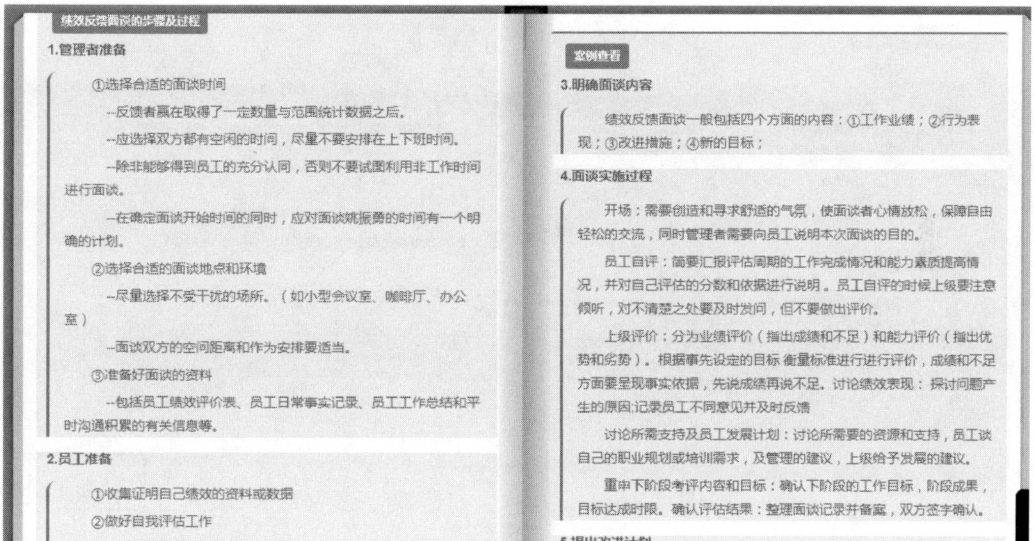

图 2 - 136　绩效反馈面谈步骤及过程

点击“绩效反馈面作准备实例”按钮，进入对应界面，依据绩效反馈案例填写面谈流程（管理者准备、员工准备、明确面谈内容、面谈实训过程、提出改进计划）的相关内容，点击“案例查看”按钮，可以查看案例，填写完成后，点击“立即提交”完成操作，如图 2 - 137 的（a）（b）所示。

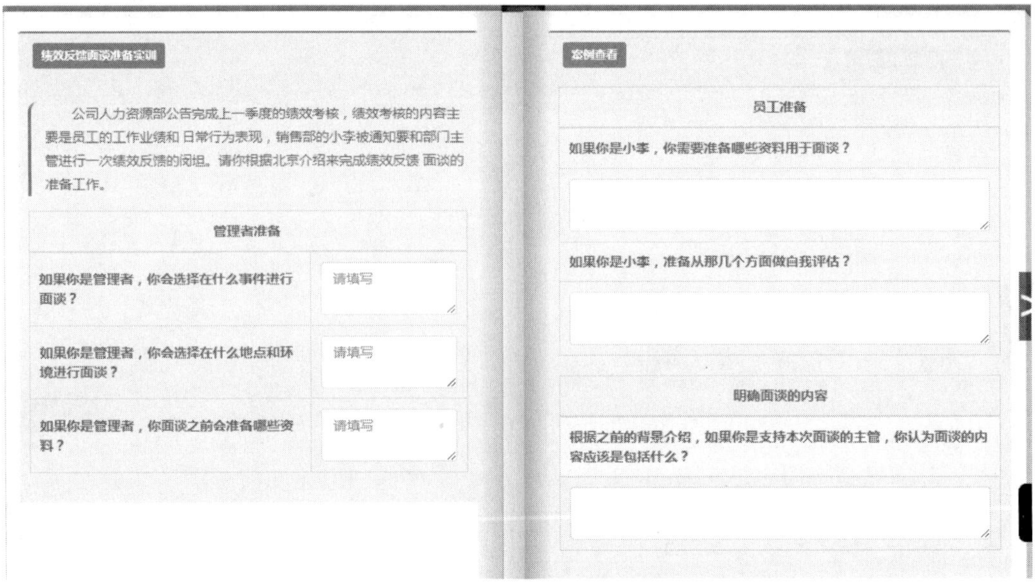

(a)

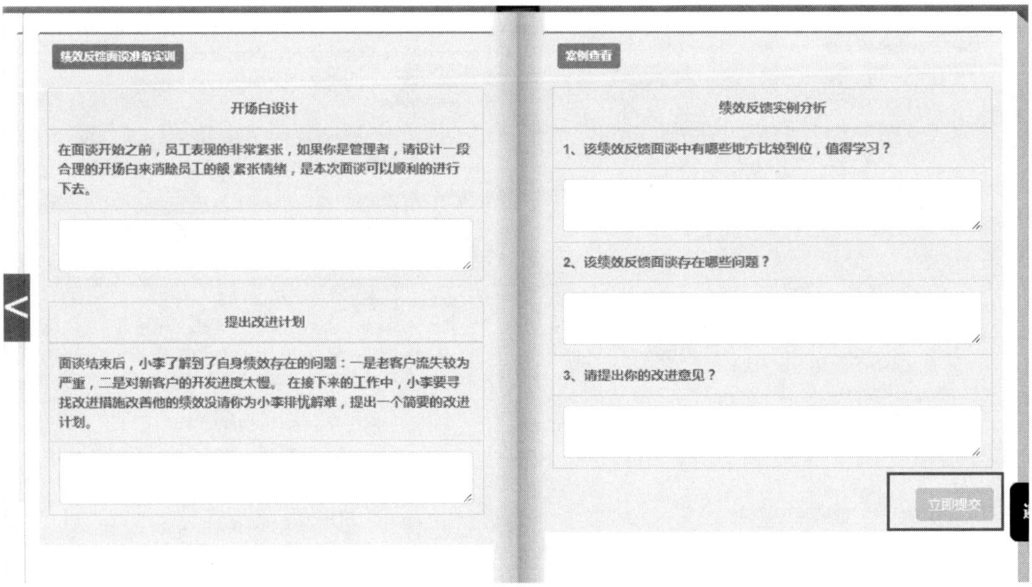

(b)

图 2－137　绩效反馈实例分析

（7）绩效结果运用。

①绩效改进。点击“案例查看”按钮，进入对应界面，依据绩效反馈案例填写绩效诊断：问题分析、绩效对比（标杆对比、目标对比）、原因分析的相关内容，点击“立即提交”完成操作，如图 2－138 的（a）（b）（c）所示。

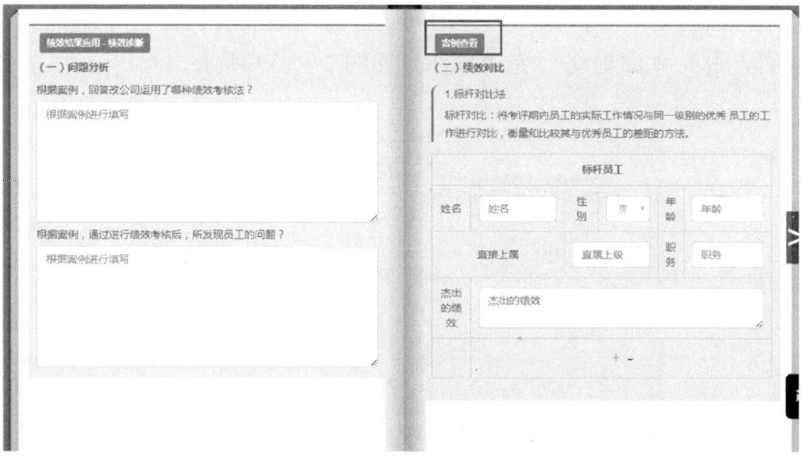

(a)

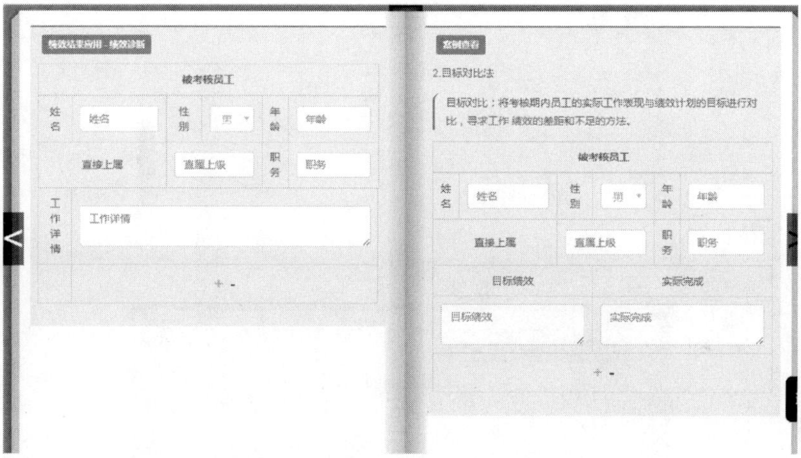

(b)

(c)

图 2－138　绩效诊断

完成绩效诊断问题填写，针对填写的问题进行绩效改进，并且完成员工绩效改进计划表，完成后点击“立即提交”完成操作，如图 2－139 所示。

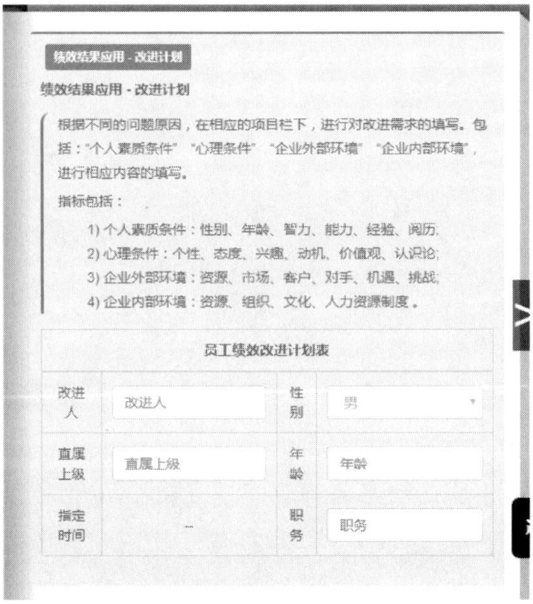

(a)

(b)

图 2－139　绩效改进

②绩效薪酬。点击“绩效薪酬”按钮，学习了解“（一）绩效薪酬的优缺点”。练习计件工资制、标准工时制、绩效工资、绩效调薪和利润分享计划的相关计算内容和理论知识，如图 2－140 所示。

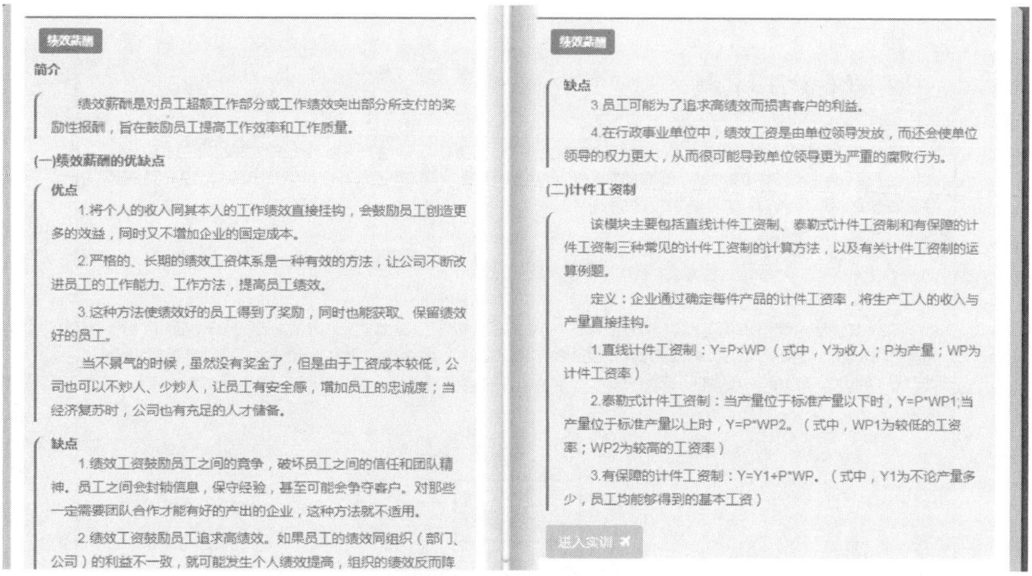

图 2－140　绩效薪酬

阅读“（二）计件工资制”的相关内容，点击“进入实训”，在跳出的弹窗里完成练习，点击“立即提交”，完成该步。完成后，按钮变为“查看”可以查看填写情况，如图 2－141 和图 2－142 所示。

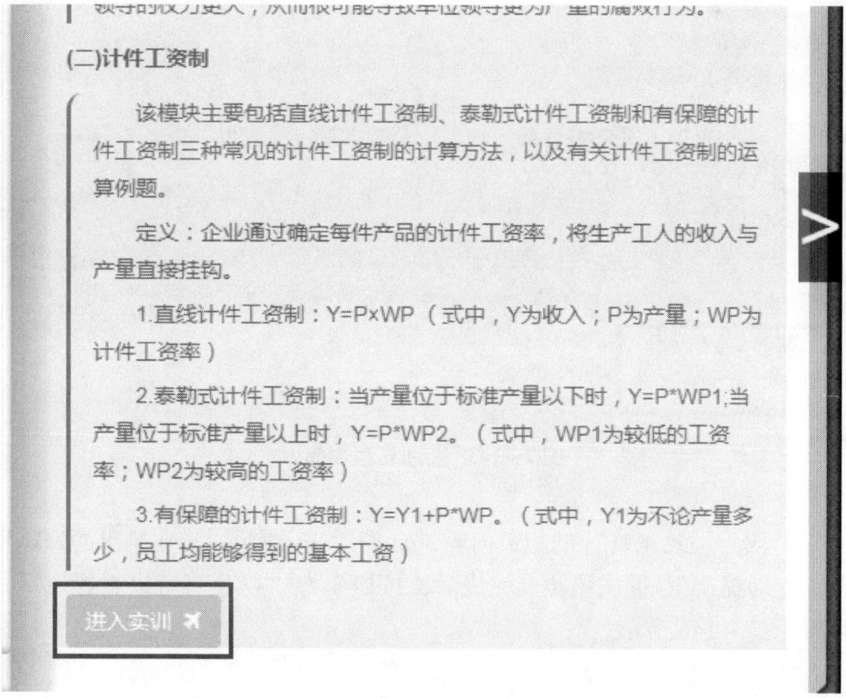

图 2－141　计件工资制简介

图 2－142　计件工资制实训

阅读“（三）标准工时制”的相关内容，点击“进入实训”，在跳出的弹窗里完成练习，点击“立即提交”，完成该步。完成后，按钮变为“查看”可以查看填写情况，如图 2－143 和图 2－144 所示。

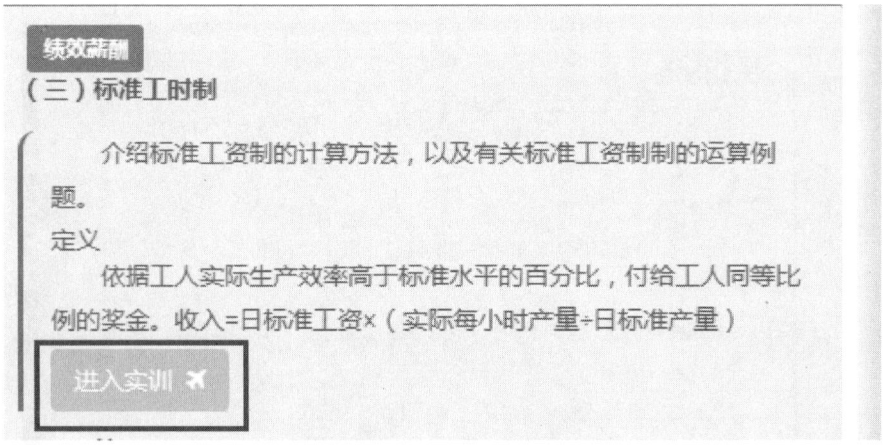

图 2－143　标准工时制简介

阅读“（四）绩效工资”的相关内容，点击“进入实训”，在跳出的弹窗里完成练习，点击“立即提交”，完成该步。完成后，按钮变为“查看”可以查看填写情况，如图 2－145 和图 2－146 所示。

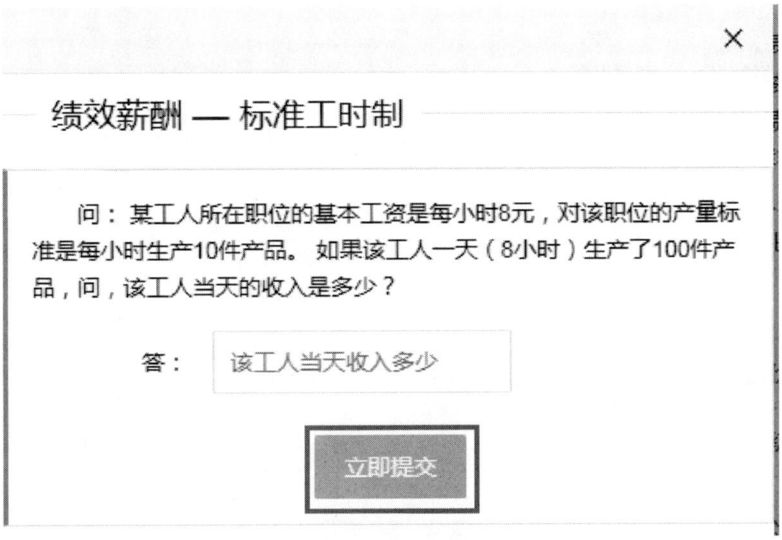

图 2-144　标准工时制实训

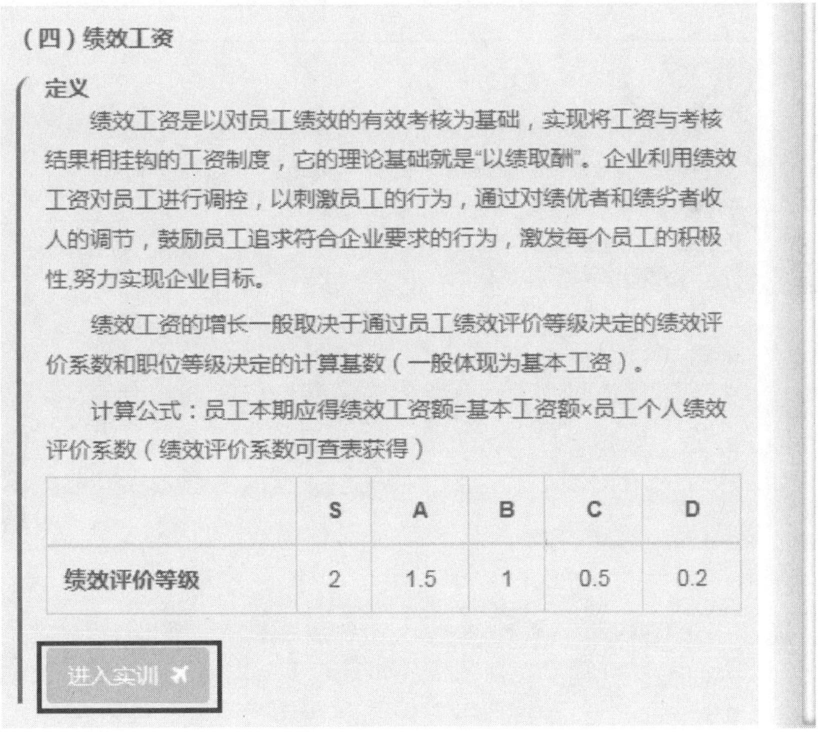

（四）绩效工资

定义

绩效工资是以对员工绩效的有效考核为基础，实现将工资与考核结果相挂钩的工资制度，它的理论基础就是"以绩取酬"。企业利用绩效工资对员工进行调控，以刺激员工的行为，通过对绩优者和绩劣者收入的调节，鼓励员工追求符合企业要求的行为，激发每个员工的积极性,努力实现企业目标。

绩效工资的增长一般取决于通过员工绩效评价等级决定的绩效评价系数和职位等级决定的计算基数（一般体现为基本工资）。

计算公式：员工本期应得绩效工资额=基本工资额×员工个人绩效评价系数（绩效评价系数可查表获得）

	S	A	B	C	D
绩效评价等级	2	1.5	1	0.5	0.2

图 2-145　绩效工资简介

阅读"（五）绩效调薪"的计算步骤，点击"进入实训"，在跳出的弹窗里完成练习，点击"立即提交"，完成该步。完成后，按钮变为"查看"可以查看填写情况，如图 2-147、图 2-148、图 2-149 和图 2-150 所示。

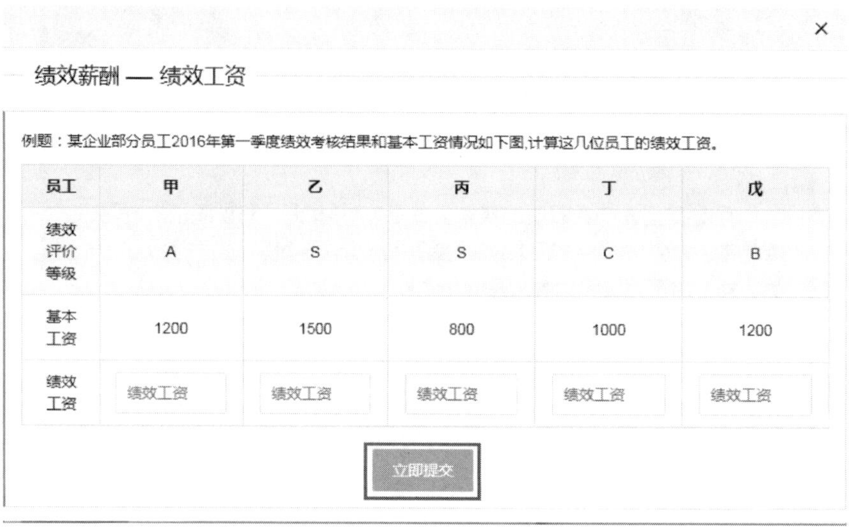

×

绩效薪酬 — 绩效工资

例题：某企业部分员工2016年第一季度绩效考核结果和基本工资情况如下图,计算这几位员工的绩效工资。

员工	甲	乙	丙	丁	戊
绩效评价等级	A	S	S	C	B
基本工资	1200	1500	800	1000	1200
绩效工资	绩效工资	绩效工资	绩效工资	绩效工资	绩效工资

立即提交

图 2 – 146　绩效工资实训

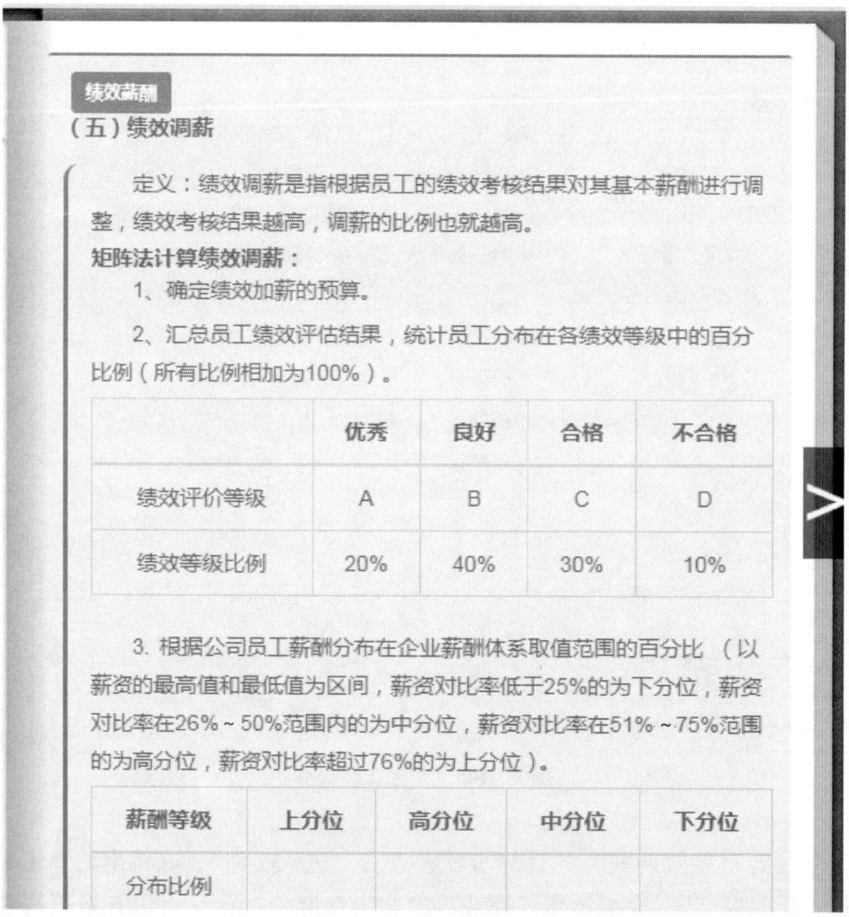

绩效薪酬

（五）绩效调薪

定义：绩效调薪是指根据员工的绩效考核结果对其基本薪酬进行调整，绩效考核结果越高，调薪的比例也就越高。

矩阵法计算绩效调薪：

1、确定绩效加薪的预算。

2、汇总员工绩效评估结果，统计员工分布在各绩效等级中的百分比例（所有比例相加为100%）。

	优秀	良好	合格	不合格
绩效评价等级	A	B	C	D
绩效等级比例	20%	40%	30%	10%

3. 根据公司员工薪酬分布在企业薪酬体系取值范围的百分比（以薪资的最高值和最低值为区间，薪资对比率低于25%的为下分位，薪资对比率在26%～50%范围内的为中分位，薪资对比率在51%～75%范围的为高分位，薪资对比率超过76%的为上分位）。

薪酬等级	上分位	高分位	中分位	下分位
分布比例				

图 2 – 147　绩效调薪简介

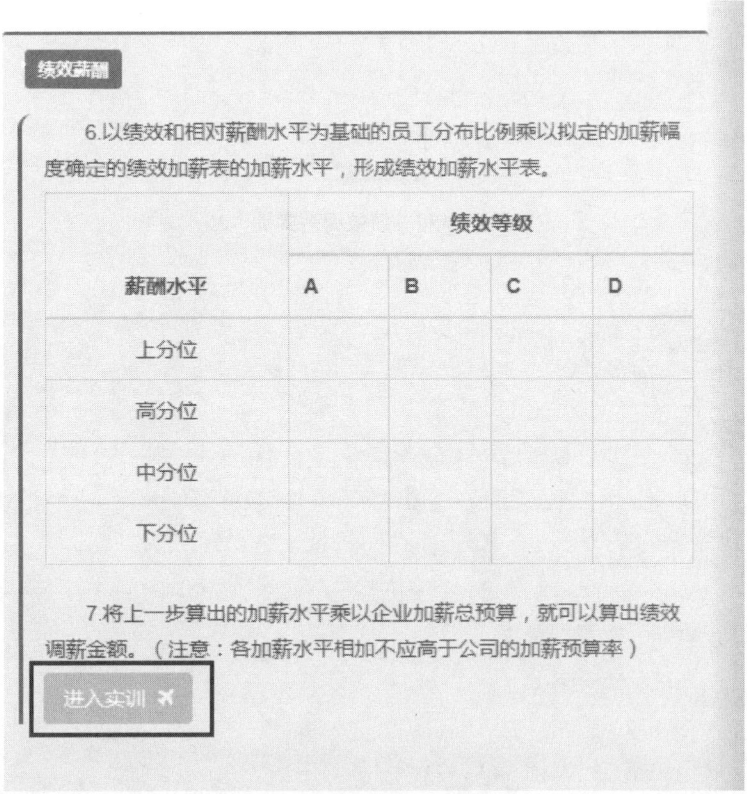

图 2－148　绩效调薪实训－1

图 2－149　绩效调薪实训－2

学习并阅读“（五）利润分享计划”的相关内容，包括定义、内容、形式，如图2－151所示。

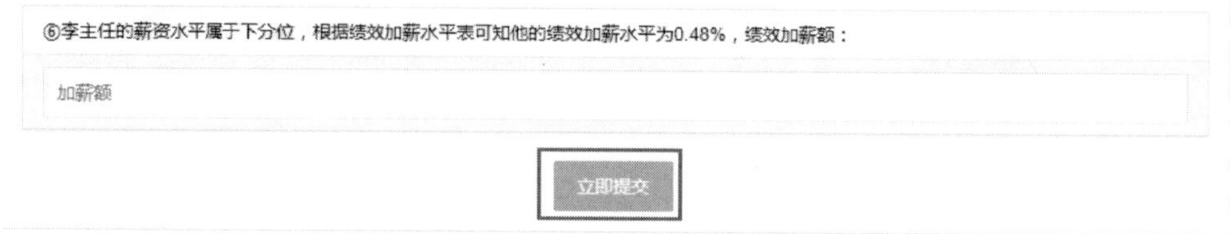

图 2－150　绩效调薪实训－3

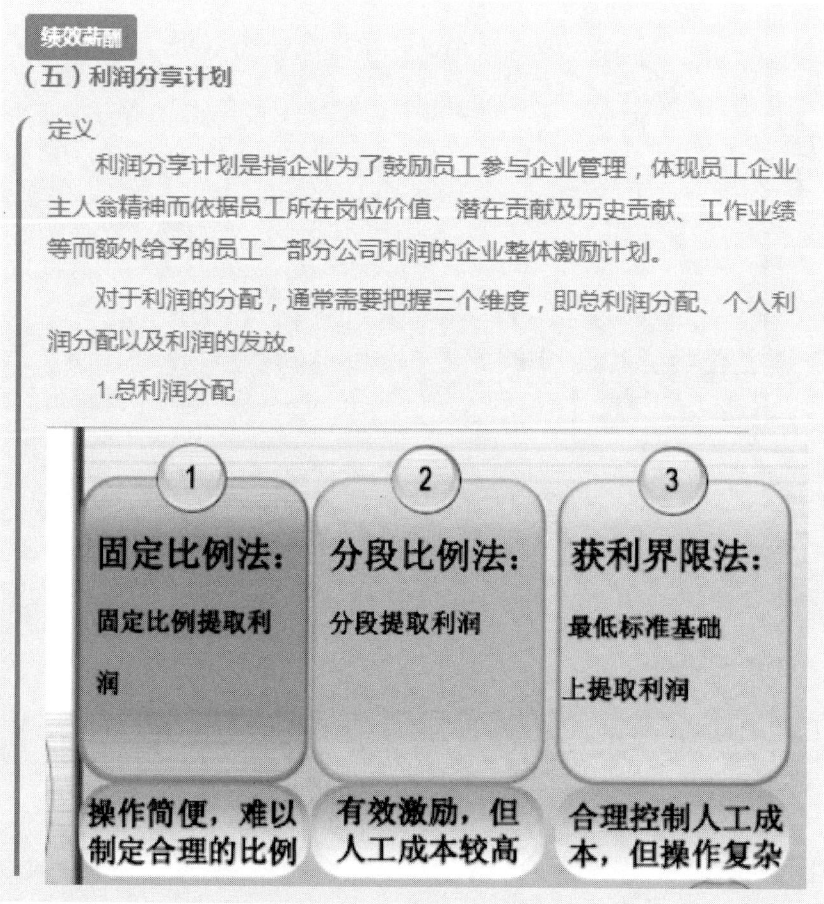

图 2－151　利润分享计划简介

③在人力资源其他模块的应用。点击“在人力资源其他模块的应用”按钮，进入对应界面，翻页查看绩效管理在人力资源规划、人员培训、薪酬管理、招聘管理、工作分析、培训开发的应用，如图 2－152 所示。

（8）基础教学心得总结。

在完成基础教学部分后，点击“基础教学心得总结”，总结学习经验，点击“确定”按钮，提交完成，如图 2－153 所示。

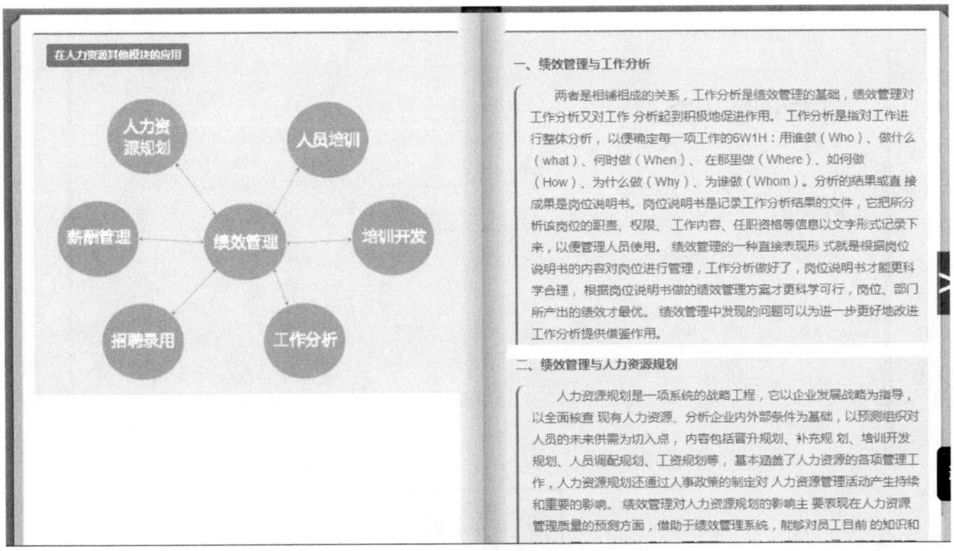

图 2－152　在人力资源其他模块的应用

图 2－153　基础教学心得总结

2.2.4　实战系统操作流程介绍

(1) 实战训练思路。

进入实战系统，首先需要填写“实战训练思路”，填写完成后点击“立即提交”按钮，正式进入实战界面，如图 2－154 所示。

图 2 – 154　实战训练思路

（2）当年开始。

点击“当年开始”，开始新一年操作，如图 2 – 155 所示。

图 2 – 155　开启新一年操作的页面

（3）绩效诊断评估。

点击“绩效诊断评估”，花费 500 元进行绩效诊断评估后，可以查看员工能力值信息表。该按钮为常亮按钮，花费一次费用，该年度就可以自由查看当年员工能力值，如图 2 – 156 所示。

（4）公司绩效目标。

点击“公司绩效目标”，根据绩效诊断评估制定公司的绩效目标值，填写好后点击“确定”按钮进入下一步，如图 2 – 157 所示。

（5）部门绩效目标。

点击“部门绩效目标”，将公司的总绩效目标分配到各个部门中，点击“确定”按钮完成该步，如图 2 – 158 所示。

员工能力值的信息表

		编号	人事能力	生产能力	研发能力	销售能力	财务能力	团队协作	创新能力	工作态度
经理	总经理	1	90	71	74	94	84	91	84	90
	人事经理	2	83	35	55	38	44	69	69	60
	财务经理	3	45	54	34	30	81	74	80	60
	销售经理	4	34	43	50	91	58	61	71	84
	生产经理	5	38	83	57	53	44	63	80	60
	研发经理	6	59	56	99	43	35	66	95	77
专员	人事专员	7	80	34	40	47	39	79	60	60
	财务专员	8	41	44	45	40	78	66	77	60
	销售专员	9	39	55	50	88	36	86	60	79
	生产专员	10	60	75	41	55	36	74	60	60
	研发专员	11	52	30	78	40	45	74	60	60

确定

图 2－156　员工能力值的信息表

公司绩效目标

绩效能力指标	绩效目标值
团队协作能力	团队协作能力
创新能力	创新能力
工作态度	工作态度
人事管理能力	人事管理能力
生产能力	生产能力
研发能力	研发能力
销售能力	销售能力
财务管理能力	财务管理能力
合计	合计

确定

图 2－157　公司绩效目标

图 2－158　部门绩效目标

（6）员工绩效目标。

点击“员工绩效目标”，将部门的绩效目标分配到每个员工，点击“确定”按钮完成该步，如图 2－159 所示。

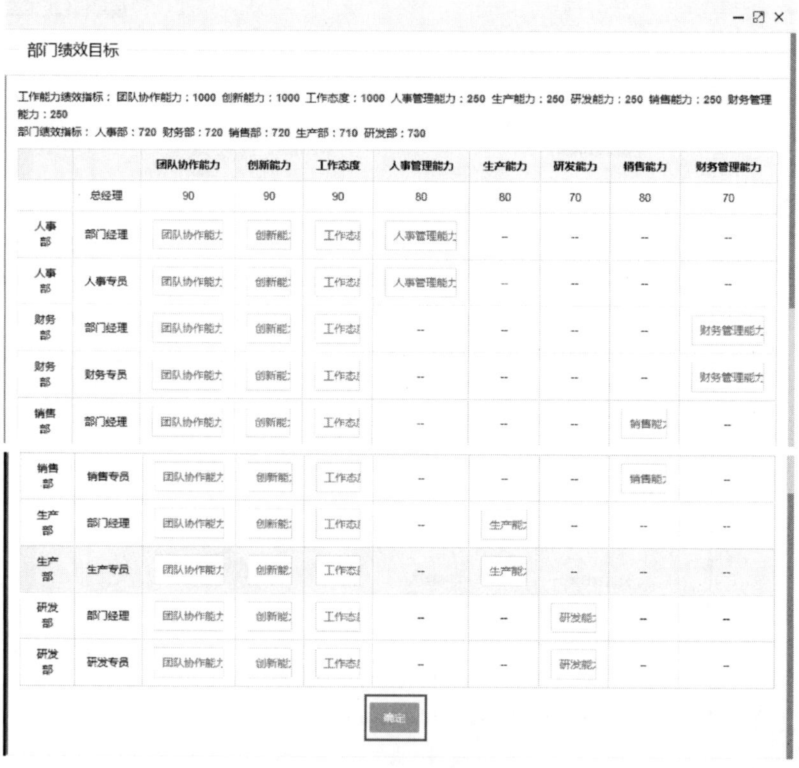

图 2－159　员工绩效目标

（7）自我提升。

点击“自我提升”，可以查看当期绩效目标的制定对员工能力的自我提升情况，点击“确定”完成该步，如图 2－160 所示。

岗位	人事管理能力	生产能力	研发能力	销售能力	财务管理能力	团队协作能力	创新能力	工作态度
总经理	104↑	82↑	85↑	109↑	97↑	105↑	97↑	104↑
人事经理	96↑	35	55	38	44	80↑	80↑	69↑
财务经理	45	54	34	30	93↑	85↑	92↑	69↑
销售经理	34	43	50	105↑	58	70↑	82↑	97↑
生产经理	38	96↑	57	53	44	73↑	92↑	69↑
研发经理	59	56	114↑	43	35	76↑	110↑	89↑
人事专员	92↑	34	40	47	39	91↑	69↑	69↑
销售专员	41	44	45	22↑	78	76↑	89↑	69↑
财务专员	39	55	50	88	20↑	99↑	69↑	91↑
生产专员	60	87↑	41	55	36	85↑	69↑	69↑
研发专员	52	30	90↑	40	45	85↑	69↑	69↑

确定

图 2－160　自我提升情况

（8）选择绩效考核方法。

点击“选择绩效考核方法”，为公司当年选择一个合适的绩效考核方法，一个公司一年只能选择一个方法，点击“确定”完成该步，如图 2－161 所示。

选择考核方法

	考核方法	人事管理能力	生产能力	研发能力	销售能力	财务管理能力	团队协作能力	创新能力	工作态度	所需费用
○ 选择	BSC	20 %	25 %	20 %	18 %	20 %	21 %	18 %	-8 %	4000 元
○ 选择	KPI	15 %	30 %	14 %	20 %	10 %	-5 %	16 %	16 %	3000 元
○ 选择	MBO	20 %	18 %	-10 %	12 %	12 %	16 %	10 %	8 %	3000 元
○ 选择	360度绩效考核	16 %	20 %	14 %	15 %	18 %	16 %	-8 %	8 %	2500 元
○ 选择	配比比较法	-8 %	8 %	10 %	14 %	10 %	8 %	-5 %	12 %	2000 元
○ 选择	强制分布法	16 %	14 %	-6 %	12 %	15 %	-10 %	8 %	6 %	2000 元
○ 选择	行为锚定等级考核法	14 %	10 %	10 %	12 %	14 %	-6 %	-5 %	10 %	2500 元
○ 选择	行为观察量表法	14 %	15 %	8 %	-8 %	10 %	12 %	-6 %	12 %	2200 元
○ 选择	关键事件法	8 %	10 %	14 %	18 %	8 %	-10 %	14 %	0 %	2000 元

确定

图 2－161　选择考核方法

（9）招募专家小组。

点击“招募专家小组”，选择三个专家，输入招募金额，点击“立即提交”后，等待所有公司完成市场招募，如图 2－162 所示。

招募专家小组

	专家编号	BSC	KPI	MBO	360	配对比较法	强制分布法	行为锚定等级考核法	行为观察量法	关键事件法	招募金额
选择	1	16 %	--	18 %	--	--	--	--	--	--	招募金额/￥
选择	2	--	--	21 %	--	22 %	--	--	--	--	招募金额/￥
选择	3	--	--	--	--	17 %	18 %	--	--	--	招募金额/￥
选择	4	--	--	--	--	--	19 %	--	16 %	--	招募金额/￥
选择	5	--	--	--	--	23 %	--	15 %	--	--	招募金额/￥
选择	6	--	18 %	--	--	--	--	--	19 %	--	招募金额/￥
选择	7	--	--	21 %	--	--	--	--	22 %	--	招募金额/￥
选择	13	--	--	20 %	--	--	--	19 %	--	--	招募金额/￥
选择	14	--	--	--	22 %	--	--	--	23 %	--	招募金额/￥
选择	15	16 %	--	18 %	--	--	--	--	--	--	招募金额/￥
选择	16	--	--	--	--	--	22 %	21 %	--	--	招募金额/￥
选择	17	--	--	--	--	18 %	19 %	--	--	--	招募金额/￥
选择	18	--	--	--	--	--	23 %	--	19 %	--	招募金额/￥
选择	19	--	--	22 %	--	--	--	--	--	18	招募金额/￥
选择	20	--	--	--	--	18 %	--	--	22 %	--	招募金额/￥

立即提交　放弃

图 2－162　招募专家小组

所有公司提交招募方案后，会显示最终招募结果，每家公司最多只能招募到一个专家，点击“结束招募”完成该步，如图 2－163 所示。

（10）绩效考核实施。

点击“绩效考核实施结果”，可以查看绩效考核实施结果，点击“确定”按钮完成该步，如图 2－164 所示。

招募专家小组

专家编号	BSC/%	KPI/%	MBO/%	360/%	配对比较法/%	强制分布法/%	行为锚定等级考核法/%	行为观察量法/%	关键事件法/%	花费金额	获得者
14	0	0	0	22	0	0	0	23	0	1000	w1
1	16	0	18	0	0	0	0	0	0	1000	w2

结束招募

图 2－163　结束招募

绩效考核实施结果

	岗位	人事管理能力	生产能力	研发能力	销售能力	财务管理能力	团队协作能力	创新能力	工作态度
1	总经理	68	54	56	72	64	68	63	67
2	人事经理	61	22	35	24	28	52	52	44
3	财务经理	30	36	22	20	62	55	59	44
4	销售经理	22	28	33	68	38	45	53	63
5	生产经理	24	63	37	34	28	47	59	44
6	研发经理	38	36	74	28	22	49	71	57
7	人事专员	59	22	25	30	25	59	44	44
8	销售专员	26	28	29	14	50	49	57	44
9	财务专员	26	36	33	58	13	64	44	59
10	生产专员	38	55	26	35	23	55	44	44
11	研发专员	33	19	57	25	28	55	44	44

确定

图 2－164　绩效考核实施结果

（11）绩效反馈面谈。

点击“绩效反馈面谈”，将公司需要进行绩效反馈面谈的人员拖动到相应的反馈方法框中，点击“结束绩效反馈面谈”完成该步，如图 2－165 所示。

图 2-165　绩效反馈面谈

（12）绩效改进。

点击“绩效改进”，将公司需要进行绩效改进的人员拖动到相应的改进方法框中，点击“结束绩效改进”完成该步，如图 2-166 所示。

图 2-166　绩效改进

（13）绩效结果应用。

点击“绩效结果应用”，查看当期绩效考核结束之后员工能力值和薪酬奖惩情况，点击“确定”完成该步，如图 2－167 所示。

序号	岗位	薪资等级	人事能力	财务能力	销售能力	生产能力	研发能力	团队协作	创新能力	工作态度	薪酬	奖励绩效	提升系数
1	总经理	18	68	64	72	54	56	68	63	67	12000	0	0 %
2	人事经理 ⇓	14	61	28	24	22	35	52	52	44	6500	0	-0.5 %
3	财务经理 ⇓	14	30	62	20	36	22	55	59	44	6500	0	-0.5 %
4	销售经理	15	22	38	68	28	33	45	53	63	8000	-500	0 %
5	生产经理	15	24	28	34	63	37	47	59	44	8500	-500	0 %
6	研发经理	15	38	22	28	36	74	49	71	57	9000	0	0 %
7	人事专员	5	59	25	30	22	25	59	44	44	4000	-500	0 %
8	销售专员	5	26	50	14	28	29	49	57	44	4200	0	0 %
9	财务专员	5	26	13	58	36	33	64	44	59	4000	0	0 %
10	生产专员	5	38	23	35	55	26	55	44	44	3800	0	0 %
11	研发专员	5	33	28	25	19	57	55	44	44	5000	0	0 %

图 2－167　绩效结果应用

（14）岗位轮换。

点击“岗位轮换”，为非工作能力值较高的员工按需求转岗，并支付转岗费用，如图 2－168 所示。

岗位轮换

序号	员工岗位	人事能力	财务能力	销售能力	生产能力	研发能力	轮换岗位	轮换费用/￥
1	人事经理	61	28	24	22	35	请选择	200 元
2	财务经理	30	62	20	36	22	请选择	200 元
3	销售经理	22	38	68	28	33	请选择	200 元
4	生产经理	24	28	34	63	37	请选择	200 元
5	研发经理	38	22	28	36	74	请选择	200 元
6	人事专员	59	25	30	22	25	请选择	200 元
7	销售专员	26	50	14	28	29	请选择	200 元
8	财务专员	26	13	58	36	33	请选择	200 元
9	生产专员	38	23	35	55	26	请选择	200 元
10	研发专员	33	28	25	19	57	请选择	200 元

图 2－168　岗位轮换

(15) 支付薪酬。

点击“支付薪酬”，查看公司员工年度薪酬并确认支付，如图 2－169 所示。

支付薪酬

部门	年度薪酬/元	获得奖金/元	扣罚工资/元
总经理	12000	0	0
人事部门	10500	0	-500
财务部门	10500	0	0
销售部门	12200	0	-500
生产部门	12200	0	-500
研发部门	14000	0	0
总计	71400	0	-1500

确定

图 2－169　支付薪酬

(16) 员工辞退。

点击“员工辞退”，可以选择需要辞退的员工辞退，或者放弃辞退，如图 2－170 所示。

员工辞退

	序号	员工岗位	工资	工作年限
	1	人事经理	6500	1
	2	人事专员	4000	1
	3	财务经理	6500	1
	4	财务专员	4000	1
	5	销售经理	8000	1
	6	销售专员	4200	1
	7	生产经理	8500	1
	8	生产专员	3800	1
	9	生产经理	8500	1
	10	生产专员	3800	1

辞退　辞退

图 2－170　员工辞退

（17）员工流失。

点击“员工流失”，查看当年员工流失情况，如图 2－171 所示。

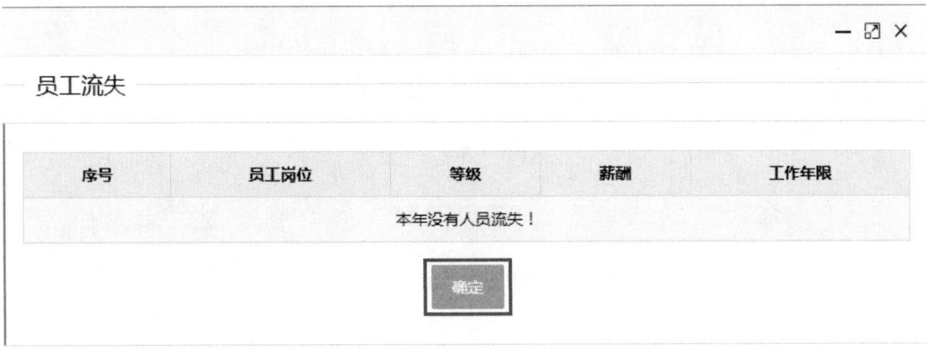

序号	员工岗位	等级	薪酬	工作年限
本年没有人员流失！				

图 2－171　员工流失

（18）本年结束。

点击“本年结束”，结束当年操作，并查看排名情况，如图 2－172 所示。

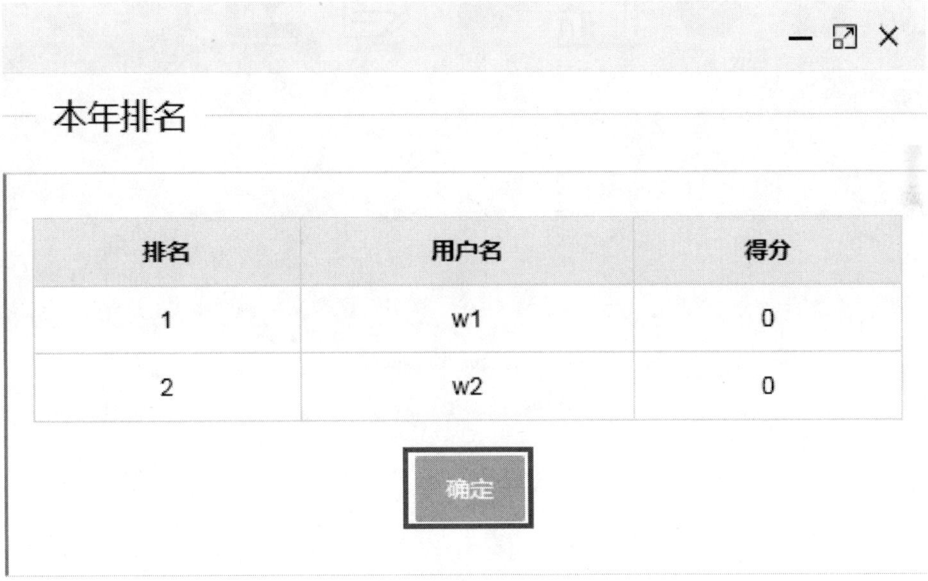

排名	用户名	得分
1	w1	0
2	w2	0

图 2－172　本年排名情况

（19）员工流入。

从第二年开始可以点击“员工流入”，可以查看流入企业员工，如图 2－173 所示。

图 2-173　员工流入

（20）组织结构变更。

从第二年开始，可以点击“组织结构变更”，为企业增加优秀的员工，选择好后点击“确定”完成该步，如图 2-174 所示。

组织结构变更

员工编号	人事能力	生产能力	研发能力	销售能力	财务能力	团队协作	创新能力	工作态度	操作	费用
1	61	56	31	35	22	21	23	89	选择 ✓	200
2	64	43	32	68	81	82	63	61	选择 ✓	200
3	59	39	69	64	74	40	83	85	选择 ✓	200
4	46	39	51	73	23	22	63	80	选择 ✓	200
5	29	76	55	87	79	25	21	69	选择 ✓	200
6	85	27	39	23	31	68	88	79	选择	200
7	63	75	64	62	88	80	53	25	选择	200
8	68	89	55	35	58	51	26	47	选择	200

确定

图 2-174　组织结构变更情况

（21）应急。

如果遇到资金不足需要融资或者终止绩效可以点击“操作”栏的“申请融资”和“项目终止”；点击“资金明细”可以查看资金流入流出情况，如图2－175所示。

图2－175 应急操作项

（22）实战系统心得总结。

完成实战系统模拟演练后，点击侧边栏“实战系统心得总结”按钮，总结实战演练心得，点击“立即提交”按钮，完成实战，如图2－176所示。

图2－176 实战系统心得总结

2.2.5 学习中心

点击“学习中心”，可以对教师上传的学习资料，学习视频进行查看，如图2－177所示。

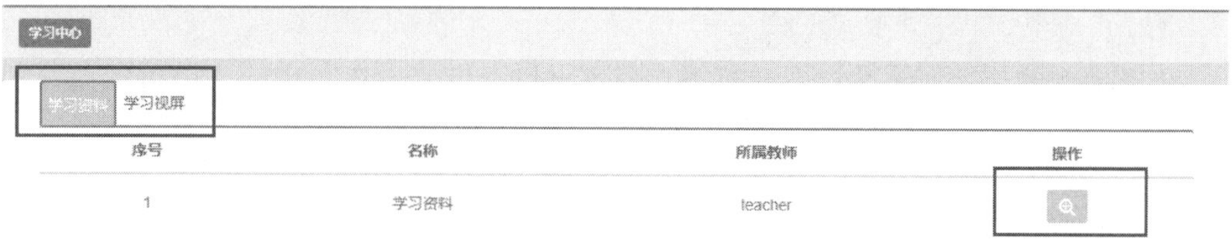

图 2－177　学习中心

2.3　绩效实训演练规则

2.3.1　公司初始状态

（1）人力资源状态。

①公司设立了六个部门，分别为总经理、人事、财务、销售、生产、研发；还设立了三种岗位，分别为总经理、部门经理、专员。

②现有人员配置，每个人都具有自己的属性，包括人事管理能力、生产能力、研发能力、销售能力、财务管理能力、团队协作能力、创新能力、工作态度。

（2）运营时间。

公司运营最小时间单位为年，每运营一年为一个小运营周期。

每个小组共运行 8 年，每一个周期内至少运行两年，年数可增加，如表 2－1 所示。

表 2－1　　　　公司运营周期

初创期		成长期		成熟期		衰退期	
第一年	第二年	第三年	第四年	第五年	第六年	第七年	第八年

2.3.2　运营规则

（1）人员流入。

前一年流失员工进入市场，根据市场平均薪资排名，优先选择流入权，每期员工流入总人数不得超过现有人数。

（2）组织结构变更。

①每一期可以进行公司新增人员，新增人数初创期最多 8 人，成长期最多 12 人，成熟期最多 20 人。成长期人员总数在 16 ~ 23 人之间，成熟期是 25 ~ 35 人之间，衰退期是 18 ~ 22 人之间。只进行专员级的新增。新增人员需要支付成本，每新增一个员工花费 200。员工能力值每个周期随机一次，即每个周期生成一张新的流入员工能力值

表。所有公司新增人员时看到的都是同一张表，同一个员工可以被多个公司同时选择。

②组织结构变更是进入不同期第一年点亮的功能键，初创期人员由教师设定，不存在组织结构变更。

③第一期初创期时为公司初始的人员结构。

④员工流入时的能力值的表见 Excel 表。

⑤员工流入时所有员工的能力值都不显示具体的能力值，只显示每个能力值的排名。

⑥员工流入后，可在员工能力值表内看到具体的能力值。

（3）绩效诊断评估（可随时查看）。

进行诊断评估需支付 500 元费用，提供员工能力值的信息。

第一年显示初始员工能力值，之后进行各类员工能力提升后，此表相应产生变化。包括：自我提升、绩效考核实施、绩效反馈面谈、绩效改进。

（4）制定公司绩效目标增加值。

根据当年员工年初的能力值以及每一年度绩效增长率制定合理范围内的绩效目标增加值。

（5）制定部门绩效目标增加值。

进行公司绩效目标设置：除总经理外的每个部门选择 1 个工作能力指标，创新能力、团队协作能力和工作态度为必选指标。总经理所有能力都要考核。

填写后，每个部门指标绩效值相加等于该指标的绩效值总和。

（6）制定员工绩效目标增加值。

将部门绩效目标增加值分配给该部门的员工。

填写后，每个指标绩效值相加等于该目标的绩效值。

部门员工的绩效值相加等于该部门的绩效值总和。

（7）自我提升。

根据下面公式和员工当年绩效目标值，员工会有自我提升的增量。

$$自我提升比重=(目标绩效增量比重-0.2)^2+0.04$$

$$目标绩效增量比重=目标绩效增加量/本年员工初始绩效$$

$$自我提升后绩效值=员工年初始绩效\times(1+自我提升增量)$$

（8）选择考核方法。

每个公司只能选择一种考核方法。每种绩效考核法的效益提升率如表 2-2 所示。

表 2-2　　绩效考核方法效益提升率

考核方法	人事管理能力（%）	生产能力（%）	研发能力（%）	销售能力（%）	财务管理能力（%）	团队协作能力（%）	创新能力（%）	工作态度（%）	所需费用（元）
BSC	20	25	20	18	20	21	18	-8	4000
KPI	15	30	14	20	10	-5	16	16	3000
MBO	20	18	-10	12	12	16	10	8	3000

续表

考核方法	人事管理能力（%）	生产能力（%）	研发能力（%）	销售能力（%）	财务管理能力（%）	团队协作能力（%）	创新能力（%）	工作态度（%）	所需费用（元）
360 度绩效考核	16	20	14	15	18	16	-8	8	2500
配对比较法	-8	8	10	14	10	8	-5	12	2000
强制分布法	16	14	-6	12	15	-10	8	6	2000
行为锚定等级考核法	14	10	10	12	14	-6	-5	10	2500
行为观察量表法	14	15	8	-8	10	12	-6	12	2200
关键事件法	8	10	14	18	8	-10	14	0	2000

（9）招募专家小组。

每位学生在选择专家界面可选择 3 位意向专家，并输入聘请费用，价高者得。从第二年开始，如果公司要继续聘请上一年聘请过的专家，上一年度聘请费用会对本年聘请费用产生影响，本年聘请费用 = 本年需支付的聘请费用 + 上年度聘请费用 ×20%。

每个小组每年最多招聘到一位专家。

聘请结束后，支付相应聘请费用。

每位专家都能够对某两种考核方法的实施过程提出帮助，从而使该考核方法的效果增加相应的比例。

（10）绩效考核实施。

员工绩效增长量计算和专家小组的绩效增长一起计算。公式如下：

$$\begin{aligned}\text{员工绩效考核后的绩效值} &= \text{本年员工考核能力自我提升后的绩效值}\\ &\times(1+\text{工作态度等辅助能力加减率})\\ &\times[1+\text{所选绩效考核方法绩效提升率}\\ &\times(1+\text{专家提升率})\times\text{考核效果周期变化系数}]\end{aligned}$$

公式中的工作态度等辅助能力加减率，如表 2－3 所示。

表 2－3　工作态度等辅助能力加减率

项目	90～100 分	80～90 分	70～80 分	60～70 分	60 分以下
工作态度	五项工作能力提升 2%	五项工作能力提升 1%	没有改变	五项工作能力下降 1%	五项工作能力下降 2%
创新能力	研发能力提升 3%；其他四项工作能力提升 2%	研发能力提升 2%；其他四项工作能力提升 1%	没有改变	研发能力下降 2%；其他四项工作能力下降 1%	研发能力下降 3%；其他四项工作能力下降 2%
团队协作能力	总经理和部门经理的五项工作能力提升 3%；专员的五项能力提升 2%	总经理和部门经理的五项工作能力提升 2%；专员的五项能力提升 1%	没有改变	总经理和部门经理的五项工作能力下降 2%；专员的五项能力下降 1%	总经理和部门经理的五项工作能力下降 3%；专员的五项能力下降 2%

在不同的考核周期应选择适合公司发展阶段的考核方法，因此不同方法在不同周期的效果不同，选择正确的方法可以取得好的效果，选择不合适的方法会得到差的效果。

（11）绩效反馈面谈。

根据每个员工的绩效目标和绩效考核结果，只能选择一种绩效反馈面谈进行反馈面谈管理。绩效反馈面谈绩效提升率如表 2－4 所示。

员工绩效反馈面谈绩效增长量＝（本年员工自我提升后的绩效值＋绩效考核的提升增量）×绩效反馈面谈提升率

表 2－4　　绩效反馈面谈绩效提升率

项目	人事管理能力（%）	生产能力（%）	研发能力（%）	销售能力（%）	财务管理能力（%）	团队协作能力（%）	创新能力（%）	工作态度（%）	所需费用（元）
BEST 法	8	7	5	6	－4	0	8	8	300
汉堡法	0	10	6	0	6	－3	5	10	300
单向劝导式面谈法	－4	8	0	10	10	8	－2	0	250
双向倾听式面谈法	6	0	9	－2	－2	10	6	6	250
综合式面谈法	8	7	5	6	－4	0	8	8	200
解决问题式面谈法	0	－1	1	1	4	－2	－2	－1	200

绩效反馈面谈对员工能力的影响在一下年体现。

（12）绩效改进。

根据每个员工自己的绩效目标和绩效考核结果，选择一种绩效改进方法进行绩效管理。每个员工只能选择一种绩效改进方法进行绩效管理。绩效改进后的绩效提升率如表 2－5 所示。

员工绩效改进绩效增长值＝（本年员工自我提升后的绩效值＋绩效考核增长量＋反馈面谈增长量）×绩效改进提升率

表 2－5　　绩效改进后绩效提升率

项目	人事管理能力（%）	生产能力（%）	研发能力（%）	销售能力（%）	财务管理能力（%）	团队协作能力（%）	创新能力（%）	工作态度（%）	所需费用（元）
卓越绩效模式	8	7	5	6	－4	0	8	8	500
六西格玛管理	0	10	6	0	6	－3	5	10	200
标杆超越法	－4	8	0	10	10	8	－2	0	300
ISO 质量管理体系	6	0	9	－2	－2	10	6	6	200

绩效改进对员工能力的影响在一下年体现。

(13) 绩效结果应用。

绩效考核结果在检验中的使用主要包括薪酬等级变化、自我能力提升和奖励，如表2-6所示。

表2-6　　依据是否达到绩效目标值进行员工评级

评定标准	薪酬等级变化	自我能力提升	奖惩情况
绩效达成超过目标值10%及以上	上升一位	增加相应的能力值的员工自我提升系数1%	无
绩效达到目标值	不变	增加相应的能力值的员工自我提升系数0.5%	奖金500元
绩效目标完成80%	不变	不变	无
绩效目标完成70%	不变	不变	扣发500元
绩效目标完成低于70%	降低一位	减少相应的能力值的员工自我提升系数0.5%	无

(14) 岗位轮换。

可将该岗位的人员的工作岗位换至另一个岗位，并支付相应费用200元。

专员级转到相应岗位能力值需达到60才能转岗，经理级需达到80才能转岗。

员工岗位轮换后薪资按照新的岗位的工资标准发放。

(15) 支付薪酬。

根据薪酬等级表和员工评级情况，支付员工年度薪酬和奖金。

(16) 员工辞退。

根据员工评级，列出本年绩效完成额低于目标值40%的员工。学生可选择将这些员工辞退。辞退员工需要向员工支付经济补偿费。

$$\text{经济补偿费} = \text{员工月工资} \times (1 + \text{工作年限})$$

(17) 员工流失。

所有公司里同一职位的员工进行比较，根据该员工的相对绩效价值，对这个值进行排序，从高到低排序前50%的作为候选流失人群。同一职位员工的薪酬排序，取中位数，薪酬低于中位数50%的员工如果属于候选流失人群，则会流失。

当年涨工资的员工不会流失，降薪员工流失，降薪之后的工资水平仍高于同等职位市场薪酬水平中位数的120%则不会流失。

注：只进行专员级员工流失。

$$\text{相对绩效价值} = \text{员工获得的薪酬} / \text{本年员工的绩效}$$

(18) 本年结束。

当年结束，进行系统同步，所有人进入后，显示得分和排名。

$$\text{得分计算：得分} = \frac{\text{本年所有花费费用}}{\text{所有员工绩效考核后能力增长值}} \times \text{本年绩效目标完成度}$$

$$\text{本年绩效目标完成度} = \frac{\text{实际企业绩效完成值}}{\text{计划企业绩效目标值}}$$

3 综合实验三：员工薪酬管理

3.1 概　　述

3.1.1 系统简介

员工薪酬管理专业技能实训平台分为管理员、教师、学生三种角色子系统，各个角色在该系统操作中各有不同的任务。该系统主要由管理员为教师与学生创建一个教学的氛围，教师发布公司薪酬相关案例、流失、效益加权等参数，学生学习教师所提供的案例内容，结合前期教学中制定出自己认为合适的公司薪酬水平、薪酬结构、薪酬等级，最后形成自己的薪酬体系，并到模拟系统中进行模拟公司薪酬制定。本系统主要由基础教学、实训系统、学习中心三大模块组成，其中基础教学模块主要有市场薪酬调查设计、薪酬水平设计、薪酬结构设计、薪酬等级设计、奖金福利设计、市场薪资核算、薪酬满意度调查、填写实验报告等模块。

3.1.2 实验要求

员工薪酬管理实验软件平台设计的基本思路是采用仿真模拟的方式让学生了解薪酬管理相关知识。其核心追求不仅把教师掌握的现有知识技能传递给学生，更要提供学生一个能够自主实践操作的平台，通过进行公司建立、薪酬体系构建、工资发放、人员流失流入分析等进行公司薪酬的学习与了解。该系统是一个理论与实践相结合的操作平台。

系统提供当前典型的公司薪酬制定规则，进行薪酬等级、津贴福利、工资结构，以及人员流失和流入的模拟和演练，系统具有数据量化、充满竞争和互动性、灵活的后台控制能力、寓教于乐的开发设计特色。

本部分需要学生掌握的知识点包括薪酬、薪酬管理、薪酬体系、薪酬结构的概念，薪酬的功能，薪酬设计的方法等。

学生可以在教师设置的参数环境下，熟悉并完善好前期教学的内容，对薪酬体系制定有一定的了解之后对公司进行运营操作，对其中涉及各个部门的薪酬体系做出自己的决策，通过与同学之间相互合作相互竞争获取薪酬管理相应理论知识和实践操作能力。在操作该系统时，学生需主动思考，积极寻找问题的解决方案，在实验的过程中提升实际操作能力。

3.2 学生端功能和操作

3.2.1 学生端登录

教师创建好教学任务后，学生端可登入并操作。输入学生账号和密码，选择学生端，点击登录。

3.2.2 学生端功能区介绍

学生端主要包括三大功能区，基础教学、实战系统和学习中心，主页面如图 3 - 1 所示。

图 3 - 1　薪酬管理专业技能实训平台主界面

（1）基础教学学生端功能区介绍。

学生登录基础教学后界面有两块功能区组成，分别是导航区、基础教学，如图 3 - 2、图 3 - 3 所示。基础教学又分为市场薪酬调查设计、薪酬水平设计、薪酬结构设计、薪酬等级设计、奖金福利设计、市场薪资核算及薪酬满意度调查七个部分。在全部 7 个模块完成后可以填写实验报告。

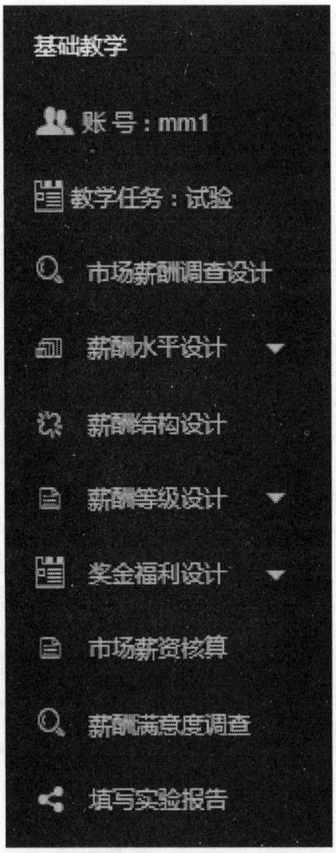

图 3－2 基础教学学生版功能导航区

图 3－3 基础教学模块

（2）实战系统学生端功能区介绍。

学生登入实战系统后界面有 3 块功能区组成，分别是个人信息如图 3－4 所示、人员信息如图 3－5 所示、操作流程如图 3－6 所示。其中个人信息和公司员工这块区域是不可操作的，供学生查看相应信息。操作流程是可操作部分。

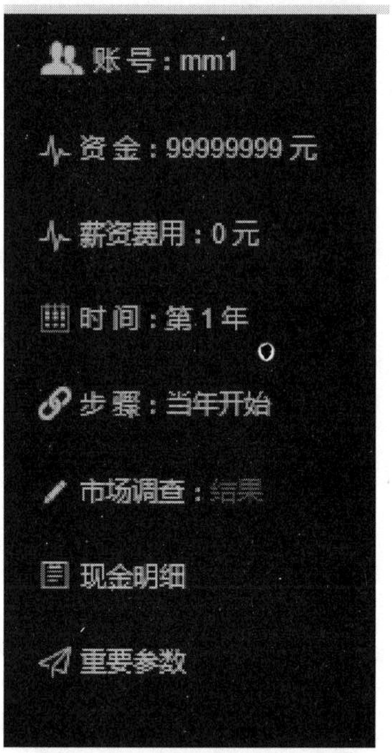

图 3-4　实战系统个人信息页

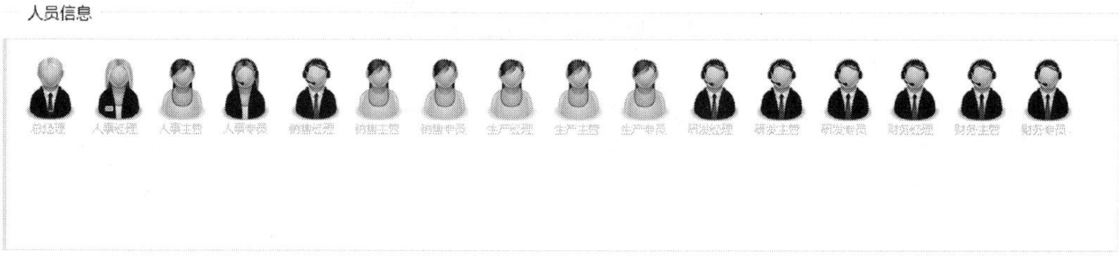

图 3-5　实战系统人员信息

图 3-6　实战系统操作流程

3.2.3　基础教学操作流程介绍

（1）市场薪酬调查设计。

点击页面中的“市场薪酬调查”，跳出市场薪酬调查页面，页面分为 3 个显示框，如图 3 –7 所示。点击“添加”，可添加新空白问卷调查的名称，如图 3 –8 所示。

图 3 –7　市场薪酬调查

图 3 –8　新增问卷名称

对于新增的空白问卷，将会出现在界面第一个显示框中，该问卷内容空白，状态为未发布，学生可以对其进行编辑、查看、删除和发布操作，如图 3 –9 所示。

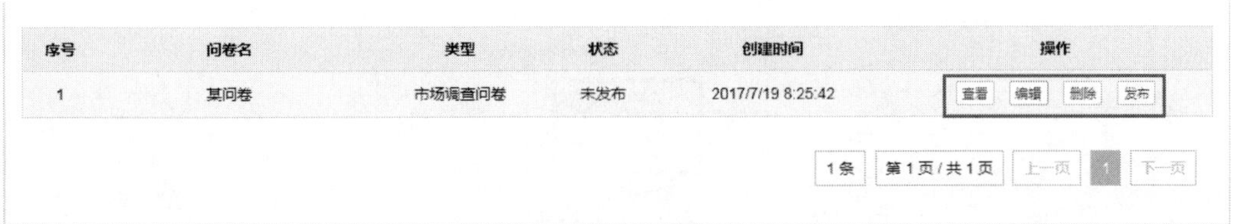

图 3 –9　新增问卷相关操作

点击“编辑”按钮，添加问卷的题目，题目类型有单选和问答两种，如图 3 - 10 所示。点击“新增单选”，可以在跳出的窗口上填写题目和选项，选项可以增减，也可以在侧边条中选择已有问题进行添加，点击“确定”保存题目，如图 3 - 11 和图 3 - 12 所示。点击“新增问答”，可以在跳出的窗口上填写题目，也可以在侧边条中选择已有问题进行添加，点击“确定”保存题目，如图 3 - 13 所示。已保存的问题可以进行修改和删除，如图 3 - 14 和图 3 - 15 所示。

图 3 - 10　新增问卷题目

图 3 - 11　选择题目类型

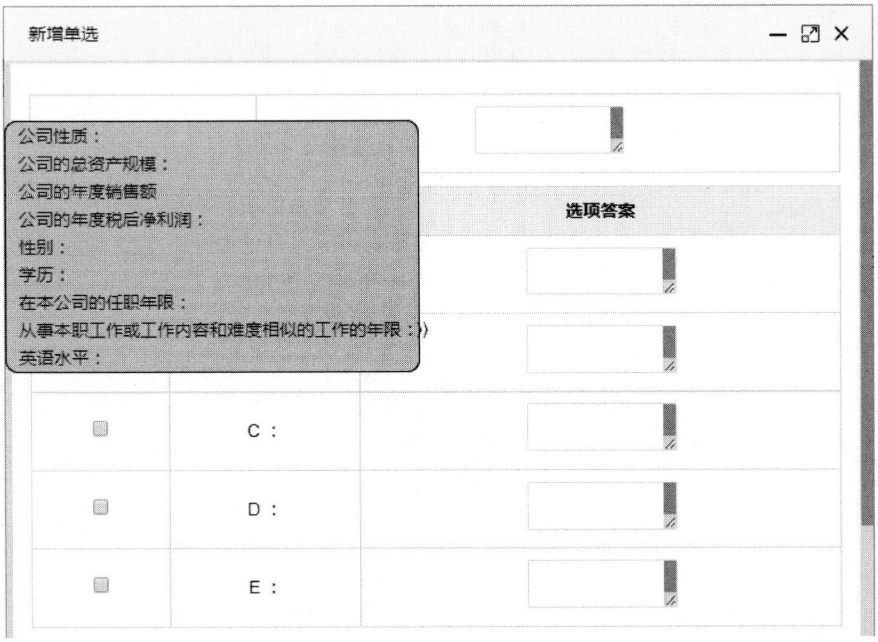

图 3－12　新增单选

图 3－13　新增问答

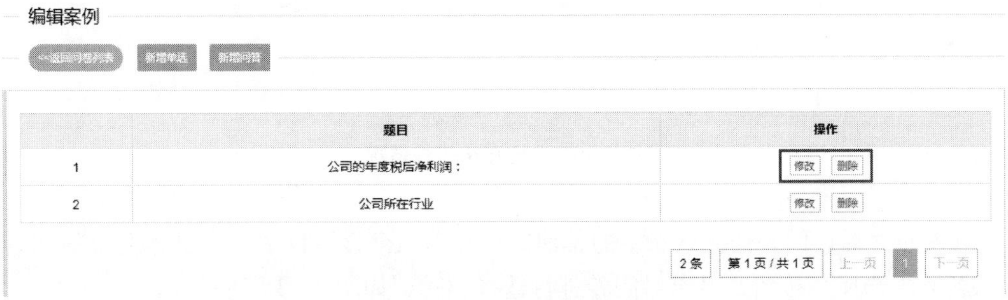

图 3－14　修改或删除问卷

图 3－15　编辑题项

添加完毕后可以点击“查看”按钮查看问卷已有内容，如图 3－16 所示。确定无误后点击“发布”按钮，发布问卷，已发布的问卷不能再修改，如图 3－17 所示。点击“删除”按钮将直接删除已有问卷。

图 3－16　查看问卷

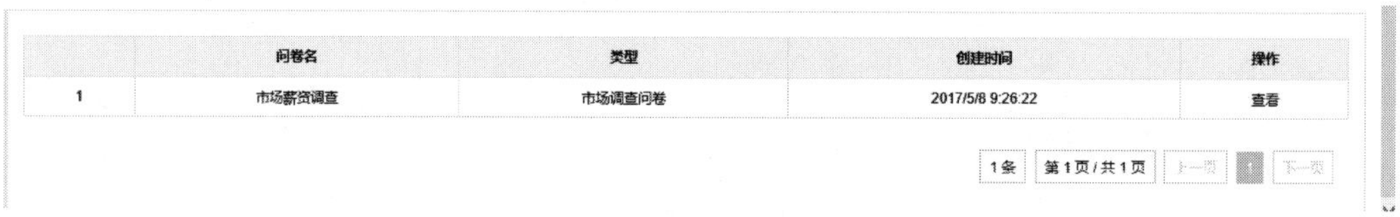

图 3－17　已发布问卷情况

在发布之后，同一任务状态下的其他组可在第二个显示框中看到自己发布的问卷调查，点击“选择”按钮，可以对问卷进行选择填写，如图 3－18 所示。

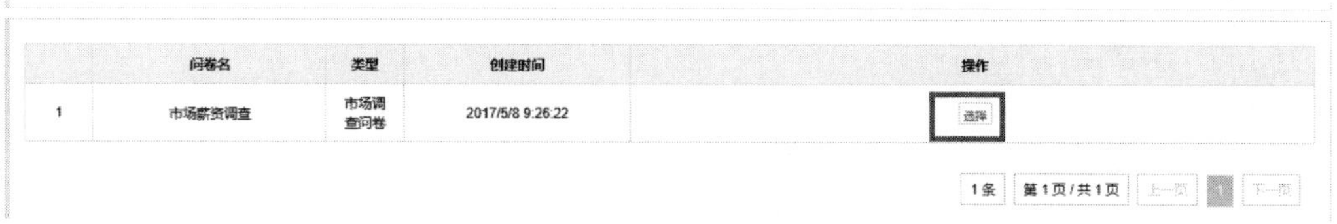

	问卷名	类型	创建时间	操作
1	市场薪资调查	市场调查问卷	2017/5/8 9:26:22	选择

1条 第1页/共1页 上一页 1 下一页

图 3－18　填写问卷

对于已发布的问卷，可在第三个显示框中查看自己发布的问卷调查所得结果，可查看是谁填写并如何作答，并在最后可看到统计图，将鼠标放置在柱状图上可看到选择该选项的人数，如图 3－19 和图 3－20 所示。

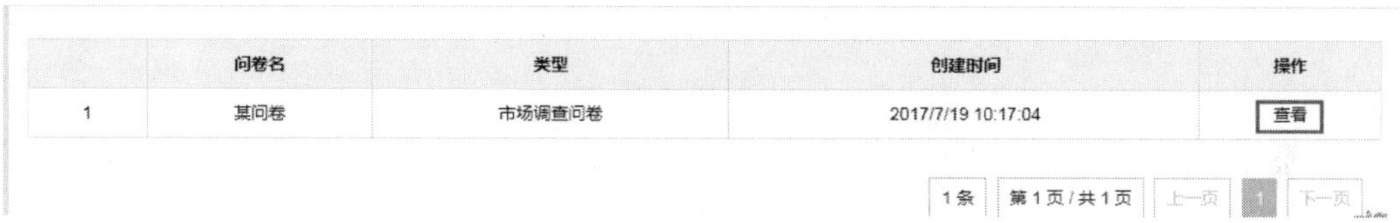

	问卷名	类型	创建时间	操作
1	某问卷	市场调查问卷	2017/7/19 10:17:04	查看

1条 第1页/共1页 上一页 1 下一页

图 3－19　查看已发布问卷填写情况

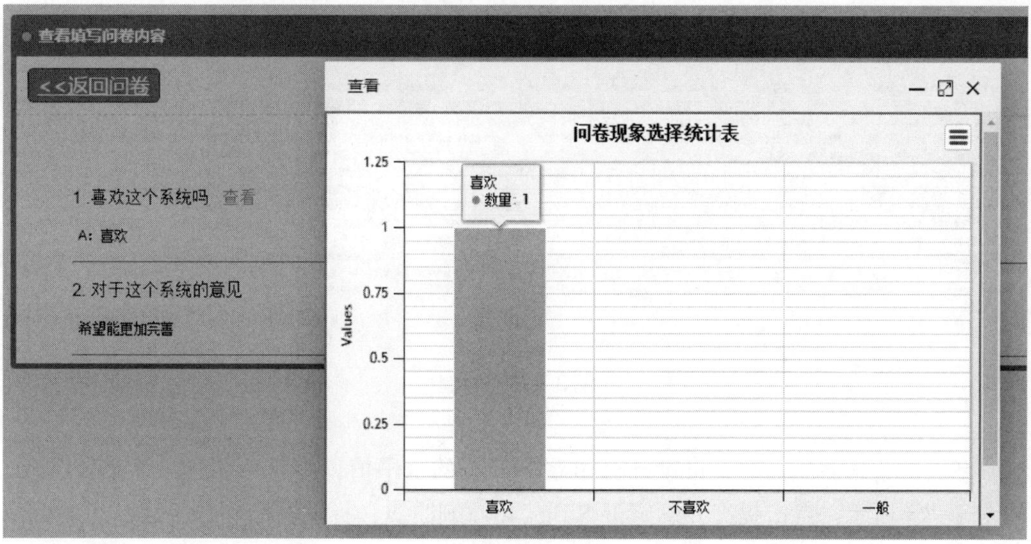

图 3－20　问卷现象选择统计表

（2）薪酬水平设计。

①点击“薪酬水平设计”，进入对应界面，点击“查看案例”按钮，阅读案例。薪酬水平设计主要包括四个部分，点击相应按钮，进入对应练习界面，如图 3－21 和图 3－22 所示。

图 3-21　薪酬水平设计

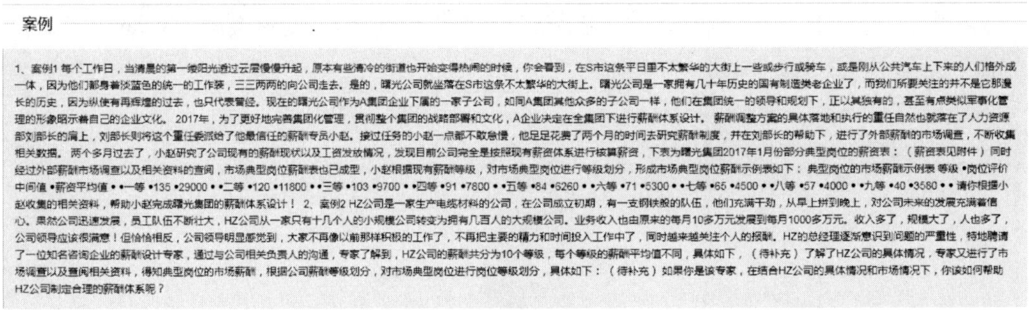

案例

1、案例1 每个工作日，当清晨的第一缕阳光透过云层慢慢升起，原本有些清冷的街道也开始变得热闹的时候，你会看到，在S市这条平日里不太繁华的大街上一些或步行或骑车，或是刚从公共汽车上下来的人们格外成一体，因为他们都身着淡蓝色的统一的工作装，三三两两的向公司走去。是的，曙光公司就坐落在S市这条不太繁华的大街上。曙光公司是一家拥有几十年历史的国有制造类老企业了，而我们所要关注的并不是它那漫长的历史，因为纵使有再辉煌的过去，也只代表曾经。现在的曙光公司作为A集团企业下属的一家子公司，如同A集团其他众多的子公司一样，他们在集团统一的领导和规划下，正以其独有的，甚至有点类似军事化管理的形象昭示着自己的企业文化。 2017年，为了更好地完善集团化管理，贯彻整个集团的战略部署和文化，A企业决定在全集团下进行薪酬体系设计。 薪酬调整方案的具体落地和执行的重任自然也就落在了人力资源部刘部长的肩上，刘部长则将这个重任委派给了他最信任的薪酬专员小赵。接过任务的小赵一点都不敢怠慢，他足足花费了两个月的时间去研究薪酬制度，并在刘部长的帮助下，进行了外部薪酬的市场调查，不断收集相关数据。 两个多月过去了，小赵研究了公司现有的薪酬现状以及工资发放情况，发现目前公司完全是按照现有薪资体系进行核算薪资，下表为曙光集团2017年1月份部分典型岗位的薪资表：（薪资表见附件）同时经过外部薪酬市场调查以及相关资料的查阅，市场典型岗位薪酬表也已成型，小赵根据现有薪酬等级，对市场典型岗位进行等级划分，形成市场典型岗位薪酬示例表如下： 典型岗位的市场薪酬示例表 等级 •岗位评价中间值 •薪资平均值 • •一等 •135 •29000 • •二等 •120 •11800 • •三等 •103 •9700 • •四等 •91 •7800 • •五等 •84 •6260 • •六等 •71 •5300 • •七等 •65 •4500 • •八等 •57 •4000 • •九等 •40 •3580 • • 请你根据小赵收集的相关资料，帮助小赵完成曙光集团的薪酬体系设计！ 2、案例2 HZ公司是一家生产电缆材料的公司，在公司成立初期，有一支钢铁般的队伍，他们充满干劲，从早上拼到晚上，对公司未来的发展充满着信心。果然公司迅速发展，员工队伍不断壮大，HZ公司从一家只有十几个人的小规模公司转变为拥有几百人的大规模公司。业务收入也由原来的每月10多万元发展到每月1000多万元。收入多了，规模大了，人也多了，公司领导应该很满意！但恰恰相反，公司领导明显感觉到，大家不再像以前那样积极的工作了，不再把主要的精力和时间投入工作中了，同时越来越关注个人的报酬。HZ的总经理逐渐意识到问题的严重性，特地聘请了一位知名咨询企业的薪酬设计专家，通过与公司相关负责人的沟通，专家了解到，HZ公司的薪酬共分为10个等级，每个等级的薪酬平均值不同，具体如下，（待补充）了解了HZ公司的具体情况，专家又进行了市场调查以及查阅相关资料，得知典型岗位的市场薪酬，根据公司薪酬等级划分，对市场典型岗位进行岗位等级划分，具体如下：（待补充）如果你是该专家，在结合HZ公司的具体情况和市场情况下，你该如何帮助HZ公司制定合理的薪酬体系呢？

图 3-22　案例

②点击公司薪酬曲线，可设计公司薪酬等级的水平值，并且可添加或者删除等级，如图 3-23 所示。点击提交并确定可得到公司薪酬曲线，将鼠标移到各等级点可看到该点的公司现状值，点击右上角还可对该图进行下载，如图 3-24 所示。点击“确定”后完成该步。

③完成公司薪酬曲线后，可以点击“市场薪酬曲线”，根据案例，填写职级中间值，如图 3-25 所示。点击“确定”可得到如图 3-26 所示内容，并且根据案例内容设计分位值。

完成后点击“生成市场薪酬曲线”可得到典型岗位的市场薪酬示例表和市场薪酬曲线，将鼠标移动到各点可得到该等级不同分为的市场薪酬，点击右上角还可对该图表进行下载，如图 3-27 所示。点击“确定”完成该步。

图 3－23　公司薪酬曲线

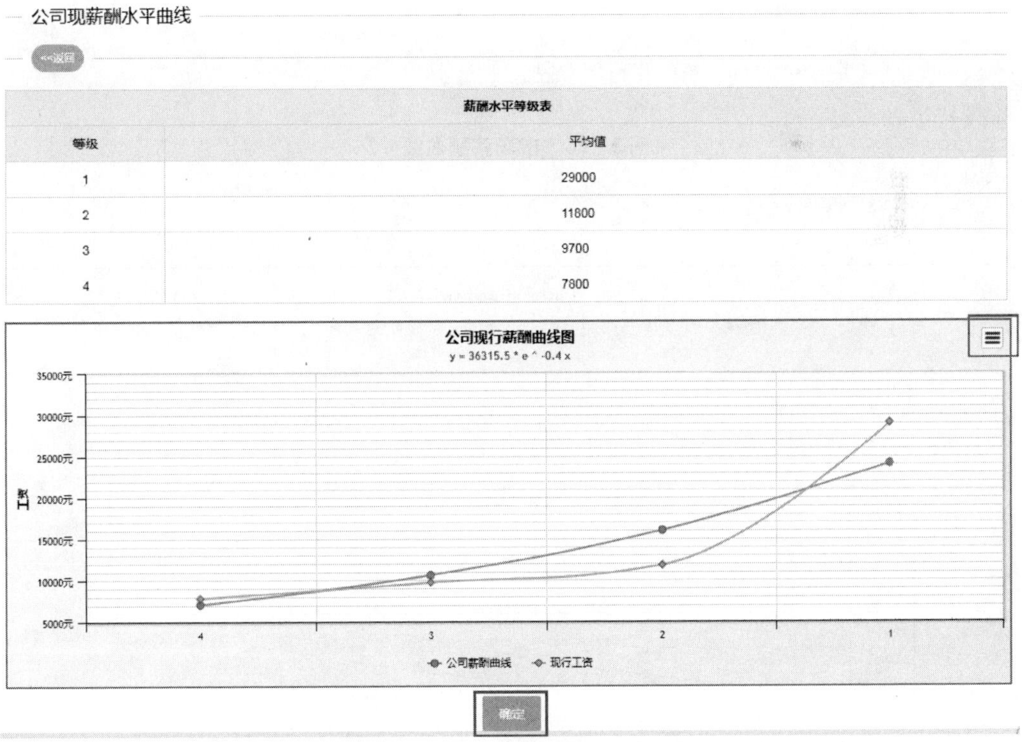

图 3－24　公司现行薪酬曲线

图 3－25 市场薪酬曲线－1

图 3－26 市场薪酬曲线－2

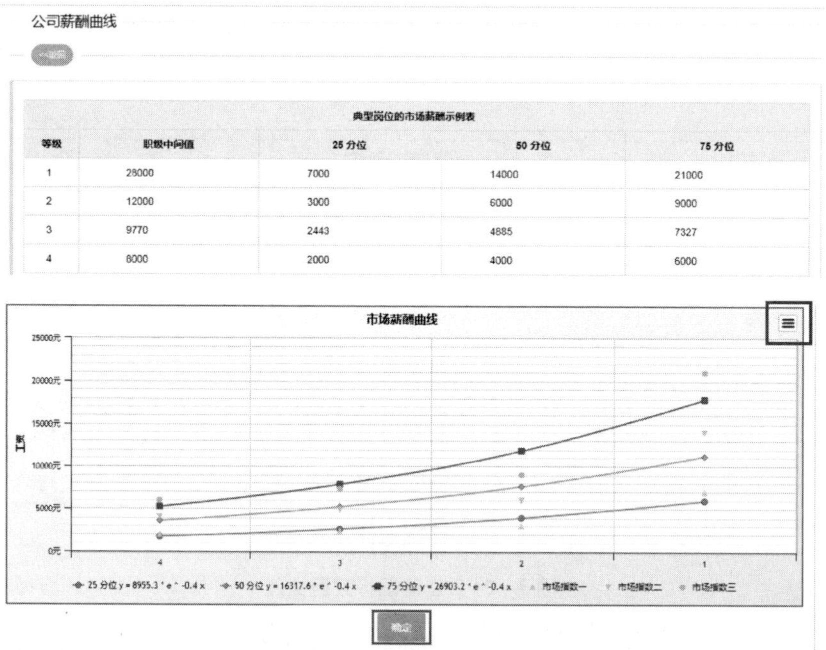

图 3－27 生成市场薪酬曲线

④点击“薪酬曲线对比”，可以查看公司薪酬指数与市场薪酬指数对比图表并填写总结（不少于50字），如图3－28所示。点击“确定”完成该步。

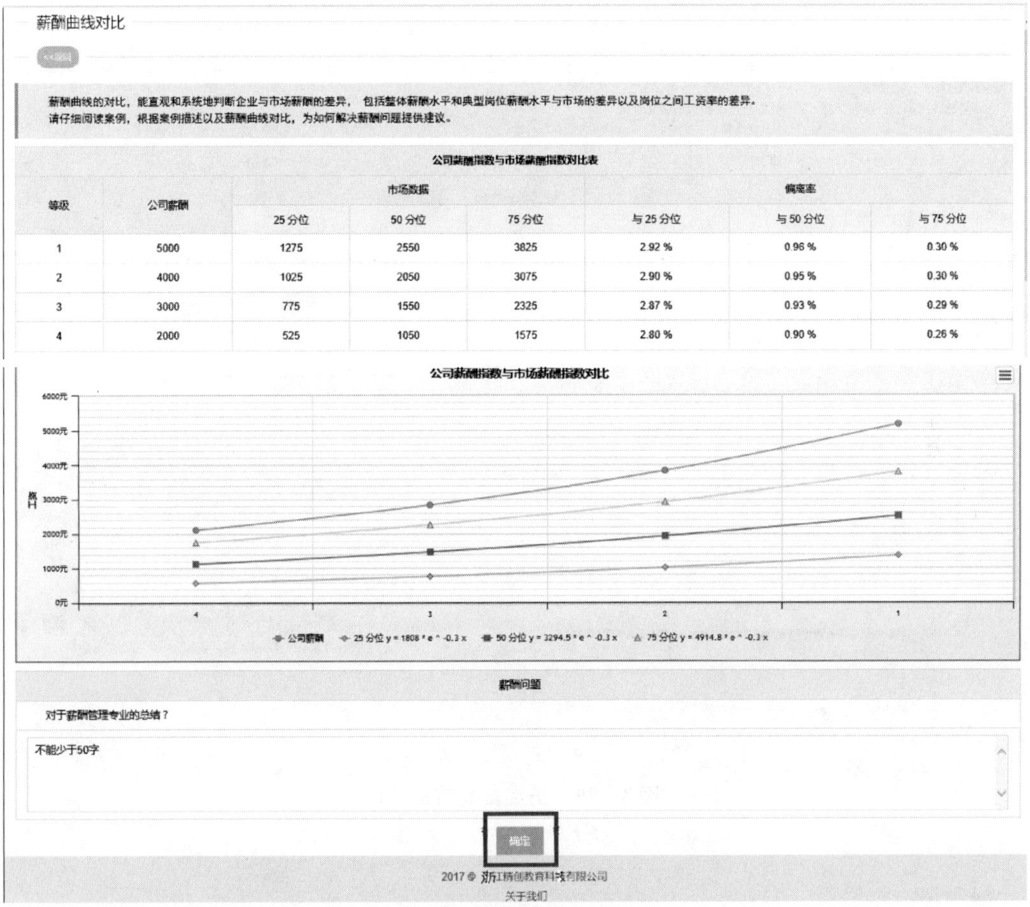

图3－28　薪酬曲线对比

⑤点击“确定薪酬政策”，根据所得市场薪酬和公司薪酬及对比，选择相应的薪酬策略，如图3－29所示，点击“确定”可重新设定岗位中位值，如图3－30所示，点击“确定”可得到公司薪酬政策线，点击右上角还可对该图表进行下载，如图3－31所示。

（3）薪酬结构设计。

点击“薪酬结构设计”，进入对应界面，点击“查看案例”按钮，阅读案例。在当前页面阅读相关理论知识，结合案例填写页面下方薪资结构表，点击“提交”完成该步，如图3－32和图3－33所示。

确定薪酬政策

<<返回

当我们获得了企业现行的薪酬曲线和市场薪酬曲线，并将两者进行了对比分析之后，我们便很清晰地掌握了企业薪酬在市场当中的位置以及市场的差异，对这些差异的了解都是企业调整和制定薪酬政策曲线和薪酬水平的重要依据。

企业薪酬政策线是企业依据外部市场薪酬线和企业薪酬理念、策略、支付能力等因素，综合考虑而制定的薪酬曲线。薪酬政策线是薪酬结构和等级设计的基础，将指导薪酬结构和等级的建立。

请仔细阅读案例，根据案例描述，选择合适的薪酬政策策略。

类型	内容介绍
选择薪酬策略	

◉ 领先型：在设计企业薪酬水平时，预测下一年度的市场薪酬变化趋势，以下一年度年末的市场薪酬水平为标准，确定公司全年的薪酬水平。	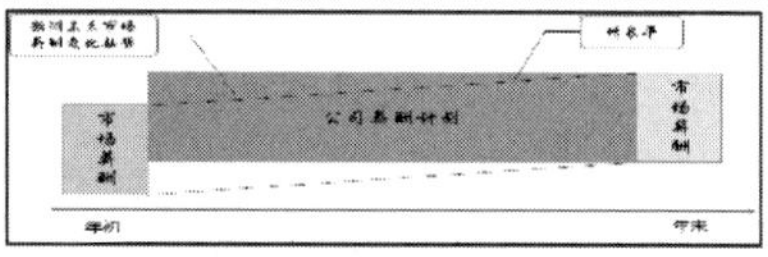
○ 跟随型：在设计企业薪酬水平时，预测下一年度的市场薪酬变化趋势，以下一年度年中的市场薪酬水平为标准，确定公司全年的薪酬水平。	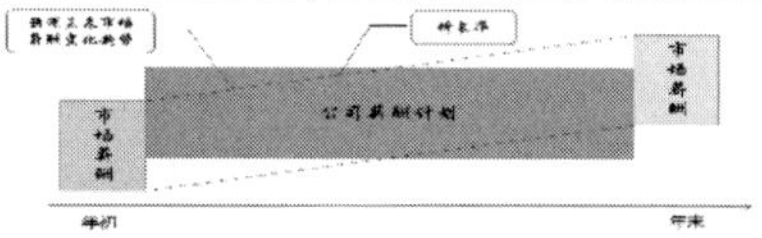
○ 滞后型：以下一年度年初的市场薪酬水平为标准，确定公司全年的薪酬水平。	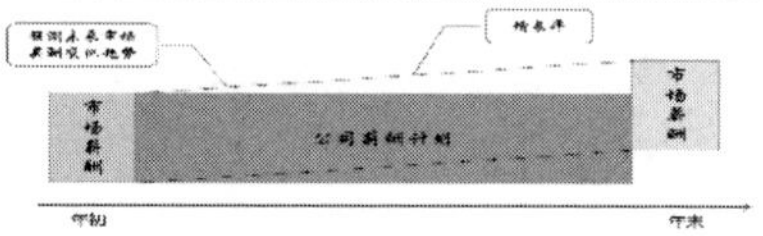

确定

图 3-29　确定薪酬政策-1

确定薪酬政策

<<返回

请根据已经确定的薪酬策略和设计导向，结合市场薪酬水平数据，设计企业各岗位等级中的新的中位值，以此作为确定公司薪酬政策线的主要依据。

岗位新中位值表			
等级	岗位原平均值	市场薪酬中位值	岗位新中位值
1	5000	5100	5610
2	4000	4100	4510
3	3000	3100	3410
4	2000	2100	2310

确定

图 3-30　确定薪酬政策-2

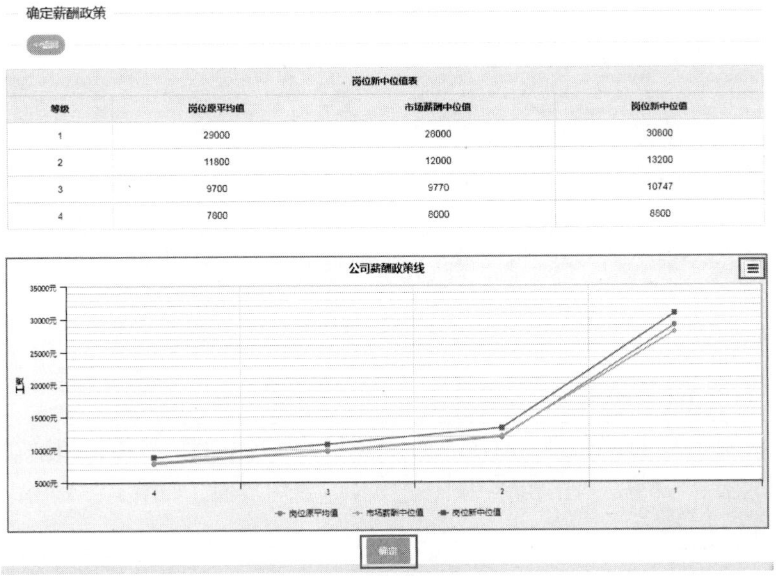

岗位新中位值表			
等级	岗位原平均值	市场薪酬中位值	岗位新中位值
1	29000	28000	30800
2	11800	12000	13200
3	9700	9770	10747
4	7800	8000	8800

图 3－31　确定薪酬政策－3

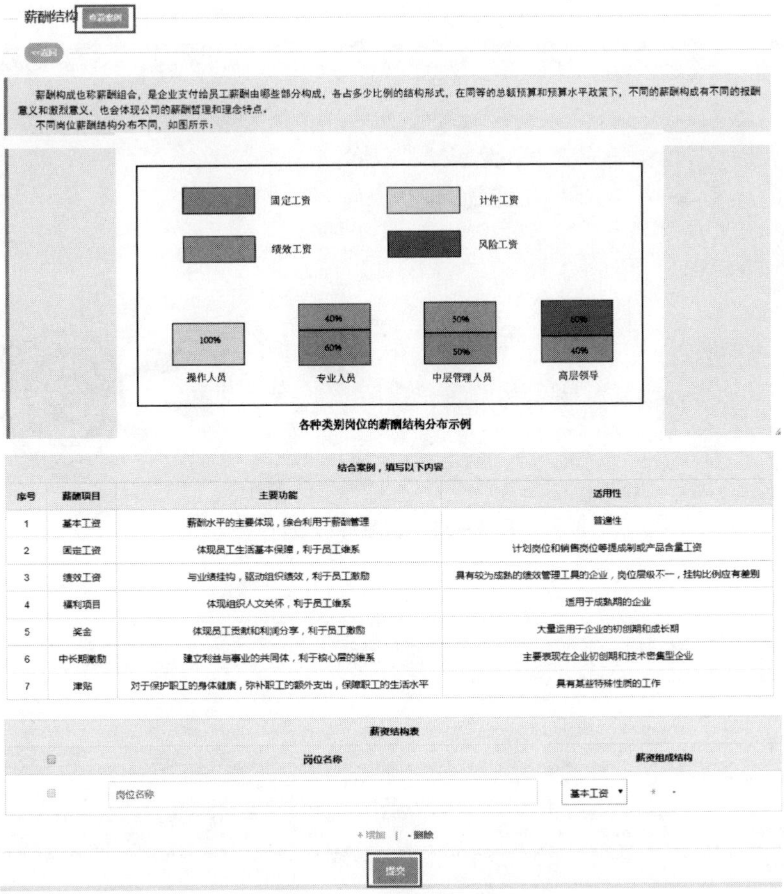

结合案例，填写以下内容			
序号	薪酬项目	主要功能	适用性
1	基本工资	薪酬水平的主要体现，综合利用于薪酬管理	普遍性
2	固定工资	体现员工生活基本保障，利于员工维系	计划岗位和销售岗位等提成制或产品含量工资
3	绩效工资	与业绩挂钩，驱动组织绩效，利于员工激励	具有较为成熟的绩效管理工具的企业，岗位层级不一，挂钩比例应有差别
4	福利项目	体现组织人文关怀，利于员工维系	适用于成熟期的企业
5	奖金	体现员工贡献和利润分享，利于员工激励	大量运用于企业的初创期和成长期
6	中长期激励	建立利益与事业的共同体，利于核心层的维系	主要表现在企业初创期和技术密集型企业
7	津贴	对于保护职工的身体健康，弥补职工的额外支出，保障职工的生活水平	具有某些特殊性质的工作

薪资结构表		
	岗位名称	薪资组成结构
	岗位名称	基本工资

图 3－32　薪酬结构的设计

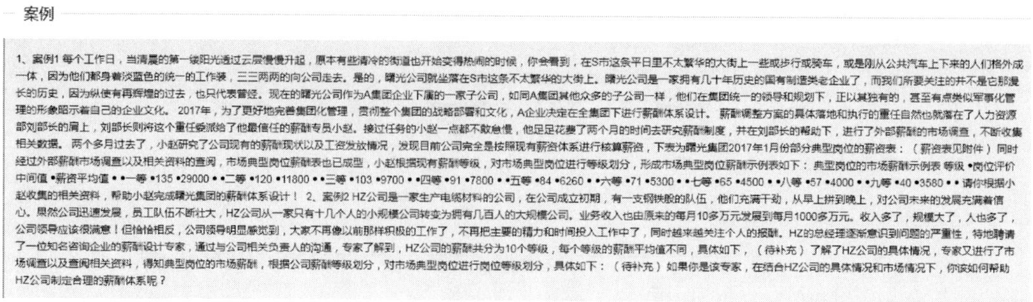

案例

1、案例1 每个工作日，当清晨的第一缕阳光透过云层慢慢升起，原本有些清冷的街道也开始变得热闹的时候，你会看到，在S市这条平日里不太繁华的大街上一些或步行或骑车，或是刚从公共汽车上下来的人们格外成一体，因为他们都身着淡蓝色的统一的工作装，三三两两的向公司走去。是的，曙光公司就坐落在S市这条不太繁华的大街上。曙光公司是一家拥有几十年历史的国有制造类老企业了，而我们所要关注的并不是它那漫长的历史，因为纵使有再辉煌的过去，也只代表曾经。现在的曙光公司作为A集团企业下属的一家子公司，如同A集团其他众多的子公司一样，他们在集团统一的领导和规划下，正以其独有的，甚至有点类似军事化管理的形象昭示着自己的企业文化。 2017年，为了更好地完善集团化管理，贯彻整个集团的战略部署和文化，A企业决定在全集团下进行薪酬体系设计。 薪酬调整方案的具体落地和执行的重任自然也就落在了人力资源部刘部长的肩上，刘部长则将这个重任委派给了他最信任的薪酬专员小赵。接过任务的小赵一点都不敢怠慢，他足足花费了两个月的时间去研究薪酬制度，并在刘部长的帮助下，进行了外部薪酬的市场调查，不断收集相关数据。 两个多月过去了，小赵研究了公司现有的薪酬现状以及工资发放情况，发现目前公司完全是按照现有薪资体系进行核算薪资，下表为曙光集团2017年1月份部分典型岗位的薪资表：（薪资表见附件）同时经过外部薪酬市场调查以及相关资料的查阅，市场典型岗位薪酬表也已成型，小赵根据现有薪酬等级，对市场典型岗位进行等级划分，形成市场典型岗位薪酬示例表如下：典型岗位的市场薪酬示例表 等级 •岗位评价中间值 •薪资平均值 • •一等 •135 •29000 • •二等 •120 •11800 • •三等 •103 •9700 • •四等 •91 •7800 • •五等 •84 •6260 • •六等 •71 •5300 • •七等 •65 •4500 • •八等 •57 •4000 • •九等 •40 •3580 • • 请你根据小赵收集的相关资料，帮助小赵完成曙光集团的薪酬体系设计！ 2、案例2 HZ公司是一家生产电缆材料的公司，在公司成立初期，有一支钢铁般的队伍，他们充满干劲，从早上拼到晚上，对公司未来的发展充满着信心。果然公司迅速发展，员工队伍不断壮大，HZ公司从一家只有十几个人的小规模公司转变为拥有几百人的大规模公司。业务收入也由原来的每月10多万元发展到每月1000多万元。收入多了，规模大了，人也多了，公司领导应该很满意！但恰恰相反，公司领导明显感觉到，大家不再像以前那样积极的工作了，不再把主要的精力和时间投入工作中了，同时越来越关注个人的报酬。HZ的总经理逐渐意识到问题的严重性，特地聘请了一位知名咨询企业的薪酬设计专家，通过与公司相关负责人的沟通，专家了解到，HZ公司的薪酬共分为10个等级，每个等级的薪酬平均值不同，具体如下，（待补充）了解了HZ公司的具体情况，专家又进行了市场调查以及查阅相关资料，得知典型岗位的市场薪酬，根据公司薪酬等级划分，对市场典型岗位进行岗位等级划分，具体如下：（待补充）如果你是该专家，在结合HZ公司的具体情况和市场情况下，你该如何帮助HZ公司制定合理的薪酬体系呢？

图 3－33　案例

（4）薪酬等级设计。

点击“薪酬等级设计”，进入对应界面，点击“查看案例”按钮，阅读案例。薪酬等级设计主要包括六个部分，点击相应按钮，进入对应练习界面，如图 3－34 和图 3－35 所示。

图 3－34　薪酬等级设计

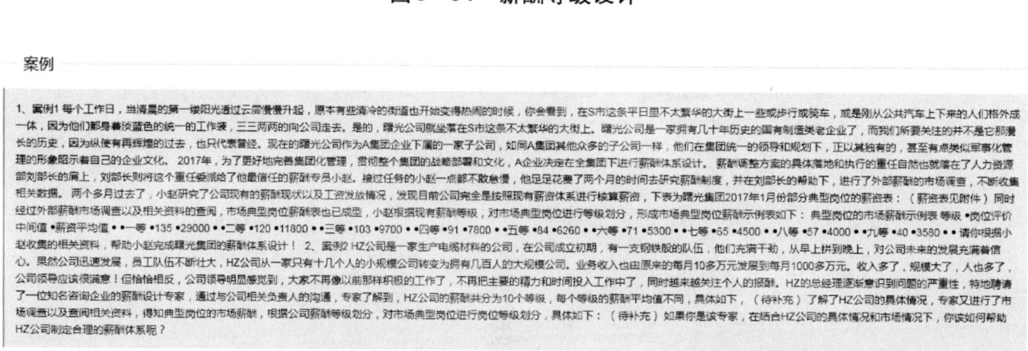

案例

1、案例1 每个工作日，当清晨的第一缕阳光透过云层慢慢升起，原本有些清冷的街道也开始变得热闹的时候，你会看到，在S市这条平日里不太繁华的大街上一些或步行或骑车，或是刚从公共汽车上下来的人们格外成一体，因为他们都身着淡蓝色的统一的工作装，三三两两的向公司走去。是的，曙光公司就坐落在S市这条不太繁华的大街上。曙光公司是一家拥有几十年历史的国有制造类老企业了，而我们所要关注的并不是它那漫长的历史，因为纵使有再辉煌的过去，也只代表曾经。现在的曙光公司作为A集团企业下属的一家子公司，如同A集团其他众多的子公司一样，他们在集团统一的领导和规划下，正以其独有的，甚至有点类似军事化管理的形象昭示着自己的企业文化。 2017年，为了更好地完善集团化管理，贯彻整个集团的战略部署和文化，A企业决定在全集团下进行薪酬体系设计。 薪酬调整方案的具体落地和执行的重任自然也就落在了人力资源部刘部长的肩上，刘部长则将这个重任委派给了他最信任的薪酬专员小赵。接过任务的小赵一点都不敢怠慢，他足足花费了两个月的时间去研究薪酬制度，并在刘部长的帮助下，进行了外部薪酬的市场调查，不断收集相关数据。 两个多月过去了，小赵研究了公司现有的薪酬现状以及工资发放情况，发现目前公司完全是按照现有薪资体系进行核算薪资，下表为曙光集团2017年1月份部分典型岗位的薪资表：（薪资表见附件）同时经过外部薪酬市场调查以及相关资料的查阅，市场典型岗位薪酬表也已成型，小赵根据现有薪酬等级，对市场典型岗位进行等级划分，形成市场典型岗位薪酬示例表如下：典型岗位的市场薪酬示例表 等级 •岗位评价中间值 •薪资平均值 • •一等 •135 •29000 • •二等 •120 •11800 • •三等 •103 •9700 • •四等 •91 •7800 • •五等 •84 •6260 • •六等 •71 •5300 • •七等 •65 •4500 • •八等 •57 •4000 • •九等 •40 •3580 • • 请你根据小赵收集的相关资料，帮助小赵完成曙光集团的薪酬体系设计！ 2、案例2 HZ公司是一家生产电缆材料的公司，在公司成立初期，有一支钢铁般的队伍，他们充满干劲，从早上拼到晚上，对公司未来的发展充满着信心。果然公司迅速发展，员工队伍不断壮大，HZ公司从一家只有十几个人的小规模公司转变为拥有几百人的大规模公司。业务收入也由原来的每月10多万元发展到每月1000多万元。收入多了，规模大了，人也多了，公司领导应该很满意！但恰恰相反，公司领导明显感觉到，大家不再像以前那样积极的工作了，不再把主要的精力和时间投入工作中了，同时越来越关注个人的报酬。HZ的总经理逐渐意识到问题的严重性，特地聘请了一位知名咨询企业的薪酬设计专家，通过与公司相关负责人的沟通，专家了解到，HZ公司的薪酬共分为10个等级，每个等级的薪酬平均值不同，具体如下，（待补充）了解了HZ公司的具体情况，专家又进行了市场调查以及查阅相关资料，得知典型岗位的市场薪酬，根据公司薪酬等级划分，对市场典型岗位进行岗位等级划分，具体如下：（待补充）如果你是该专家，在结合HZ公司的具体情况和市场情况下，你该如何帮助HZ公司制定合理的薪酬体系呢？

图 3－35　案例

点击“薪酬归级”，根据案例填写薪酬归级表，点击“职等增加”，可添加一个职等；勾选某一职等点击“岗位增加”，可为该职等添加一个岗位，如图 3 – 36 所示，点击“确定”可得公司薪酬与岗位价值评估结果离散分析曲线图，点击右上角按钮，可以下载该图，如图 3 – 37 所示。[①]

图 3 – 36　公司薪酬曲线

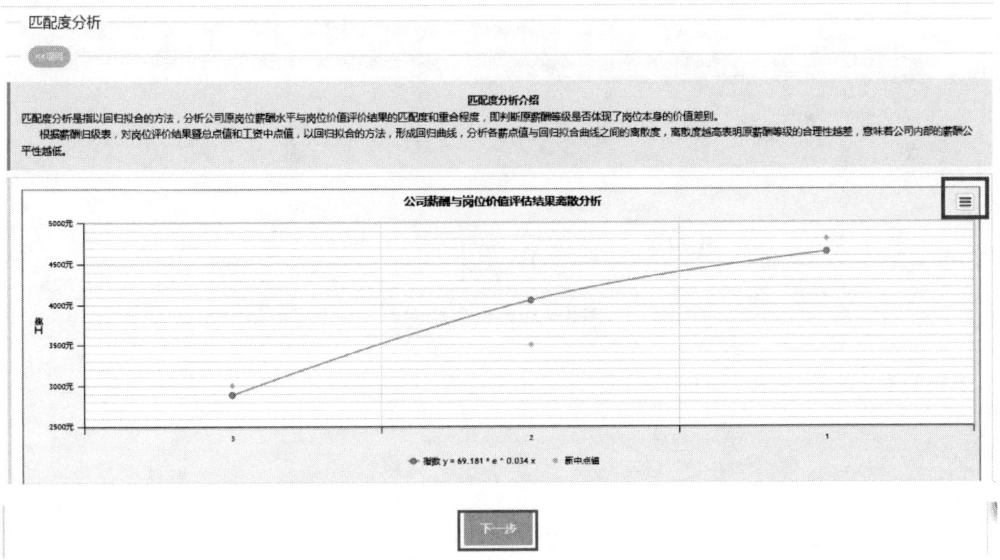

图 3 – 37　匹配度分析

点击“下一步”，可得等级中位值的分析与确定和薪酬中间值回归曲线，如图 3 – 38 所示。点击“确定”，根据极差的介绍，设置相应的极差，如图 3 – 39 所示。点击“确定”可得新工资中点值，如图 3 – 40 所示。

---

① 注：职等需按数字顺序增加，现工资不能逐级减少。

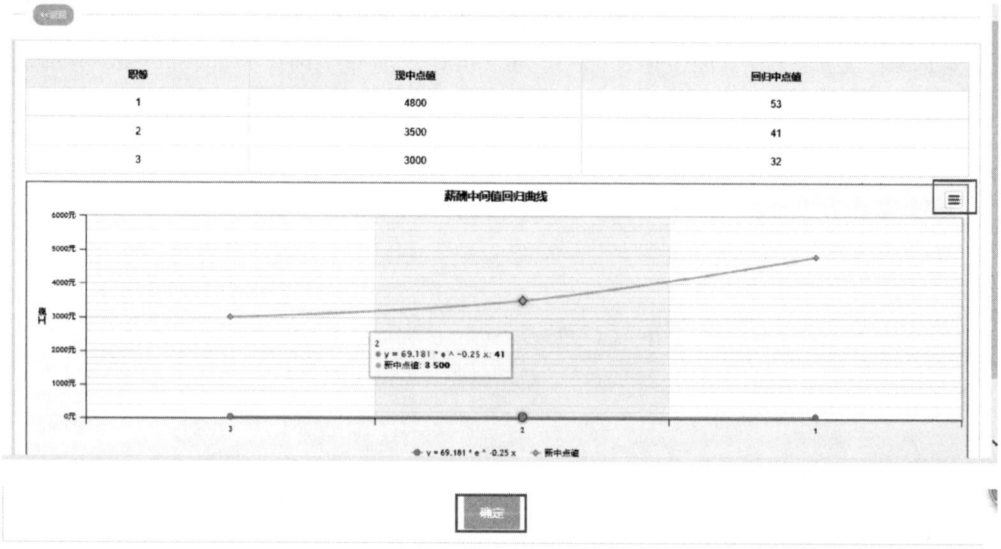

职等	现中点值	回归中点值
1	4800	53
2	3500	41
3	3000	32

图 3－38　薪酬中间值回归曲线

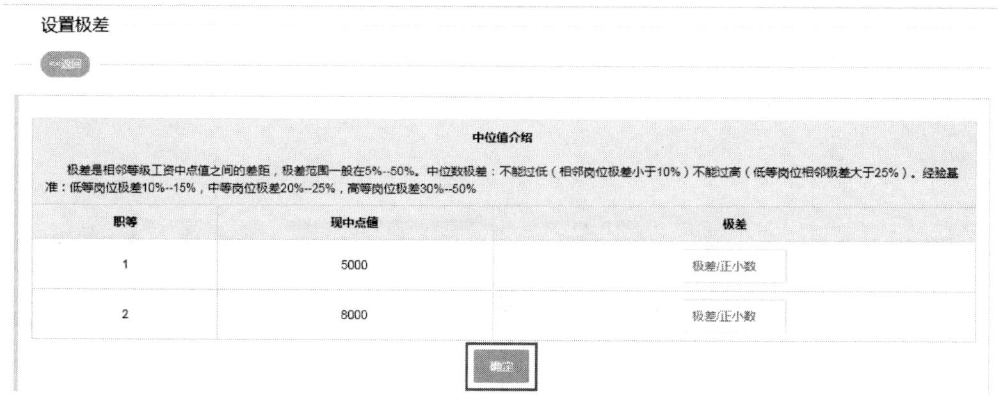

设置极差

中位值介绍

极差是相邻等级工资中点值之间的差距，极差范围一般在5%--50%。中位数极差：不能过低（相邻岗位极差小于10%）不能过高（低等岗位相邻极差大于25%）。经验基准：低等岗位极差10%--15%，中等岗位极差20%--25%，高等岗位极差30%--50%

职等	现中点值	极差
1	5000	极差/正小数
2	8000	极差/正小数

图 3－39　设置极差

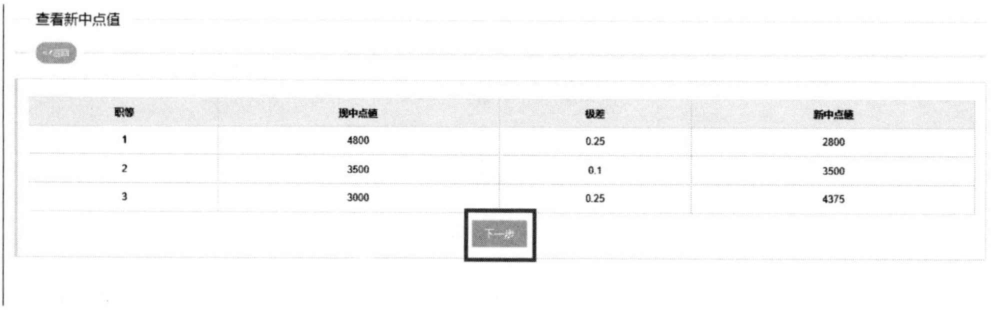

查看新中点值

职等	现中点值	极差	新中点值
1	4800	0.25	2800
2	3500	0.1	3500
3	3000	0.25	4375

图 3－40　查看新中点值

点击“下一步”，根据对带宽设计的介绍，设计带宽，如图 3－41 所示。点击“确定”，获得带宽工资体系，如图 3－42 所示。

图 3－41 设置宽带

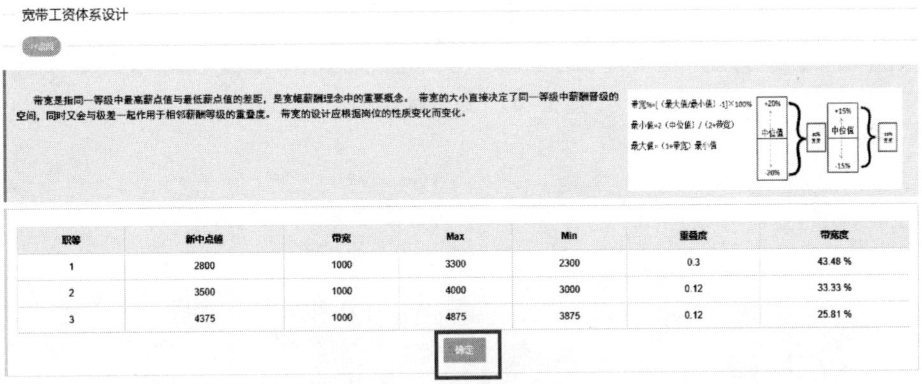

图 3－42 宽带工资体系设计

点击“档差设计”，根据案例选择一种合适的档差类型，填写相应的档数，如图 3－43、图 3－44 和图 3－45 所示。

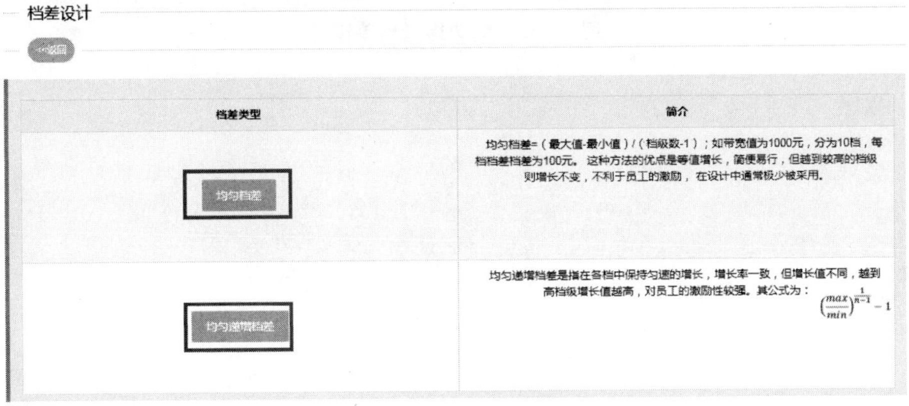

图 3－43 档差设计

点击“下一步”，可对所得到的职级薪资进行修改，如图 3－46 所示。点击“确定”，完成修正取值。

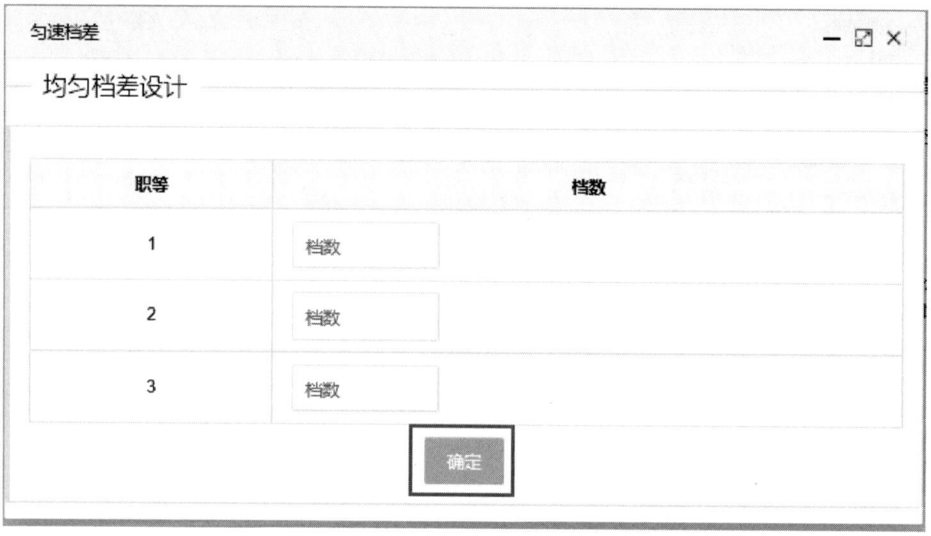

图 3－44　均匀档差设计

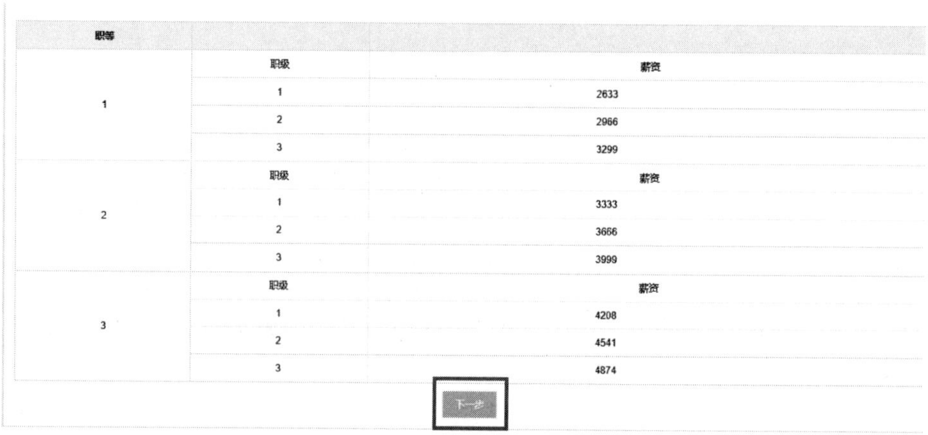

图 3－45　均匀递增档差设计

图 3－46　均匀递增档差设计的编辑页面

（5）奖金福利设计。

点击“奖金福利设计”，进入对应界面，点击“查看案例”按钮，阅读案例。薪酬等级设计主要包括三个部分，点击相应按钮，进入对应练习界面，如图 3－47 和图 3－48 所示。

图 3－47 奖金福利设计

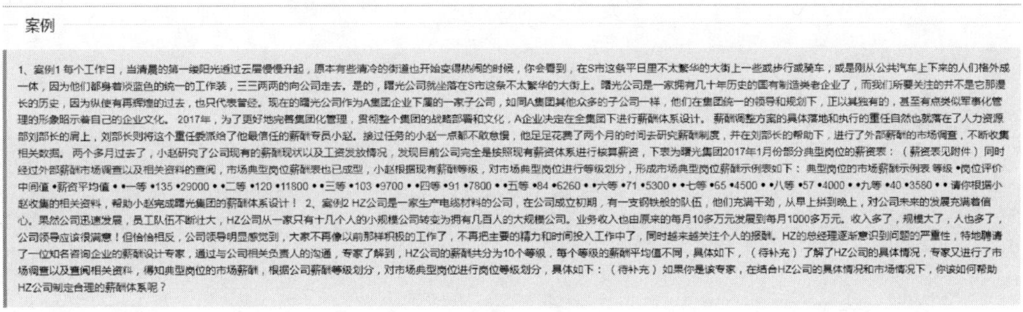

图 3－48 案例

点击“奖金设计”，根据案例选择是否发放该项目的奖金，若选择发放则填写奖金金额，如图 3－49 所示。完成后，点击“提交”进入下一步。

点击“津贴设计”，根据案例选择是否发放该项目的津贴，若选择发放则填写津贴金额，如图 3－50 所示。完成后，点击“提交”进入下一步。

点击“福利设计”，该模块还包括三个子模块，如图 3－51 所示。

奖金设计

<<返回

奖金是用来奖励员工部分或完全达到了预先设定的目标的一种激励方式，通常还包括对员工取得了令人惊喜的成绩或产生了意想不到的正面影响而实施的奖励。

奖金项目	选择	对象	金额
个人奖励	选择 不选择	经理	0
		主管	0
		专员	0
集体奖励	选择 不选择	经理	0
		主管	0
		专员	0
公司范围内奖励	选择 不选择	经理	0
		主管	0
		专员	0
利润分享计划	选择 不选择	经理	0
		主管	0
		专员	0

提交

图 3－49　奖金设计

津贴设计

<<返回

津贴是另外一种对工资的补充或补助，是补偿员工在特殊条件下的劳动消耗额外支出的工资补充形式。

津贴项目	选择	对象	金额
井下津贴	选择 不选择	经理	0
		主管	0
		主管	0
高温高空津贴	选择 不选择	经理	0
		主管	0
		专员	0
生活费补贴	选择 不选择	经理	0
		主管	0
		专员	0
生日津贴	选择 不选择	经理	0
		主管	0
		专员	0

提交

图 3－50　津贴设计

图 3－51　福利设计

点击“法定福利”，根据案例选择是否有该项目福利，并填写法定福利内容，如图 3－52 所示。点击“提交”完成该步。

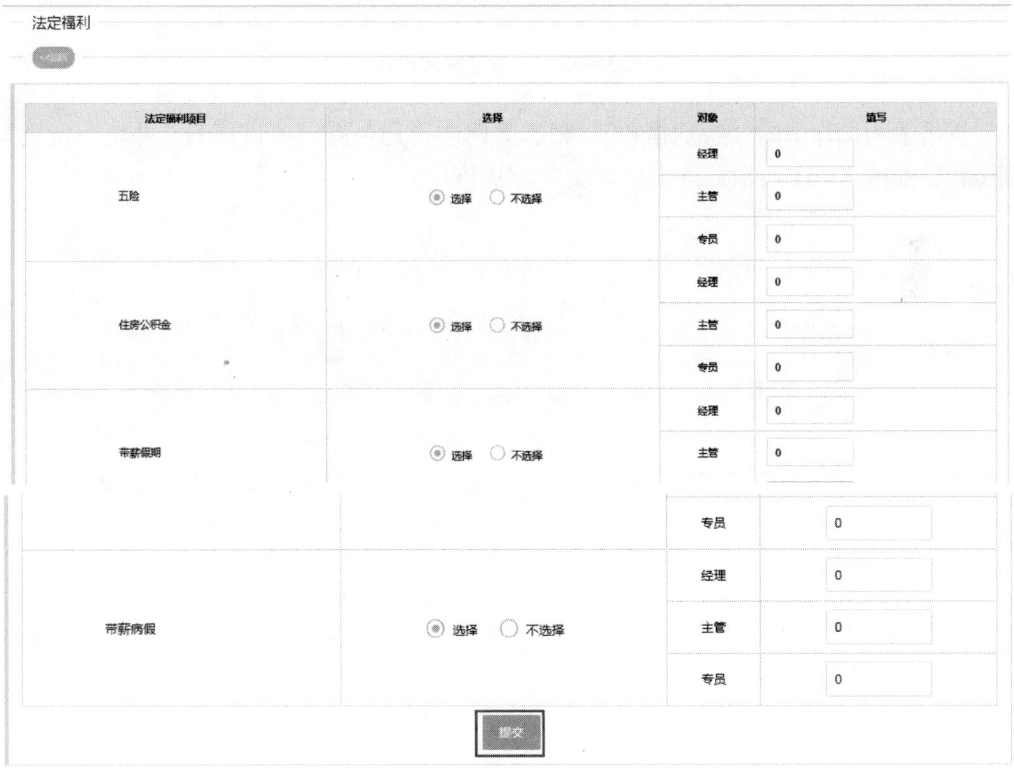

图 3－52　法定福利设计

点击福利设计中的“非法定福利”，根据案例选择是否有该项目福利，并填写非法定福利内容，如图 3－53 所示。点击“提交”完成该步。

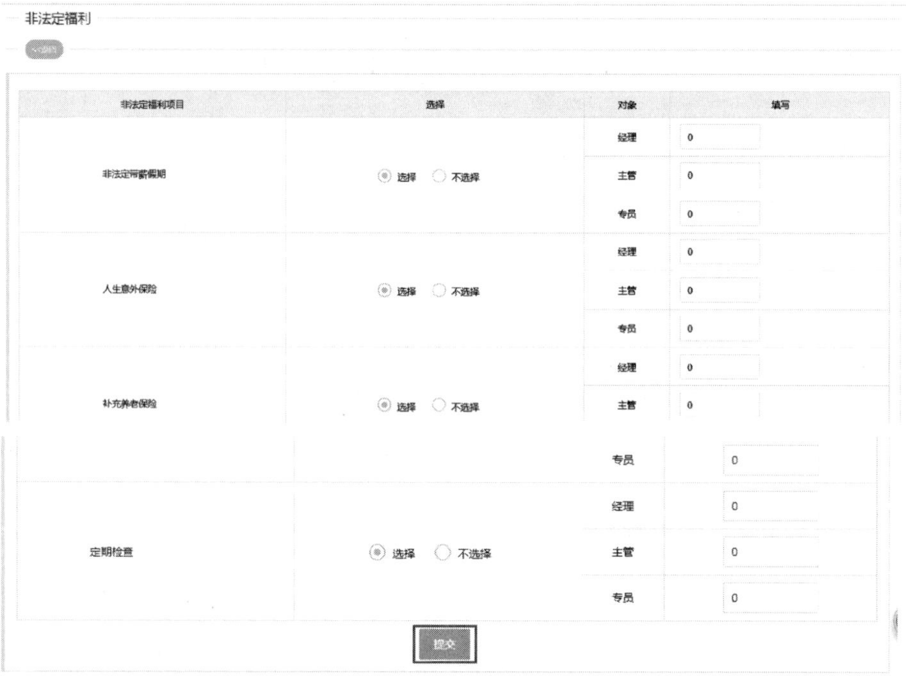
非法定福利

非法定福利项目	选择	对象	填写
非法定带薪假期	选择 不选择	经理	0
		主管	0
		专员	0
人生意外保险	选择 不选择	经理	0
		主管	0
		专员	0
补充养老保险	选择 不选择	经理	0
		主管	0
		专员	0
定期检查	选择 不选择	经理	0
		主管	0
		专员	0

提交

图 3-53　非法定福利设计

点击福利设计中的“特别福利”，根据案例选择是否有该项目福利，并填写特别福利金额，如图 3-54 所示。点击“提交”完成该步。

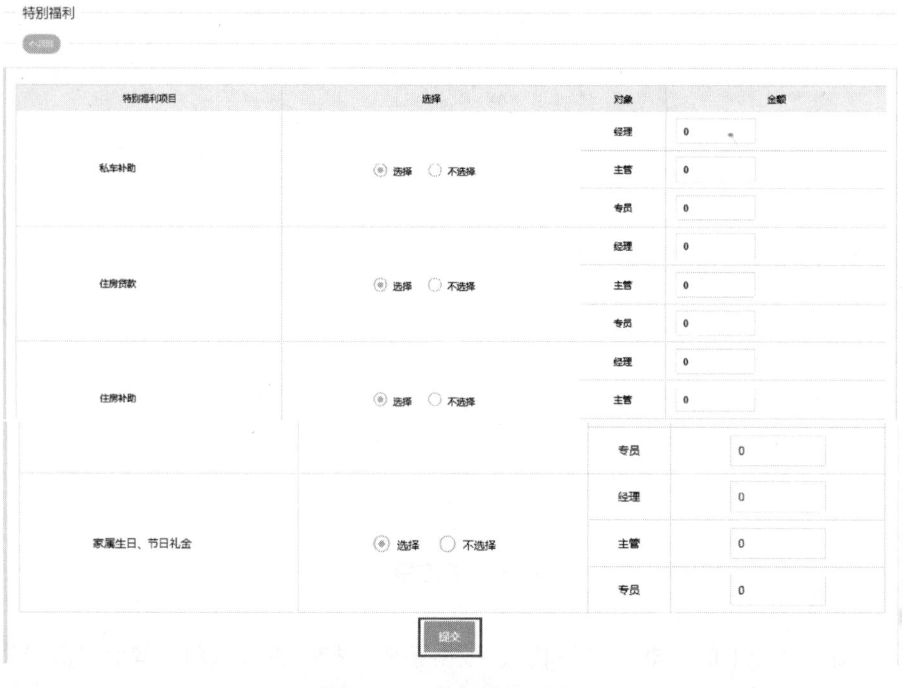
特别福利

特别福利项目	选择	对象	金额
私车补助	选择 不选择	经理	0
		主管	0
		专员	0
住房贷款	选择 不选择	经理	0
		主管	0
		专员	0
住房补助	选择 不选择	经理	0
		主管	0
		专员	0
家属生日、节日礼金	选择 不选择	经理	0
		主管	0
		专员	0

提交

图 3-54　特别福利设计

（6）市场薪资核算。

点击“薪资核算—案例结构”，点击“查看案例”，可阅读案例。根据案例添加相关人员薪酬结构，点击增加或删除，可增减薪资结构项目，如图3－55和图3－56所示。点击“确定”，进入下一步。

图3－55　薪资核算—案例结构

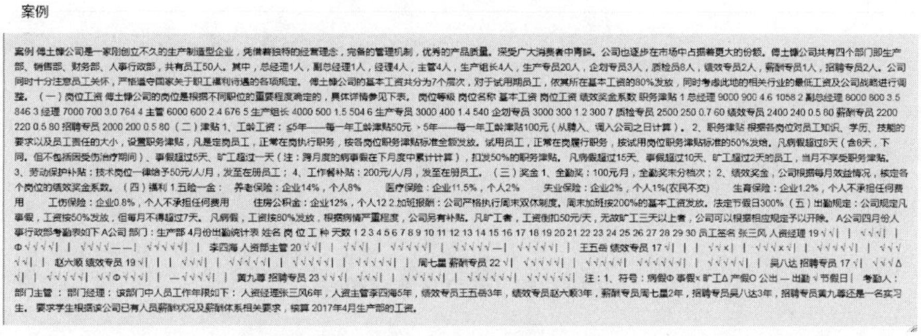

图3－56　案例

下一步填写具体员工的薪资核算表，点击增加或减少按钮可以增减员工条目，点击“确定”完成该步，生成最终信息核算表，点击“下载报表”按钮可以完成报表的下载，如图3－57和图3－58所示。

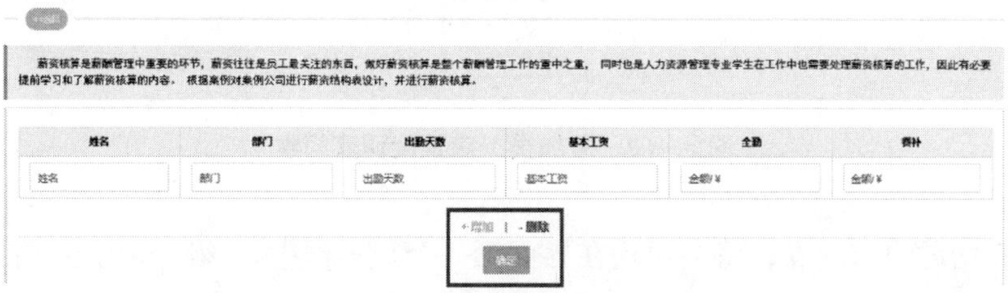

图3－57　薪资核算表填写

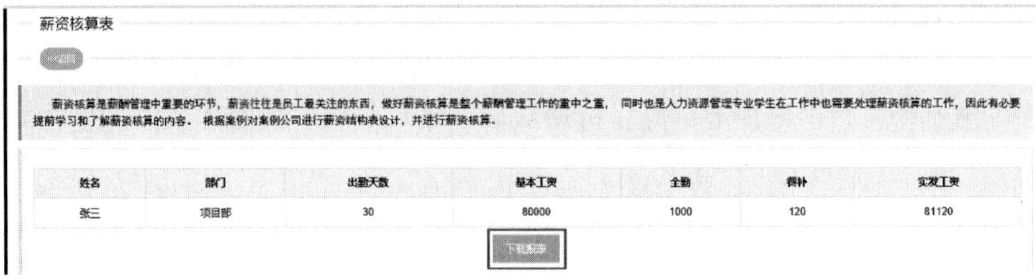

图 3－58　薪资核算生成

（7）薪酬满意度调查。

点击页面中的“满意度薪酬调查”，跳出薪酬满意度调查页面，页面分为三个显示框，如图 3－59 所示。点击“添加”，可添加新空白问卷调查的名称，如图 3－60 所示。

图 3－59　满意度薪酬调查

图 3－60　添加员工满意度调查问卷

对于新增的空白问卷，将会出现在界面第一个显示框中，该问卷内容空白，状态为未发布，学生可以对其进行编辑、查看、删除和发布操作，如图 3－61 所示。

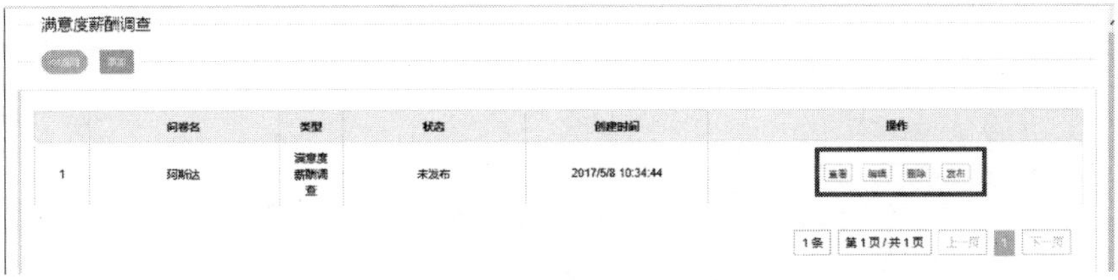

图 3－61　新问卷操作

点击“编辑”按钮，添加问卷的题目，题目类型有单选和问答两种，如图 3－62 所示。点击“新增单选”，可以在跳出的窗口上填写题目和选项，选项可以增减，也可以在侧边条中选择已有问题进行添加，点击“确定”保存题目，如图 3－63 和图 3－64 所示。点击“新增问答”，可以在跳出的窗口上填写题目，也可以在侧边条中选择已有问题进行添加，点击“确定”保存题目，如图 3－65 所示。已保存的问题可以进行修改和删除，如图 3－66 所示。

图 3－62　编辑案例

图 3－63　编辑新增单选问题

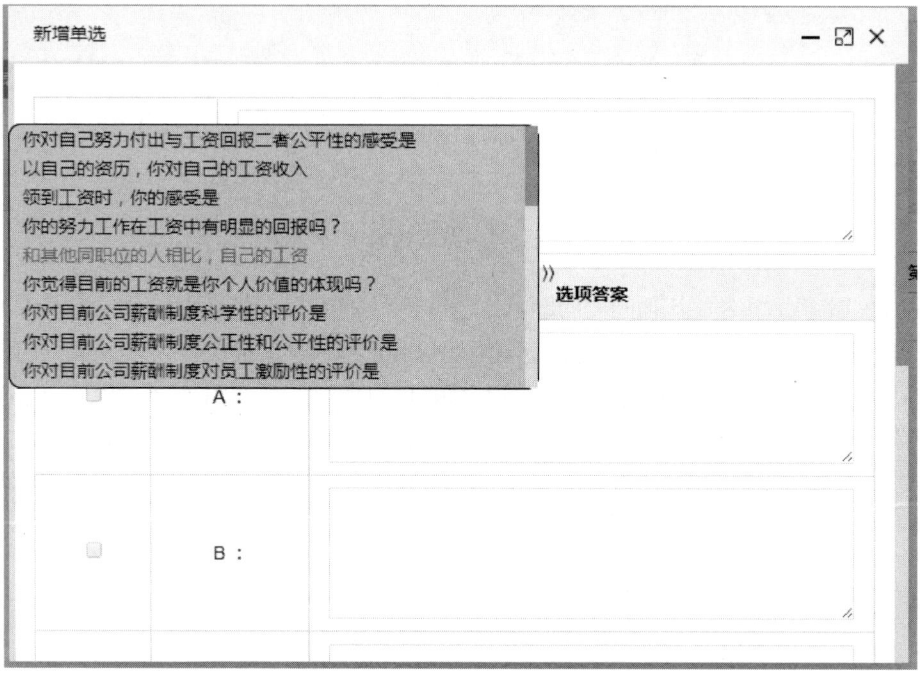

图 3－64　选择已有问题添加题目

图 3－65　填写题目

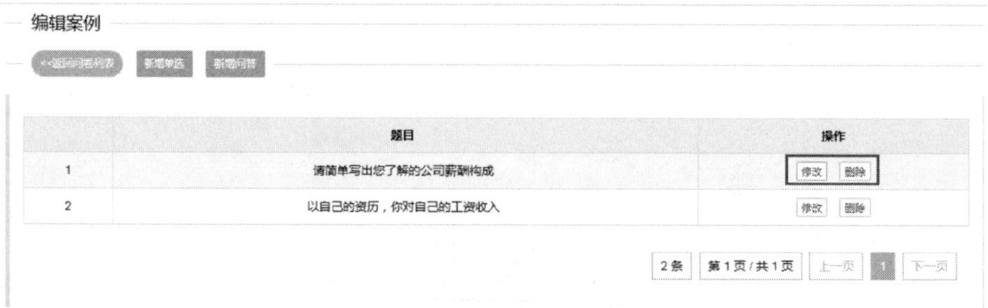

图 3－66　修改或删除单向问题

点击“发布”，所发起的问卷调查将会显示在市场调查统计页面中，如图 3－67 所示。

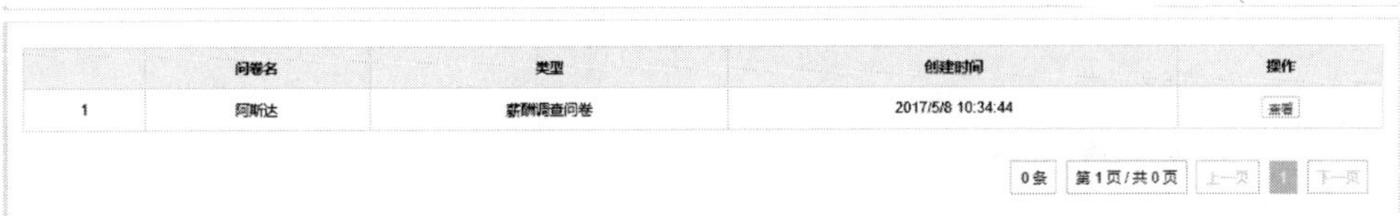

图 3－67　发布调查问卷

在发布之后，同一任务状态下的其他组可在可选择的问卷中看到自己发布的问卷调查，并对可看到的问卷进行选择填写，如图 3－68 所示。

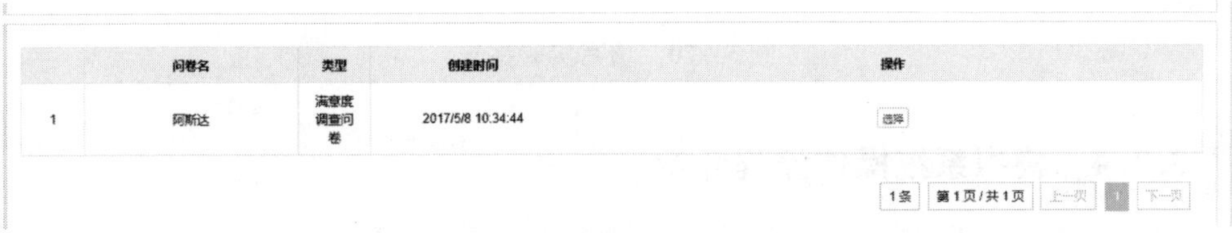

图 3－68　对已看到的问卷进行选择填写

在市场调查统计中，可查看自己发布的问卷调查所得结果，可查看是谁填写如何作答，并在最后可看到统计图，将鼠标放置在柱状图上可看到填写该选项的总人数，如图 3－69 所示。

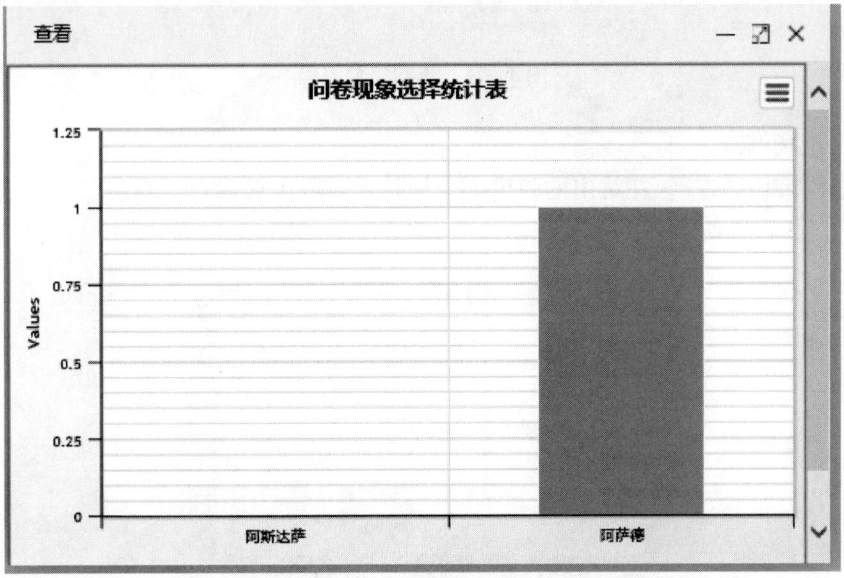

图 3－69　调查结果统计

（8）填写实验报告。

点击“填写实验报告”，在跳出的窗口上填写实验报告，并点击提交，如图 3－70 所示。

图 3－70　填写实验报告

3.2.4　模拟系统操作流程介绍

（1）当年开始。

点击“当年开始”，开始新一年操作，如图 3－71 所示。

图 3－71　年初经营流程

（2）市场调查。

点击“市场调查”，在跳出的弹窗中选择是否需要市场调查，点击“是”开始市场调查，如图 3－72 所示。

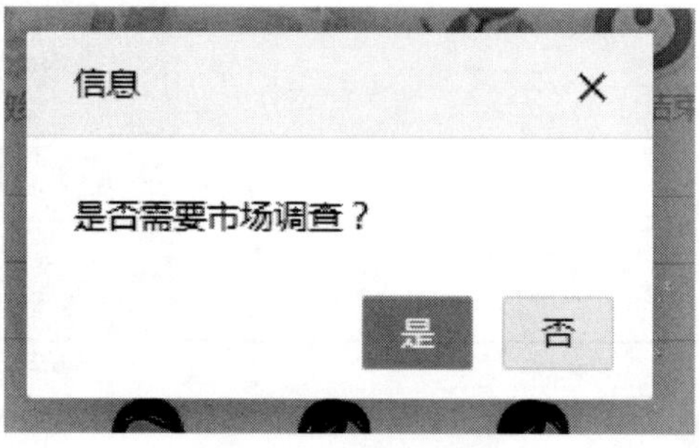

图 3－72　市场调查

市场调查可预测当年物流市场上的订单数量。点击市场调查，可看到市场的平均情况，点击“确定”完成市场调查进入下一步，如图 3 - 73 所示。

平均工资/(元)	总经理	人事	财务	销售	生产	研发
经理	12000	8500	8000	8200	9000	9500
主管		5600	5500	6000	5300	6500
专员		3200	3300	3500	3300	4000

图 3 - 73　市场调查平均情况

（3）岗位分析。

点击“岗位分析”，决定每个岗位的工资高低，点击“提交”确定岗位分析，如图 3 - 74 所示。

图 3 - 74　岗位分析

（4）薪酬结构。

点击“工资结构制定”，在跳出的窗口中制定工资结构，薪酬管理综合实训平台薪资结构分为 6 个部分，基本工资和岗位工资是固有工资，奖金、津贴、福利、激励部分根据自己情况进行选择或者不选择，点击完成，确定薪酬结构的制定，如图 3 - 75 所示。

图 3 - 75　工资结构制定

（5）薪酬等级。

在操作流程中点击“薪酬等级表”，在左侧列表中的各个级别中的最低基本工资及极差和最低岗位工资及极差的相应框中填写数字，在右侧的列表中将会自动计算出该级别各等级的基本工资和岗位工资，或者直接在右侧列表中从高到低制定基本工资和岗位工资，点击提交完成薪酬等级的制定，如图3－76所示。

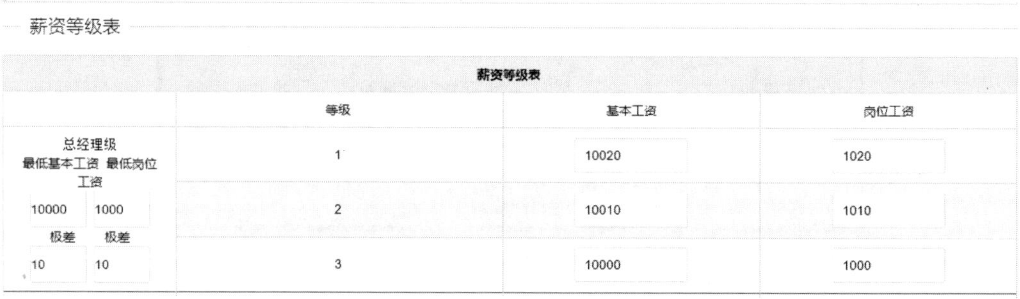

图3－76　薪资等级表

（6）奖金设计。

点击“奖金设计”，选择是否发放该项目奖金，并填写奖金金额，如图3－77所示。

图3－77　奖金设计

（7）津贴设计。

点击“津贴设计”，选择是否发放该项目津贴，并填写津贴金额，如图3－78所示。

图 3-78 津贴设计

（8）福利设计。

点击“福利设计”，选择是否发放该项目福利，并填写福利金额，如图 3-79 所示。

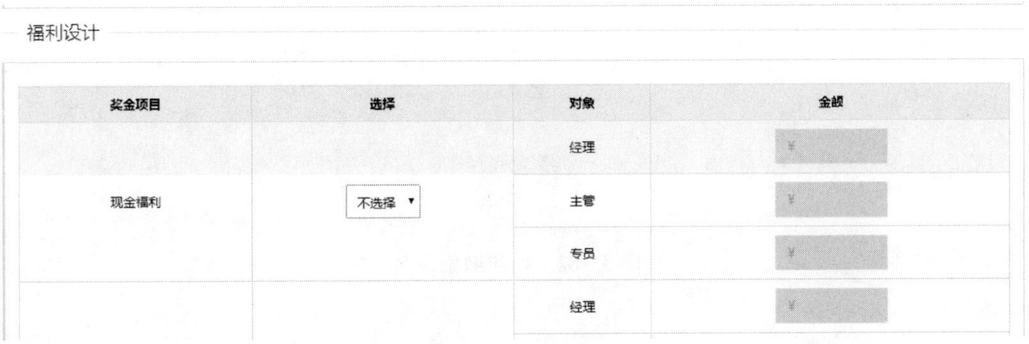

图 3-79 福利设计

（9）激励设计。

点击“激励设计”，选择激励类型，点击“确定”，如图 3-80 所示。选择“期权”，填写期权额点击“确定”，进行排名比较，如图 3-81 和图 3-82 所示。

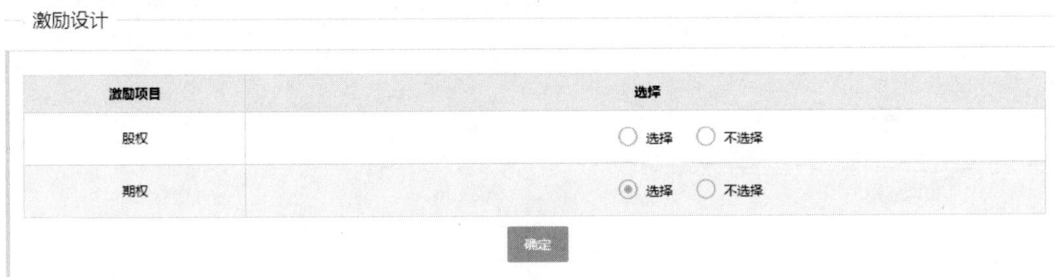

图 3-80 激励设计

（10）薪酬预算。

在操作流程中点击“薪酬预算”，输入预算金额，点击“确定”完成薪酬预算，如图 3-83 所示。

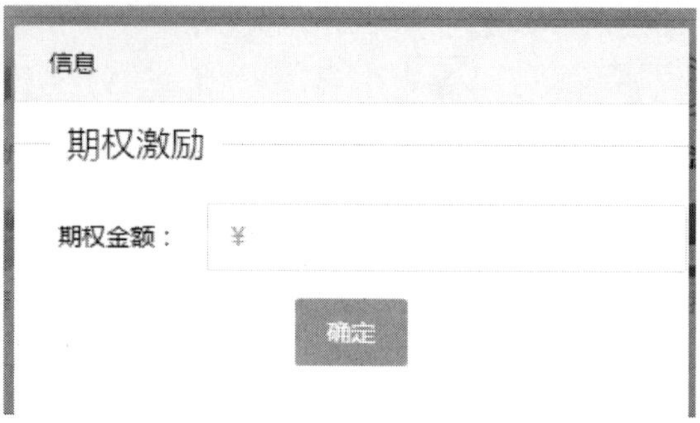

图3－81　期权激励设计

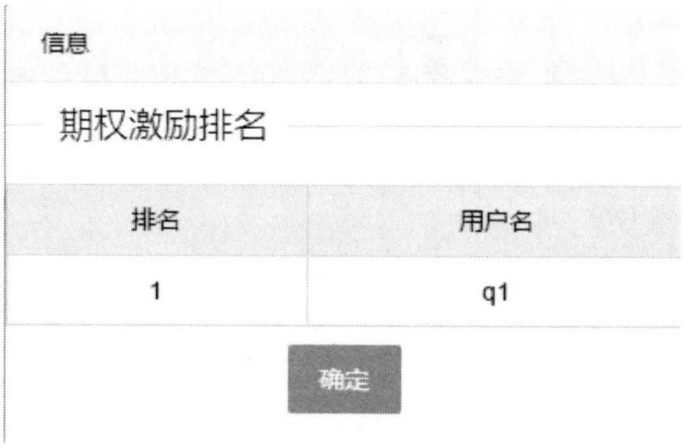

图3－82　期权激励排名

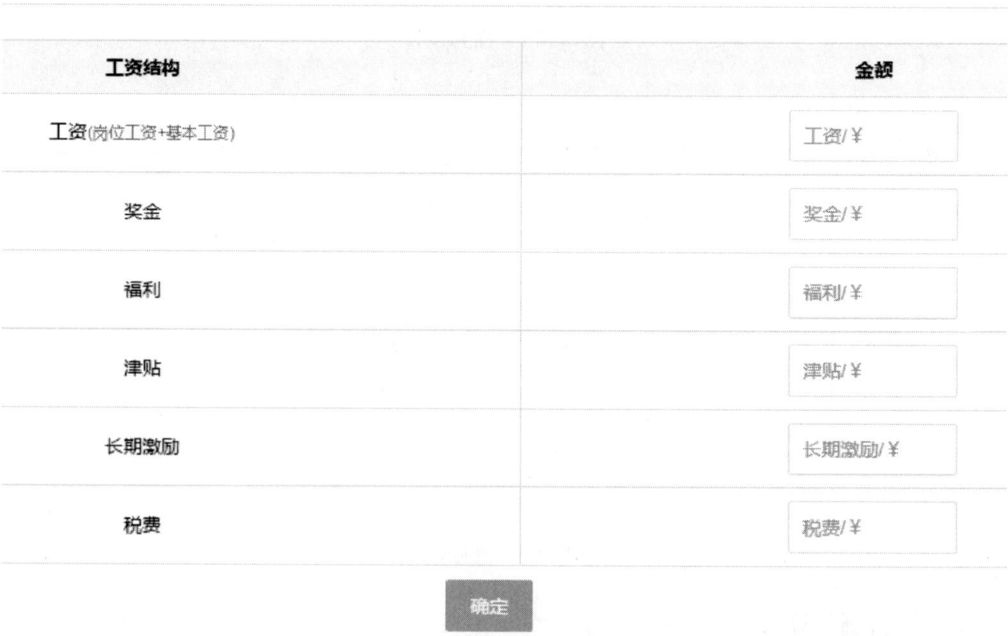

图3－83　工资结构

（11）薪酬申请。

点击操作流程“薪酬申请”，输入薪酬经费申请的金额，点击“确定”完成费用申请，如图 3－84 所示。

图 3－84　薪酬经费申请

（12）定岗定薪。

点击操作流程“定岗定薪”，根据岗位分析，对各个部门的各个职位进行薪资制定及补贴金额，如图 3－85 所示。

图 3－85　定岗定薪设计

（13）薪资表。

点击操作流程“薪资表”，可看到制定的基本工资和实发工资并可以 Excel 表格的形式下载此表，如图 3－86 所示。

（14）费用缴纳。

点击操作流程“费用缴纳”，可看到每个人所需缴纳的“五险一金”和个税的金额，如图 3－87 所示。

信息

序号	职位	出勤	基本工资+岗位工资	特别奖金	全勤奖	绩效奖金	工龄工资	职务	住房	交通	餐费	出差	物价	高温费	通讯费	学历津贴	职称津贴	现金福利	扣款	应发工资	五险	公积金	税前工资	个税	实发工资
1	总经理	25	10140	0	0	0	0	0	0	0	0	0	0	0	0	0	0	0	0	10140	1216	1216	8912	1082	7830
2	总经理	25	0	0	0	0	0	0	0	0	0	0	0	0	0	0	0	0	0	0	0	0	0	0	0
3	总经理	25	0	0	0	0	0	0	0	0	0	0	0	0	0	0	0	0	0	0	0	0	0	0	0
4	总经理	25	0	0	0	0	0	0	0	0	0	0	0	0	0	0	0	0	0	0	0	0	0	0	0
5	总经理	25	0	0	0	0	0	0	0	0	0	0	0	0	0	0	0	0	0	0	0	0	0	0	0
6	总经理	25	0	0	0	0	0	0	0	0	0	0	0	0	0	0	0	0	0	0	0	0	0	0	0

图3－86　薪资表

销售经理	3480	8700	172
销售主管	3080	7700	34
销售专员	2680	6700	16
生产经理	3520	8800	178
生产主管	3120	7800	35
生产专员	2720	6800	17
研发经理	3560	8900	184
研发主管	3160	7900	37
研发专员	2760	6900	19

缴纳社保公积金和员工个税：452479

确定缴纳

图3－87　费用缴纳

（15）工资发放。

点击操作流程“工资发放”，可看到公司总发放工资总额及承担的公积金社保总额，点击“确定”，发放员工工资，如图3－88所示。

缴纳五险一金和个税

发放各岗位工资	公司承担公积金社保
1013394	323424

确定

图3－88　工资发放

（16）薪资调整。

点击操作流程“薪资调整”，可对想要进行调整的岗位进行薪资调整选择或者点击放弃薪资调整，如图3－89所示。

职位	岗位工资+基本工资	薪资调整
总经理	10140	请选择 ▼（请选择 / 10140 / 10120 / 10100）
人事经理	8200	
人事主管	6200	请选择 ▼
人事专员	4200	请选择 ▼

图 3－89　薪资调整

（17）满意度调查。

点击操作流程“调查”，可对员工进行薪酬满意度调查，在此调查结果上可减少5%员工流失率也可以选择不参加，如图 3－90 所示。

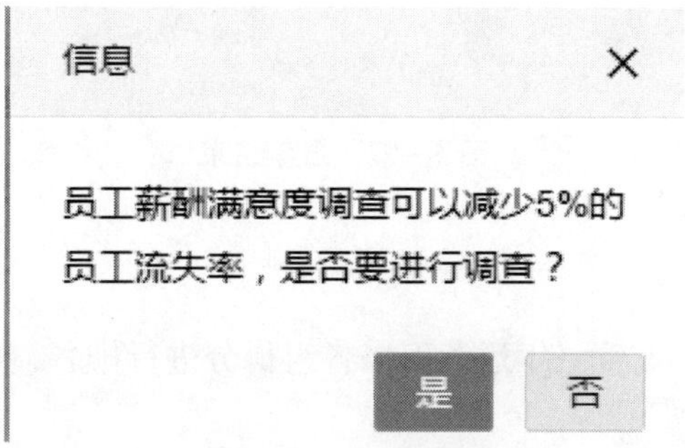

图 3－90　满意度调查

（18）人员流失。

点击操作流程“人员流失”，可看到在年末人员流失的情况，如图 3－91 所示。

年末人员流失

岗位	流失人数	岗位	流失人数
总经理	0	人事经理	0
人事主管	1	人事专员	1
财务经理	0	财务主管	1
财务专员	1	销售经理	0
销售主管	1	销售专员	2
生产经理	0	生产主管	1
生产专员	2	研发经理	0
研发主管	1	研发专员	1

确定

图 3－91　人员流失情况

（19）当年结束。

点击“当年结束”，获取企业当年各员工产生的效益信息，如图 3－92 所示。

岗位	产生效益	岗位	产生效益
总经理	206670	人事经理	49800
人事主管	36105	人事专员	44895
财务经理	51045	财务主管	37350
财务专员	45990	销售经理	52290
销售主管	37972	销售专员	65835
生产经理	47932	生产主管	61320
生产专员	81600	研发经理	50505
研发主管	41085	研发专员	51465

图 3－92　当年结束

（20）当年排名。

点击“当年排名”，查看一年运营下来各组得分进行排名，如图 3－93 所示。

图 3－93　当年排名

（21）人员流入。

从第二年开始，可以点击操作“人员流入”，选择要流入人员的岗位及数量，点击“确定”，如图 3－94 所示。

（22）紧急操作。

当企业出现薪资经费不足、资金短缺、企业破产时，可以点击如图 3－95 所示的三个按钮进行操作。

岗位	流失人数	操作	岗位	流失人数	操作
总经理	0	0	人事经理	0	0
人事主管	2	0	人事专员	0	0
财务经理	2	0	财务主管	2	0
财务专员	4	0	销售经理	0	0
销售主管	2	0	销售专员	6	0
生产经理	4	0	生产主管	4	0
生产专员	8	0	研发经理	0	0

图 3－94 人员流入

图 3－95 紧急操作

3.2.5 学习中心

点击主界面学习中心模块或上方导航条中学习中心选项进入学习中心，如图 3－96 所示。学生可以点击查看教师上传的学习资料，如图 3－97 所示。并根据自己的需求选择下载该资料，如图 3－98 所示。

图 3－96 薪酬管理专业技能实训平台学习中心

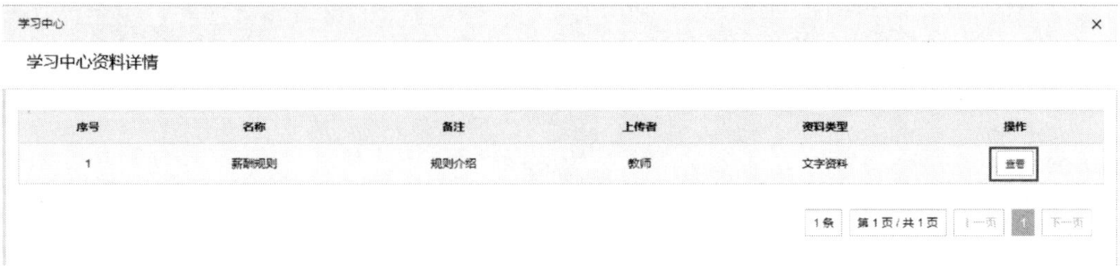

图 3-97　学习中心资料详情

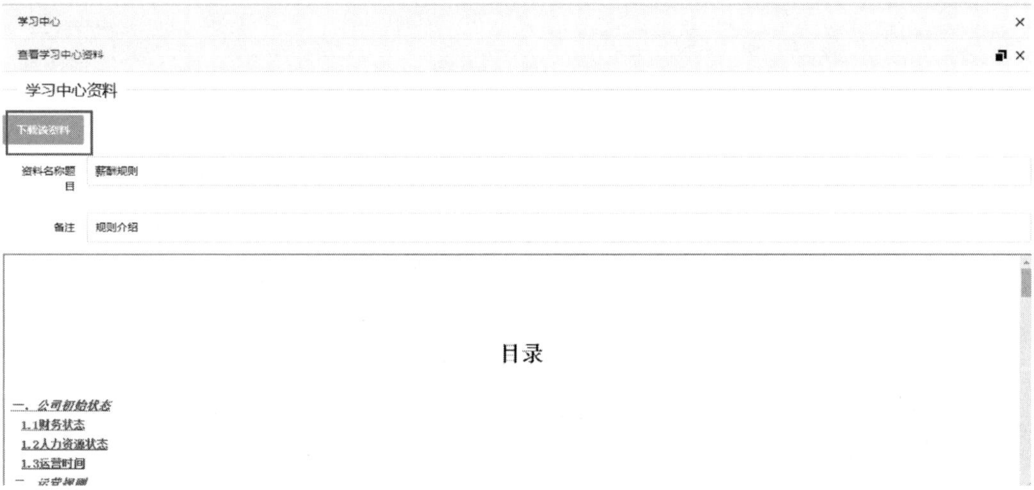

图 3-98　学习中心资料下载

3.3　实战系统规则

3.3.1　公司初始状态

（1）财务状态。

公司初始资金为 500 万元，资金分为总经费和薪资经费。

（2）人力资源状态。

①公司设立了六个部门，分别为总经办、人事部、财务部、销售部、生产部、研发部；还设立了三种岗位，分别为经理、主管、专员。

②现有人员配置，每个部门岗位的人员都有初始的基础薪资与效益。如表 3-1、表 3-2 所示。

表 3－1 人员薪资福利表 单位：元

人员	总经办	人事部	财务部	销售部	生产部	研发部
经理	33200	8000	8200	8400	7700	9100
主管		5800	6000	6100	5600	6600
专员		4100	4200	4300	4000	4700

表 3－2 人员初始效益 单位：元

人员	总经办	人事部	财务部	销售部	生产部	研发部
经理	49800	12000	12300	12600	11550	13650
主管		8700	9000	9150	8400	9900
员工		6150	6300	6450	6000	7050

（3）运营时间。

公司运营最小时间单位为年，每运营一个年为一个小运营周期。公司运营时间分为 4 个大周期，分别为初创期、成长期、成熟期、衰退期，每期经营运营年数由教师端进行设定决定。

3. 3. 2 运营规则

（1）市场薪酬调查。

公司在进行设定员工工资时，需要进行市场薪酬调查，以便参考市场薪酬水平，合理设定公司员工薪酬。

市场薪酬调查需要支付 10000 元费用。

（2）岗位分析。

公司通过对岗位的分析，对不同岗位的薪酬水平进行排序，最终影响不同岗位员工的工资。

例：生产部门 > 人事部门，则人事部门的工资就不得高于生产部门。

（3）确定薪酬结构。

根据各自公司的不同发展战略确定薪酬结构构成。不同的薪酬结构会产生不同流失加权和效益加权的变化。

薪酬结构中必须包括：基本工资、岗位工资、社会保险（养老保险、医疗保险、失业保险、生育保险、工伤保险）。

可选择项目包括：奖金、补贴、福利、长期激励。

企业不同生命周期内，不同的奖金福利项目设置可以增加不同比例的效益，同时可以减少人员流失率。具体数据见系统参数。

（4）制定薪酬等级表。

根据市场薪酬水平，制定自己公司的薪酬等级，按照总经理级、经理级、主管级、专员级，总共分成21个等级，上一等级的薪酬（基本工资+岗位工资）必须大于下一等级的薪酬。

最低级薪酬（基本工资+岗位工资）必须大于最低月工资标准，最低月工资标准可由教师设定。

（5）奖金设计。

奖金主要包括：特别奖金、全勤奖、绩效奖金。

$$\text{奖金总金额} < (\text{基本工资} + \text{岗位工资}) \times 20\%$$

（6）津贴设计。

津贴主要包括：工龄津贴、住房津贴、交通津贴、出差津贴、高温津贴、通信津贴、学历津贴、职称津贴、餐补津贴、加班津贴。

$$\text{津贴总计} < (\text{基本工资} + \text{岗位工资}) \times 15\%$$

（7）福利设计。

福利包括法定福利与非法定福利。

法定福利：社会保险和公积金，法定节假日。其中社会保险每个公司每个人都必须缴纳，公积金可自行选择。缴费基数下限为当地上年度月平均工资的60%，上限为当地上年度平均工资的3倍。缴费比例如表3－3所示。

表3－3　　缴费比例

法定福利	个人承担比例	公司承担
养老保险	8%	14%
医疗保险	2%	7%
失业保险	1%	2%
生育保险	0	0.80%
工伤保险	0	0.80%
公积金	12%	12%

非法定福利主要包括：现金福利、节日费、子女就学费、医疗检查费、工会娱乐活动。

（8）长期激励设计。

长期激励主要包括：期权、股权。

①期权：根据自行设定的期权额，每三年支付一次，支付额为设定的期权额×3；

期权加权：根据自行设定的期权额，每1000增加效益和流失加权0.1，最高效益和流失加权为1；

期权排名：根据期权额排名，进行额外加成，加成如表3－4所示。

表 3－4　　加成系数

排名	加成系数
1	1.3
2	1.15
3	1
4	0.9
5	0.75
6	0.65

注：排名 6 以后的加成系数均为 0.65。

②股权：每年年末支付股权额，支付额为每年的利润的百分比，百分比通常为：初创期 20%、成长期 30%、成熟期 40%、衰退期 10%。

股权加权：

至年末，若存在利润，增加效益和流失加权；至年末，若利润为负或零，当年效益加权依旧有；下年总效益加权系数减少，减少量为设定的股权效益加权系数的 50%，当年总流失加权系数减少，减少量为原股权流失加权系数。

（9）薪酬预算。

根据各个岗位的薪酬水平和设定的员工薪酬结构，预算当年所有员工的薪酬费用。薪酬预算的准确率会影响排名。

（10）薪资费用申请。

根据薪酬预算，申请薪资费用。

①紧急培训经费申请：培训计划开始期间可随时进行紧急培训经费的申请，但会产生一定的损失（紧急经费损失额 = 紧急培训经费申请额 ×10%），计入培训经费中。

②超额损失费用：当年结束，若剩余培训费用超过本年培训费用总额的 30%，损失剩余部分的 10%，计入培训经费中。

（11）员工定岗定薪。

初始年根据薪资等级表对现有员工进行定岗定薪。综合考虑市场薪酬和后期薪资调整。

（12）薪资调整。

每半年可根据市场和企业具体状况自行选择调整员工薪资，一次上调最高一级别，一次下调最高二级别。

（13）生成薪资表。

根据薪酬结构、员工定岗定薪、薪资调整情况系统自动生成薪资表，具体如表 3－5 所示。

表3－5　　工资表

工资表																								
序号	职位	出勤	薪酬	特别奖金	全勤奖	绩效奖金	工龄工资	职务	住宿	交通	餐费	出差	物价	高温费	通信费	学历津贴	职称津贴	现金福利	扣款	应发工资	五险	公积金	个税	实发工资

（14）缴纳社保公积金及个税。

根据薪酬结构，系统自动扣除公司承担的员工的社保和公积金费用以及个人所得税。从薪酬经费中扣除。

（15）工资发放。

依据薪资表发放员工薪资以及员工个人承担的社保和公积金。

（16）员工薪酬满意度调查。

员工薪酬满意度调查需要支付10000元，进行员工薪酬满意度调查可降低员工流失率5%。

（17）人员流失。

根据市场工资排名确定人员流失情况。

标准流失率如表3－6所示。

表3－6　　流失率

工资排名（最低）	流失比例
5%	50%
5%～20%	40%
20%～30%	30%

薪酬结构不同会导致流失率的变化，不同的薪酬可选择项对应不同流失加权，按照薪酬结构，得到流失率减少额。

流失率＝标准流失率－流失率减少额

①专员、主管流失：按照流失率流失相应比例人数。

②总经理流失：连续三年流失率排名最高的5%的企业总经理流失。

③经理流失率：连续两年流失率排名最高的5%的企业部门经理流失。

（18）期初资金流入。

在每年年初，根据上一年公司所有人员产生的效益，将效益作为收入注入总经费中。

（19）人员流入。

根据市场工资排名确定人员流入状况。

工资排名前10%可按排名顺序优先选择人员流入，每次每个部门最多不得超过现有人数的30%，人数四舍五入。

（20）人员效益。

人员效益通过薪酬结构发生变化，不同的薪酬结构选项对应不同的效益加权。

$$人员效益 = 基本效益 \times (1 + 效益加权)$$

（21）评价标准。

评价标准用 M 表示。

$$M = \frac{[30 \times (利润 \div 薪酬) + 50 \times (1 - 流失率) + 20 \times 预算准确率]}{100}$$

$$利润 = 总效益 - 总薪酬$$

$$预算准确率 = \frac{|实际支出费用 - 预算费用|}{预算费用}$$

4　综合实验四：人力资源管理智能仿真与竞赛对抗平台

4.1　系统概述

4.1.1　系统简介

人力资源管理智能仿真与竞赛对抗平台分为管理员、教师、学生三种角色子系统，各个角色在该系统操作中各有不同的任务。该系统主要由管理员为教师与学生创建一个教学的氛围，教师发布公司人力资源管理相关案例、市场参数、人员供求等参数，学生学习教师所提供的案例内容，组成小组进行模拟对抗，最后由教师根据总评价系统得出学生的排名。本系统主要有公司设立、人力资源规划、工作分析、薪酬管理、绩效管理、培训与开发、招聘与甄选、劳动关系等功能模块组成。

4.1.2　实验要求

《人力资源管理智能仿真与竞赛对抗平台》设计的基本思路是采用仿真模拟的方式，让学生了解人力资源管理的相关知识和实践技能，其核心是让学生自己动手，主动去了解公司建立过程，进行市场及行业的情景分析，达到对企业人力资源管理流程的学习与了解。这套系统有效地解决传统教学中理论与实践相脱离的问题。

在人力资源管理教学中，让学生在相同总资金情况下，在系统所提供的不同渠道中选择人才，对人才培养及其他数据进行量化经营与管理，根据总评价来判断学生最终排名情况。本系统由教师先预设各种不同的人才及市场需求，并设定各种参数，学生按照教师设定的行业，选择自己认为合适的招聘渠道、人才、产品等，以公司利润最大化为最终目标。

本部分实验要求学生事先掌握的知识点包括人力资源管理的概念，人力资源成本构成，人力资源招聘类型及优缺点，培训类型及方法，绩效指标设计，薪酬设计及发放等。

本系统采用分层结构开发模式，系统后台数据设置灵活，教师可以根据需要设置各种模拟实验参数，以改变不同环境下的模拟要求。系统提供当前典型的行业环境类型，进行人才招聘、培训、产品的选择，以及销售产品的模拟和演练，系统中数据量化、充满竞争和互动，具有灵活的后台控制性。

4.2　学生端功能介绍

4.2.1　学生端登录

输入学生的用户名和密码，选择学生端，点击登录，如图 4－1 所示。

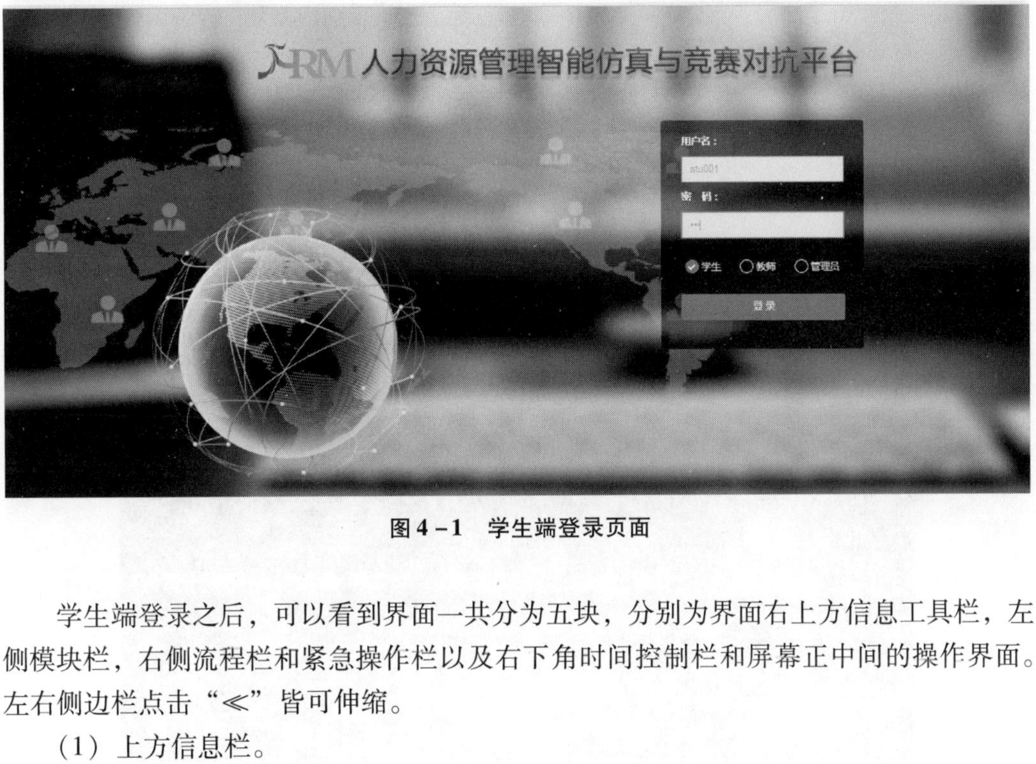

图 4－1　学生端登录页面

学生端登录之后，可以看到界面一共分为五块，分别为界面右上方信息工具栏，左侧模块栏，右侧流程栏和紧急操作栏以及右下角时间控制栏和屏幕正中间的操作界面。左右侧边栏点击“≪”皆可伸缩。

（1）上方信息栏。

右上方信息工具栏显示了用户名、公司名称、经营时期、当前步骤、经营状态和经费等信息，供学生查看，如图 4－2 所示。

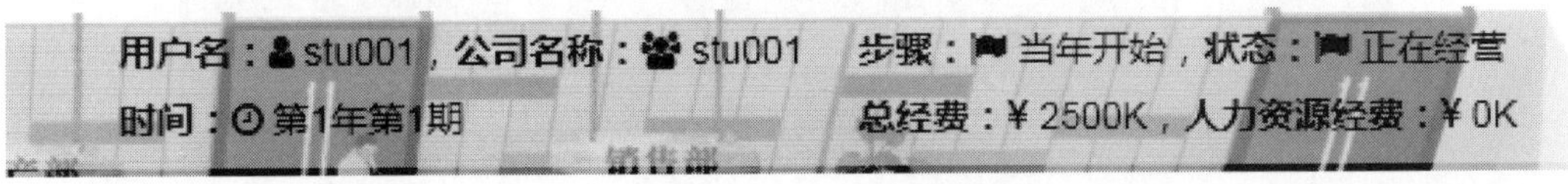

图 4－2　信息工作栏

（2）左侧边栏。

点击左侧边栏，可快速跳转到对应的办公室。例如点击左侧“薪酬管理中心”按钮，便进入了薪酬办公室。进入某个办公室后点击左侧边栏“系统首页”按钮，便会返回系统首页，如图 4 –3 所示。

图 4 –3　薪酬办公室页面

（3）左侧侧边栏界面。

左下角点击“≪”出现左侧侧边栏，左侧边栏包括时间控制、紧急操作和其他操作三块，如图 4 –4 所示。

图 4 –4　点击左侧边栏后的界面

其中，时间控制栏可进行当期开始、当期结束、当年开始、当年结束等操作。

其中，紧急操作包括人力资源经费紧急申请、人力资源经费回账、申请注资和申请破产。点击对应按钮，在跳出的弹窗中输入申请金额或回账金额点击“确定提交”，如图4－5、图4－6、图4－7和图4－8所示。

图4－5　人力资源经费紧急申请

图4－6　人力资源经费回账

图4－7　申请注资

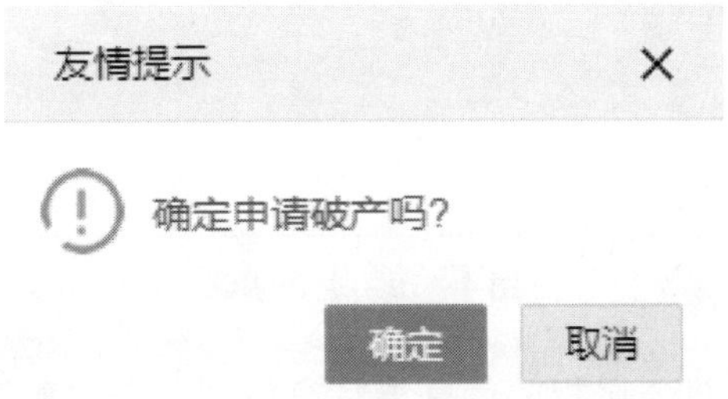

图4－8　申请破产

其他操作主要为案例查看和现金明细等信息的查看。在进入学生系统后首先要对公司信息进行修改和补充。点击“案例查看”，在新跳出的网页中可以查看配套案例，如图 4 –9 所示。

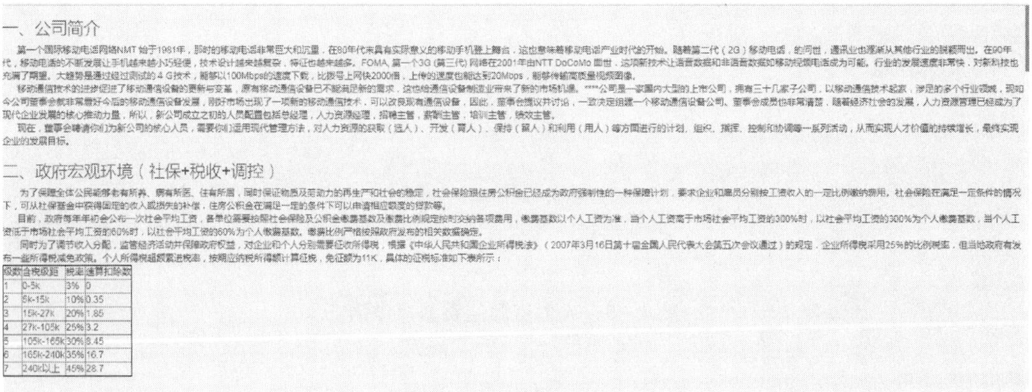

一、公司简介

第一个国际移动电话网络NMT 始于1981年，那时的移动电话非常巨大和沉重，在80年代末具有实际意义的移动手机登上舞台，这也意味着移动电话产业时代的开始。随着第二代（2G）移动电话，的问世，通讯业也逐渐从其他行业的脱颖而出。在90年代，移动电话的不断发展让手机越来越小巧轻便，技术设计越来越复杂，特征也越来越多。FOMA 第一个3G（第三代）网络在2001年由NTT DoCoMo 面世，这项新技术让语音数据和非语音数据如移动视频电话成为可能。行业的发展速度非常快，对新科技也充满了期望。大趋势是通过经过测试的 4 G技术，能够以100Mbps的速度下载，比拨号上网快2000倍，上传的速度也能达到20Mbps，能够传输高质量视频图像。

移动通信技术的进步促进了移动通信设备的更新与变革，原有移动通信设备已不能满足新的需求，这也给通信设备制造业带来了新的市场机遇。****公司是一家国内大型的上市公司，拥有三十几家子公司，以移动通信技术起家，涉足的多个行业领域，现如今公司董事会就非常看好今后的移动通信设备发展，刚好市场出现了一项新的移动通信技术，可以改良现有通信设备，因此，董事会提议并讨论，一致决定组建一个移动通信设备公司。董事会成员也非常清楚，随着经济社会的发展，人力资源管理已经成为了现代企业发展的核心推动力量，所以，新公司成立之初的人员配置包括总经理，人力资源经理，招聘主管，薪酬主管，培训主管，绩效主管。

现在，董事会聘请你们为新公司的核心人员，需要你们运用现代管理方法，对人力资源的获取（选人）、开发（育人）、保持（留人）和利用（用人）等方面进行的计划、组织、指挥、控制和协调等一系列活动，从而实现人才价值的持续增长，最终实现企业的发展目标。

二、政府宏观环境（社保+税收+调控）

为了保障全体公民能够老有所养、病有所医、住有所居，同时保证物质及劳动力的再生产和社会的稳定，社会保险跟住房公积金已经成为政府强制性的一种保障计划，要求企业和雇员分别按工资收入的一定比例缴纳费用。社会保险在满足一定条件的情况下，可从社保基金中获得固定的收入或损失的补偿，住房公积金在满足一定的条件下可以申请相应额度的贷款等。

目前，政府每年年初会公布一次社会平均工资，各单位需要按照社会保险及公积金缴费基数及缴费比例规定按时交纳各项费用，缴费基数以个人工资为准，当个人工资高于市场社会平均工资的300%时，以社会平均工资的300%为个人缴费基数，当个人工资低于市场社会平均工资的60%时，以社会平均工资的60%为个人缴费基数。缴费比例严格按照政府发布的相关数据确定。

同时为了调节收入分配，监管经济活动并保障政府权益，对企业和个人分别需要征收所得税，根据《中华人民共和国企业所得税法》（2007年3月16日第十届全国人民代表大会第五次会议通过）的规定，企业所得税采用25%的比例税率，但当地政府有发布一些所得税减免政策。个人所得税超额累进税率，按照应纳税所得额计算征税，免征额为11K，具体的征税标准如下表所示：

级数	含税级距	税率	速算扣除数
1	0-5k	3%	0
2	5k-15k	10%	0.35
3	15k-27k	20%	1.85
4	27k-105k	25%	3.2
5	105k-165k	30%	8.45
6	165k-240k	35%	16.7
7	240k以上	45%	28.7

图 4 –9　案例

点击“现金明细”，可以查看总经费和人力资源经费的流入和流出的明细情况，如图 4 –10 所示。

操作时间	操作详情	流出资金(K)	流入资金(K)	剩余总经费	剩余人力资源经费
第1年-第4期	应交所得税	337K	0	2379K	158K
第1年-第4期	综合运营费用	14K	0	2716K	158K
第1年-第4期	[P1*12]销售收入	0	1980K	3030K	224K
第1年-第4期	产品生产成本[P1*3,P1*3,]	60K	0	1050K	224K
第1年-第4期	产品研发[P2,]	10K	0	1110K	224K
第1年-第3期	产品生产成本[P1*3,P1*3,]	60K	0	1120K	486K
第1年-第3期	产品研发[P2,]	10K	0	1180K	486K
第1年-第1期	产品研发[P1,]	10K	0	1190K	795K

图 4 –10　现金明细

点击“公司信息”，将公司相关信息填写完整，点击“确定修改”保存填写信息，如图 4 –11 所示。

图 4－11　公司资料修改

（4）主操作区域。

屏幕正中间是主操作区域，分为各个办公室和会议室，点击每个办公室的名牌便会进入相应的办公室。箭头所指的办公室就是当前流程要进行具体操作所进入的办公室。点击左下角蓝色小房子按钮可回到当前界面，如图 4－12 所示。

图 4－12　主操作区域

点击主操作区域的左下角信息按钮，可以在对话框中输入信息，点击发送后，教师和其他学生账号可以查看信息内容，如图 4－13 所示。

图 4-13　对话框输入信息

4.2.2　当年开始

点击时间控制中的“当年开始”按钮，在跳出的窗口中显示上一年度的社会平均工资（第一年除外），点击“确定开始”完成该步，如图 4-14 和图 4-15 所示。

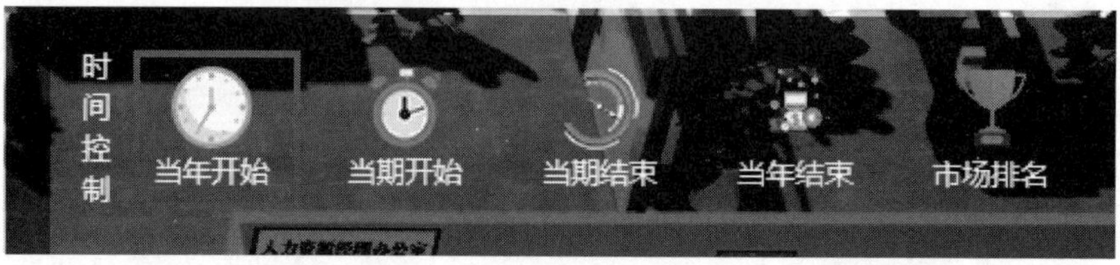

图 4-14　当年开始选项

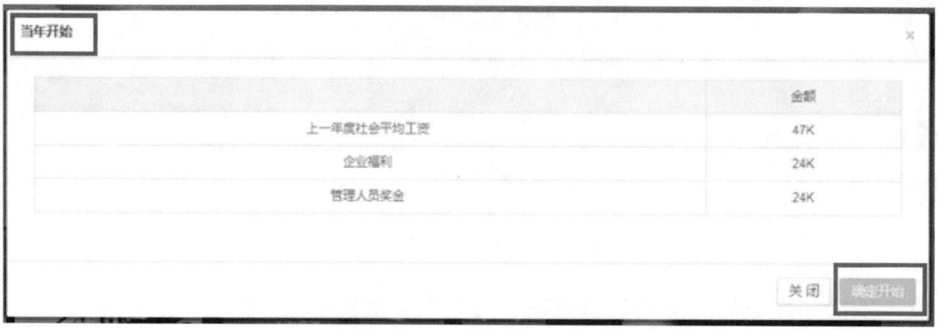

图 4-15　当年开始确认

4.2.3　薪酬调查

点击进入薪酬主管办公室，点击“薪酬调查”按钮，点击“确定购买”，可以购买上一年度（第一年除外）市场基本工资报表。选择想要了解上年度薪酬情况的公司，点击“确定购买”还可以查看该公司上一年度的薪酬报告，如图 4-16、图 4-17 和图 4-18 所示。

图 4-16　薪酬调查

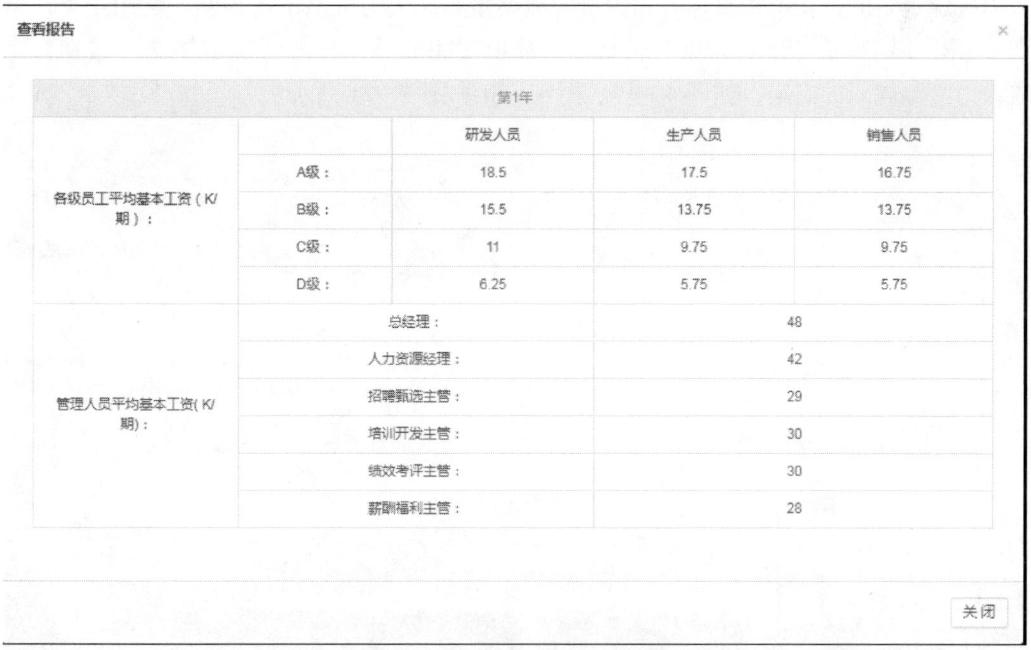

第1年				
		研发人员	生产人员	销售人员
各级员工平均基本工资（K/期）：	A级：	18.5	17.5	16.75
	B级：	15.5	13.75	13.75
	C级：	11	9.75	9.75
	D级：	6.25	5.75	5.75
管理人员平均基本工资（K/期）：	总经理：		48	
	人力资源经理：		42	
	招聘甄选主管：		29	
	培训开发主管：		30	
	绩效考评主管：		30	
	薪酬福利主管：		28	

图 4-17　查看市场基本工资报表

查看报告 ×

第1年			
	研发人员	生产人员	销售人员
上年度A级员工基本工资区间	[22,28]	[18,20]	[15,21]
上年度B级员工基本工资区间	[18,22]	[11,16]	[11,15]
上年度C级员工基本工资区间	[11,17]	[6,10]	[6,10]
上年度D级员工基本工资区间	[5,11]	[3,6]	[3,5]
总经理：		48	
人力资源经理：		44	
招聘甄选主管：		28	
培训开发主管：		32	
绩效考评主管：		32	
薪酬福利主管：		32	

关闭

图 4－18　查看上年度薪酬情况

4.2.4　人力资源规划

在系统首页，按箭头指向，点击进入会议室，点击会议室中投影仪按钮，在跳出的人力资源规划的弹窗中依次填写人力资源战略规划，人力资源供需预测，费用预算，培训、晋升计划和调岗计划的相关表格，全部填写完成后，点击“确定提交”按钮，完成人力资源规划的制定，如图 4－19、图 4－20 和图 4－21 所示。

图 4－19　人力资源规划页面

图 4-20　人力资源战略规划

图 4-21　人力资源调岗计划

4.2.5　人力资源经费申请

按箭头指向，点击进入人力资源经理办公室，点击“人力资源管理经费申请”按钮，在跳出的弹窗中输入本年度经费申请的数额，点击“确认申请”，完成当前步骤，如图 4-22 所示。

图 4-22　人力资源管理经费申请

4.2.6 工作分析

按箭头指向，点击进入人力资源经理办公室，点击“工作分析”按钮，在跳出的弹窗内，输入岗位的薪资区间，并选择合适的岗位职责，灰色已勾选的属于必选项，点击“下一步”，填写下一岗位的工作说明书，所有岗位都填写勾选完成后，点击“生成工作说明书”按钮，完成当前步骤，如图4-23和图4-24所示。

图4-23 工作分析页面

图4-24 填写工作分析

4.2.7 薪酬设计

按箭头指向，点击进入薪酬主管办公室，点击“薪酬设计”按钮，在跳出的弹窗内选择本年度需要选择的薪资福利，灰色已勾选的属于必选选项，点击“确定提交”，完成当前步骤，如图 4 – 25 和图 4 – 26 所示。

图 4 – 25 薪酬设计页面

图 4 – 26 填写薪酬设计

4.2.8 基本工资设定

按箭头指向，点击进入薪酬主管办公室，点击“基本工资设定”按钮，在跳出的弹窗内制定生产、研发、销售三类员工的不同等级的本年度每期基本工资。点击“确定提交”，完成当前步骤，如图 4 – 27 和图 4 – 28 所示。

图 4 – 27　基本工资设定页面

基本工资设定

员工等级	研发人员			生产人员			销售人员		
A	0	K	[12-15K]	0	K	[12-15K]	0	K	[12-15K]
B	0	K	[9-12K]	0	K	[9-12K]	0	K	[9-12K]
C	0	K	[6-9K]	0	K	[6-9K]	0	K	[6-9K]
D	0	K	[3-6K]	0	K	[3-6K]	0	K	[3-6K]

关闭　确定提交

图 4 – 28　制定基本工资设定

4.2.9　绩效指标确定

按箭头指向，点击进入绩效主管办公室，点击“绩效指标确定”按钮。分别为总经理、人力资源经理和四位主管选择本年度考核的绩效指标，指标全部选择完后，点击“确定选择指标”完成指标的选择，如图 4 – 29 和图 4 – 30 所示。

图 4 – 29　绩效指标确定页面

图 4 – 30　绩效指标确定

指标选择完毕后，为所选择的指标设定权重，每个管理人员的权重和为 100%，点击“确定选择指标”，完成当前步骤，如图 4 – 31 所示。

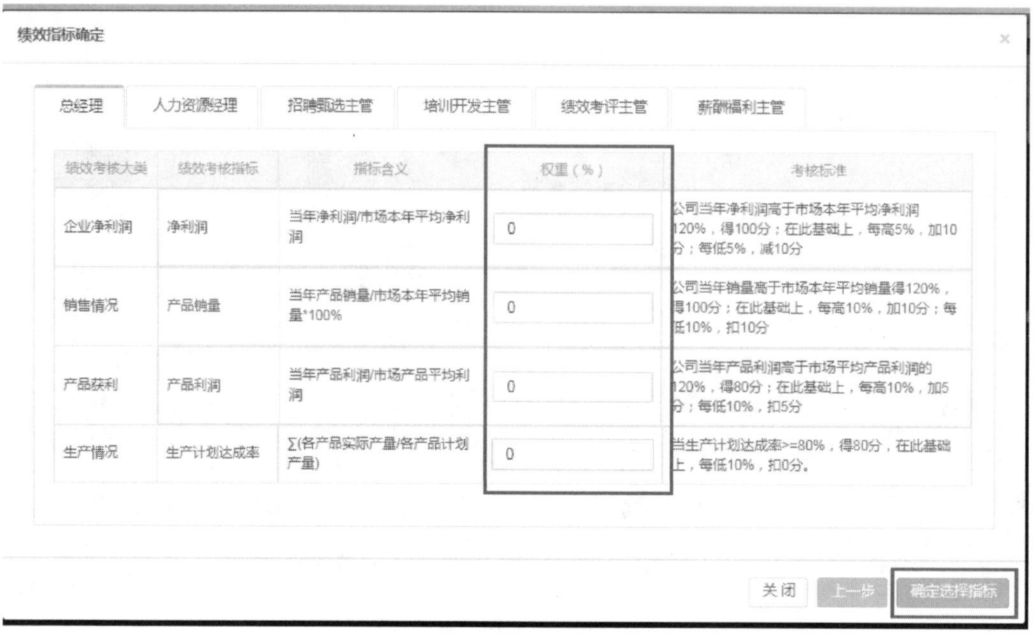

图 4－31　绩效指标确定设置权重

4.2.10　当期开始

完成上述年初准备后，点击“当期开始”，如图 4－32 所示。

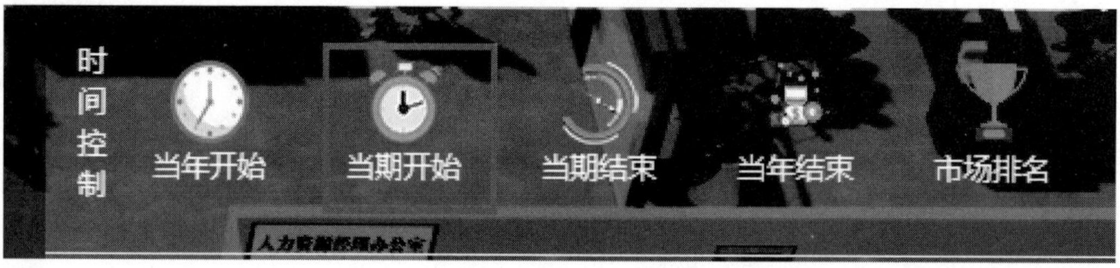

图 4－32　当期开始按钮

4.2.11　“挖人”

从第二年开始，每一年的第一期可以“挖人”。按箭头指向，点击进入招聘主管办公室，点击“挖人”按钮，勾选需挖的员工，选择被挖员工的类型、等级、岗位和所在公司，输入人才引进津贴后，点击“确定挖人”按钮，等待所有公司都同步到这一步骤，系统根据内置规则判定挖人是否成功，并将信息展示出来，该步即完成，如图 4－33、图 4－34 和图 4－35 所示。

图 4-33 “挖人”页面

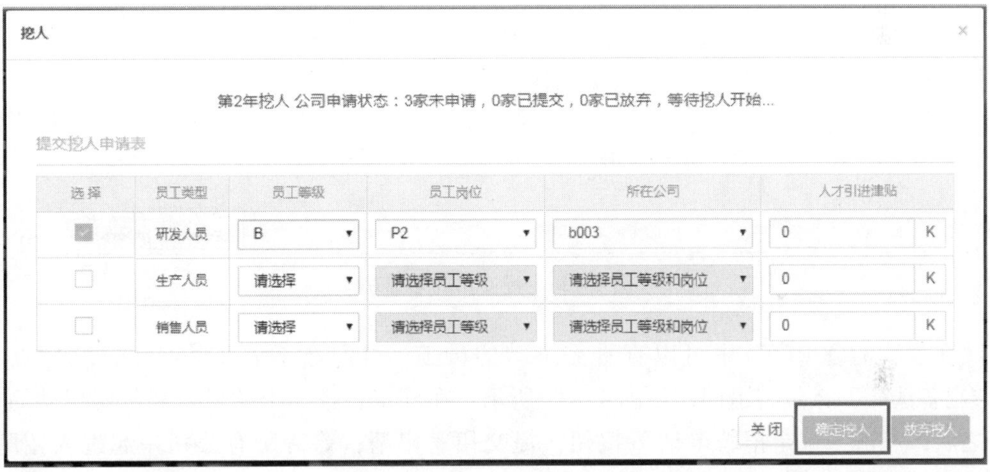

图 4-34 提交“挖人”申请表

图 4-35 “挖人”结果展示

4.2.12　员工招聘

每年的第一期和第三期可以进行员工招聘。按箭头指向，点击进入招聘主管办公室，点击“员工招聘”按钮。勾选想要招聘的员工，选择员工时可按人员类型、人员等级和招聘渠道进行筛选。选择员工进行定岗，输入人才引进津贴（薪酬设计时没选择人才引进津贴此时就不能输入），点击“加入备选库”按钮，如图 4 – 36 所示。

图 4 – 36　提交招聘申请表

在“我的备选库”中可以查看需招聘的员工，可勾选不需要的员工，然后点击“移出备选库”人员将退回，如图 4 – 37 所示。在确定备选库中的人员都是要招聘的人员之后，点击“确定招聘申请”按钮，提交招聘申请，等待所有公司一起进入招聘，如图 4 – 38 和图 4 – 39 所示。

图 4 – 37　我的备选库

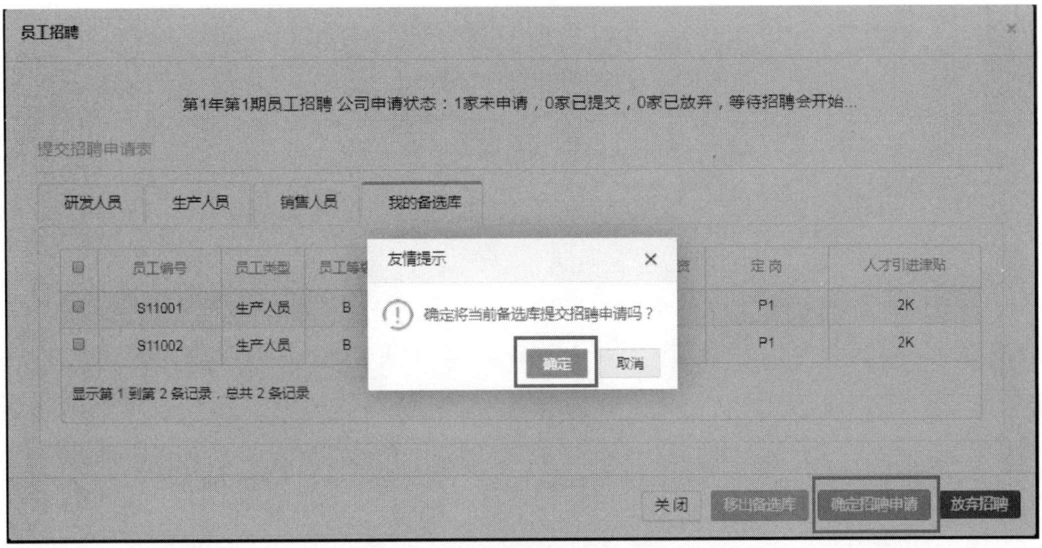

图 4－38　将备选库提交招聘申请

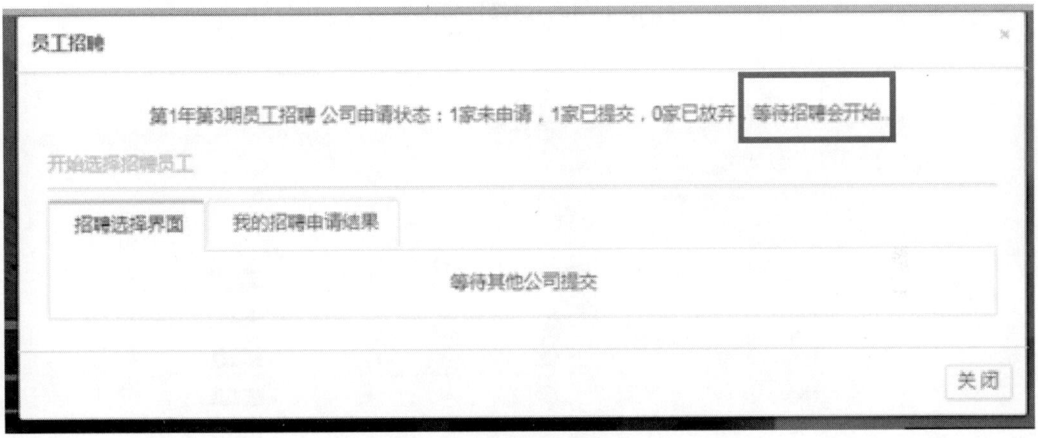

图 4－39　等待招聘会开始

点击“确定招聘申请”按钮后。需等待所有公司都进行到这一步骤，进入招聘市场正式开始招聘人员。招聘员工时按员工类别进行招聘，首先招聘研发人员，其次是生产人员，最后招聘销售人员。招聘员工时会根据排名轮流开始招聘员工，没有轮到的员工显示等待排队；要在规定的时间内招聘，否则招聘失败，当轮到当前公司时可以选择招聘，也可以放弃招聘该人员，如图 4－40 所示。在招聘时点击“我的招聘申请结果”可以查看当前时间所有员工的招聘状态，如图 4－41 所示。当全部公司招聘完成后显示员工招聘已经结束，可以查询招聘的具体情况，如图 4－42 所示。

图 4-40　选择招聘员工

员工编号	员工类型	员工等级	招聘渠道	定岗	人才引进津贴	入职公司	状态
Y13030	研发人员	B	人才交流中心招聘	P2	0K	stu001	招聘成功
Y13031	研发人员	B	人才交流中心招聘	P1	0K	-	放弃招聘
Y13032	研发人员	B	Internet 平台招聘	P1	0K	stu001	招聘成功
S13022	生产人员	B	人才交流中心招聘	P2	0K	stu001	招聘成功
S13025	生产人员	B	Internet 平台招聘	P2	0K	-	[illegible]
S13026	生产人员	B	传统媒体招聘	P1	0K	-	[illegible]
S13027	生产人员	C	人才交流中心招聘	P1	0K	stu001	招聘成功
S13028	生产人员	C	人才交流中心招聘	P1	0K	stu001	招聘成功
X13003	销售人员	B	人才交流中心招聘	P2	0K	-	等待排队
X13004	销售人员	B	传统媒体招聘	P1	0K	-	等待排队
X13005	销售人员	C	校园招聘	P1	0K	-	等待排队
X13006	销售人员	C	人才交流中心招聘	P2	0K	-	等待排队
X13007	销售人员	C	人才交流中心招聘	P1	0K	-	等待排队
X13008	销售人员	C	人才交流中心招聘	P1	0K	-	等待排队

图 4-41　查看当前时间所有员工的招聘状态

员工招聘

第1年第1期 员工招聘已经结束

我的招聘结果

员工编号	员工类型	员工等级	招聘渠道	定岗	人才引进津贴	入职公司	状态
Y11002	研发人员	B	人才交流中心招聘	P1	0K	stu001	招聘成功
Y11003	研发人员	B	人才交流中心招聘	P1	0K	stu001	招聘成功
Y11004	研发人员	B	人才交流中心招聘	P1	0K	stu001	招聘成功
Y11005	研发人员	B	Internet 平台招聘	P2	0K	stu001	招聘成功
Y11006	研发人员	B	Internet 平台招聘	P2	0K	stu001	招聘成功
S11001	生产人员	B	人才交流中心招聘	P1	0K	stu001	招聘成功
S11002	生产人员	B	Internet 平台招聘	P1	0K	stu001	招聘成功
S11003	生产人员	C	人才交流中心招聘	P1	0K	stu001	招聘成功
S11004	生产人员	C	人才交流中心招聘	P1	0K	stu001	招聘成功

显示第 1 到第 9 条记录，总共 9 条记录

关闭

图 4－42　查询招聘的具体情况

4.2.13　新员工入职

在每年的第 1 期和第 3 期招聘结束后，需要对新入职员工（包括挖人时入职的员工）进行劳动合同签订等新员工入职手续。点击进入招聘主管办公室，点击“新员工入职”按钮，在操作栏中，点击“签署劳动合同”按钮，完善合同内容，点击“确定签署合同”，全部签订完合同后点击“结束新员工入职”完成当前步骤。签署劳动合同必须首先完善公司信息，如图 4－43、图 4－44 和图 4－45 所示。

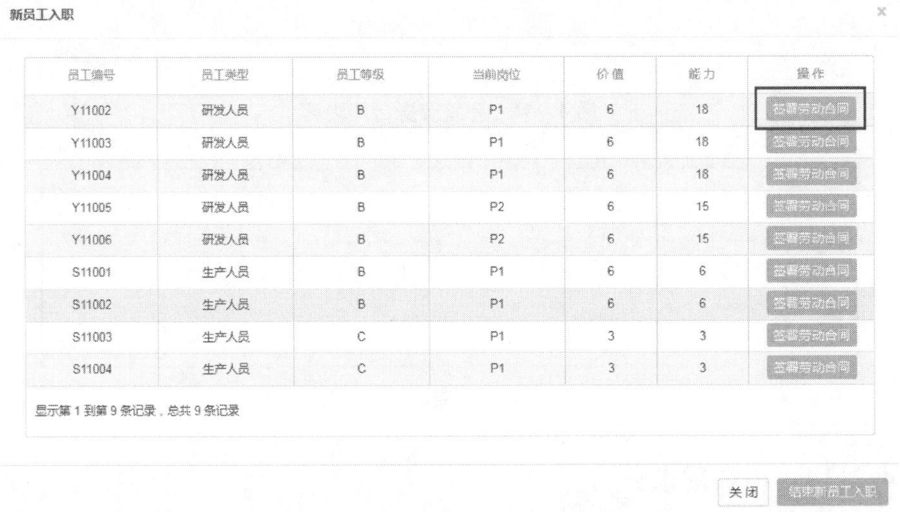

新员工入职

员工编号	员工类型	员工等级	当前岗位	价值	能力	操作
Y11002	研发人员	B	P1	6	18	签署劳动合同
Y11003	研发人员	B	P1	6	18	签署劳动合同
Y11004	研发人员	B	P1	6	18	签署劳动合同
Y11005	研发人员	B	P2	6	15	签署劳动合同
Y11006	研发人员	B	P2	6	15	签署劳动合同
S11001	生产人员	B	P1	6	6	签署劳动合同
S11002	生产人员	B	P1	6	6	签署劳动合同
S11003	生产人员	C	P1	3	3	签署劳动合同
S11004	生产人员	C	P1	3	3	签署劳动合同

显示第 1 到第 9 条记录，总共 9 条记录

关闭　结束新员工入职

图 4－43　新员工入职签署合同

签署劳动合同

劳动合同	
甲方	b001
法定代表人姓名	刘一
单位地址	XX省XX市XX区XX街道XX大厦
乙方编号	Y11009
身份证号	33072220110102361X

根据《中华人民共和国劳动合同法》及有关法律、法规和政策规定，甲方与乙方经过平等协商，一致同意签订（续订）如下条款，用书面劳动合同形式确定劳动关系，明确双方的权利和义务，双方共同遵照执行。

一、劳动合同期限：本合同期限自第 1 年 第 1 期起至 第4年 - 第2期 止。

二、工作内容及工作地点：乙方同意按甲方工作需要，安排在 P1 岗位进行 研发人员 工作。甲方因工作变化需要，可以调整乙方的工作岗位。

三、工作时间：8小时

四、劳动报酬：甲方按期支付给乙方，每期现定为 9K，以后按甲方经济效益情况晋升乙方工资。

五、社会保险和福利待遇：

在合同期内，甲乙双方每期按国家和当地政府规定缴纳社会保险费、住房公积金，乙方依法应当缴纳社会保险费和住房公积金，由甲方在乙方的工资中代扣代缴。

六、劳动纪律

乙方必须遵守国家法律、法规及地方法规、规章、政策，遵守甲方依法制定的规章制度，认真履行岗位职责。

七、劳动合同的变更、解除和终止

（一）经甲乙双方协商一致，劳动合同可以变更或解除，否则不得无故解除或终止合同。

（二）甲方有下列情形之一的，乙方可以解除劳动合同：

1、未及时足额支付劳动报酬的；

2、未依法为劳动者缴纳社会保险费的；

（三）乙方有下列情形之一的，甲方可以解除劳动合同：

1、在试用期间被证明不符合录用条件的；

2、严重违反甲方的规章制度的；

3、严重失职，营私舞弊，给甲方造成重大损害的；

4、乙方同时与其他用人单位建立劳动关系，对完成本单位的工作任务造成严重影响，或者经甲方提出，拒不改正的；

5、被依法追究刑事责任的。

八、劳动争议处理和违反劳动合同的法律责任：

劳动合同依法订立后，即具有法律约束力，双方必须严格履行。如果发生劳动争议，双方可以协商解决，也可以依法申请调解、仲裁、提起诉讼。任何一方违反本合同约定，应当承担相应的法律责任。

九、甲乙双方协商的其他事宜：

十、本合同签订后，应在一个月之内报区劳动仲裁机关办理签证手续。本合同一式三份，甲乙双方和劳动仲裁机关各一份。本劳动合同未尽事宜应按《劳动合同法》及相关法律法规的规定执行。

甲方（单位）盖章：b001 第1年第1期	乙方（劳动者）签字：Y11009 第1年第1期

关闭 确定签署合同

图 4－44　完善劳务合同内容

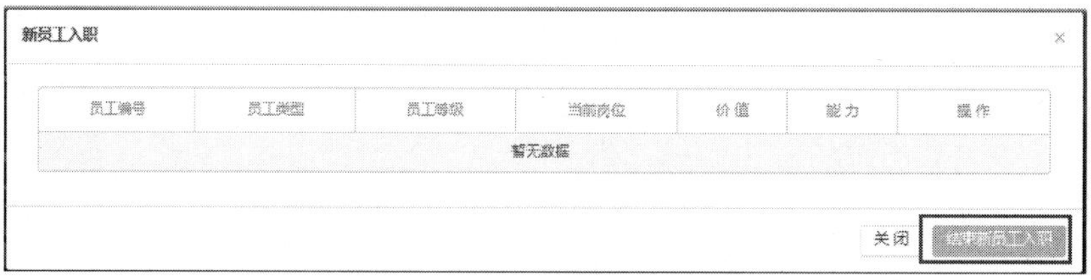

图 4－45　结束新员工入职

4.2.14　培训需求分析

按箭头指向，点击进入培训主管办公室，点击“培训需求分析”按钮，在跳出的弹窗里填写培训需求分析报告，填写完整之后，点击“确定分析”，完成当前步骤，如图 4－46 和图 4－47 所示。

图 4－46　培训需求分析页面

图 4－47　填写培训需求分析报告

4.2.15　人员培训

按箭头指向，点击进入培训主管办公室，点击“新员工培训”按钮，对新员工进行培训，新员工培训是必须要进行的。点击“确定提交”，完成当前步骤，如图 4 – 48 所示。

新员工培训 ×

员工编号	员工类型	员工等级	当前岗位	价值	能力
S11004	生产人员	C	P1	3	3
S11003	生产人员	C	P1	3	3
S11002	生产人员	B	P1	6	6
S11001	生产人员	B	P1	6	6
Y11006	研发人员	B	P2	6	15
Y11005	研发人员	B	P2	6	15
Y11004	研发人员	B	P1	6	18
Y11003	研发人员	B	P1	6	18
Y11002	研发人员	B	P1	6	18

显示第 1 到第 9 条记录，总共 9 条记录

关闭 确定提交

图 4 – 48　提交新员工培训名单

点击“技能培训”，可对老员工进行技能提升培训。点击转岗培训可对老员工进行岗位轮换培训。技能培训和转岗培训没有固定的流程要求，在每期的产品研发之前都可以进行培训，也可以多次打开培训界面选择人员培训，对于本期已进行过培训的人员将会显示培训情况，如图 4 – 49、图 4 – 50 所示。

技能培训 ×

员工编号	员工类型	员工等级	当前岗位	价值	能力	技能提升培训
Y11002	研发人员	B	P1	6	18	在岗培训 [剩余3期完成]
Y11003	研发人员	B	P1	6	18	脱产培训 [剩余1期完成]
Y11004	研发人员	B	P1	6	18	无 ▾ 无 在岗培训 脱产培训
Y11005	研发人员	B	P2	6	15	
Y11006	研发人员	B	P2	6	15	无 ▾
S11001	生产人员	B	P1	6	6	无 ▾
S11002	生产人员	B	P1	6	6	无 ▾
S11003	生产人员	C	P1	3	3	无 ▾
S11004	生产人员	C	P1	3	3	无 ▾

显示第 1 到第 9 条记录，总共 9 条记录

关闭 确定提交

图 4 – 49　老员工技能提升培训

员工编号	员工类型	员工等级	当前岗位	价值	能力	岗位轮换培训
Y11003	研发人员	B	P1	6	18	无
Y11004	研发人员	B	P1	6	18	无 转岗到P2 转岗到P3
Y11005	研发人员	B	P2	6	15	无
Y11006	研发人员	B	P2	6	15	无
S11001	生产人员	B	P1	6	6	无
S11002	生产人员	B	P1	6	6	无
S11003	生产人员	C	P1	3	3	转岗到P2 [下期完成]
S11004	生产人员	C	P1	3	3	无

图 4－50　老员工岗位轮换培训

点击“培训明细”按钮，可以查看当前未完成培训的具体信息，如图 4－51 所示。

员工编号	员工类型	员工等级	拥有岗位	当前岗位	价值	能力	技能提升培训	岗位轮换培训
Y11003	研发人员	B	P1	P1	6	18	脱产培训 [剩余1期完成]	无
Y11002	研发人员	B	P1	P1	6	18	在岗培训 [剩余3期完成]	无

图 4－51　培训明细

4.2.16　产品研发

按箭头指向，点击系统首页的研发部，进入研发页面点击“产品研发”，勾选需要研发的产品，点击“确定研发”，完成当前步骤。当无研发人员时或者研发人员研发能力不足时，该产品无法研发，需放弃研发，如图 4－52 和图 4－53 所示。

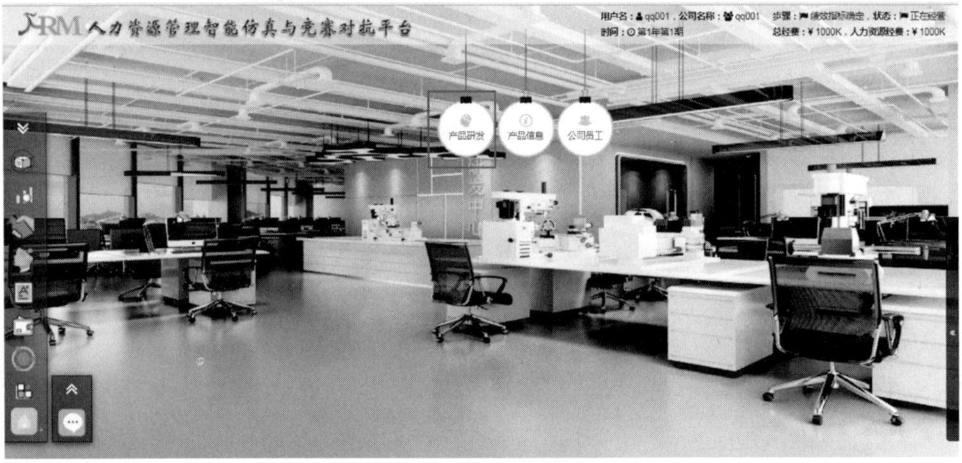

图 4－52　产品研发页面

产品研发

选择	产品类型	每期研发费用	所需研发能力	单个技术保障能力	研发周期	所具有研发能力	研发状态
☑	P1	10K	5	1	1	研发能力：54	未研发
☑	P2	10K	8	2	3	研发能力：30	未研发
☐	P3	30K	10	3	5	研发能力：0	未研发
☐	P4	30K	12	4	7	研发能力：0	未研发

关闭　确定研发　放弃研发

图 4－53　确定研发产品

点击“产品信息”可以查看当前各类产品的研发状态，如图 4－54 所示。

产品信息

产品类型	每期研发费用	所需研发能力	单个技术保障能力	研发周期	所具有研发能力	研发状态
P1	10K	5	1	1	研发能力：18	第1年第1期 研发完成
P2	10K	8	2	3	研发能力：15	剩余1期
P3	30K	10	3	5	研发能力：0	未研发
P4	30K	12	4	7	研发能力：0	未研发

关闭　切换

图 4－54　查看产品信息

点击“公司员工”可以查看当前公司所有员工的相关信息，如图 4－55 所示。

公司员工

员工编号	员工类型	员工等级	当前岗位	价值	能力	新员工培训	合同期限
Y13035	研发人员	C	P1	3	9	已培训	从 第1年第3期 到 第5年第1期
Y13032	研发人员	B	P2	6	15	已培训	从 第1年第3期 到 第5年第1期
Y11009	研发人员	C	P1	3	9	已培训	从 第1年第1期 到 第4年第2期
X13009	销售人员	C	P1	3	18	已培训	从 第1年第3期 到 第5年第1期
X13008	销售人员	C	P1	3	18	已培训	从 第1年第3期 到 第5年第1期
S13050	生产人员	C	P1	3	3	已培训	从 第1年第3期 到 第5年第1期
S13027	生产人员	C	P1	3	3	已培训	从 第1年第3期 到 第5年第1期

显示第 1 到第 7 条记录，总共 7 条记录

关闭

图 4－55 查看公司员工信息

4.2.17 产品生产

点击进入生产部，点击“产品生产”，进入产品生产页面，勾选生产人员，选择生产数量，点击“确定生产”按钮，完成当前步骤，如图 4－56 和图 4－57 所示。

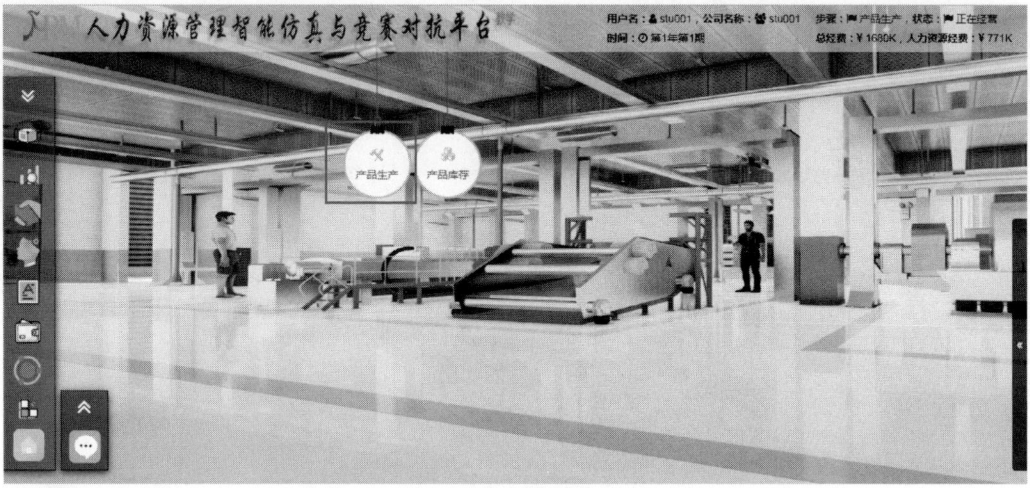

图 4－56 产品生产页面

图 4－57　确定产品生产

点击"产品库存"，可以查看当前产品的库存信息，如图 4－58 所示。点击"切换"按钮，可以查看库存的饼图，如图 4－59 所示。

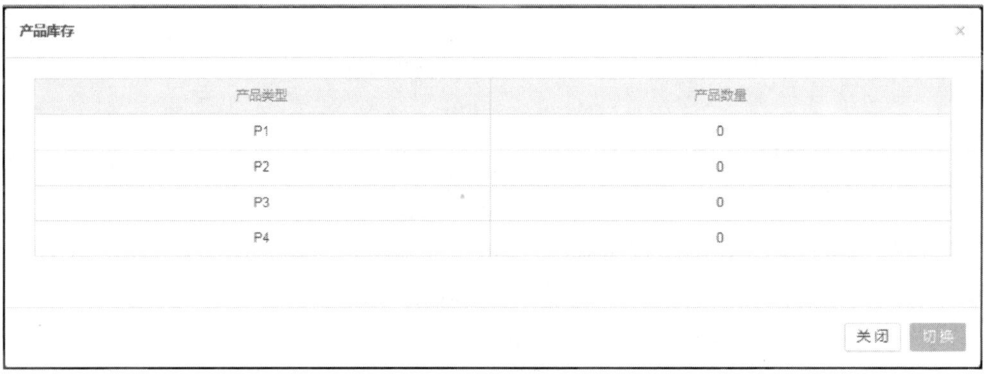

图 4－58　查看产品的库存信息

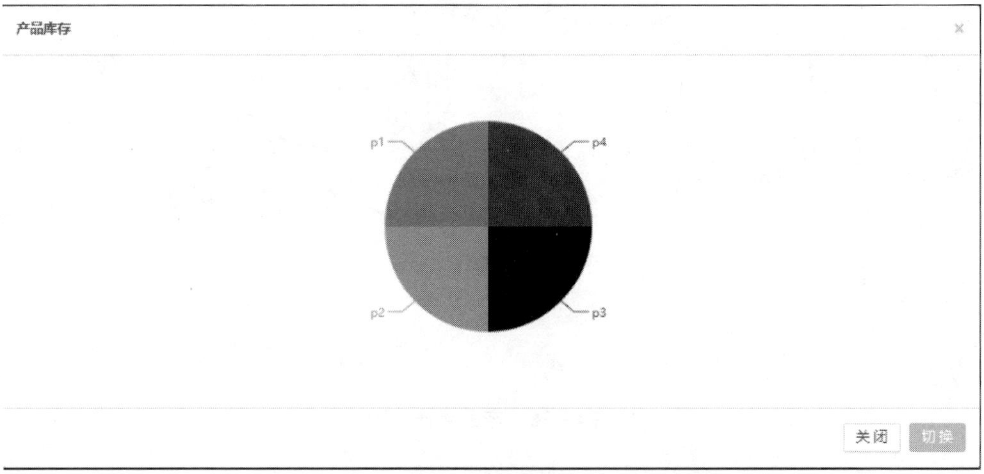

图 4－59　查看产品的库存信息（饼状图）

4.2.18　劳动合同续签

点击进入人力资源经理办公室，点击“续签劳动合同”，对于合同已经到期的员工需要重新订立新的劳动合同，点击“确定提交”，完成当前步骤，如图 4－60 所示。

图 4－60　劳动合同续签

4.2.19　员工辞退

按箭头指向，点击进入人力资源经理办公室，点击“员工辞退”，列表显示所有在职员工，勾选需要辞退的员工，输入辞退补偿金，点击“确定辞退”，完成当前步骤。辞退补偿金如果输入错误，将会进入劳动争议处理，如图 4－61 所示。

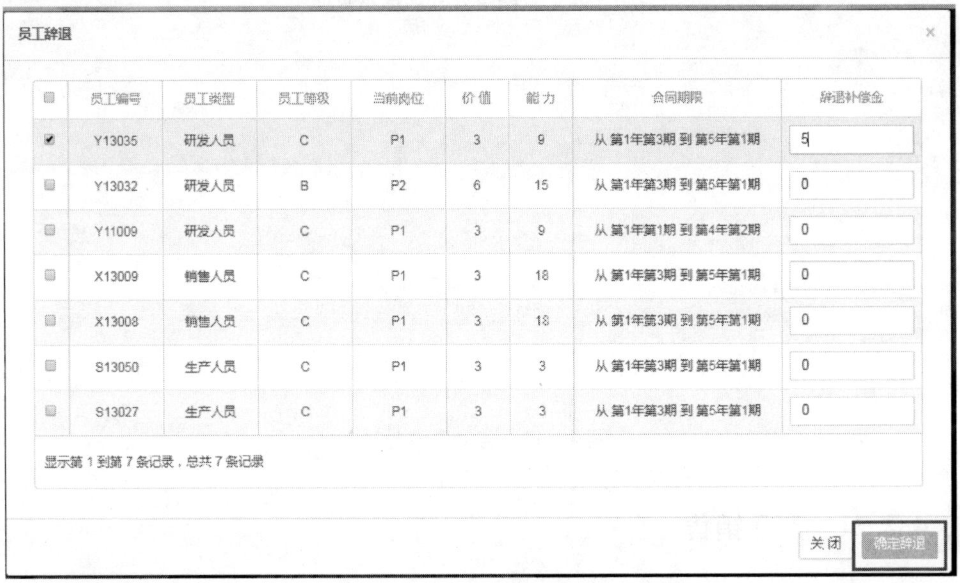

图 4－61　员工辞退

4.2.20 劳动争议处理

劳动争议未处理，当期无法结束。点击进入人力资源经理办公室，点击“劳动争议处理”，可以查看是否有劳动争议存在。没有续签劳动合同或者辞退给付的经济补偿金有误都会导致劳动争议的形成。当存在劳动争议的时候，一定要及时处理并续签劳动合同，如图4－62和图4－63所示。

图4－62　劳动争议处理提示页面

劳动争议处理

员工编号	员工类型	员工等级	当前岗位	价值	能力	劳动争议原因	操作
Y11004	研发人员	B	P1	6	18	合同到期一周期后没有续签合同	续签劳动合同
S11001	生产人员	B	P1	6	6	合同到期一周期后没有续签合同	续签劳动合同

显示第1到第2条记录，总共2条记录

关闭

图4－63　劳动争议处理

4.2.21 产品销售

每年的第4期可进行产品销售。按箭头指向，点击进入销售部，点击“产品销售”

根据公司产品库存提交销售数量，如图 4 - 64、图 4 - 65 所示。确定“提交产品销售数量”后，根据市场指导价（销售正式开始时出现市场指导价），“提交产品销售单价”。等待所有公司都同步到这一步骤，系统根据内置规则收取部分产品，该步骤完成，如图 4 - 66、图 4 - 67 所示。

图 4 - 64　产品销售页面

图 4 - 65　提交销售数量

图 4－66　提交销售单价

图 4－67　查看产品销售状态

4.2.22　企业文化培训

按箭头指向，点击进入培训主管办公室，点击“企业文化培训”按钮，输入人均企业文化培训费用，点击“确定提交”，完成当前步骤，如图 4－68 所示。

图 4－68　企业文化培训

4.2.23　薪资核算

按箭头指向，点击进入薪酬主管办公室，点击“薪资核算”按钮，将管理人员的薪资表和员工工资表填写完成，点击“确定核算”，显示扣费明细，完成当前步骤，如图 4－69、图 4－70 和图 4－71 所示。

薪资核算 ×

管理人员工资表 | 员工工资表

职位	等级	基本工资	工龄工资	绩效奖金	其他补贴总额	人才引进津贴	应付工资	住房公积金
总经理	11	13K	1K	0K	4K	0K	18K	1.8K
人力资源经理	7	9K	1K	0K	4K	0K	14K	1.4K
招聘甄选主管	4	6K	1K	0K	4K	0K	11K	1.1K
培训开发主管	4	6K	1K	0K	4K	0K	11K	1.1K
绩效考评主管	5	7K	1K	0K	4K	0K	12K	1.2K
薪酬福利主管	5	7K	1K	0K	4K	0K	12K	1.2K
合计		48K	6K	0K	24K	0K	78K	7.8K

关闭 确定核算

图 4－69　管理人员薪资核算

薪资核算 ×

管理人员工资表 | 员工工资表

员工类型	员工编号	员工等级	当前岗位	基本工资	工龄工资	岗位津贴	绩效奖金	其他补贴总额	人才引进津贴
销售人员	X13011	C	P1	9K	0K	1K	0K	3K	0K
生产人员	S11005	C	P1	9K	1K	1K	0.6K	3K	0K
生产人员	S11006	C	P1	9K	1K	1K	0.6K	3K	0K
生产人员	S11012	D	P1	9K	1K	1K	0.2K	3K	0K
生产人员	S11013	D	P1	9K	1K	1K	0.2K	3K	0K
生产人员	S13022	B	P1	9K	0K	1K	1.2K	3K	0K
生产人员	S13027	C	P1	9K	0K	1K	0.6K	3K	0K
生产人员	S13028	C	P1	9K	0K	1K	0.6K	3K	0K
研发人员	Y11002	B	P2	9K	1K	2K	0K	3K	0K
研发人员	Y11003	B	P2	9K	1K	2K	0K	3K	0K
研发人员	Y11010	C	P1	9K	1K	1K	0K	3K	0K
研发人员	Y11011	C	P1	9K	1K	1K	0K	3K	0K
研发人员	Y11023	D	P1	9K	1K	1K	0K	3K	0K
研发人员	Y11024	D	P1	9K	1K	1K	0K	3K	0K
合计				126K	10K	16K	4K	42K	0K

关闭 确定核算

图 4－70　员工薪资核算

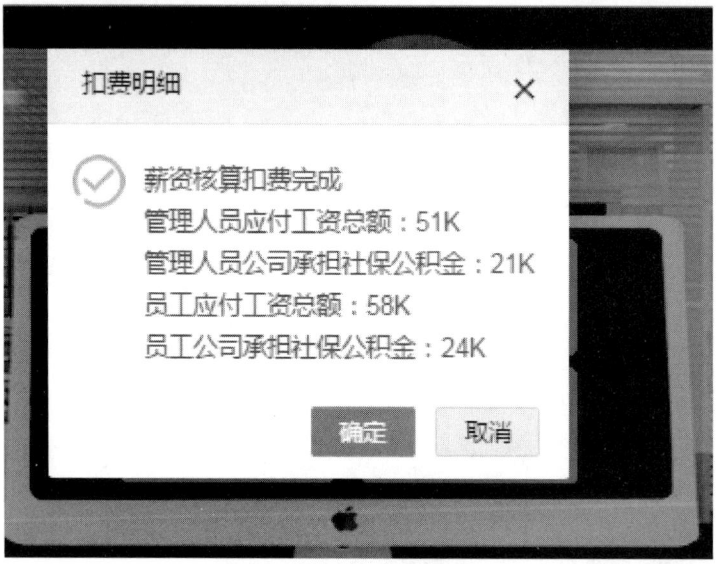

图 4－71　薪资核算扣费明细

其中，选择教学模式则学生需要自主填写薪资核算表格，点击“确定核算”后再次点击“薪资核算”按钮，可以查看实际支付的薪酬的明细，如图 4－72 和图 4－73 所示。

薪资核算

管理人员工资表　员工工资表

职位	等级	基本工资	工龄工资	绩效奖金	其他补贴总额	人才引进津贴	应付工资	住房公积金
总经理	10	0	0	0	0	0	0K	0
人力资源经理	7	0	0	0	0	0	0K	0
招聘甄选主管	4	0	0	0	0	0	0K	0
培训开发主管	4	0	0	0	0	0	0K	0
绩效考评主管	4	0	0	0	0	0	0K	0
薪酬福利主管	4	0	0	0	0	0	0K	0

关闭　确定核算

图 4－72　确定薪资核算

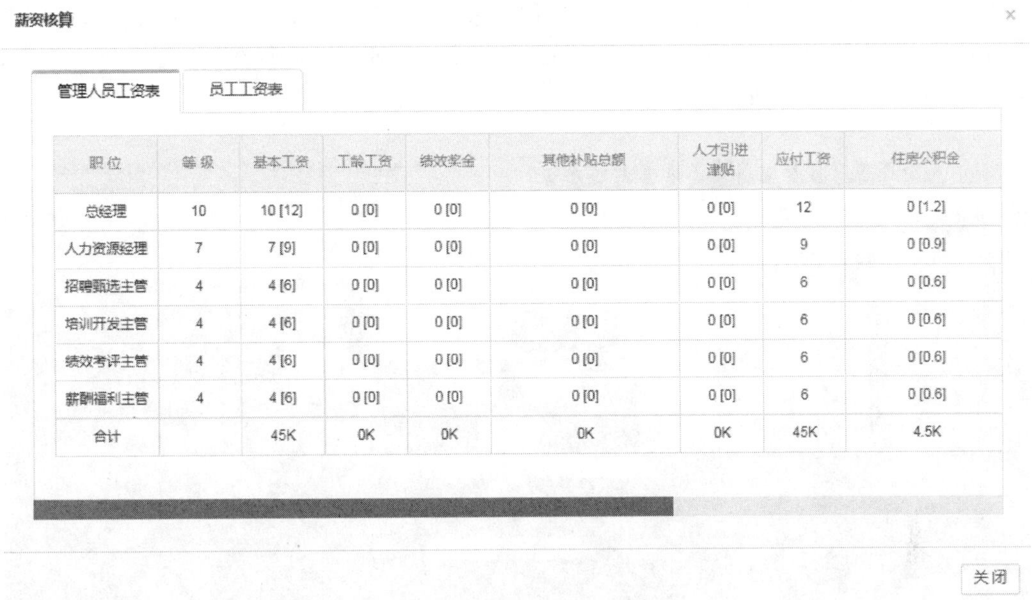

图 4－73　查看实际支付的薪酬的明细

4.2.24　产品清仓

按箭头指向，点击系统首页的销售部大门，进入销售页面，点击“产品清仓”输入清仓数量，确定清仓，如图 4－74 所示。

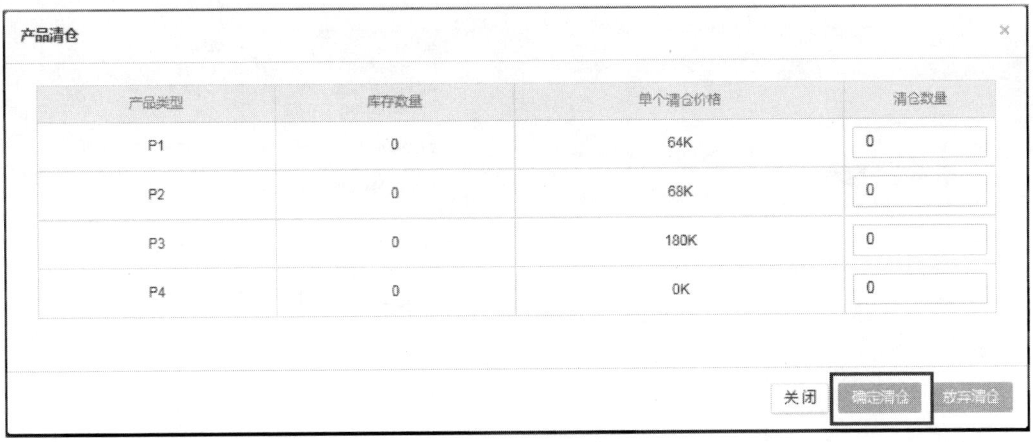

图 4－74　产品清仓

4.2.25　绩效考核

按箭头指向，点击进入绩效主管办公室，点击“绩效考核”按钮，等待所有学生都进行到绩效考核后，将会根据学生在年初所选择的绩效考核指标和当年经营数据计算总经理、人力资源经理和四位主管绩效考核评分，点击“确定提交”，完成当前步骤，如图 4－75、图 4－76 所示。

图 4－75　绩效考核页面

总经理 | 人力资源经理 | 招聘甄选主管 | 培训开发主管 | 绩效考评主管 | 薪酬福利主管

绩效考核大类	绩效考核指标	指标含义	权重（%）	考核标准	评分
企业净利润	净利润增长率	净利润增长率=（本年净利润-上年同期净利润）/上年同期净利润*100%	10%	当净利润增长率>=50%,得80分；在此基础上，每高10%，加5分；每低10%，扣5分。当本年净利润和上年净利润都为0时，得50分；只有上年净利润为0时，得100分	100
销售情况	销售计划准确率	∑（各产品实际销量/各产品计划销量）÷n	10%	当销售计划准确率100%,得100分；在此基础上，每高或每低10%，扣5分。当所有产品实际销量和计划销量都为0时，得100分；只有所有产品计划销量为0时，得50分	100
产品获利	产品利润增长率	利润增长率=（本年产品利润-上年产品利润）/上年产品利润*100%	10%	当产品利润增长率>=30%，得80分；在此基础上，每高10%，加5分；每低10%，扣5分。当本年产品利润和上年产品利润都为0时，得50分；只有上年产品净利润为0时，得100分	65
生产情况	生产计划达成率	∑(各产品实际产量/各产品计划产量)	70%	当生产计划准确率为100%时，得100分；在此基础上，每低或每高10%，扣5分。当所有产品实际产量和计划产量都为0时，得100分；只有所有产品计划产量为0时，得50分	50
加权总分	61				

关闭　下一步

图 4－76　提交绩效考核

选择教学模式的任务，在点击绩效考核按钮时，首先需要自主填写绩效考核分数，点击提交后将会显示正确的考核分数，如图 4－77 所示。

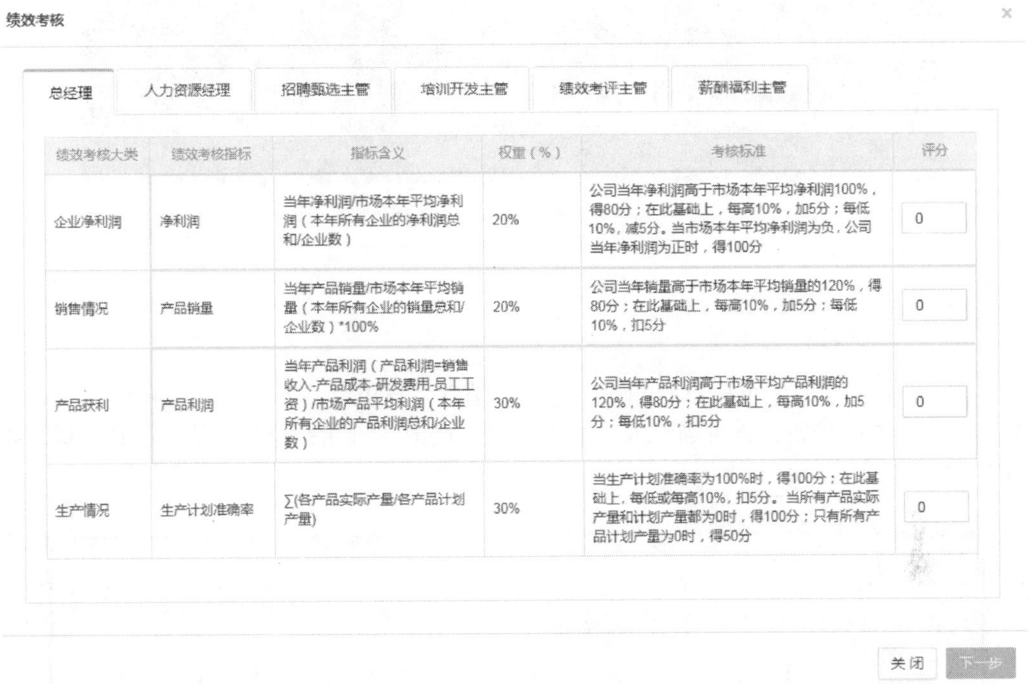

绩效考核

总经理 | 人力资源经理 | 招聘甄选主管 | 培训开发主管 | 绩效考评主管 | 薪酬福利主管

绩效考核大类	绩效考核指标	指标含义	权重（%）	考核标准	评分
企业净利润	净利润	当年净利润/市场本年平均净利润（本年所有企业的净利润总和/企业数）	20%	公司当年净利润高于市场本年平均净利润100%，得80分；在此基础上，每高10%，加5分；每低10%，减5分。当市场本年平均净利润为负，公司当年净利润为正时，得100分	0
销售情况	产品销量	当年产品销量/市场本年平均销量（本年所有企业的销量总和/企业数）*100%	20%	公司当年销量高于市场本年平均销量的120%，得80分；在此基础上，每高10%，加5分；每低10%，扣5分	0
产品获利	产品利润	当年产品利润（产品利润=销售收入-产品成本-研发费用-员工工资）/市场产品平均利润（本年所有企业的产品利润总和/企业数）	30%	公司当年产品利润高于市场平均产品利润的120%，得80分；在此基础上，每高10%，加5分；每低10%，扣5分	0
生产情况	生产计划准确率	∑(各产品实际产量/各产品计划产量)	30%	当生产计划准确率为100%时，得100分；在此基础上，每低或每高10%，扣5分。当所有产品实际产量和计划产量都为0时，得100分；只有所有产品计划产量为0时，得50分	0

关闭 下一步

图 4－77　填写绩效考核分数

点击绩效考核结果应用，可以查看当年绩效考核结果，如图 4－78 所示。

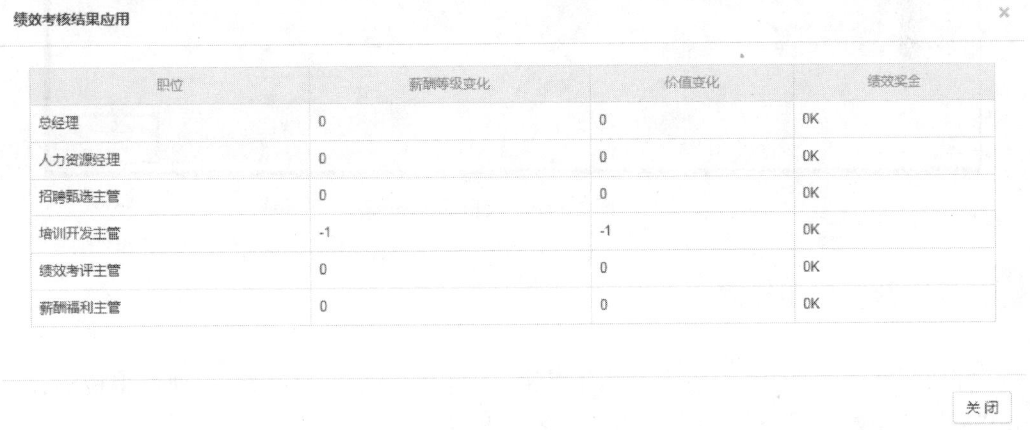

绩效考核结果应用

职位	薪酬等级变化	价值变化	绩效奖金
总经理	0	0	0K
人力资源经理	0	0	0K
招聘甄选主管	0	0	0K
培训开发主管	-1	-1	0K
绩效考评主管	0	0	0K
薪酬福利主管	0	0	0K

关闭

图 4－78　查看当年绩效考核结果

4.2.26　当期结束

完成当期相应操作后，点击“当期结束”，显示当前是第几年第几期结束，完成当期运营，如图 4－79 所示。

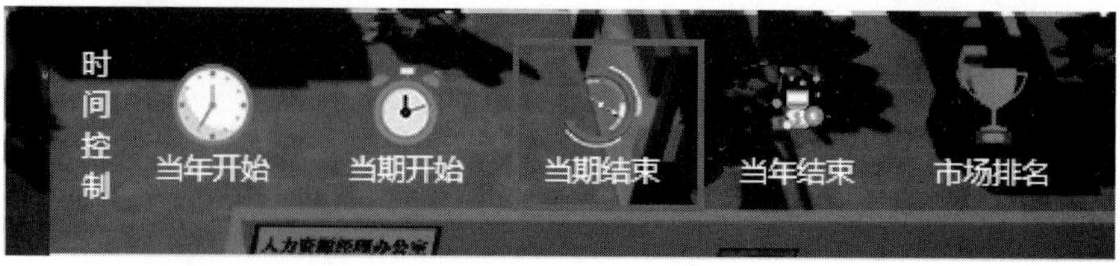

图 4－79　当期结束选项

4.2.27　人员流失

第四期结束之后，可以查看当年人员流失情况。点击进入人力资源经理办公室，点击“人员流失”按钮，查看当年人员流失情况，点击“确定提交”，完成当前步骤，如图 4－80 所示。

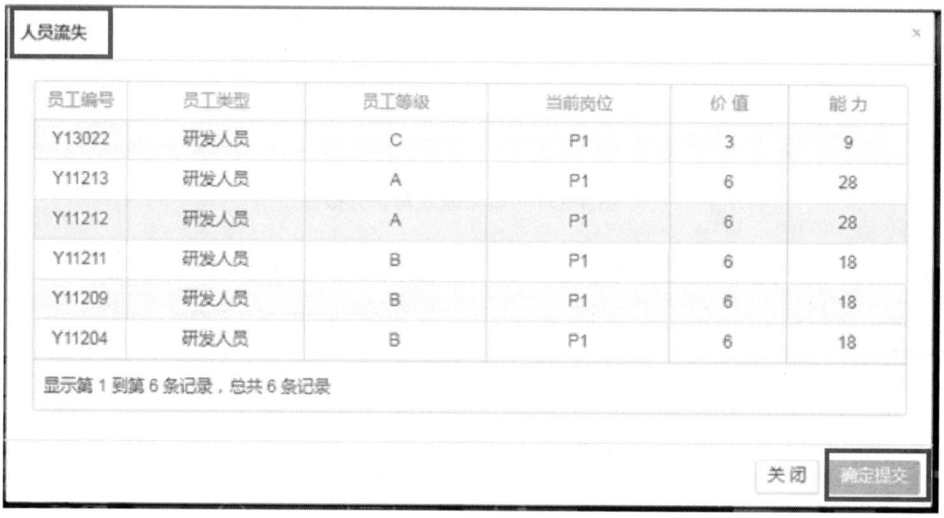

人员流失

员工编号	员工类型	员工等级	当前岗位	价值	能力
Y13022	研发人员	C	P1	3	9
Y11213	研发人员	A	P1	6	28
Y11212	研发人员	A	P1	6	28
Y11211	研发人员	B	P1	6	18
Y11209	研发人员	B	P1	6	18
Y11204	研发人员	B	P1	6	18

显示第 1 到第 6 条记录，总共 6 条记录

关闭　确定提交

图 4－80　人员流失

4.2.28　当年结束

完成当期相应操作后，点击“当年结束”，显示当年企业应缴纳企业所得税额，点击“确定结束”完成当年运营，如图 4－81、图 4－82 所示。

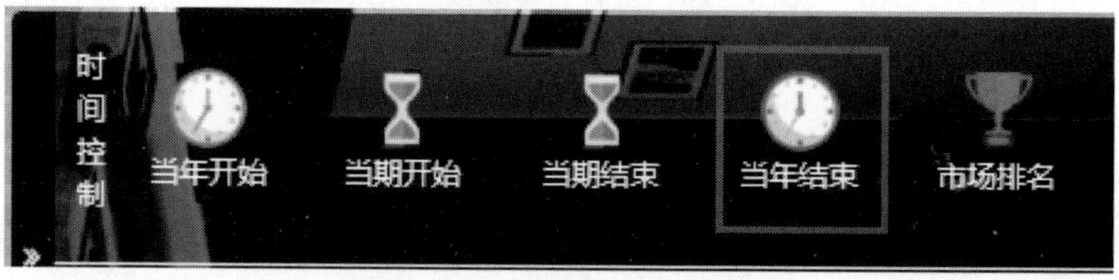

图 4－81　时间控制当年结束

当年结束

扣费项目	扣费金额
应交所得税	1972K
囤货管理费	0K
综合运营费	19K
超额经费损失	0K

关闭 确定结束

图 4-82 确定当年结束

4.2.29 市场排名

每年结束之后，所有小组可以点击“市场排名”按钮，查看当年小组得分和市场排名。点击“进入下一年”开始下一年的运营，如图 4-83 和图 4-84 所示。

图 4-83 市场排名选项

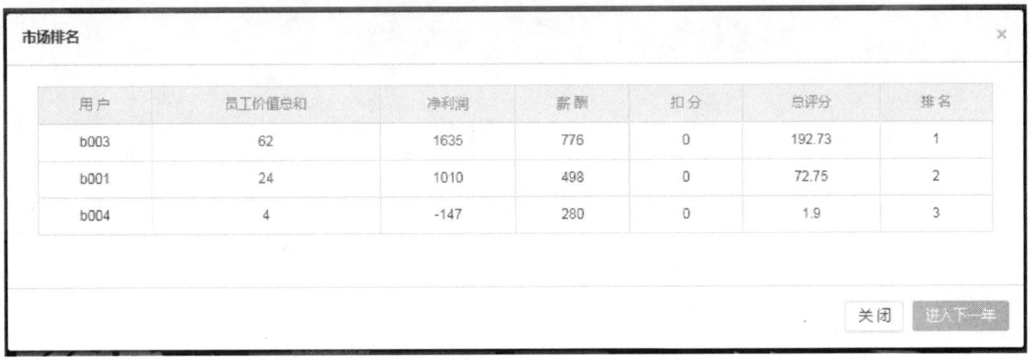
市场排名

用户	员工价值总和	净利润	薪酬	扣分	总评分	排名
b003	62	1635	776	0	192.73	1
b001	24	1010	498	0	72.75	2
b004	4	-147	280	0	1.9	3

关闭 进入下一年

图 4-84 查看当年小组得分和市场排名

第二篇　实 训 部 分

5　综合实训一：工作分析与组织设计

5.1　实训项目一：组织结构设计

5.1.1　实训目的

通过该项目实训，使学生了解组织结构设计的基本理念，熟悉常见的组织结构类型，掌握组织结构设计的内容、流程和方法，使学生具备组织结构设计的初步能力。

5.1.2　理论知识简单回顾

1. 组织结构的概念

组织结构是企业全体员工为实现企业目标，在工作中进行分工协作，在职务范围、责任、权力方面所形成的结构体系。

组织结构体系包括：

（1）职能结构，即完成企业目标所需的各项业务工作关系。

（2）层次结构，即各管理层的构成，又称组织的纵向结构。

（3）部门结构，即各管理部门的构成，又称组织的横向结构。

（4）职权结构，即各管理层次、各部门在权力和责任方面的分工及相互关系。

2. 组织结构的基本类型

（1）直线制。

直线制组织结构是一种实行直线领导、不设职能机构的组织管理形式，这种组织形式中，各层领导机构都是综合性的，由总经理实行没有职能机构的集中管理，总经理融直线指挥与职能管理于一身。

（2）职能制。

职能制组织结构是在直线制组织结构的基础上，为直线领导设置职能机构和人员的一种形式。各职能机构和人员既协助直线领导的指挥工作，又在各自管理的范围内指挥下级机构的人员；而下级机构既要听从上级的指挥，又要听从各职能机构的指挥。

（3）直线职能制。

直线职能制组织结构是直线制组织结构和职能制组织结构的综合应用，按经营活动的功能划分职能部门。一类是直线部门，其拥有对下级的直接指挥权力；另一类是参谋部门，担当直线部门的参谋职能，对下级实行指导而无权发布命令。企业按功能划分的部门通常是研发、生产、营销、财务、行政、人事等职能部门，各部门经理直接受高层管理人员领导，并直接向总经理负责，部门的经营决策必须有高层管理人员的介入才能做出。

（4）事业部制。

事业部制是分级管理、分级核算的一种组织结构形式。企业可以按地区或按产品类别划分成若干个事业部，从产品设计、原料采购、产品制造、成本核算，一直到产品销售，均由事业部及其所属工厂负责，实行单独核算、独立经营，公司总部一般只保留人事决策、预算控制和监督权，并通过利润等指标对事业部进行控制。也有的事业部只负责指挥和组织生产，不负责采购和销售，实行生产和供销分立。目前，最常见的事业部是按产品类别设立的产品事业部和按地理位置设立的区域事业部。

（5）矩阵制。

在组织结构上，把既有按职能划分的垂直领导系统，又有按产品（项目）划分的横向领导关系的结构，称为矩阵制组织结构。矩阵制组织结构是为了改进直线职能制横向联系差、缺乏弹性的缺点而形成的一种组织形式。它的特点表现在围绕某项专门任务成立跨职能部门的专门机构上，例如组成一个专门的产品（项目）小组去从事新产品开发工作，在研究、设计、试验、制造等各个不同阶段，由有关部门派人参加，力图做到条块结合，以协调有关部门的活动，保证任务的完成。这种组织结构形式是固定的，人员却是变动的，需要谁，谁就来，任务完成后就可以离开。项目小组和负责人也是临时组织和委任的，任务完成后就解散，有关人员回原部门工作。因此，矩阵制组织结构非常适用于横向协作和攻关项目。

3. 组织结构设计的概念

组织结构设计是指对一个组织的结构进行规划、构思、创新或再造，以便从组织的结构上确保组织目标的有效实现。组织设计是一个动态工作过程，包含了众多工作内容，可归纳为：

（1）确定组织内各部门和人员之间的正式关系及各自的职责——组织图与职位说明书。

（2）规划出组织最高部门向下属各部门、人员分派任务和从事各种活动的方式。

（3）确定组织对各部门、人员活动的协调方式。

（4）确立组织中权力、地位、等级的正式关系，即确立组织中的职权系统。

4. 组织结构设计的步骤

（1）按照有效的管理幅度推算管理层级。

管理幅度，又称管理宽度、管理跨度，是指一个组织结构中，一名领导者直接领导的下属人员的数目。管理层级是企业根据管理的需要，从上到下设立的若干指挥和管理层级，这些层级之间是一个隶属关系，从而形成职权上的等级链。

管理层级和管理幅度是决定组织结构的两个重要参数，一般而言，在组织规模一定的情况下，如果不考虑其他因素，管理幅度越大，管理层级就越少；反之，管理层级就越多。管理幅度受领导者领导能力、精力和时间的限制。管理幅度过宽，会导致领导者负担过重或出现管理混乱。管理幅度过窄，会增加管理层次，降低工作效率。因此，可以按照有效的管理幅度推算管理层级。如某一企业的员工有1000人，中高层的有效管理幅度为5~8人，基层的有效管理幅度为10~15人，可以推算出该企业管理层级为3~4层。

（2）划分部门。

部门是组织结构中一个管理人员有权执行所规定活动的一个明确区分范围，划分部门就是确定此范围。因此，部门实际上就是承担某些工作职能的组织机构。

划分部门的具体方法通常有按职能划分、按地域划分、按产品划分、按业务划分等，各企业可以根据自己的特点选择采用其中的一种，也可以同时采用几种方法。

（3）设置岗位。

工作岗位是根据专业化分工原则，按工作职能划分而成的工作职位。工作岗位是构成组织结构的基本单元。不同类型的企业可以根据自身经营业务特点和企业内部条件，或把岗位分得更细，或是设计出综合性的工作岗位。

5.1.3 该项工作的流程

（1）分析组织结构的影响因素，选择最佳的组织结构形式。

影响组织结构的因素有组织环境复杂程度、组织规模大小、组织战略目标和信息沟通等，在设计组织结构时，要根据组织的具体情况，综合考虑这四个因素。

（2）根据所选的组织结构形式，将组织划分为不同的、相对独立的部门。

（3）为各个部门选择合适的部门结构，进行组织机构设置。

（4）将各个部门组合起来，形成特定的组织结构。

（5）根据组织战略目标和工作任务，设置各部门内的各个岗位。

（6）根据环境的变化不断调整组织结构。

5.1.4 项目操作事项

实训资料（一）[①]

杜邦应用面材公司是杜邦公司（实体面材发明者）全资所属的在中国从事实体面

---

① 资料来源：根据蒙特利品牌官网资料改编得来，www.dupont.cn/dbi/montelli-cn/information-and-ideas/company.html。

材产品生产的企业，目前公司有员工2000人左右，出品的实体面材产品完全符合国际级安全、健康、环保等方面的生产制造标准。杜邦应用面材公司拥有国内最先进的全封闭、连续性板材成型生产线，拥有自己的生产及研发基地，有专门的面材流行色彩研究人员，各种系列的产品也远销海外市场，并且获得消费者的广泛好评。

蒙特利® 是杜邦™实体面材旗下的品牌之一。蒙特利系列产品秉承了杜邦实体面材的先进技术，是中国市场最具美誉度和活力的实体面材领导品牌。蒙特利品牌下现在有北欧印象™系列和蒙特利米兰® 系列产品，以及蒙特利星盆® 产品。杜邦蒙特利实体面材拥有一般传统建筑材料所没有的耐冷热、抗冲击的特点，作为一种有上层质感、丰富色彩的装饰材料，不仅可以美化室内外装饰，满足设计上的多样化需求，更能为建筑师和设计师提供广阔的发挥空间，表达一种超自然的感受。可以通过热弯、浇注、无缝拼接、倒模等多种方法，制成各种各样的奇特造型，且色泽匀润，质量上乘，给人以高贵、高档的视觉冲击。

实验要求：各小组根据自己的理解，结合相关专业知识及杜邦应用面材公司的具体情况，为杜邦应用面材公司设计组织结构图，并进行岗位设置和岗位分类（不明确的资料和信息，可进行合理假设）。

实验步骤：

（1）学生分组：6~8人为一组。

（2）在学习相关知识、阅读给定材料之后，各小组进行讨论和分工。

（3）设计杜邦面材公司的组织结构图。

（4）选派代表展示本组的思路、理由和结果，教师组织学生提问和讨论。

（5）教师对各小组进行点评和评分。

实训资料（二）

李经理的等级链

李经理总结自己多年的管理实践，提出在改革公司的管理结构时必须贯彻统一指挥的原则，主张建立执行参谋系统。他认为，一个人只能有一个婆婆，即全公司的每个人只有一个人对他的命令是有效的，其他的是无效的。部门主管只能听从一个副经理的指令，其他副经理的指令对他是不起作用的。这样做，中层干部很高兴，认为是解放了。原来公司有10个公司级领导，每个公司领导的命令都要求下边执行，中层干部感到吃不消。一次有个中层干部开会时在桌子上放了一个本子、一支笔就走了，到散会时也没回来。事后，我问他搞什么名堂，他说："有三个地方要开会，所以你这里呢，就只能放一个本子，去应付另外的会了。"此事不能抱怨中层领导，只能抱怨公司领导。

后来李经理规定，同一个时间只能开一个会，并且事先要把报告交到经理办公室统一安排。现在公司实行固定会议制度，经理一周两次会，每次两小时，而且规定开会迟到不允许超过5分钟。所以，会议很紧凑，每人发言不许超过15分钟，超过15分钟就停止。

上下级领导界限要分明，副经理是经理的下级，经理做出的决定他们必须服从，副经理和部门主管之间也应如此。

李经理说："一个人管理的能力是有限的，所以规定领导人的直接下级只能有5~6个人。我现在多了一点，有9个人（4个副经理、2个顾问、3个主管）。这9个人可以直接布置工作，有事可直接找我，除此以外，任何人不准找我，找我也一律不接待。"

要求：

（1）李经理主张在公司内"一个人只能有一个婆婆"，在理论上的依据是什么，是否可行？

（2）李经理认为除直接下属外，"任何人不准找我，找我也一律不接待。"请说出赞成或反对的理由。

（3）有人说李经理"年龄不大、资格不老，架子倒不小"，你怎么认为？

（4）李经理的哪些领导方法可借鉴，哪些需要完善？

实验要求：各小组结合相关专业知识及案例公司的具体情况，根据案例要求展开讨论。

实验步骤：

（1）学生分组：6~8人为一组。

（2）在学习相关知识和阅读案例分析材料之后，各小组进行讨论。

（3）各小组选派代表展示本组的讨论结果和理由，教师组织学生提问和讨论。

（4）教师对各小组讨论过程及结果进行点评和评分。

5.2 实训项目二：工作分析的方法

5.2.1 实训目的

通过实验，了解工作分析的常用方法，学会设计访谈方案和访谈提纲，熟练运用访谈法，获取工作分析过程中所需的信息和资料，并对收集的信息进行整理和归纳。

5.2.2 理论知识简单回顾

1. 工作分析

工作分析（job analysis）是指采用专门的方法获取组织内岗位的重要信息，并以特定格式把该职位相关信息描述出来，从而为其他管理工作提供信息的过程。

具体来说，工作分析就是要为管理活动提供与工作有关的各种信息，这些信息可以用6个W和1个H来概括：

Who，谁来完成这些工作？

What，这一岗位具体的工作内容是什么？

When，工作的时间安排是什么？

Where，这些工作在哪里进行？

For who，这些工作的服务对象是谁？

Why，从事这些工作的目的是什么？

How，如何进行这些工作？

工作分析的结果是形成职位描述和职位要求。其中职位描述是以书面叙述的方法来说明工作中需从事的活动，以及工作中所使用的设备和工作条件等信息。包括职位名称、职责、工作要求、工作场所、工作时间、工作条件等一系列内容。而职位要求则用来说明承担这项工作的人员应当具备的最低素质要求，包括专业、年龄、必要的知识和能力、必备的证书、工作经历、心理要求等内容。

2. 工作分析的方法

工作分析的方法主要是针对搜集与职位有关的信息而言的，包括定性的方法和定量的方法。在实践中，往往要根据不同的目的选择不同的方法，由于每种方法各有利弊，因此要将有关的方法结合起来使用，以保证搜集的信息准确、全面，为信息分析以及工作说明书的编写奠定良好的基础。常用的工作分析方法有如下几种。

（1）观察法。

观察法是指工作分析人员直接在工作现场观察某一岗位任职人员的工作，将观察的结果记录下来加以分析的方法。这种方法的特点是能够在自然状态下较全面和深入地了解岗位工作人员的基本活动，一般适用于分析从事重复性和大量标准化劳动的操作岗位，如打字员、装配线工人等。

（2）访谈法。

访谈法又称面谈法，是一种应用广泛的工作分析方法。访谈法适用于工作行为不易直接观察、任务周期长的工作，通过访谈可以了解任职者的工作态度、工作动机等较深层次的内容，有助于发现一些关键的信息。访谈主要包括个人访谈、群体访谈和上司访谈等三种访谈方式。

（3）工作日志法。

工作日志法又称工作写实法，由任职者将工作时间内所有的活动和行为按照时间顺序如实记录下来。工作日志法的优点在于信息的可靠性很高，适用于收集有关工作职责、工作内容、工作关系、劳动强度等方面的信息，费用相对比较低。

（4）资料分析法。

资料分析法，为降低工作分析的成本，可以尽量利用现有的资料，如有关技术资料和岗位责任制文本进行分析。

（5）工作分析问卷法。

工作分析问卷法是根据工作分析目的、内容等编制问卷，由任职者填写，回收后整理、提取有关工作信息的方法。其适用范围很广，是工作分析中最常用的方法之一。一份完整的职位分析问卷一般包括的调查项目有：任职者基本资料、工作时间要求、工作内容、工作职责、工作所需的知识和技能、劳动强度、工作环境等。问卷法的优点在于费用较低，速度快，节省时间，并可在工作之余填写，不至于影响工作。

5.2.3 该项工作的流程

（1）做好访谈前的准备工作。

明确访谈目的，编制访谈提纲，培训访谈者并选择合适的访谈对象、访谈时间和地点。

（2）访谈开局阶段，应首先自我介绍并说明访谈目的和访谈程序，获得被访谈者的支持和信任，营造融洽的访谈氛围。

（3）访谈过程中，根据访谈提纲进行访谈，控制和引导好访谈过程。

（4）结束阶段，检查访谈的内容是否完整、全面，并对被访谈者表达感谢。

（5）整理访谈记录，编写访谈报告。

5.2.4 使用表单模板、工具方法

本实训项目可能使用表单模板、工具方法如表 5 - 1 所示。

表 5 - 1　　访谈提纲模板

1. 请问你的姓名、职务名称是什么？
2. 请问你在哪个部门工作？你所做的是一种什么工作？
3. 你所在职位的主要工作职责是什么？可以举一些实例。
4. 请你尽可能详细地讲讲你昨天一天的工作内容。
5. 做这项工作所需具备的教育程度、工作经历、技能是怎样的？它要求你必须具有什么样的文凭或资格证书？
6. 你真正参与的活动有哪些，哪些事情有决策权，哪些事情没有决策权？
7. 请问你在工作中需要接触到哪些人？
8. 请问你的工作环境和工作条件是怎样的？你希望哪些方面需要改善？
9. 请问你需要哪些设备和工具来开展你的工作？其中哪些是常用的，哪些是偶尔使用的？
10. 请问你的工作对身体的要求是怎样的，需要哪些知识，哪些能力素质和心理素质？
11. 你觉得这个工作岗位的价值和意义有多大？
12. 请问你认为怎样才能更好地完成工作？
13. 工作对安全和健康的影响如何？
14. 在工作中你有可能受到身体伤害吗？你在工作时会暴露于非正常的工作条件之下吗？
15. 你还有什么要补充的？

5.2.5 实验要求和步骤

学生分组：6 ~ 8 人为一组；

实验要求：设计完整的访谈方案，制定访谈提纲，选取某一访谈对象，模拟一次访

谈，搜集工作分析所需的信息。

实验步骤：

（1）确定工作分析访谈岗位和目标。

（2）学生分组并分工。

（3）根据所选岗位，设计访谈方案和访谈提纲。

（4）选取访谈对象，开展访谈。

（5）整理访谈资料和信息。

（6）各小组向全班同学分享小组访谈方案、访谈提纲及访谈过程中的体验、访谈中遇到的问题，以及完善和改进之处。

（7）引导其他小组提问题，相互点评。

（8）教师总结：实训成绩评定主要考察各小组调查问卷问题设置的形式、内容的完整性和针对性，访谈提纲内容的完整性和针对性。

5.3　实训项目三：编写工作说明书

5.3.1　实训目的

熟悉并了解工作说明书编制的基本流程，对具体编制过程中将要遇到的问题及应该注意的事项有初步的掌握，学会撰写工作说明书。

5.3.2　理论知识的简单回顾

工作说明书是工作分析的直接结果之一，工作说明书包括两部分的内容，一是工作描述，反映职位的工作情况，是关于职位所从事或承担的任务、职责以及责任的目录清单；二是职位要求，反映职位对承担这些工作活动的人的要求，是人们为了完成这些工作活动所必须具备的知识、技能、能力和其他特征的目录清单。

1. 工作说明书的内容

一般来说，一个内容比较完整的工作说明书需要包括以下几个具体的项目。

（1）职位标识，包括职位编号、职位名称、所属部门、直接上级、职位薪点。

（2）职位概要，即用一句或几句比较简练的话来说明这一职位的主要工作职责。

（3）岗位职责，就是职位概要的具体细化，要描述出这一职位承担的职责以及每项职责的主要任务活动。

（4）业绩标准，职位上每项职责工作业绩的衡量要素和衡量标准。

（5）工作关系，主要是指某一职位在正常工作的情况下主要与企业内部哪些部门和哪些职位发生工作关系，以及需要与企业外部哪些部门和人员发生工作关系。

（6）使用设备，工作过程中需要使用的各种仪器、工具、设备等。

（7）工作环境和工作条件，包括工作的时间要求、地点要求、物理环境条件等。

（8）任职资格，一般来说任职资格应包括，所学的专业、学历水平、资格证书、工作经验、必要的知识和能力、身体状况等。

（9）其他信息，其他需要说明但是不属于职位描述和职位要求范围内的信息。

2. 岗位职责编制的关键点

（1）按照动宾短语格式来描述，即按照“动词 + 宾语 + 目的状语”的格式来进行描述。

（2）要准确使用动词，一定要能够准确地表示出员工是如何进行该项任务的以及在这项任务上的权限，不能过于笼统。

3. 工作说明书编写注意事项

（1）明确界定岗位职责。

我国企业目前普遍存在着岗位职责不清、任务指派随意性较大、能者多劳、出现问题互相推诿等管理混乱的现象。因此，工作说明书不应是简单地对目前岗位工作任务的要求和描述，而应该通过工作说明书的撰写达到明确各岗位的职责权限，规范工作流程，实现科学管理的目的。在编制工作说明书之前，必须进行认真的工作分析和调查，了解每一个岗位的工作任务、工作目标、工作条件、上下级的关系、任职资格等因素。

（2）用语规范、准确。

很多企业的工作说明书没有注意到描述用语的选择，笼统地使用“负责、管理”等词语，导致岗位职责的描述流于一般化、普遍化，出现“千岗一面”的现象，或者使岗位职责描述过小或者过大。因此，岗位职责的描述应能准确、清晰、真实地界定岗位承担的责任、所具有的权限和岗位工作必须达到的目标、规范性责权利关系。

（3）积极宣传并获得领导和员工的支持。

在编写之前，HR 经理应和相关的高层领导进行讨论，认清规范岗位职责的意义，明确工作说明书的定位，并取得领导的理解和支持。在工作说明书实施过程中高层领导应率先树立岗位责任意识，对各项工作实行归口管理。

在编写工作说明书时，应由各部门的主管负责，人力资源部门为其提供格式和方法，并加以及时的指导和审核。而且应做好充分的准备工作，给员工宣讲制定工作说明书的意义和各项内容的含义，在编制过程中必须得到全体员工的支持和参与。

（4）及时更新工作说明书。

一般而言，工作说明书每 1 ~ 2 年应修订一次，根据行业的发展和职责的变化情况灵活进行选择。当企业发生重大组织变革和战略调整时，应及时修订工作说明书。

5.3.3 该项工作的流程

（1）获取工作分析的资料和信息。

（2）分析和处理所获取的资料和信息，根据预先设计的工作说明书所需要的信息要素，分类和整理已有的信息，逐条列出各要素的相关内容。

（3）完成工作说明书的撰写。

①给工作分析中所涉及的人员分发一份工作说明书初稿，讨论所制定的工作说明书是否完整、准确；

②根据讨论的结果，最后确定一份详细的、准确的工作说明书；

③最终形成的工作说明书应清晰、具体、简明扼要。

5.3.4　使用表单模板、工具方法

工作说明书范例一

一、基本资料

职位名称：　　　　　　　　职位编号：

所属部门：　　　　　　　　定员标准：

直接上级：　　　　　　　　工作地点：

分析日期：　　　　　　　　分析人：

二、工作描述

1. 工作概要：

2. 工作职责：

职责名称	内容及流程	责任（全责/部分/支持）	工作联系		工作标准
			公司内	公司外	
1.					
2.					
3.					
……					

3. 监督与指导关系。

所施监督：

所受监督：

4. 职位权限。

5. 工作难度。

6. 工作性质、条件与时间。

7. 使用的仪器、工具与设备。

三、任职资格

1. 学历与专业。

2. 工作经验。
3. 综合素质和心理素质。
4. 知识和专业技能。
(1) 担任本职位所必备的知识和专业技能；
(2) 本职位要求的核心技能及其等级；
(3) 招聘本职位应考核的内容；
(4) 上岗前应接受的培训内容。
5. 身体条件。

工作说明书范例二

一、基本情况

单位		职位名称		职位编号	
部门		分部		编制日期	
直接上级		直接下级		部门人数	

二、职位职责说明

职位目的			
职位职责定义			
编号	职责范围	负责程度	衡量标准
	按重要顺序依次列出每项职责及其目标	全责/部分/支持	数量、质量
1			
2			
3			
……			

注：根据职位的具体情况列出相关职责。

三、工作关系

所受监督	
所施监督	
协同	

四、任职要求

学历		年龄		性别		职称				
专业知识										
所需工作经验及技能										
一般能力要求	计划能力	组织能力	激励能力	人际能力	协调能力	沟通能力	开拓能力	信息能力	领导能力	指导能力
需求程度（满分5分）										
考核标准										

五、其他

使用及保管的物品/商品/财产	工作失误带来的影响

六、职业生涯规划

职位关系	直接晋升的职位：
	相关转换的职位：
	升迁至此的职位：
理论支持	

5.3.5 该项目操作事项

实训资料（一）

实验要求：在认真分析访谈报告的基础上编写工作说明书，工作说明书格式不限，但是要包含职位描述和任职资格两大内容。

实验步骤：

（1）学生分组：6～8人为一组。

（2）分析并整理实训项目一的访谈报告分析结果。

（3）根据分析结果编写出工作说明书。

（4）各小组向全班同学展示撰写的工作说明书，由教师和同学们指出工作说明书的不足和改进之处。

（5）教师点评与总结。

实训资料（二）

下面是有关旅馆、饭店接待员的工作任务要素与工作行为要素的分析，请根据下面的材料，编写接待员的任职资格要求。

（1）工作任务：处理客人到达时的问题。

（2）任务要责：①开、关车门；②帮助旅客上下车；③问候客人；④开、关旅馆大门；⑤把行李运到前厅；⑥随客人到服务台；⑦标明行李运到的房间号；⑧储存较贵重的物品或行李。

（3）素质要求：①理解、读写、计算和表达的能力；②快而有效地搬运能力；③处理较大的旅游团体的能力；④表示敬意的问候态度与常识；⑤旅馆及其环境分布与功能知识；⑥旅馆及房间设备的知识；⑦登记的程序知识；⑧团体到达的步骤；⑨敏捷；⑩热情。

实验步骤：

（1）学生分组：6～8人为一组。

（2）阅读并讨论接待员的任职资格。

（3）根据讨论的结果编写出本组该岗位的任职资格要求。

（4）各小组向全班同学展示本组撰写的任职资格要求。

（5）教师组织学生进行讨论，对各组编写的任职资格要求进行评定，指出不足和改进之处。

（6）教师点评与总结。

6 综合实训二：人力资源规划

6.1 实训项目一：人力资源需求分析与预测

6.1.1 实训目的

明确人力资源需求预测的概念，了解影响人力资源需求的主要因素，掌握人力资源需求预测的方法和程序，能够完成人力资源需求分析和预测工作。

6.1.2 理论知识简单回顾

人力资源需求预测是指为实现企业既定目标而对未来某一特定时期所需人力资源的数量、质量和结构进行估计。进行人力资源需求预测首先要考虑影响企业人力资源需求的内外部因素，内部因素主要包括企业的发展战略和经营规划、企业规模、技术和设备条件、人力资源培训、人员稳定性，这些因素的调整或变化会影响到企业某一特定时期内的人力资源需求。外部因素对人力资源需求的影响，多是通过影响内部供给或其他内部因素起作用的。外部因素主要包括经济环境、技术环境、竞争对手，外部环境的改变直接或间接影响企业人力资源需求。进行人力资源需求预测比较常用的方法有主观判断法、德尔菲法、趋势预测法、回归预测法、比率预测法。

6.1.3 该项工作流程

人力资源需求预测的工作流程：

（1）梳理整个企业各个部门的职务，根据职务分析结果，确定职务编制和人员配置。

（2）进行人力资源盘点，确定企业人数及分布情况，确定企业是否缺编、超编及现在各编制的岗位是否符合职务资格要求。

（3）把上述两个步骤的统计结果与相关部门管理者进行讨论，并修正统计结果，最后的这个结果就是现实人力资源的需求情况。

（4）现实人力资源的需求得出以后，需要预测未来人力资源的需求，根据企业整体的发展规划和策略，确定各部门工作量，并根据工作量的增长情况，确定各部门还需要增加的岗位及人数，并进行汇总统计。

（5）汇总结果与各部门和企业管理者进行讨论，最终确定的结果即是未来人力资源需求。

（6）统计预测期内退休的人员，通过各部门的领导协助统计有离职意向或可能被劝退的人员，或者根据历史数据，估计未来可能发生的离职情况。把统计和预测结果进行汇总制成相关表格，得出未来流失的人力资源需求。

（7）将现实人力资源需求、未来需求和未来流失需求汇总，制成相关表格和汇总表，即可以得到整体的人力资源需求预测。

6.1.4 使用表单模板、工具方法

本实训项目可能使用的表单模板、工具方法如表 6－1 ~ 表 6－3 所示。

表 6－1　现实人力资源需求预测

部门	目前编制	人员配置情况			人员需求
		超编	缺编	不符合岗位要求	
技术部					
生产部					
销售部					
……					
合计					

表 6－2　未来人力资源需求预测

预测内容	预测期				
	第一年	第二年	第三年	第四年	第五年
行政辅助职系					
技术职系					
增加的岗位及人数					
备注					

表 6-3　　人力资源净需求统计汇总

		生产部	销售部	技术部	……	合计
人员需求	年初人数					
	年内增减数					
	年底需求数					
人员内部供给	年初人数					
	晋升人数					
	平调人数					
	解雇人数					
	辞职人数					
	退休人数					
	年底供给数					
年底余缺数（净需求量）						

6.1.5　该项目操作事项

（1）查阅相关书籍，了解人力资源需求预测方法。

（2）以小组（6~8 人）为单位进行常用预测方法的研讨，每人发表观点。

（3）对各种观点进行分析、归纳，特别要明确常用的预测方法使用的前提或使用的条件。

（4）各小组根据以下案例，运用德尔菲法进行人力资源需求预测。德尔菲法的具体步骤是：

第一，明确列出需要专家回答的问题；

第二，由专家对这些问题进行判断和预测，并阐明自己的理由；

第三，由一中间人集中归纳汇总专家意见，并将意见反馈给各位专家，在此基础上要求专家重新考虑其预测，并说明修改的原因；

第四，经过多轮预测之后，当专家们的意见基本一致时结束调查，将预测的结果用文字或图形加以表述。

（5）总结并编撰实训报告。

案例 6.1　　绿源化工公司的人力资源规划①

绿源化工公司是一家中型化工生产企业。现有生产与维修工人 825 人，行政和文秘白领职员 143 人，基层与中层管理干部 79 人，工程技术人员 38 人，销售员工 23 人。

① 案例来源：根据吴国华、崔霞的《人力资源管理实验实训教程》中案例改编。

随着生产规模的不断扩大，企业对员工的需求增加。按照未来五年规定的扩产计划，公司需制定新的人力资源规划。

据统计，公司近五年来员工的平均离职率是4%，近几年来应该不会有什么改变。不过，不同岗位的员工离职率并不一样，生产工人离职率高达8%，而技术和管理干部只有3%。

人力资源部经理召开了一个由公司各职能部门负责人参加的小会，会议议题是根据公司既定的发展计划和扩产计划，各部门所需下属人员数的变化情况。会后总结为：白领职员和销售员要新增10% ~15%，工程技术人员要增加5% ~6%，中、基层干部不增也不减，而生产与维修的蓝领工人要增加5%。

人力资源部经理又向公关部经理了解行业和政府的情况，获悉最近本地政府颁布了一项政策，要求当地企业招收新员工时，要优先照顾妇女和下岗工人。人力资源部经理知道本公司的招募政策一直未曾有意地排斥妇女或下岗工人，只要他们来申请，就会按同一标准进行选拔，并无歧视，但也未予特别照顾。人力资源部的职员又因此统计了相关的数据：目前公司销售员几乎全是男性，只有一位是女性；中、基管理干部除2人是妇女外，其余也都是男性；工程师里只有3位是妇女，蓝领工人中约有11%是妇女或下岗工人，而且都集中在最底层的劳动岗位上。

第4天早晨，人力资源部经理又获悉公司刚刚验证通过了几种有吸引力的新产品，所以预计公司的销量额5年内会翻一番。

人力资源部经理还有6天就要交出计划，其中包括各类干部和员工的人数，要从外界招收的各类人员的人数，以及如何贯彻政府关于照顾妇女与下岗工人政策的计划，此外还得提交一份应变计划以应付销售的快速增长。

要求：

(1) 作为一个五年的人力资源计划，你认为还需要哪些信息来支持人力资源部经理的分析与决策？

(2) 可以采用哪些分析计算技术来进行该次人力资源需求预测？

6.2 实训项目二：人力资源供给预测

6.2.1 实训目的

明确人力资源供给预测的概念，了解影响人力资源供给的主要因素，掌握人力资源供给预测的方法和程序，能够完成人力资源供给分析和预测工作。

6.2.2 理论知识简单回顾

人力资源供给预测是指对在未来某一特定时期内能够供给企业的人力资源的数量、

质量以及结构进行估计。人力资源的供给有外部供给和内部供给两个来源。一般来说，影响外部供给的因素主要有外部劳动力市场的状况、人们的就业意识、企业的吸引力等。相对内部供给来说，企业对外部人力资源供给的可控性是比较差的，因此人力资源供给预测主要侧重于内部的供给。影响企业人力资源内部供给的因素有企业员工的自然减员（如伤残、退休、死亡）、企业员工的内部流动（如晋升、降职、平调）、企业员工的外部流动（如跳槽、辞职、合同到期解聘）、企业员工的培训状况等。

企业内部人力资源供给预测首先要考察企业现有的人力资源存量，然后在假定人力资源管理政策不变的前提下，结合企业内外部条件，对未来的人力资源供给数量进行预测。其常用的预测方法包括技能清单、人员替换单、人力资源“水池”模型、马尔科夫模型。

6.2.3 人力资源供给预测工作流程

人力资源供给预测包括内部供给预测和外部供给预测，具体工作流程图如图 6－1 所示。

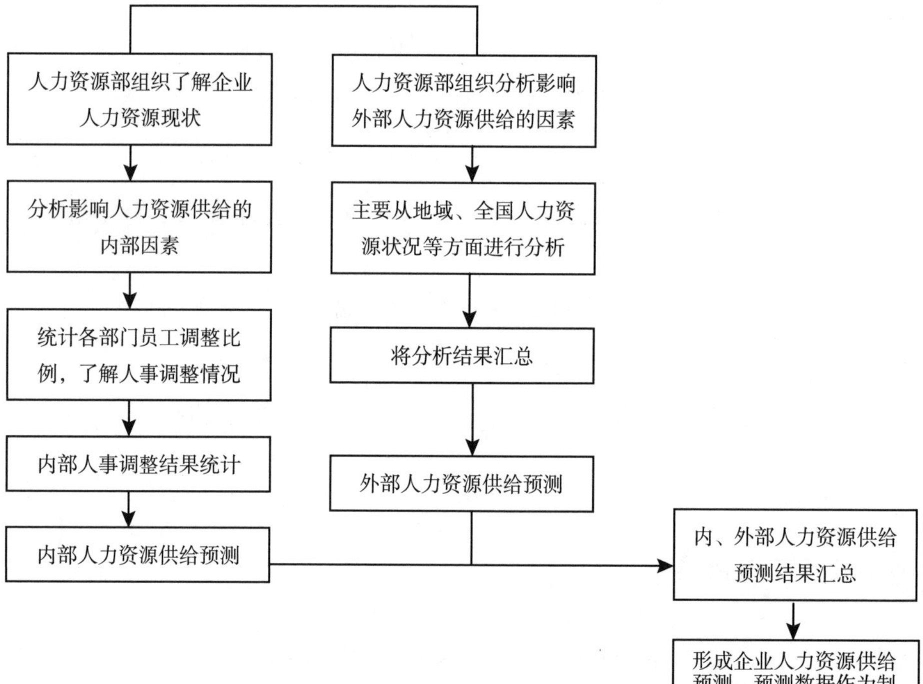

图 6－1　人力资源供给预测工作流程

6.2.4 使用表单模板、工具方法

1. 技能清单法

技能清单是一个反映员工工作能力特征的列表，这些特征可以包括员工的教育背景、工作经历、培训情况，所掌握的技能及相应的证书等内容。技能清单是对员工能力的一种描述，可以帮助人力资源管理人员判断现有员工调换工作岗位的可能性大小，估计有哪些员工可以补充企业岗位的空缺。企业人力资源计划要保证企业岗位空缺都有合适的人员填充，因此有必要建立员工的工作能力记录，其中包括操作层员工的技能和不同管理层人员种类及其能力水平，如表6－4所示。

表6－4　　技能清单

姓名：		职位：		部门：
出生年月：		婚姻状态：		到职日期：
教育背景	类别	学校	毕业日期	主修科目
	大学			
	硕士			
	博士			
工作经历	任职年限		职位	主要成就
培训情况	训练主题		训练机构	训练时间
技能	技能种类		所获证书	
志向	你是否愿意担任其他类型的工作		是	否
	你是否愿意到其他部门去工作		是	否
	你是否接受工作轮换以丰富工作经验		是	否
	如有可能，你愿意承担哪种工作			
你认为自己需要接受何种训练		改善目前的技能和绩效		
		晋升所需要的经验和能力		
你认为自己现在可以接受哪种工作指派？				

2. 马尔科夫预测法

马尔科夫预测法也称转移矩阵法，是一种内部人力资源供给的统计预测方法，用来预测具有相等时间间隔（一般为一年）的时点上各类人员的分布状况。它根据组织以往各类人员的流动比率，推断未来各类人员数量的分布。该方法的前提是：组织内部人员的转移是有规律的，其转移率也有一定的规律。马尔科夫法的关键是确定转移率。它不仅可以处理员工类别简单的组织中的人力资源供给预测问题，也可以解决员工类别复杂的大型组织中的内部人力资源供给预测问题。

采用马尔科夫预测组织内部人力资源供给的一般步骤是：首先，根据组织的历史资料，计算出每一类职务上的职员流向另一类职务或另一级别的平均概率；其次，根据上述平均概率，建立一个人员变动矩阵表；最后，根据年底各类人员的数量和变动矩阵表，预测第二年组织可供给的人数。

6.2.5 该项目操作事项

（1）查阅相关书籍，了解人力资源供给预测的影响因素及预测方法。

（2）对人力资源供给预测的方法进行归纳和总结，找出各种方法适用的不同情况，重点掌握马尔科夫预测分析方法的应用。

（3）以小组（6~8 人）为单位，分别应用马尔科夫预测分析法对案例 6.2 服装公司的人力资源供给进行预测。

（4）对各种观点进行分析、归纳和总结，得出各种预测方法的适用范围、前提条件及操作要点。

（5）总结并编撰实训报告。

案例 6.2　　　某服装公司人力资源供给分析与预测

某服装公司是当地效益比较好的一家企业，但由于行业特点，每年的人员变动比较大。试用马尔克夫预测分析法，对该服装公司人员下一年的供给情况进行预测。假定企业经营业务结构和规模保持不变，请根据表 6－5 中各种职务的现有人数和年平均变动概率，计算和填写各种人员的变动数、需补充的人数和供给量。

表 6－5　　　某服装公司人员供给现状和预测

职务	现有人数（人）	人员变动概率（%）			
		主任	主管	操作工	离职
主任	10	0.8	0	0	0.2
主管	20	0.1	0.8	0.05	0.05
操作工	60	0	0.05	0.8	0.15

续表

职务	现有人数（人）	人员变动概率（%）			
		主任	主管	操作工	离职
总人数	90				
需补充人数					
预计人员供给量					

6.3 实训项目三：人力资源供求平衡决策

6.3.1 实训目的

在企业人力资源规划工作中，仅仅对企业人力资源的供给或需求进行预测是不够的，还需要通过对人力资源的供给与需求进行对比，实现人力资源供求平衡。

该环节是学生进一步理解人力资源供给与需求平衡的重要性，掌握企业人力资源供求平衡的基本对策以及实现人力资源供求平衡的手段措施。

6.3.2 理论知识简单回顾

预测出人力资源的供给需求之后，对两者进行比较，通常有以下几种结果。

1. 供给大于需求

可以采取的措施包括扩大经营规模，或者开拓新的增长点，以增加对人力资源的需求；鼓励员工提前退休；冻结招聘；缩短员工的工作时间、实行工作分享或者降低员工的工资等方式减少供给；对富余员工进行培训。

2. 供给小于需求

可以采取的措施包括内部招聘和外部招聘；雇用临时工；提高现有员工的工作效率；加班，延长工作时间；降低员工的离职率并进行内部调配；业务外包。

3. 供给和需求总量平衡，结构不匹配

人力资源结构失衡的调整办法通常是上述两种方法的综合运用，具体措施包括通过晋升、调动、降职等形式进行人员内部的重新配置；有针对性地对现有人员进行培训；进行人员置换等。

6.3.3 该项工作流程

1. 准备阶段

进行信息的收集和调查，具体包括：

（1）外部环境信息。包括两个方面：一是经营环境的信息，例如社会的政治、经济、文化、法律环境等；二是直接影响人力资源供给和需求的信息，例如外部劳动力市场的供求状况、政府的职业培训政策、国家的教育政策、竞争对手的人力资源管理政策等。

（2）内部环境信息。包括两个方面：一是组织环境的信息，例如企业的发展战略、经营规划、生产技术、产品结构等；二是管理环境的信息，例如公司的组织结构、企业文化、管理风格、管理结构、人力资源管理政策等，这些因素都对企业人力资源的供给和需求有直接影响。

（3）现有人力资源的信息。对企业现有人力资源的数量、质量、结构和潜力等方面的信息进行“盘点”，包括员工的基本情况、受教育情况、工作经历、工作业绩记录、工作能力和态度等方面的信息。

2. 预测阶段

这个阶段最关键，难度也最大。这一阶段的主要任务就是要在充分掌握信息的基础上，采用有效的预测方法，对企业在未来某一时期的人力资源供给和需求做出预测。

3. 实施阶段

在供给和需求预测出来后，对供给和需求进行比较，根据比较结果，通过人力资源的总体规划和业务规划，制定并实施平衡供需的措施，使企业对人力资源的需求得到满足。

4. 评估阶段

人力资源规划的评估包括两方面：一是在实施的过程中，要随时根据外部环境的变化修正供给和需求的预测结果，并对平衡供需的措施进行调整；二是对预测的结果以及制定的措施进行分析，对预测的准确性和措施的有效性作出评价，找出存在的问题以及有益的经验，为今后的规划提供借鉴和帮助。

6.3.4 该项目操作事项

（1）实训前准备。要求参加实训的同学课前查阅有关书籍，从理论上了解人力资源数量不平衡和结构不平衡时可采取的对策措施。

（2）实地考察。有条件的同学最好能够深入企业，实地考察企业解决人力资源供给和结构失衡问题的办法和措施。

（3）小组讨论。以小组（6～8 人）为单位进行讨论并阐述观点。

（4）归纳点评。对各种观点进行归纳、总结，由老师点评。

（5）案例分析。根据案例6.3所示资料，探讨企业人力资源供求的综合平衡。

（6）总结并编撰实训报告。

案例6.3　　苏澳玻璃公司的人力资源战略规划①

苏澳公司曾为人员空缺所困惑，特别是经理层次人员的空缺常使得公司陷入被动的局面。苏澳公司最近进行了公司人力资源规划。公司首先由四名人事部的管理人员负责收集和分析目前公司对生产部、市场与销售部、财务部、人事部四个职能部门的管理人员和专业人员的需求情况以及劳动力市场的供给情况，并估计在预测年度，各职能部门内部可能出现的关键职位空缺数量。

上述结果用来作为公司人力资源规划的基础，同时也作为直线管理人员制定行动方案的基础。但是在这四个职能部门里制定和实施行动方案的过程（如决定技术培训方案、实行工作轮换等）是比较复杂的，因为这一过程会涉及不同的部门，需要各部门的通力合作。例如，生产部经理为制定将本部门某员工的工作轮换到市场与销售部的方案，则需要市场与销售部提供合适的职位，人事部做好相应的人事服务（如财务结算、资金调拨等）。职能部门制定和实施行动方案过程的复杂性给人事部门进行人力资源规划也增添了难度，这是因为，有些因素（如职能部门间的合作的可能性与程度）是不可预测的，它们将直接影响到预测结果的准确性。

苏澳公司的四名人事管理人员克服种种困难，对经理层的管理人员的职位空缺做出了较准确的预测，制定详细的人力资源规划，使得该层次上人员空缺减少了50%，跨地区的人员调动也大大减少。另外，从内部选拔工作任职者人选的时间也减少了50%，并且保证了人选的质量，合格人员的漏选率大大降低，使人员配备过程得到了改进。人力资源规划还使得公司的招聘、培训、员工职业生涯计划与发展等各项业务得到改进，节约了人力成本。

苏澳公司取得上述进步，不仅仅是得益于人力资源规划的制定，还得益于公司对人力资源规划的实施与评价。在每个季度，高层管理人员会同人事咨询专家共同对上述四名人事管理人员的工作进行检查评价。这一过程按照标准方式进行，即这四名人事管理人员均要在以下14个方面做出书面报告：各职能部门现有人员；人员状况；主要职位空缺及候选人；其他职位空缺及候选人；多余人员的数量；自然减员；人员调入；人员调出；内部变动率；招聘人数；劳动力其他来源；工作中的问题与难点；组织问题及其他方面（如预算情况、职业生涯考察、方针政策的贯彻执行等）。同时，他们必须指出上述14个方面与预测（规划）的差距，并讨论可能的纠正措施。通过检查，一般能够对下季度在各职能部门应采取的措施达成一致意见。

在检查结束后，这四名人事管理人员则对他们分管的职能部门进行检查。在此过程

① 案例来源：根据吴国华、崔霞的《人力资源管理实验实训教程》中案例改编。

中，直线经理重新检查重点工作，并根据需要与人事管理人员共同制定行动方案。当直线经理与人事管理人员发生意见分歧时，往往可通过协商解决，行动方案上报上级主管审批。

要求：

（1）根据案例所示资料，讨论该企业是如何达到人力资源综合平衡的。

（2）根据该案例，请问编制人力资源规划的工作程序是怎样的？

6.4 实训项目四：人力资源规划编写

6.4.1 实训目的

了解和掌握企业人力资源规划的制订原则、企业人力资源规划的主要内容以及人力资源规划编撰的方法、程序等。

6.4.2 理论知识简单回顾

制定人力资源规划要遵循三大原则：一是全面性，即要全面地考虑企业各个部门人力资源现状及发展、培训及需求等情况；二是客观和公正性，即对各个部门的实际情况和人力资源情况进行客观、公正的评价和考虑；三是协作性，即制定人力资源规划时需要各个部门密切配合，人力资源部门要协调好与各部门的关系和工作。

人力资源规划的内容包括人力资源总体规划和人力资源业务规划。总体规划是对计划期内人力资源规划结果的总体描述，业务规划是总体规划的分解和细化，包括人员补充计划、人员配置计划、人员接替和提升计划、人员培训与开发计划、薪酬激励计划、员工关系计划和退休解聘计划等内容。

6.4.3 该项工作流程

由于各企业的具体情况不同，所以编写人力资源规划的步骤也不尽相同。下面是编写人力资源规划的典型步骤，但可根据具体企业的实际情况适当增减。

1. 制订职务编写计划

根据企业发展规划，综合职务分析报告的内容制订职务编写计划。编写计划陈述企业的组织结构、职务设置、职位描述和职务资格要求等内容。制订职务编写计划是描述企业未来的组织职能规模和模式。

2. 根据企业发展规划，结合企业人力资源盘点报告制定人员盘点计划

人员配置计划陈述了企业每个职务的人员数量、人员的职务变动、职务人员空缺数量等。制订配置计划的目的是描述企业未来的人员数量和素质构成。

3. 预测人员需求

根据职务编制计划和人员配置计划，使用预测方法进行人员需求预测。人员需求中应陈述需求的职务名称、人员数量、希望到岗时间等。最好形成一个标明有员工数量、招聘成本、技能要求、工作类别及为完成组织目标所需的管理人员数量和层次的分列表。

4. 确定员工供给计划

人员供给计划是人员需求的对策性计划。主要陈述人员供给的方式、人员内外部流动政策、人员获取途径和获取实施计划等。通过分析劳动力过去的人数、组织结构和构成以及人员流动、年龄变化和录用等资料，就可以预测出未来某个特定时刻的供给情况。预测结果勾画出组织现有人力资源状况以及未来在流动、退休、淘汰、升职以及其他相关方面的发展变化情况。

5. 制订培训计划

为了提升企业现有员工的素质，适应企业发展的需要，对员工进行培训是非常重要的。培训计划中包括培训政策、培训需求、培训内容、培训形式、培训考核等内容。

6. 制订人力资源管理政策调整计划

计划中明确计划内的人力资源政策的调整原因、调整步骤和调整范围等。其中包括招聘政策、绩效政策、薪酬与福利政策、激励政策、职业生涯政策、员工管理政策等。

7. 编写人力资源部费用预算

其中主要包括招聘费用、培训费用、福利费用等费用的预算。

8. 关键任务的风险分析及对策

每个企业在人力资源管理中都可能遇到风险，如招聘失败、新政策引起员工不满等，这些事件很可能会影响企业的正常运转，甚至会对企业造成致命的打击。风险分析就是通过风险识别、风险估计、风险驾驭、风险控制等一系列活动来防范风险的发生。

6.4.4 使用表单模板、工具方法

本实训项目可能使用的表单模板、工具方法如表 6 – 6 ~ 表 6 – 7 所示。

表 6 – 6　　人员基本情况

级别		年龄（岁）				学历				…
		30 以下	31 ~ 40	41 ~ 50	51 ~ 60	硕士	本科	大专	其他	…
主管人员	高层									
	中层									
	基层									
	小计									

续表

级别		年龄（岁）				学历				…
		30以下	31~40	41~50	51~60	硕士	本科	大专	其他	…
技术人员	工程师									
	助工									
	技术员									
	小计									
工人	机工									
	电工									
	环保									
	……									
	小计									
合计										

表6-7　　企业人力资源规划

1. 规划目标
2. 规划时间跨度
3. 规划内容（具体内容、执行时间、负责人、检查人、检查日期、预算等）
(1)
(2)
……
4. 规划制定及审批者
5. 规划制定时间

6.4.5　该项目操作事项

（1）实训前准备。要求参加实训的同学查阅有关书籍，深入企业人力资源部门，了解企业人力资源规划的内容及撰写人力资源规划的步骤等。

（2）分组讨论，以小组（6~8人）为单位组织讨论，每人进行演讲、演示，发表个人观点。

（3）归纳评价，对各种观点进行归纳，指导教师讲评。

（4）根据案例的资料，编撰人力资源规划。

（5）总结并编撰实训报告。

7　综合实训三：人力资源获取

7.1　实训项目一：招聘计划的编制

7.1.1　实训目的

通过实验，使学生掌握一个完整招聘计划的主要内容，理解在招聘信息发布和甄选前编制招聘计划的重要性和必要性，体验人力资源招聘计划编制的过程，提高编写技能。

7.1.2　理论知识简单回顾

招聘是指在企业总体发展战略规划的指导下，制订相应的职位空缺计划，寻找合适的人员来填补这些职位空缺的过程。招聘包括招募、甄选与录用三部分。

招聘计划是企业在人员需求信息确定基础上制定的“招募、甄选、录用”方案及实施细则，它为人员招聘与录用工作提供了客观的依据、科学的规范和实用的方法。招聘计划是招聘与录用工作开展的指南，明确了招聘工作的目标和主要内容，如图 7－1 所示。

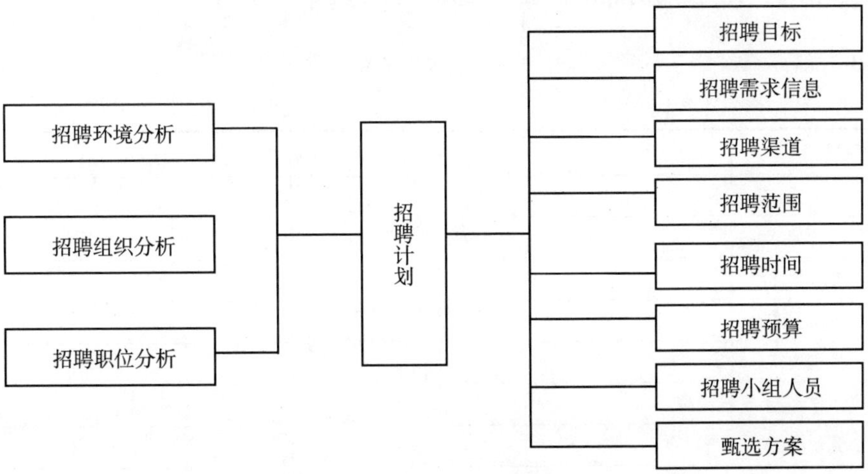

图 7－1　招聘计划的内容

7.1.3 该项工作的流程

1. 通过人力资源规划编制招聘需求

以人力资源规划和工作分析为基础，确定职位空缺。

2. 确定招聘渠道

确定从何种渠道招聘人员，如内部招募还是外部招募，两种渠道各有优缺点，企业应根据招聘岗位不同、人员素质要求不同、到岗时间不同等特点，选择合适的招聘渠道。

3. 确定招聘信息发布范围

要考虑潜在应聘者寻找工作的行为、企业的位置、人才分布规律、劳动力市场状况以及招聘成本等因素。

4. 确定招聘时间

选择适当的招聘时机，要考虑人才市场供给的季节性和招聘过程所需的时间。

5. 确定招聘预算

招聘活动的经费支出包括招聘广告和宣传册费用；招聘会或联谊会费用；跨地区招聘会产生的差旅费和通信费用等。

6. 确定招聘小组人员

招聘活动还需要确定招聘小组及其组成的人员，并对人员进行必要的培训。

7. 制定甄选方案

一般而言，甄选步骤包括：简历筛选、证件核验、笔试或心理测试、面试、评价中心测评、背景调查、体检。

7.1.4 使用表单模板、工具方法

本实训项目可能使用的表单模板、工具方法如表 7 –1 所示。

表 7 –1　　人员需求申请表

申请日期：

<table>
<tr><td colspan="2">申请部门</td><td></td><td>现有编制</td><td></td></tr>
<tr><td rowspan="8">申请增加人员要求</td><td>人数</td><td></td><td rowspan="8">增加理由、人员岗位和任务说明</td><td></td></tr>
<tr><td>学历要求</td><td></td><td></td></tr>
<tr><td>专业要求</td><td></td><td></td></tr>
<tr><td>年龄要求</td><td></td><td></td></tr>
<tr><td>性别要求</td><td></td><td></td></tr>
<tr><td>工作经验</td><td></td><td></td></tr>
<tr><td>到位时间</td><td></td><td></td></tr>
<tr><td>其他要求</td><td></td><td></td></tr>
</table>

续表

人力资源部意见	
分管领导意见	
总经理意见	
相关说明	

7.1.5 该项目操作事项

（1）学生分组：6～8人为一组。

（2）学习相关理论知识并阅读以下实训案例7.1的材料。

案例7.1　　　　大华公司人力资源规划方案[①]

一、企业背景介绍

大华公司是一家主要生产奶制品的企业，经过10多年的发展，企业经营业绩稳步上升，在业内有了一定的市场占有率和稳定的客户。随着市场竞争的日益加剧，大华公司面临的内外部环境与当初企业制定的中长期发展规划已经发生了很大的变化。为了企业更快更好地发展，企业现制定了较为完善的人力资源规划，并在此基础上制定职务编制、人员配置、人员培训与开发、薪酬制度和绩效考核等方面的人力资源管理方案的全局性计划，使企业在持续发展中保持较强的竞争力，为企业发展提供人力资源的保障和服务，为企业未来的发展提供坚实的基础。

二、企业近5年的发展战略目标

1. 产品市场份额逐年提高5个百分点；

2. 产品品牌建设，力争进入当地奶制品的前三名；

3. 向周边市场辐射和拓展业务。

三、企业近5年的人力资源规划

1. 持续大力引进优秀人才，大约需要新增人员近50人，争取实现本科以上学历人才的比例达到70%；

2. 管理和销售人员的储备和培养；

3. 加强员工培训、争取达到每个员工都掌握1～2门专业技术；

4. 企业的薪酬福利制度。

① 案例来源：根据周勇、张敏的《组织行为与人力资源管理技能实训教程》中案例改编。

四、人员需求计划

根据各职能部门提交的人员需求计划表和企业发展规划的需求，制定出未来5年的人员需求计划表，如表7-2所示。

表7-2　　人员需求计划

	职位	所需人数（个）
决策层	总经理	2
	副总经理	3
财务部	财务部经理	1
	会计	3
行政部	行政部经理	2
	行政文员	2
人力资源部	薪酬专员	2
	招聘专员	1
生产部	高级技术人员	5
	车间主任	3
	生产人员	20
销售部	销售主管	2
	销售业务员	10

（3）选取案例7.1中该企业未来5年人员需求计划表中的4~5个职位（其中必须包含生产人员、人力资源部人员和销售人员），制订年度招聘计划。

（4）招聘计划应该包括招聘岗位及要求、招聘渠道、招聘时间、招聘预算等内容。

（5）学生收集资料，在规定时间内讨论，撰写人力资源招聘计划书。

（6）小组展示本组计划书。

（7）教师组织讨论，根据各小组的报告情况和计划书的编制情况进行点评。

（8）实训成绩评定根据招聘计划书编写的完整和合理程度。

7.2　实训项目二：招募广告的选择和设计

7.2.1　实训目的

通过该项目实训，使学生理解各种广告媒体的优劣势，了解各种广告媒体的覆盖范围及适用条件，明确一份合格的招募广告应包括哪些具体的内容，并学会撰写人力资源招募广告。

7.2.2 理论知识简单回顾

广告是企业进行外部招募时最常用的一种方法，借助广告进行招募时需要考虑两个问题：一是广告媒体的选择；二是广告内容的构思。

1. 招募广告的特点

目前，常用的广告媒体有报纸、杂志、广播电视、互联网、印刷品、微信等，不同的广告媒体分别具有自己的优缺点（见表7－3），企业应当根据具体的情况来选择最合适的媒体。

表7－3 主要广告媒体的比较

媒体类型	优点	缺点	适用范围
报纸	成本低；版面大小可以灵活选择；发行广泛；分类广告便于查找	制作质量比较差；对象没有针对性；容易出现招募竞争；容易被忽视	潜在的应聘者集中在某一地区并且通常阅读报纸找工作
杂志	印刷质量好；保存时间长；针对性比较强；版面大小也可以灵活选择	发行时间较长；发行地域广，见效期较长	招募的职位比较专业；时间没有限制；招募的范围比较大
广播电视	容易引起注意；灵活性强；传递信息更为直接和主动	费用高；传递的信息简单；持续时间短；不能选择特定的应聘者	需要迅速引起人们的注意；无法使用印刷广告；某一地区有多种类型的潜在应聘者
互联网	费用低；速度快；传播范围广；信息容量大	信息过多，容易被忽略；有些人不具备上网条件；容易出现竞争	全球范围的招募
印刷品	容易引起应聘者的兴趣，并引发他们的行动	宣传力度较有限，有些印刷品可能会被人丢弃	在特殊场合比较适用，如展示会、招聘会等
微信	费用低；速度快；传播范围广；形式多样、新颖，有吸引力	制作有一定的难度与要求；只能针对特定的人群	关注企业公众号的人群；朋友圈

2. 招募广告的内容

在众多的招募广告媒体中，招募广告一般采用文字描述为主的报纸广告或书刊广告，这有助于完整、清晰地传递信息。

招募广告的内容一般包括：企业名称、企业简介、简要的岗位描述、招募人员的基本条件、报名方式、报名时间地点、需提供的证件和材料、联系方式等。

（1）企业简介。

招募广告中的公司介绍应该以最简洁的语言介绍公司最具特色和富有吸引力的特

点，不应该长篇大论、词不达意。在广告中最好能使用公司的标志，并提供公司的网址，以便看到广告并感兴趣的人可以浏览公司的网页，从而获取更进一步的信息。

（2）岗位描述。

招募广告中的岗位介绍通常包括职位名称、所属部门、主要工作职责、任职资格要求等。这部分内容可参考该职位的工作说明书。但要注意的是，招募广告中的职位情况介绍应该从读者的角度出发来考虑，以读者能够理解和感兴趣为主，不可照搬工作说明书。

（3）应聘者应准备的材料。

在招聘广告中应该说明应聘者应准备哪些材料，例如中英文简历、学历学位证书复印件、资格证书复印件、身份证复印件、照片以及提供薪金要求和户口所在地等信息等。

（4）应聘方式和联系方式。

应聘方式大多采用将简历和应聘材料通过信件、电子邮件、传真等方式发送到公司，因此需要提供公司的通信地址、传真号码或者电子邮件地址、电话号码。另外，还应该提供应聘的时间范围或截止日期。

3. 招募广告的设计

为了使广告达到预期的目的，还要注意广告内容的设计。一般来说，广告的设计要遵循 AIDA 原则。

A，即 attention，就是说广告要引起人们的注意；

I，即 interest，就是说广告要激起人们对空缺职位的兴趣；

D，即 desire，就是说广告要唤起人们应聘的愿望；

A，即 action，就是说广告要能够促使人们采取行动。

4. 撰写招募广告的技巧

（1）招募广告用语须专业化。

如果招募广告用语不够专业化，那么求职者就有理由想象该公司在管理上也不够专业化。有时连最简单的职位名称，也会成为有竞争力的关键因素。如果职位名称没有吸引力，那么可能职位内容就不会有太多的机会被高水平的求职者看到。举例来说，“销售代表”和“客户经理”的工作内容可能是一样的，但应聘者可能更喜欢“客户经理”的职位名称。

（2）招募广告不排斥幽默。

招募广告讲求规范性和专业化，但这并不代表所有的招募广告都要被写成官方文件或法律文书。增加一点幽默感，可以使招募广告变得轻松和有趣。

（3）招募广告切忌晦涩难懂。

招募广告应避免使用只有内行人士才能看懂的缩写和深奥的专业术语。可以咨询一下朋友或家人，试试从他们的角度来看职位说明是否合适，询问他们是否理解这些描述以及他们是否会产生兴趣。

（4）尝试采用叙事的方式。

招募广告需要告诉阅读它的人这个职位的工作内容是什么，用一种叙事的方式，说明做这个工作的员工一天的工作是怎样的，指出该职位对公司利润或销售的影响。

7.2.3 该项工作的流程

（1）分析组织的内外部环境信息及招聘目的。

（2）收集招聘信息，如空缺岗位的相关因素，包括空缺岗位的职责、岗位关系和需招聘的人数。

（3）分析岗位工作描述和任职资格要求。

（4）根据媒体的特点与收集的岗位信息，撰写招募广告。

（5）检查招募广告的内容是否符合要求，能否吸引注意、激发兴趣、创造愿望和促进行动，广告包括的相关内容是否清晰、全面。

7.2.4 使用表单模板、工具方法

该实训项目可能使用的表单模板、工具方法如表7－4～表7－5所示。

表7－4 招募广告模板

人事专员
职位信息：
1. 负责本市社区新零售渠道销售人员的招聘；
2. 熟悉销售岗位招聘渠道的使用操作，并能够管理现有渠道，开发新渠道；
3. 了解并掌握部门的用人需求，针对职位要求对候选人进行沟通、评估、筛选与推进；
4. 负责员工入职、离职、异动等员工关系工作，参与员工日常绩效评估及考核工作；
5. 参与业务运营，协助社区主任开展业务推广、营销策划等工作。
任职要求：
1. 全日制大专以上学历；
2. 1年以上招聘经验，有销售业务/督导/市场推广等经验者优先；
3. 能够开发新颖有效的招募渠道，具备一定招聘技能；
4. 良好的沟通与协调能力，较强的适应能力与执行力；
5. 吃苦耐劳，能适应外勤工作（市内招聘或推广）。
薪酬福利：五险一金、交通补贴、餐饮补贴、通讯补贴、绩效奖金、专业培训
联系方式：
李女士，××××××@163. com
公司地址：大学西街×××号×××××大厦×层×室人力资源部
公司信息：
×××品牌诞生于199×年，创立以来，始终秉承“一心一意做××”的理念，将国际尖端技术融入中国人的生活，成为××行业的潮流代表。
2016年，×××成为“国家品牌计划”××行业唯一入选品牌，随着全国首款泵头计量式包装的“浓缩+”型洗衣液、“机洗至尊”的面世和“洗衣大师”项目的开展，×××肩负中国××的“浓缩使命”，致力于推广面向中国消费者的“科学洗涤”事业。截至2018年，×××品牌力指数连续8年第一；洗衣液连续9年市场综合占有率第一。
“卓越，诚信，尊重”是×××秉承的价值观。我们追求最卓越的人才，而优质的产品与服务、精准的市场判断，敏感的消费者洞察、独特的营销手法等，将是×××带给人才的，最独特的平台资源。
加入我们，把专业变成事业，用卓越成就梦想！

7.2.5 该项目操作事项

（1）学生分组：6～8 人为一组；

（2）学习相关理论知识并阅读案例 7.2 材料；

案例 7.2　　UK 公司的人员招募广告

UK 有限公司是一家人力资源外包服务公司，主要从事人力资源外包业务。随着公司业务的扩大，现决定招聘 5 名招聘专员，负责为客户招聘、甄选合适的人才。

UK 公司的招募广告内容如下：

您的就业机会就在 UK 有限公司

1 个职位：招聘专员

负责招募、甄选合适的人才

抓住机会，充满信心！

请把简历寄到：UK 有限公司人力资源部

（3）请各组讨论案例公司的招募广告存在的问题。

（4）请各组根据公司的实际情况撰写新的招募广告（不明确的信息，可进行合理假设）。

（5）各小组展示本组撰写的招募广告。

（6）教师组织讨论，根据各小组的招募广告内容的编制情况进行点评。

（7）评定实训成绩时，教师要注意招募广告中公司简介的语言简练；任职资格部分不能过于笼统，学历、经验、技能等要具体清晰；广告内容尽量符合 AIDA 原则；广告应包括联系方式和报名方法等。

7.3 实训项目三：简历筛选

7.3.1 实训目的

通过本项目实训，要求学生了解简历分析和简历筛选的基本内容，掌握简历造假的常见手法，熟悉简历分析的程序，为企业进行有效的人力资源选拔打下基础。

7.3.2 理论知识简单回顾

简历是指在求职或招聘过程中呈现给招聘负责人员的，承载着应聘者相关应聘信息的一切媒介或载体。简历形式主要有应聘者个人简历、求职申请表、应聘者推荐资料三种。

简历筛选是通过招聘简历、招聘申请表、应聘者推荐资料等信息来考察和选拔人才的方法，简历筛选是人才甄选的第一步，是对应聘者是否符合岗位基本要求的审查，目的是筛选出那些背景和潜质能满足岗位认知标准和基本要求的候选人，为后续的甄选奠定基础。

1. 简历分析和筛选流程

简历分析和筛选工作直接关系到招聘到的人员的质量。其主要流程包括：

（1）将应聘者的材料分为两类：一类是客观内容，比如学习经历、工作经历、专业知识、技术经验等；另一类是主观内容，如个人兴趣、爱好、性格等。针对这两部分内容分别进行分析。

（2）将那些无法证实的主观内容忽略掉，认真分析客观内容。将客观内容分为两类：常规客观内容和关键客观内容。前者是指普通的客观内容，如中小学的学习经历、计算机的普通操作技能、普通的工作技能等；关键客观内容是指与待聘岗位直接相关的内容，如与岗位相关的知识、技术和工作经验等。

（3）对关键客观内容进行认真分析，估计材料的可信度。可以制作一份个人简历筛选调查表进行比较分析。分析的时候，主要考虑以下几个方面：

①总体外观。主要看个人简历是否整洁，是否有褶皱，有无拼写等语法错误。个人简历的总体外观可以反映一个人做事的认真程度以及是否对该组织感兴趣。

②整体布局。主要看个人简历的结构是否合乎逻辑，是不是在兜圈子，写得是否明白，是否容易找到招聘者需要的信息，还要看简历的格式，包括写作风格是否前后一致，段落、标点、符号是否对齐，所用字体是否统一。这些因素能够反映出应聘者的仔细程度和创造力。

③经验。这是简历表中最重要的部分。招聘者首先应该看应聘者的事业进程是怎样的。其次还应注意应聘者在某一职位任职的时间长短，时间长可能意味着该应聘者的忠诚，但也可能意味着他缺乏冒险精神和潜力。再次应该注意应聘者曾经的工作职责和范围以及取得的工作成就。最后审查简历中的逻辑性，观察虚假信息及潜在的危险信号。在工作经历和个人成绩方面，要注意简历描述是否有条理，是否符合逻辑。例如，求职者曾经在著名组织和高级职位就职，而他所应聘的却是一个普通职位，这就需要引起注意。再如，有的求职者称自己在许多领域取得了不俗成绩，获得了很多证书，但从他的工作经历中分析，很难有这样的条件和机会，这样的简历也要引起注意。如果能够断定在简历中有虚假成分存在，就可以直接将这些简历筛选掉。

④各种证书。证书是个人简历的附件，它可以真实可靠地反映一个人的水平。招聘者应当事先掌握各种识别假证书的方法，并能够熟练的综合运用各种方法辨别真伪证书。

⑤参加的组织和活动。此方面的信息一方面可以使招聘者了解应聘者兴趣爱好的范围和深度；另一方面，也可以看出这些兴趣爱好是否与其所应聘的工作岗位相契合。

⑥发表的作品。报社、出版社、杂志社、电台、电视台等媒体单位招聘工作人员时一般需要附有个人发表的作品，在阅读这些作品时，招聘方应注意作品发表在什么刊物上，何时发表，必要时可以找刊物求证，以免个别人浑水摸鱼。

⑦证明人。为了保证材料的可信度，应该对应聘者进行背景调查，向推荐人（如果有）了解具体情况，常采用的方式：一是要求推荐人具体描述。例如，你能否用一些具体的数字告诉我，该应聘者对公司的最大贡献会是什么？除了做好本职工作外，该员工还做了些什么？通过描述可以掌握应聘者的一些具体行为和工作业绩，有助于判断应聘者有没有工作积极性、进取心和工作能力。

（4）以最重要的指标对人才进行初步评选。在简历筛选时一定要注意以最重要的指标对人才进行初步评选，把人才分为三类：A 类——明显合格，B 类——基本合格和 C 类——明显不合格，每一个岗位一个数据包。如果最终 A 类人才已经充分，则可以不考虑 B 类人才；如果 A 类人才不够，则可以考虑在 B 类人才中挑选优秀的人才。A 类和 B 类可以根据招聘的具体进度进行实时调整。

（5）把握对简历的整体印象。通过阅读简历，是否留下好的印象。另外，标出简历中感觉不可信的地方以及感兴趣的地方，面试时可询问应聘者。

2. 简历造假的常见手法

所谓简历造假，是指应聘者在简历中故意加入不真实的信息以蒙蔽雇主，提高自己被雇佣的概率。有关调查资料表明，常见的简历造假手法主要有以下几种。

（1）学历造假。

常见的方法是冒充某学校 4 年制本科生，而实际上只是 2 年制或 3 年制的专科生或只是参加了学位课程的学习，但并未拿到学位。也有普通学校毕业的学生，冒充名牌院校毕业生，以获得更好的就业机会。

（2）省略雇用的时间或延长雇用时间。

其目的是给人留下连续雇用的印象。最典型的就是求职者在简历中只写出每一次被雇佣的起止年份，而不是月份。例如，某人 2012 年 1 月离开甲公司，2013 年 12 月才被乙公司启用，若按照实际情况则有两年的工作断档，而若只呈报年份，就会给人一种连续工作的错觉。

（3）夸大或谎称其拥有专业知识和经验。

在个人简历中经常会出现“部门管理者”“创造了巨额利润”等字眼，若应聘者没有同时提供部门情况的信息、销售额或利润额的提高等支撑性的信息，则无从辨别其真伪，在正式面试得到考证之前，宁可信其无，不可信其有。

（4）咨询顾问烟雾。

声称自己在某公司担任咨询顾问，若遇到这种情况，谨慎的做法是核实他曾经服务过的客户名单及服务情况。

（5）玩企业“破产”的把戏。

这种手法比较特殊，实际上只要向其查证原工作单位的服务时间就可以辨别真伪。

3. 识别证书真伪的方法

（1）观察法。

通过肉眼观察，与真证书进行对比来识别。有的假证书制作比较粗劣纸质不够硬、学校公章模糊、没有水印、钢印不清楚等，都可以通过肉眼识别。

（2）提问法。

即对应聘者提一些有关专业、学校方面的问题，通过应聘者的现场反应来识别文凭的真伪。例如，可以问“你比较喜欢你们系哪位老师讲的课?”“我有一位亲戚的孩子在你们系，是学生会主席，你知道他的名字吗?”

（3）核实法。

当以上两种方法都无法确定文凭的真伪时，招聘方可以采用核实法，通过与文凭所在学校的学籍管理部门取得联系，请他们协助调查。通常来说，学校都会积极配合，这种方法虽然较为麻烦，但可以保证百分之百的准确率。

（4）上网查询法。

即根据证书的编号上网查询确认。另外，还要注意证件的发证机关，有些证件是国家承认的、有效的，而有些证件只是参加一些培训班考试合格而由培训机构颁发的，这些证件是不被国家承认的，也是无效的。

7.3.3 该项工作的流程

（1）明确招聘的目的。

（2）根据空缺职位的工作说明书和要求，明确简历筛选的关键词及标准。

（3）首先对关键词进行粗选，如学历、职位、工作年限、地点、职责等。

（4）对简历中的各项具体内容和空缺职位的匹配性进行细选，重点是看应聘者有没有职位要求的关键要素，只求大致匹配，不求严格吻合。

（5）对大致匹配的简历进行精读，应聘者以往工作经历、角色和职责、既往成就和成功经验、既往管理幅度和经验、存疑和瑕疵等。

（6）对简历的匹配性进行分组分类，如符合、较符合、较不符合、不符合。

（7）根据不同组的简历数量确定进入下一轮甄选的人选。

7.3.4 使用表单模板、工具方法

本实训项目可能使用的表单模板、工具方法如表 7－5 所示。

表 7－5　　分辨简历信息的匹配度

方面	内容
学历、经验	学历、经验和技能水平适合岗位需求
职业规划	职业生涯的发展趋势，主要预计求职者任职的稳定性。例如其在一定时间内跳槽或转岗的频率
事实与行为	简历的事实依据，要看是否实事求是，内容是否具有行为描述的特征。如当时的情境是什么，面对的任务是什么，采取了什么行动，结果如何
自我评价的适度性	适度的评价能够反映求职者的素质和自我认知的客观性
推荐人的资格审定及内容的事实依据	主要看推荐人是否可靠、客观、提供的事实是否有说服力
书写格式的规范化	这能体现求职者的基本训练和素质，必要时要求提供手写的简历或信件
联系方式及求职者的自由度	求职者的这些要求应当得到尊重

7.3.5 该项目操作事项

（1）学生分组：6～8 人为一组。

（2）学习相关理论知识并阅读实训案例 7.3 材料。

案例 7.3　　A 公司的案例材料

A 公司始创于 1996 年，是一家集设计、研发、生产、营销于一体的大型现代化家具企业。产品覆盖民用家具、办公家具、酒店家具三大领域，拥有国际化的家具生产线和电脑全自动加工系统。公司通过 10 多年的科学经营，已经成为业界一致推崇的家具集团。

现在公司需要招聘一名市场营销专员，岗位职责和职位要求如下。

岗位职责：

1. 在上级领导和监督下定期完成量化的工作要求；
2. 能独立处理和解决所负责的任务；
3. 管理客户关系，完成销售任务；
4. 了解和发掘客户需求及购买愿望，介绍自己产品的优点和特色；
5. 为客户提供专业的咨询；
6. 收集潜在客户资料。

任职资格：
1. 大专及以上学历；
2. 英语四级及以上水平；
3. 表达能力强，具有较强的沟通能力及交际技巧；
4. 具备一定的市场分析及判断能力，以及良好的客户服务意识；
5. 有责任心，能承受较大的工作压力。

简历（一）

姓名：王××	性别：男
出生日期：1993.4.3	籍贯：安徽
目前城市：北京	政治面貌：团员
联系电话：××××××	E－mail：××××××××@163.com

求职意向

求职行业	贸易消费
应聘职位	市场营销专员、销售点行政专员等
工作地点	北京
薪资要求	5000～6000元/月

教育背景

2008年9月～2011年7月	合肥市第××中学	高中
2011年9月～2014年7月	合肥××学院	大专

工作经历

2014年11月～2017年9月	合肥××有限公司　销售部　促销员 工作职责： 1. 负责××区域的饮料市场促销和产品推广； 2. 完成工作业绩和销售任务
2018年4月～2018年9月	合肥××科技有限公司　销售部　市场专员 工作职责： 1. 对公司目标区域进行市场问卷调查、信息整理； 2. 对本公司生产的游戏产品进行推销和市场推广

自我评价

善于沟通，敢作敢为，诚信踏实，富有吃苦精神

所获证书

外语	英语三级
计算机	C语言二级

所获荣誉

2011年10月	“军训优秀学员”
2012年11月	“优秀团员”

简历（二）

姓名：黄××	性别：男
出生日期：1993年6月2日	籍贯：山东
目前城市：北京	政治面貌：党员
联系电话：××××××	E-mail：×××××××××@sina.com

求职意向	
求职行业	物流运输、制药医疗
应聘职位	物流专员、市场营销专员
工作地点	北京
薪资要求	5000~6000元/月

教育背景		
2008年9月~2011年7月	济南市第××中学	高中
2011年9月~2015年7月	山东××学院	本科

工作经历	
2015年9月~2016年11月	济南××制药有限公司　医药代表 工作职责： 1. 负责公司产品的区域推广和产品销售 2. 负责业绩指标和产品品牌宣传
2016年12月~2018年9月	济南××物流公司　物流专员 工作职责： 1. 做好数据接收、处理工作，保证数据处理准确性； 2. 负责与仓储进行提货、配货单的交接工作； 3. 建立、维护业务档案，确保业务档案得到不断更新

自我评价
乐观开朗、责任心强、吃苦耐劳、适应能力强、善于沟通、踏实勤劳

所获证书	
外语	英语四级

所获荣誉	
2012年11月	“三好学生”

（3）对案例中给出的两份简历进行筛选。

（4）简历是否符合公司招聘要求，经过小组讨论后选派代表发布小组意见并陈述理由。

（5）教师进行点评。

7.4 实训项目四：面试

7.4.1 实训目的

通过本项目实训，了解面试的设计流程，熟悉面试的提问技巧，掌握面试的实施流程，掌握面试提纲、面试评价表和评分标准的设计技能，为企业进行有效的人力资源甄选奠定基础。

7.4.2 理论知识简单回顾

面试是指通过应聘者与面试者之间面对面的交流和沟通，从而对应聘者作出评价的方法，面试是企业最常用的一种甄选工具。面试过程中应善于运用各种提问方式。

（1）开放式提问。

即让应聘者自由发表意见或看法，让其具有更多的发挥余地，从而有利于深入地了解应聘者的能力与潜力。开放式提问又分为无限开放式和有限开放式。

（2）封闭式提问。

即让应聘者对某一问题作出明确的答复，如是或否，有或无。

（3）清单式提问。

即鼓励应聘者从多个角度进行陈述，以获取应聘者决策或思维分析等多方面的能力。

（4）比较式提问。

即主考官要求应聘者对两个或更多的事物进行比较分析，以了解应聘者的个人品质、工作动机、工作能力与潜力。

（5）举例式提问。

这是面试的一项核心技巧，又称为行为描述面试。面试考官在考察应聘者的工作能力、工作经验时，可以对应聘者过去工作行为中特定的例子加以询问。例如，“过去半年中你所建立的最困难的客户关系是什么，当时你面临的主要问题是什么，你是怎样分析的，采取什么措施，效果怎样?”等，从而能较全面地考察一个人。

（6）假设式提问。

即鼓励应聘者从不同角度思考问题，发挥应聘者的想象力，以探求应聘者的态度或观点。例如“如果你遇到……的客户，你会怎样处理?”等。

（7）重复式提问。

即让应聘者从不同的角度知道面试考官接收到了应聘者的信息，检验获得信息的准确性。例如，“你是说……”“如果我理解正确的话，你说的意思是……”。

（8）确认式提问。

即鼓励应聘者继续与面试考官交流。表达出对信息的关心和理解。例如，“我明白你的意思，这种想法很好!”

（9）客观评价式提问。

这是主考官有意让应聘者介绍自己的情况，从而客观地对自己的优缺点进行评价，或以曾在主考官身上发生的某些事情为例，以此引导应聘者毫无准备地回答有关敏感问题，借此对应聘者进行更加深刻的了解。例如，“世上没有十全十美的人，比如说，我在处理突发事件时就易冲动，今后有待于进一步改善。你觉得你在哪些方面需要改进?”

7.4.3　该项工作的流程

1. 面试前的准备

（1）成立面试小组，并对面试考官进行培训，熟悉待聘岗位工作说明书和面试流程、面试问题及面试评分标准等。

（2）回顾职位说明书。在回顾职位说明的时候，要侧重了解的信息是职位的主要职责，对任职者知识、能力、经验、个性特点、职业兴趣取向等方面的要求，工作中的汇报关系、环境因素、晋升和发展机会、薪酬福利等。

（3）阅读应聘材料和简历。在面试之前，一定要仔细阅读被面试者的应聘材料和简历。

（4）准备面试的时间和场地。面试的环境必须安静，面试者与被面试者的位置可采用圆桌（或长方桌）会议的形式，多个面试者对一个被面试者。

（5）通知应聘者前来面试。告诉具体的时间、地点等。

（6）设计面试提纲或面试问题。根据岗位职责、任职资格或岗位胜任力模型，准备面试问题或面试提纲。

2. 面试的实施过程

面试的过程包括5个阶段：关系建立阶段、导入阶段、核心阶段、确认阶段、结束阶段，每个阶段有各自不同的主要任务，在不同的阶段中，适用的面试题目类型也有所不同。

（1）关系建立阶段。

这一阶段主要的任务是面试者要为被面试者创造轻松、友好的氛围。这种轻松、友好的氛围将有助于被面试者在后面的面试过程中更加开放的沟通。这一阶段通常讨论一些与工作无关的问题，例如天气、交通等。这部分大致占整个面试的2%的比重。在这个阶段主要采用一些需要简短回答的封闭性问题。

（2）导入阶段。

在导入阶段，面试者首先要问一些被面试者一般有所准备的比较熟悉的题目，以缓解被面试者依然有点紧张的情绪。这些问题一般包括让被面试者介绍一下自己的经历、过去的工作、学习及生活等。所问的问题一般比较宽泛，使得被面试者有较大的自由度，另外也为后面的提问做准备。导入阶段占整个面试的比重大致为8%。在这一阶段，最适用的面试题目是开放性的面试题目。

（3）核心阶段。

核心阶段是整个面试中最为重要的阶段。在核心阶段，面试者将着重搜集关于被面试者核心胜任力的信息。被面试者将被要求讲述一些关于核心胜任力的事例，面试者将基于这些事实作出基本的判断，对被面试者的各项关键胜任能力作出评价，并主要依据这一阶段的信息在面试结束后对被面试者作出录用决定。核心阶段占整个面试的比重为80%，并且整个面试的65%要用在基于关键胜任能力的问题上。这一阶段使用的面试问题最主要的是基于关键胜任力的行为性问题。当然在使用行为性问题的同时还要与其他问题配合使用。

（4）确认阶段。

在这一阶段，面试者将进一步对核心阶段所获得的对被面试者关键胜任能力的判断进行确认。这一阶段所使用的问题最好是开放性的问题。因为如果使用过多的封闭性问题，则会对被面试者的回答造成导向性，被面试者会倾向于给出面试者希望听到的答案。确认阶段在整个面试中所占的百分比为5%。

（5）结束阶段。

结束阶段是面试者检查自己是否遗漏了关于那些关键胜任能力的问题并加以追问的最后机会。而且，被面试者也可以借这个最后的机会来推销自己，表现出组织所要求的关键胜任能力。结束阶段占整个面试的百分比大约为5%。在这个阶段中，可以适当采用一些基于关键胜任能力的行为性问题或开放性问题。

3. 面试结果汇总

几轮面试都结束后，应根据每位考官的评价结果对每一位应聘者的面试表现进行综合分析，形成对应聘者的总体评价，以便作出录用决定。

7.4.4 使用表单模板、工具方法

本实训项目可能使用的表单模板、工具方法如表7－6～表7－7所示。

表7－6　　面试评价

编号			姓名			出生年月		
评价要素	权重（%）	具体指标（%）		优秀 90～100分	较好 80～90分	一般 70～80分	较差 60～70分	很差 60分以下
身体外貌	20	健康程度10						
		气质10						

续表

编号		姓名		出生年月			
评价要素	权重（%）	具体指标（%）	优秀 90～100分	较好 80～90分	一般 70～80分	较差 60～70分	很差 60分以下
知识经验	20	基础知识4					
		实际经验6					
		职业道德5					
		专业知识5					
能力方面	40	社交能力10					
		口头表达能力10					
		应变能力8					
		协调能力6					
		解决问题能力6					
性格方面	20	工作热情6					
		自信心6					
		开放性4					
		亲和力4					
小计							
主考官评价意见	评委甲						
	评委乙						
录用决定	□建议录用		□可考虑		□建议不录用		

表7－7　结构化面试试题示例

第一部分：时间3～5分钟					
导入语：寒暄，双方相互自我介绍					
第二部分：进入面试正式阶段					
考察要素	要素内容	面试问题	权重	分数	时间
仪容仪表	衣着是否得体		2%	10	
	精神状态是否饱满		2%		
	言行举止是否大方、适度		2%		
技能水平	专业知识		2%	15	
	计算机水平		2%		
	外语水平		2%		
	有无相关证书		2%		
	其他技能		1%		

续表

第二部分：进入面试正式阶段					
考察要素	要素内容	面试问题	权重	分数	时间
计划组织能力	是否明确工作任务并有较好的工作计划	请举例说明您过去曾做过的一个成功的策划案并说明实施过程； 请举例说明您必须在同一时间完成很多项任务的事例	10%	25	
	是否善于利用周围的资源解决问题	请说明您如何组织我们公司的年会	20%		
沟通协调能力	处理冲突的能力	假如您手下有一名非常出色的员工，可他不服从您的领导，您打算怎么解决	10%	10	
	语言表达能力	您认为怎样的沟通才是有效的沟通	8%		
决策领导能力	办事是否果断、合理	现公司有一个大型项目，据分析，只有六成的把握，您将如何决断	7%	20	
	是否善于领导团队并能很好的激励下属	假如您是市场部经理，请设计一个激励员工的方案	10%		
应变能力	解决突发事件的能力	部门正在开会，突然，公司的一个大客户怒气冲冲地传进来，这时您将如何处理	10%	20	
	与客户谈判的应变能力	当企业的一个重要客户和您谈判时，提出对企业很苛刻的要求，您将如何处理	10%		
第三部分：进入面试尾声（时间10分钟）					
请说明您最近一次离职的时间					
谈谈您的职业规划					
简要地评价自己					
第四部分：结束面试（时间：3分钟左右）					
对应聘者说明公司面试的安排并对应聘者表示感谢					

7.4.5 该项目操作事项

（1）学生分组：6~8人为一组。

（2）学习相关理论知识并阅读以下实训案例材料。

采用以学生模拟训练为主的开放模式组织教学。

（3）模拟面试的前期准备。

①确定模拟招聘岗位，学生分组，每6~8人为一组，自主确定拟招聘岗位；

②各小组制定岗位说明书及招聘广告；

③每组选定一个应聘者，应聘者撰写和提交个人简历；

④各招聘小组设计面试问题及面试评分表。

（4）模拟面试阶段。

按照预先设计的面试提纲和面试问题，对应聘者进行提问，测评出应聘者的各项素质。

（5）结束阶段。

面试收尾，结束面试，面试评议小组进行集体讨论，并指定一名小组成员发布面试评价结果，对本组和应聘者的表现进行评价。

（6）教师组织观摩学生评价该小组的面试活动中的优点和不足，提出改进意见。

（7）教师总结小组面试活动并进行点评。

7.5 实训项目五：无领导小组讨论测试

7.5.1 实训目的

通过无领导小组讨论的实训，了解无领导小组讨论测试的目的和流程，体验无领导小组讨论的过程和氛围，掌握实施无领导小组讨论的基本技能和技巧，熟悉无领导小组讨论测试题目的设计，从而进行有效的人力资源选拔。

7.5.2 理论知识简单回顾

无领导小组讨论是评价中心技术中经常使用的一种测评技术，其采用情景模拟的方式对被测评者进行集体面试，它通过给一组被测评者（一般是5～7人）一个议题，让被测评者进行一定时间（一般是1小时左右）的讨论，来检测被测评者的组织协调能力、口头表达能力、辩论能力、说服能力、情绪稳定性、处理人际关系的技巧、非言语沟通能力（如面部表情、身体姿势、语调、语速和手势）等各个方面的能力和素质是否达到拟任岗位的用人要求，其自信程度、进取心、责任心和灵活性等个性特点和行为风格是否符合拟任岗位的团体气氛，由此来综合评价被测评者的优劣。

在无领导小组讨论中，或者不给被测评者指定特别的角色（不定角色的无领导小组讨论），或者只给每个被测评者指定一个彼此平等的角色（定角色的无领导小组讨论），但都不指定谁是领导，也不指定每个被测评者应该坐在哪个位置，而是让所有被测评者自行安排、自行组织，评价者只是通过安排被测评者的活动，观察每个被测评者的表现，来对被测评者进行评价。

无领导小组讨论的题目即背景材料要求非常高，首先，要求讨论的题目没有明显的答案或绝对的正确与否之分，它应该富有讨论空间，能够引起充分的争论，从而使被评价者的各项特点和综合能力，尤其是领导才能得到淋漓尽致的发挥，同时也给评委提供了在互相对照的背景下对被评价者进行评价的机会。其次，讨论的题目要有普遍性，如果题材过于专业化，势必会影响到那些不熟悉该专业领域的小组成员。讨论题目的形式可以多种多样，一般可分为下列5种：开放式问题、两难问题、多项选择问题、操作性问题、资源争夺问题等。可根据职位类型编制或确定讨论题目。

无领导小组讨论的评价标准。一般而言，在无领导小组讨论中，考官评价依据的标准主要有以下几点：

（1）参与有效发言次数的多少。

（2）是否善于提出新的见解和方案。

（3）是否敢于发表不同的意见，支持或肯定别人的意见，在坚持自己的正确意见基础上根据别人的意见发表自己的观点。

（4）是否善于消除紧张气氛，说服别人，调解争议，创造一个使不大开口的人也想发言的气氛，把众人的意见引向一致。

（5）是否倾听别人意见，是否尊重别人，是否侵犯他人发言权。

（6）语言表达能力如何，分析能力、概括和归纳总结不同意见的能力如何，发言的主动性、反应的灵敏性如何等。

7.5.3 该项工作的流程

1. 准备阶段

（1）明确本次测评对象拟任岗位及岗位特征，构建测评指标，并编制无领导小组讨论综合评分表。

（2）根据岗位特征，设计讨论题目。

（3）选择讨论场地并布置。

（4）考官培训。对考评者的培训是一个不能缺少的环节，理解无领导小组讨论的观察方式、评分方法以及各个测评指标的定义，必要时还要进行模拟评分练习。培训目的是提高评分者信度，让考评者的评分尽可能相近。

2. 实施阶段

无领导小组讨论通常为60分钟左右，分为4个阶段。被测评者进入测评室，抽号入座，填报到表，并关闭手机。讨论正式开始前助理人员将讨论题、记录纸、讨论汇报表发给被测评者。

（1）正式讨论前准备阶段。考官宣布指导语，让被测评者了解试题，独立思考，列出发言提纲，一般为10分钟左右。

“首先欢迎大家参加这次讨论，讨论的主题是关于……各位就是本次专题讨论的成员。讨论中各位地位平等，没有谁是领导，也没有人来主持，讨论进程由你们自己控制。讨论内容马上就会发给你们，拿到讨论题后请你们先用10分钟时间了解讨论内容，然后每人有2分钟左右的时间发表自己的意见，接着有20分钟的时间进行讨论，最后小组要形成一致的意见并填写在讨论汇报表上，讨论结束后推举一人向主考官进行汇报。

讨论时可根据彼此座位号码牌上的数字相互称呼。随题目发下的另外一张白纸供你们讨论记录用，讨论结束与题目一起交给主考官。

现在有什么问题可以提出，讨论一旦开始，主考官就会退出，不能再回答任何问题。

如果没有什么问题，现在就可以开始了。”

（2）表述阶段。被测评者轮流发言阐述自己的观点，一般为2分钟左右。

（3）讨论阶段。被测评者相互讨论，继续阐明自己的观点，或对别人的观点提出不同的意见，并最终得出小组的一致意见，一般每个人每次的讨论发言不超过3分钟，但对发言次数不做限定，时长一般为20分钟左右。

（4）汇报阶段。由小组推荐一位被测评者向主考官汇报讨论结果，一般为2分钟左右，讨论结束。

讨论的4个阶段连贯进行，中间不停顿，最后以提交讨论汇报表作为结束；主考官收回讨论题和记录纸，被测评者离场。如果被测评者在规定时间还未完成讨论任务，此时主考官要及时进行干预。

3. 后期评估阶段

（1）考官按照评分表对被测评者分别打分。

（2）考务人员统计分数，同时，考官可对本组考生的表现进行评述。

7.5.4 使用表单模板、工具方法

本实训项目可能使用的表单模板、工具方法如表7-8所示。

表7-8　无领导小组讨论题目

1. 海上自救	情境：你们正乘一艘科学考察船航行在大西洋的某个海域，考察船突然触礁并迅速下沉，队长下令全队立即上橡胶救生筏。据估计，离你们出事地点最近的陆地在正东南方向100海里处。救生筏上备有九件物品，除了这些物品以外，有些成员身上还有一些香烟、火柴和气体打火机。 问题：现在队长要求你们每个人将救生筏上备用的九件物品按其在求生过程中的重要性进行排列，把最重要的物品放在第一位，次重要的放在第二位，直至第九件物品。请你们一起讨论，在25分钟内定出一个统一方案。并推荐一名代表向面试考官汇报。 附：排序用的物品 指南针小收音机（一台） 剃须镜航海图（一套） 饮用水巧克力（二公斤） 蚊帐二锅头酒（一箱） 机油钓鱼工具（一套） 救生圈驱鲨剂（一箱） 压缩饼干（一箱） 15米细缆绳 30平方尺雨布一块

续表

2. 转行问题	著名企业家柳传志在管理上信奉几条原则，其中一条就是“不熟不做”。从这个角度来讲，自己手里已经抱着的“金娃娃”，怎么能够说丢就丢，再去别的行业寻“新鲜”呢？随意转行是做企业的大忌，你现在干的这个行业竞争激烈，利润严重缩水，谁能保证你转行做了其他行业，利润就不缩水？ 但有人提出质疑：如果行业利润真的严重缩水，甚至到了越做越亏的地步，你还一味坚持，那不是自寻死路吗？例如，由于产品同质化严重、行业竞争日趋激烈，以及原材料涨价等因素，许多行业如服装、纺织、皮革、电子、白色家电、IT、咨询等，利润都在缩水。 你如何看待这个问题？ 请大家进行讨论，得出一致结论，推荐一名代表向面试官汇报。
3. 成功领导者的因素	做一个成功的领导者，可能取决于很多的因素，例如： 善于鼓舞人　　能充分发挥下属优势 处事公正　　能坚持原则又不失灵活性 办事能力强　　幽默 独立有主见　　言谈举止有风度 有亲和力　　有威严感 善于沟通　　熟悉业务知识 善于化解人际冲突　　有明确的目标 能通观全局　　有决断力 请你分别从上面所列的因素中选出一个你认为最重要和最不重要的因素。 首先，给你 5 分钟时间考虑，轮流阐述自己的观点。 接下来，你们几位用 30 分钟时间就这一问题进行讨论，并在结束时拿出一个一致性的意见，即得出一个你们共同认为最重要和最不重要的因素。 然后，派出一个代表来汇报你们的意见，并阐述你们做出这种选择的原因。
4. 你会怎么办？	单位经费紧张，现只有 20 万元，要办的事情有下列几项： （1）解决办公设备短缺问题，预计需花费 4 万元。 （2）装修会议室大厅等以迎接上级单位委托承办的大型会议，预计需花费 8 万元。 （3）支付职工的高额医疗费用，预计需花费 10 万元。 （4）五一节为单位职工发些福利，预计需花费 3 万元。 很明显 20 万元无法将这四件事情都办圆满，如果你是这个单位的分管领导，将如何使用这笔钱。 流程： （1）5 分钟的审题、思考时间。 （2）1 分钟的观点陈述时间。 （3）30 分钟的小组讨论时间。 （4）5 分钟总结。 然后，派出一个代表来汇报你们的意见，并阐述你们做出这种选择的原因。
5. 面包与记者	假设你是公司的业务员，现在公司派你去偏远地区销毁一卡车的过期面包（不会致命的，无损于身体健康）。在行进的途中，刚好遇到一群饥饿的难民堵住了去路，因为他们坚信你所坐的卡车里有能吃的东西。 这时报道难民动向的记者也刚好赶来。对于难民来说，他们肯定要解决饥饿问题；对于记者来说，他是要报道事实的；对于你来说，你是要销毁面包的。 现在要求你既要解决难民的饥饿问题，让他们吃这些过期的面包（不会致命的，无损于身体健康），以便销毁这些面包，又要不让记者报道过期面包的这一事实？请问你将如何处理？ 说明： 1. 面包不会致命；2. 不能贿赂记者；3. 不能损害公司形象。 请大家进行讨论，得出一致结论，推荐一名代表向面试官汇报。

续表

6. 选办公室主任	董事长要选一个办公室主任，你认为谁最合适？ 1. 薛宝钗　2. 贾母　3. 王熙凤　4. 林黛玉 流程： （1）5 分钟的审题、思考时间。 （2）1 分钟的观点陈述时间。 （3）30 分钟的小组讨论时间。 （4）5 分钟总结。 然后，派出一个代表来汇报你们的意见，并阐述你们做出这种选择的原因。
7. 组织年终联欢会	新的一年要结束了，公司要组织一次年终联欢会，以答谢全体员工一年来的辛勤工作，会议上要表彰先进，鼓舞士气，假设现在大家都是行政办公室成员，我们现有的资源如下： 1. 联欢会前一个月的准备时间； 2. 5 万元的活动经费； 3. 大家都是这个联欢会筹备小组的成员； 请大家拟定一个年终联欢会活动方案出来，方案内容需包括以下几项： 1. 联欢会准备阶段的分工及日程安排； 2. 联欢会议程（内容）； 3. 联欢会的目的及口号； 4. 如何使全员互动，通过联欢会达到团队建设的目的。 用 40 钟时间就这一问题进行讨论，并在结束时拿出一个一致性的意见，然后，派出一个代表来汇报你们的意见。
8. 高等教育与创业	讨论：很多成功的创业者（如盖茨、李嘉诚）都没有接受过完整的高等教育，因此你是否认为高等教育对于一个成功的创业者并不那么重要。 用 30 钟时间就这一问题进行讨论，并在结束时拿出一个一致性的意见，然后，派出一个代表来汇报你们的意见。
9. 海上救援	现在发生海难，一游艇上有八名游客等待救援，但是现在直升机每次只能够救一个人。游艇已坏，不停漏水。寒冷的冬天，刺骨的海水。游客情况： 1. 将军，男，69 岁，身经百战； 2. 外科医生，女，41 岁，医术高明，医德高尚； 3. 大学生，男，19 岁，家境贫寒，参加国际奥数获奖； 4. 大学教授，50 岁，正主持一个科学领域的项目研究； 5. 运动员，女，23 岁，奥运金牌获得者； 6. 经理人，35 岁，擅长管理，曾将一大型企业扭亏为盈； 7. 小学校长，53 岁，男，劳动模范，五一劳动奖章获得者； 8. 中学教师，女，47 岁，桃李满天下，教学经验丰富。 请将这八名游客按照营救的先后顺序排序。 用 30 钟时间就这一问题进行讨论，并在结束时拿出一个一致性的意见， 然后，派出一个代表来汇报你们的意见。

表 7-9　　无领导小组讨论评分

组别：第________组　　　　时间：　　年　　月　　日

测评要素	解决问题能力	个人影响力	组织协调能力	团队协作能力	语言表达能力	稳定性举止仪表	总分
权重%	20	20	20	20	10	10	
观察要点	分析问题思路清晰，善于抓住问题的要害，解决问题的方法切实可行	思维敏捷，能根据场上情况及时调整、完善自己的思路，能抓住适当时机积极发言，有效赢得认可与支持	在讨论中善于寻求大家观点的共同点和不同点，为达成小组目标主动平息小组的纷争，推动小组形成统一意见	愿意与他人共同工作，专心聆听他人意见，不压制，能够赢得他人的新人、支持与合作，从而构建融洽高效的小组	能够清晰地表达自己的观点和思路，语言生动、流畅、富有感染力	面试中情绪稳定、沉着，穿着打扮自然得体，言谈举止表现出良好的文化素质	
考生							
考生							
考生							
考生							
考生							
考生							
考生							
考生							

表现最好的被测评者： 理由： 其他意见：	打分标准说明： 1. 满分是 10 分，请根据您的个人观点打分，不要与其他考官商量。 2. 8 分以上，非常好；4～8 分，较好；4 分以下，较差。 考官签名： 年　月　日

7.5.5　该项目操作事项

（1）讨论前事先分好组，每组为一轮，根据教学班人数确定分多少组。每组扮演被测评者 8 人，扮演考官 5 人，扮演考务的学生 1 人（材料发放、分数的统计等），每组共计 14 人。如果有多余学生，可在旁边观摩。

（2）考场按易于讨论的方式设置，一般采用圆桌会议室，面试考官席设在考场四边（或集中于一边，以利于观察为宜）。

（3）被测评者落座后，监考人员为每个被测评者发空白纸若干张，供草拟讨论提纲用。

（4）主考官向被测评者讲解无领导小组讨论的要求（纪律），并宣读讨论题。

（5）给被测评者 5 ~ 10 分钟准备时间（构思讨论发言提纲）。

（6）主考官宣布讨论开始，依考号顺序每人阐述观点（2 分钟），依次发言结束后开始自由讨论。

（7）各面试考官只观察并依据评分标准为每位被测评者打分，但不准参与讨论或给予任何形式的诱导。

（8）无领导小组讨论一般以 30 ~ 40 分钟为宜，主考官依据讨论情况控制时间。宣布讨论结束后，收回被测评者的讨论发言提纲，同时收各考官评价表，被测评者退场。

（9）记分员按歌咏比赛方法去掉一个最高分、一个最低分，然后得出平均分的方式，计算出最后得分，主考官在成绩单上签字。

（10）组织学生进行讨论，总结无领导小组讨论的测评要点和注意事项，如何提高评价的有效性，讨论后教师进行点评。

8 综合实训四：人力资源开发

8.1 实训项目一：培训需求分析

8.1.1 实训目的

了解培训需求分析的重要性，熟悉培训需求分析系统的三大层次以及培训需求分析的思路，掌握培训需求分析的方法与技术。

8.1.2 理论知识简单回顾

培训需求分析是整个培训与开发工作的起点，它决定着培训活动的方向，如果前期的培训需求分析出现偏差，整个培训工作可能就会“南辕北辙”，达不到预期的目标。培训需求分析必须在组织中的三个层次上进行：一是组织分析，组织层面的分析包括对企业未来的发展战略与方向、企业资源的分析，并对企业的整体绩效做出评价，组织分析主要确定企业目前的培训重点。二是任务分析，任务分析的主要对象是企业内的各个职位，通过任务分析确定各个职位的工作任务、达标标准以及成功完成任务需要具备的任职资格条件，任务分析的结果界定了培训内容的范围。三是人员分析，人员分析是针对员工进行的，主要从员工个人绩效、职位变动计划以及确定员工接受培训的基本能力和动机三方面进行分析，人员分析最终把培训需求落实到具体的个人，确定培训的对象。

培训需求分析的基本思路：首先，通过高层决策者、各部门和员工个人收集信息资料；其次，将所收集的零散信息资料整理、归纳，识别培训需求和非培训需求，并按照轻重缓急进行排序；最后，找出原因形成结果，将结果递交管理层，汇总培训需求意见，确认培训需求。其中，收集培训需求信息常用的方法有观察法、问卷调查法、资料查阅法、访谈法、关键事件法、绩效分析法、经验预计法等，这几种方法都有各自的优缺点，实践运用过程中，企业会综合使用几种方法来确定培训需求。

8.1.3 该项工作流程

（1）准备培训需求调查计划。确定需求调查的目标和行动计划；选择合适的培训需求调查方法；确定培训需求调查的内容。

（2）实施培训需求调查工作。根据确定的培训需求调查方法进行实际调查，获取信息数据。

（3）在培训需求调查的基础上，从组织、工作、个人三个层面进行系统的鉴别与分析，汇总排序，确认培训需求。

（4）撰写培训需求分析报告。

8.1.4 使用表单模板、工具方法

本实训项目可能使用的表单模板、工具方法如表 8－1～表 8－2 所示。

表 8－1　　人物访谈清单

访谈对象：　　　　访谈时间：

具体问题	访谈记录
员工特别出色的知识、技能表现在哪些方面	
员工特别需要学习的知识和技能包括哪些	
员工对现职的热忱、关心度如何	
员工有望取得的成就或可担任的职务	
对员工今后培训方面的意见	
其他需要说明的内容	

表 8－2　　培训需求调查

观察对象		地点		观察时间	
观察内容	差	一般	较好	好	优秀
工作纪律遵守					
工作态度					
工作熟练程度					
时间安排的合理性					
工作方法的合理性					
工作完成情况					
工作效率					
团队意识					
整体工作状态					

表 8－3　　培训需求分析报告

报告包括的内容	
报告提要	
培训需求分析实施的背景	
开展需求分析的目的和性质	
阐述需求分析实施的方法和流程	
培训需求分析实施的结果	
对分析结果的简要评析提供参考意见	
附录（包括收集和分析信息时用的相关图表、原始资料等）	

8.1.5　该项目操作事项

（1）学生分组：6～8 人为 1 组。

（2）学习相关理论知识和实训案例 8.1。

（3）各组成员负责制定访谈提纲或调查问卷。

（4）要求学生运用人物访谈和问卷调查等方法对 A 企业进行调查，得出他们的培训需求。

（5）分析调查结果，整理成培训需求分析报告。

（6）小组讨论需求分析结果是否符合 A 企业情况，并进行修正。

（7）老师总结：简单点评学生问卷或访谈提纲设计是否合适，如何识别培训需求和非培训需求，需求分析结果是否科学准确、契合 A 企业的情况。

案例 8.1　　A 企业年度工作总结

2012 年底，武汉某高新技术企业（简称 A 企业）举办了年度工作总结。在本次总结会议的过程中，总经理李强对技术部工作很不满意，技术部年初设定的考核目标基本都没有完成，部分重点工作任务也没有及时完成。新上任的技术部经理张默，是公司的技术“大牛”，但在管理上却有很多不足。目前，技术部问题主要表现在：(1) 不重视部门建设，部分关键岗位人员一直未能到位。(2) 部门没有明确工作目标，考核工作不落地。(3) 项目管理无序化，项目无立项即上马，项目进度滞后，人员管理松散。(4) 项目组长的能力不足，项目成员不服从项目组长的管理。经过管理人员沟通，考虑到今年的销售压力更加严峻，技术部的研发工作一定要规范、及时、有效，保障产品上市，充分支持产品销售。人力资源部必须在两周内，确定技术部的培训需求，制订培训计划。

8.2 实训项目二：人力资源培训计划的制订

8.2.1 实训目的

培训需求分析的结果形成培训计划书。培训计划中要了解培训计划的类型，熟悉培训计划的内容，掌握培训计划的编制。

8.2.2 理论知识简单回顾

培训计划根据时间跨度分为中长期培训计划、年度培训计划和单项培训计划。中长期培训计划相对比较宏观，主要阐述企业的培训理念、培训投入政策、培训方针、原则以及未来培训方向等内容。年度培训计划是对企业在一年中的总体培训安排所做的计划，主要涉及企业当年的主要培训活动和培训开支计划。单项培训计划是针对某一次培训项目所做的具体的行动计划，具有很强的操作性。不同的企业，培训计划的内容可能会有所不同，通常一个比较完备的培训计划包括培训目标、培训内容、培训对象、培训师、培训时间、地点及设施、培训的方法和培训费用。其中，培训内容服务于培训要达到的目的和目标，培训师的选择有内部培训师和外部培训师两个渠道，企业可以根据培训的目标和内容并结合企业的实际情况进行选择。

8.2.3 该项工作流程

（1）在培训需求分析的基础上确定培训目标。

（2）将上年度培训计划的实施情况汇总起来，进行 SWOT 分析，找出机会点作为改进方向。之后对培训计划制订的时间点进行规划。利用公司管理干部会议，传达年度培训计划制订的方向及进程。

（3）合理安排培训的时间和地点。

（4）根据培训目标进行培训内容及课程设置。

（5）培训负责人和培训讲师的选择。

（6）培训对象。根据培训需求调查分析的结果并结合企业的发展战略，确定需接受培训的人员。

（7）培训教材及其他相关工具的准备。

（8）确定培训的形式和方法。

（9）培训费用的预算。

（10）确定培训计划的组成要素，形成培训计划方案。

（11）培训计划的沟通及修正。

8.2.4 使用表单模板、工具方法

本实训项目可能使用的表单模板、工具方法如表 8－4 所示。

表 8－4　　培训项目计划书

培训项目计划书
培训项目背景
1. 专业机构对行业与企业的了解 2. 企业培训需求描述与说明 3. 对企业培训需求的理解
培训内容简要介绍
1. 培训项目名称 2. 预期培训效果 3. 建议的培训形式 4. 受训者的构成 5. 使用的培训方法 6. 培训时间
培训实施计划
1. 日期 2. 培训主要内容 3. 培训课程体系 4. 培训对象 5. 培训方法简述
培训前期准备工作
1. 培训地点的确定、培训场所的布置 2. 培训设备与器材的准备 3. 教材的制作与具体负责人 4. 培训前设备调试时间与具体负责人
培训师简介
对培训师的工作、培训经历、培训课题进行相应的介绍
培训费用预算
1. 培训师讲课费 2. 场地租赁费 3. 设备、器材租赁费 4. 教材、讲义制作费 5. 交通费 6. 培训期间餐费 7. 其他费用
培训后期效果评估
1. 确定评估指标体系 2. 确定评估方法 3. 确定评估后应该采取的后续行动

表 8-5　　两个渠道选择培训师的利弊比较

类型	优点	缺点
内部培训师	✓ 培训成本低 ✓ 对企业实际情况较熟悉，培训有针对性 ✓ 培训责任心较强，培训易控 ✓ 可以和学员进行有效的沟通	✓ 选择范围小，权威性不高 ✓ 不能引起学员的兴趣 ✓ 易受企业现状的影响，缺少新思想、新观点
外部培训师	✓ 选择范围大，培训者较专业，具有丰富的培训经验，可提升培训档次 ✓ 不受企业管理理念的影响，可带来新的观点和理念 ✓ 易营造学习气氛，促进培训效果	✓ 培训成本高 ✓ 偏重于理论知识，而忽视了实际操作技能和企业文化的培养 ✓ 易选错培训者，对企业不熟悉，培训的内容会缺乏针对性

8.2.5　该项目操作事项

（1）学生分组：6~8 人为 1 组。

（2）学习相关理论知识和实训案例材料（见案例 8.1）。

（3）根据需求分析结果，形成培训计划书。培训计划中要明确培训目标、培训内容、培训时间、培训对象、培训讲师、培训预算等重要信息。

（4）各组成员根据培训目标和培训内容进行教学设计。

（5）编撰实训报告。

8.3　实训项目三：培训方法选择——角色扮演法

8.3.1　实训目的

通过实训，使学生了解掌握角色扮演法的优缺点及适用条件，熟悉角色扮演法的培训过程。

8.3.2　理论知识简单回顾

角色扮演是在一个模拟的工作环境中，指定受训人员扮演某种角色，按照其实际工作中应有的权责来担当与其实际工作类似的角色，模拟地处理工作事物，从而提高处理问题的能力并改变其态度。角色扮演法是在管理培训中使用得较多的一种体验性方法，可以应用于人际关系的培训和行为领域的培训中，特别适合矫正管理者或者营销人员的行为。这种方法的优点是具有互动性，能激发受训者解决问题的热情，提高培训的积极性；教会受训者换位思考，有利于重塑或改变受训者态度或行为。缺点是情景信息比较少，场景的人为性会减弱培训的实际效果，限制受训者的发挥空间和创新行为；受训者的主观反应（如过度羞怯）直接削弱培训效果，而达不到影响其行为的目的。

8.3.3　该项工作流程

1. 准备阶段

（1）根据学习需要，确定一个明确的目的，即学习主题，如改变销售方式、提高商业谈判技巧等。

（2）发展一个故事大纲。故事大纲是角色扮演中要使用的剧本。

（3）设定演出角色，指派演员，如客户和销售员。为确保角色扮演成功，可以向学员提供如何演这个角色的指导大纲。

2. 实施阶段

（1）在角色扮演开始时，讲解训练方法的名称、内容及预期要达到的目标。

（2）在演出正式开始前做一些活动，营造轻松愉快的气氛。

（3）决定各角色的具体任务及担任者。

（4）实际演示，即各成员各就各位，根据分配的角色开始演示。

（5）演出结束，观察员针对各个角色扮演者存在的问题进行分析与评论。

8.3.4　该项目操作事项

（1）学生掌握角色扮演的相关理论，熟悉案例 8.2 的内容，做好实训前的知识准备。

（2）教师向学生说明实训要求与实训步骤，确定演练的内容及角色要求，本案例中的角色设定为技术部张某经理和生产工艺组的组长吴某。

（3）将学生分组，每组 6 ~ 8 人，各组选出两个角色扮演者，其他同学充当观察者。

（4）将材料发给所有参加者，演员利用 5 ~ 8 分钟进行热身，适应自己的角色。

（5）演示者开始表演，各组摄像人员负责摄像。

（6）演示结束后，演示者发表对自己和对方角色的看法，如有何成功之处、失败之处及改进方法。

（7）观察者对演示者的表演进行分析评价，包括优缺点及以后需要注意的问题。

（8）教师点评：启发观察者去评价演示者。可以提出下列问题：如果由你来扮演这个角色，你会怎样做？你遇到这个问题时，会怎样处理？让学生讨论一下发生的剧情，如某个角色为什么那样去做，那样去想，它的价值如何？然后教师对每个角色的表演和观众的评价加以分析、总结、指导。在整个角色扮演的过程中，教师履行导演的职责，驾驭整个剧情的发展，是每个角色的裁判，最后要作出与课程设计思想、目标相符合的结论，完成预期的教学设想。

案例 8.2

A 公司是一家专门生产和销售“飞达”系列品牌冰箱的中法合资公司，公司成立于 2000 年 5 月，目前拥有员工 1500 多人，设有生产部、技术部、销售部、采购部、人力资源部、财务部等职能部门。张某是技术部的部门经理，直接向总经理汇报工作，技术部下辖四个组，分别为生产工艺组、质量控制组、生产计划组和设备管理组。每组有员工 20 名，各设组长一名，他们都直接向张某汇报工作。技术部的主要工作职责是负责制订生产计划、设备管理与维修、质量控制，生产工艺与过程控制，协调生产，随时解决生产过程中遇到的各类技术问题。

为了提高生产效率，公司的管理团队经讨论制订了一项优化生产过程的计划，将由生产工艺组负责具体的推行工作。生产工艺组的组长是吴某。这一优化过程需要生产工艺组与生产部密切合作，共同进行。因此生产部主管的配合对这一项目的成功具有极其重要的意义。但据张某了解，在上周生产工作会议上，吴某与生产部的钱经理因意见不合发生过激烈的冲突。当时，钱经理提出要改进一套生产设备，但吴某认为，由于工厂条件所限，改进设备不可行。钱经理级别比吴某高，听后很不高兴，大发脾气，双方各执己见，吵了起来。最后，在其他人的劝说下，他们虽停止了争吵，但也是不欢而散。这件事可能会影响吴某与钱经理的合作，甚至吴某会反对这一计划。

现在假设被试者就是张某，他要做的是向吴某布置这一工作任务，并说服他主动改善与钱经理的关系，以使优化项目顺利进行。

角色任务说明：现在是周一上午，张某经理（被试者）把吴某组长（即配合者）叫到办公室，目的是为通知后者有关优化生产过程项目的具体内容，同时张某经理还希望吴某组长能够改善与生产部钱经理的关系，以全身心投入到这一优化生产过程的项目中。

请记住，技术部张经理已经坐在办公室，吴组长进来了。他不知道经理找他有什么事，张某向他转达项目内容。30 分钟后张某必须出发去机场，到外地参加一项重要会议。谈话时间必须控制在半小时以内。

配合指导手册：在本次角色扮演测评活动中，配合者被要求扮演吴组长，与其直接上司、技术部张经理进行一次历时约 30 分钟的谈话。具体的谈话背景请仔细阅读背景材料，以及提供给被试者的“角色背景材料”。

配合者的背景材料：吴某已经在 A 公司工作三年了，从最初的蓝领生产工人做起，一年前被提升为技术部生产工艺组的组长。总的来说，他喜欢自己的岗位，有能力，工作也很努力，只是偶尔做事比较马虎。上一季度就出现过两次发错报告的问题，因此，上一季度张经理对他的考核评价是 2 级（考核分 5 级，1 级最差，5 级最优）。对此他有所不满，认为这两次犯的都是小错误，也没有导致什么损失。

他已经深深地感受到了竞争的压力，而且他认为该优化生产过程项目的确能起到提高生产效率的作用，但要实施这个新项目，人手方面有不小的困难，上个月有两名员工刚刚辞职，影响了整个团队的士气。最近新招聘进来的一名员工还在进行入职培训，暂时派不上用场。他目前从事的工作已经非常繁忙，时间不够用。另外，要想推行这个生产优化项目，设备方面也有问题，现有的设备不够先进，推行该项目时会出现较多的技术难题。

在上周的生产工作会议上，他与生产部主管钱经理发生了冲突。不过，他一直认为自己理由充分，没有做错，是钱经理无理取闹。他认为钱经理是一个自负的人，固执己见，不愿听取他人意见。他觉得与这样的人很难开展合作，打心眼儿里不愿意和钱经理打交道。

8.4 实训项目四：人力资源培训效果评估

8.4.1 实训目的

了解培训效果评估的重要性，熟悉培训效果评估的一般流程，掌握评估方案的设计思路，能够结合企业实际应用具体方法设计培训效果评估方案。

8.4.2 理论知识简单回顾

培训效果评估旨在运用预先设计的培训方案，对培训活动的有效性进行测量和评价。科学的培训效果评估对于了解培训的效果、界定培训对组织的贡献等非常重要。一个全面的培训评估体系不仅要包括对培训课程、师资、时间、环境等培训方案的评价，也包括对培训需求、培训的短期和长期效果以及后续追踪情况等的考察，它是一项系统工程，需要利用多种评估工具进行综合评价。目前用得比较多的培训效果评估模型是柯克帕特里克评估模型，该模型将评估分为反应层、学习层、行为层及结果层 4 个层次的评估。

8.4.3 该项工作流程

1. 作出评估决定

在作出评估决定之前，要先进行评估可行性分析、明确评估的目的、选择评估者和参与者。

2. 制定评估方案

评估方案需要明确的内容包括培训评估的目的，评估的培训项目，培训评估的可行性和价值分析，培训评估的时间、地点和人员确定，培训评估的标准、方法、推进步骤，培训评估的频率、人员分工与配合，培训评估的报告形式与反馈。

3. 收集评估信息

评估信息的来源渠道有组织业绩记录、学员、学员的主管、下属、服务对象等，获取信息的常用方法有问卷调查、访谈、关键事件评估、测验等。

4. 数据整理和分析

数据整理和分析常用的统计方法有集中趋势分析、离中趋势分析和相关趋势分析。

5. 撰写评估报告

评估报告的结构和内容包括：

（1）导言，即培训项目的概况、评估的目的和性质。

（2）概述评估实施的过程。

（3）阐述评估结果。

（4）解释、评论评估结果并提出参考意见。

（5）附录。收集评估信息所采用的相关资料、图表、工具等。

（6）报告提要。

8.4.4 使用表单模板、工具方法

本实训项目可能使用的表单模板、工具方法如表 8－6～表 8－8 所示。

表 8－6　　培训评估调查

培训主题（课程名称）		讲师		日期	年　月　日

一、关于培训课程、教材

1. 您认为本次课程对您的工作是否有帮助　□很大　□较大　□一般　□没有
2. 您觉得本次课程内容的安排逻辑及层次如何　□很大　□较大　□一般　□没有
3. 您认为本次课程是否能够解决您工作中的实际需要　□能够解决　□部分解决　□没有解决
4. 每次授课的关联性　□很满意　□满意　□一般　□不满意
5. 总体课程的进度　□很满意　□满意　□一般　□不满意

……

二、关于培训讲师

1. 您认为培训讲师的专业水平和培训经验如何　□优　□良　□中　□差
2. 培训讲师对教学内容、培训目标阐述是否具体明确　□优　□良　□中　□差
3. 您对此次的培训教学方式是否满意　□很满意　□满意　□一般　□不满意
4. 您对培训讲师在培训辅助设备的运用上有何感想　□很满意　□满意　□一般　□不满意

……

三、关于培训组织人员

1. 您认为此次培训的后勤协助工作做得如何　□很好　□好　□一般　□不好
2. 您认为此次培训的场地符合培训要求吗　□符合　□不符合，请简单说明理由________
3. 您认为此次培训的辅助设备、培训资料是否齐全　□齐全　□不齐全
4. 您认为培训的餐饮、交通安排如何　□很满意　□满意　□一般　□不满意

……

四、其他方面

1. 您对本次培训课程的整体评价是什么：________________
2. 您对本次培训是否还有其他的改善建议：________________
3. 您认为还需要组织哪些方面的培训：________________

……

表 8－7　　学员反应评价

评价项目 评价等级	极好（5）	很好（4）	好（3）	一般（2）	差（1）
调查项目					
培训内容					
培训讲师					
培训方法					
培训材料					
培训场地					
培训支持	（成绩统计表、图）				
培训设施	（存在的问题说明）				
培训时间					
整体效果					
培训进度					
……					

表 8－8　　培训效果评估报告

报告包括的内容	
导言	
培训评估实施过程（收集培训结果的方法、评估样本、评估依据）	
阐述评估结果	
对评估结果的简要评析并提供参考意见	
附录（包括收集和分析信息时用的相关图表、原始资料等）	
报告提要	

8.4.5　该项目操作事项

（1）学生分组：6～8 人为 1 组。

（2）学习培训评估理论知识和实训案例（见案例 8.1 和案例 8.2）。

（3）要求学生运用问卷调查和访谈法对 A 企业的培训效果进行信息收集，从反应层和学习层两个层面对培训效果进行评估。

（4）根据评估结果编撰实训报告。

（5）老师总结：简单点评学生问卷和访谈提纲设计是否科学、评估报告是否完整。

8.5 实训项目五：制定新员工培训方案

8.5.1 实训目的

了解新员工培训方案包含的主要内容，掌握新员工培训方案的制定方法，熟悉新员工培训方案的制定过程。

8.5.2 理论知识简单回顾

新员工培训体系与所有培训一样，按照时间顺序包括培训需求分析、培训计划设计、培训实施过程、培训效果评估并形成评估报告。围绕新员工培训目的和目标，新员工培训方法应突出导向性、示范性、实践性，应注重营造良好的组织氛围和工作氛围。因此，有效的培训方法包括企业高层领导者亲自授课、老员工示范和指导、团队活动、讲授法、演示法、案例法、视听法、角色扮演法等。每种方法都有各自的特点和适用条件，在新员工入职培训中，要依据企业的需要和可能，合理地选择采用。

8.5.3 该项工作流程

新员工的培训工作主要流程如图 8－1 所示。

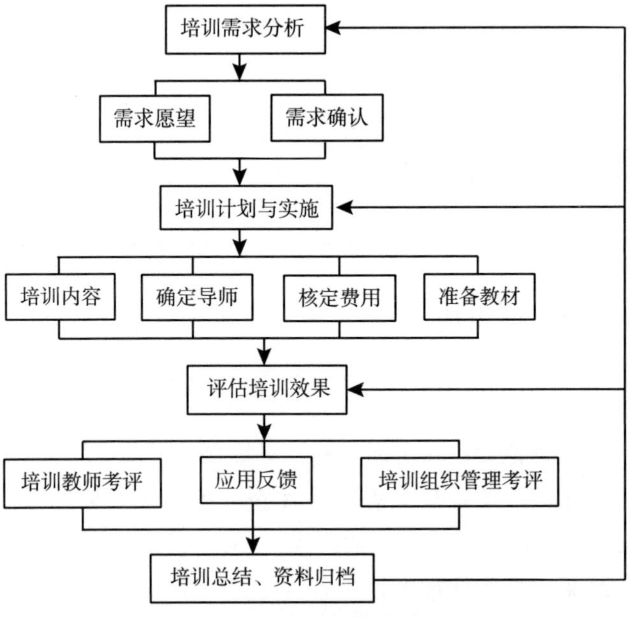

图 8－1 新员工培训工作流程

8.5.4 使用表单模板、工具方法

本实训项目可能使用的表单模板、工具方法如表 8 - 9 ~ 表 8 - 10 所示。

表 8 - 9　　新员工培训的跟踪考核

姓名		专长		学历	
培训期间		培训项目		培训部门	
新进人员对所施予培训工作项目的了解程度如何					
对新进人员专门知识（包括技术）的考核					
新进人员对各项规章、制度的了解情况					
新进人员提出改善意见评核，以实例说明					
分析新进人员工作专长，判断其是否适合此项工作，列举理由说明					
新进人员辅导员评语：					
总经理签字：		部门经理签字：		评核者签字：	

表 8 - 10　　新员工培训成果检测

公司的经营理念	□了解企业的经营理念
	□随口能背出经营理念
	□会逐渐喜欢经营理念
	□以经营理念为荣
	□以经营理念为主题，写出感想
企业存在意义	□了解企业的社会存在意义
	□了解本企业的社会使命
	□了解创造利益的重要
	□了解什么是工资与福利
企业的组织结构、特征	□以简单的图解表示出企业的组织结构
	□了解各部门的主要业务
	□了解企业的产品
	□能说出企业的资本额、市场比例等数字
热爱企业的精神	□了解企业的历史概况
	□了解企业创业者的信念
	□了解企业的代表颜色或标志
	□了解企业的传统

8.5.5 该项目操作事项

（1）确认培训需求，撰写分析报告。案例 8.3 中的 A 企业组织新员工入职培训，就是要把新员工因知识、技能不足，不了解企业的概况、历史、现状、远景规划而造成的盲目性所产生的机会成本的浪费，控制在最小限度。

（2）制订培训计划。本案例培训内容应包括公司的地理位置和工作环境，公司发展历史、公司的产品和服务，公司的组织结构及主要领导、企业文化和经营理念，科学规范的职位说明书，公司的规章制度和相关的法律文件，所需的业务知识与技能、业务流程等。

培训时间应安排在企业挑选、测试、录用员工程序履行完毕，新员工正式加盟本企业之时进行。

选择培训资源。对于新员工入职培训来说，内部资源和外部资源各有优缺点，但比较之下还是首推内部培训资源。

确定培训场所。培训场所不宜单一，可通过变化培训环境，让新员工多了解一些企业的基础设施，如阶梯教室、多功能会议室等，从多方面接触企业。新员工入职培训的设备主要包括教材、笔记本、投影仪等，培训设备尽可能多样化灵活化，这有助于建立企业人性化的形象，增进新员工与企业的情感链接。

（3）进行教学设计。

（4）设计调查问卷，对培训效果进行评估。

（5）编撰实训报告。

案例 8.3

A 软件公司主要从事软件开发、系统集成、产品分销、软件外包、咨询服务等业务。公司每年都要吸纳一大批高校的应届毕业生，如何让这些优秀毕业生尽快融入企业，加深对企业氛围及文化的理解，完成从局外人到企业人的转变，是公司人力资源部门在新员工培训环节中特别关注的问题。

要求：对案例 8.3 进行分组讨论，为 A 公司制定新员工培训方案。

9 综合实训五：员工绩效管理

9.1 实训项目一：员工绩效考核计划的制订

9.1.1 实训目的

了解员工绩效考核计划的作用、制订原则、制订流程和方法，要能够根据企业不同时期的战略目标和绩效管理目的，为不同的被考核者制订相应的绩效考核计划。

9.1.2 理论知识回顾

1. 绩效计划的含义

绩效计划作为绩效管理系统封闭循环的第一个环节，是一个确定组织对员工的绩效期望并得到员工认可的过程。绩效计划必须清楚地说明期望员工达到的工作结果以及为达到该结果所期望员工表现出来的行为和技能。在这一过程中，人力资源管理部门统筹安排绩效计划工作，包括设计绩效标准的框架（指导直线管理人员和员工制定具体的绩效计划）；开发培训材料（指导直线管理人员进行绩效计划工作）；直线管理者是绩效计划的最终责任人，是绩效计划的主要制订者；员工参与绩效计划的制订。人力资源管理部门负责组织工作，各职能部门管理人员和员工的参与则最为关键。也就是说，在新的绩效周期开始时，管理者和员工经过讨论就员工在新的绩效周期内将要做什么，为什么做，需要做到什么程度，何时应该做完？员工的权限和能够获取的帮助等问题进行识别、协商。作为整个绩效考核流程的起点，绩效计划将个人目标、部门目标和组织目标结合起来，是员工全面参与管理、明确自己职责和任务的过程，是绩效考核一个至关重要的环节。

2. 绩效计划特点

（1）绩效计划是管理者与员工的双向沟通过程。

常规的工作计划和目标确定过程通常是由最高管理者制定总目标，然后依据组织结构分解，是一个由上至下的单向制定过程。而绩效计划的制订则强调通过互动式的沟通，使管理者和员工对绩效目标的内容和实现途径达成共识，信息不仅自上而下传递，而且同时自下而上传递，是双向沟通的过程。也就是说，在这个过程中管理者和员工双方都负有责任，要在制定各级目标时保证每个成员的充分发言权，并鼓励下级员工积极参与上级目标的制定。组织目标从上至下层层分解，又从下至上层层承诺，进而保证各层次目标的相互支撑和最终实现。

（2）绩效计划的制订是全员参与的过程。

全员参与的绩效计划指的是组织内所有人都参与到绩效计划的制订过程当中，每个人都对绩效计划的最终实现做出贡献。这一过程中，直线经理、员工及人力资源管理者都是不可或缺的重要角色。

①直线经理。制定员工绩效计划的过程中要求制定者掌握职位的详细信息和要求，而直线经理是最了解每个职位的工作职责和绩效周期内应该完成的各项工作的人，由他们与员工协商并且制订绩效计划能够使整个计划更加符合现实情况，更有利于部门内部人员之间的合作。直线经理在整个过程中扮演着非常重要的角色，并且是整个计划的最终责任人。

②员工。员工参与是绩效计划得以有效实施的保证。目标设定（goal-setting）理论认为，员工参与制订绩效计划有助于提高员工的工作绩效。社会心理学家认为，由于人们对自己亲自参与做出的选择投入程度更大，从而增加了目标的可执行性，有利于目标的实现。另外，绩效计划不仅仅要确定员工的绩效目标，更重要的是让员工了解如何才能更好地实现目标，并且了解组织的战略计划和自己能够获得的来自管理者和相关人员的帮助。因此，绩效计划的制订应该是员工全面参与的过程。

③人力资源管理者。在绩效计划阶段，人力资源管理者的主要责任是帮助相关人员制订绩效计划。人力资源管理者会提供政策框架、开发相关培训资料、指导直线管理者和员工进行绩效计划工作，并且解决员工与管理者之间的冲突，确保绩效计划工作围绕如何更好地实现组织的目标顺利进行。在许多组织中，人力资源管理者与高层管理者会共同设计一个符合各个部门情况的、有关绩效结果和绩效标准的框架，以指导直线经理与员工针对每个职位的情况制订具体的绩效计划。总体来说，人力资源管理者的职责就是向管理者和普通员工提供必要的指导和帮助，以确保整个组织在绩效计划中确定的绩效目标和绩效标准具有相对的一致性，从而保证整个绩效管理系统的战略一致性。

3. 绩效计划的内容

在绩效周期开始的时候，管理者和员工必须对员工的工作目标和标准签订契约，这个契约就是绩效计划。绩效计划包含两方面内容：做什么和如何做。所谓做什么，实际上就是员工个人的绩效目标；而如何做，就是实现目标的手段。通常，经过绩效计划之后，管理者和员工应该能够就以下问题达成共识：

①员工在本绩效周期的主要工作内容和职责是什么？

②应实现哪些工作结果？

③这些结果可以从哪些方面衡量，评判标准是什么？

④员工各项工作目标的权重如何？

⑤从何处获得关于员工工作结果的信息？

⑥员工在完成工作任务时拥有的决策权限如何？可以得到哪些资源？

⑦员工在本绩效周期应如何分阶段地实现各种目标，从而实现整个绩效周期的工作目标？

⑧员工在达到目标的过程中可能遇到哪些困难和障碍？如何应对？

⑨管理者和员工如何对工作的进展情况进行沟通？如何防止出现偏差？

⑩管理者会为员工提供哪些支持和帮助？如何与员工保持沟通？

⑪员工是否需要学习新技能以确保完成任务？

因为形成绩效计划的过程是一个双向沟通的过程，因此管理者和员工之间要保持沟通与互动。在这个过程中，管理者主要向员工解释和说明的是：

①组织的整体目标是什么？

②为了完成整体目标，我们部门的目标是什么？

③为了达到整体目标和部门目标，对员工的期望是什么？

④对员工的工作制定什么样的标准和期限？

⑤员工在工作过程中的权限与资源如何？

而员工应该向管理者说明的是：

①自己对工作目标及如何完成的认识。

②自己工作中的困惑与疑难问题。

③需要组织给予的支持与帮助。

9.1.3 该项工作流程

1. 准备阶段

绩效计划的制订需要管理者与员工的双向沟通，而在沟通之前需要做一些必要的准备，否则就难以取得理想的效果。准备的内容主要是与绩效计划制订相关的信息准备和拟采用的沟通方式，具体包括：

（1）信息准备。

①关于组织的信息。为了使员工的绩效计划能够与组织目标结合在一起，在制订绩效计划之前，管理者与员工都需要重新回顾组织目标，包括组织战略和年度经营计划，只有对组织目标和实现目标的路径有了清晰的认识之后，员工才可能调节自己的方向和行动以适应组织要求。如果绩效计划所设定的目标方向与组织战略背道而驰，则不仅无益于组织发展，还会给组织带来严重的负面影响。

②关于部门团队的信息。部门团队的目标是根据组织的整体目标分解而来的，它与每个部门团队的具体职能和任务紧密联系，进而与员工个人的绩效标准密切结合甚至就是个人绩效任务的直接来源。作为部门团队负责人的管理者要将本单位所承担的绩效任务和相关信息，如本单位的工作计划等，向其成员进行详细的说明，以便与员工就任务的分解和目标的实现等问题达成共识。

③关于个人的信息。关于员工个人的信息包括两方面内容：一是所在职位的工作分析；二是上一个绩效周期的评估结果。从工作分析入手，可以使员工更好地了解自己所在的职位，并把职位与部门的目标和自己的目标联系在一起。职位的要求可能随着新的绩效周期工作环境和目标的改变而发生变化，因此在每个绩效周期开始前重新思考和定位职位的基本职责并传递给员工是非常重要的。同样，上一绩效周期的反馈也很重要，根据员工在上一绩效周期的表现给予相应的指导和帮助是改进和提高员工绩效水平的有效方法。

（2）沟通方式选择。

决定采用何种方式进行绩效计划的沟通也是非常重要的问题，需要结合企业的文化氛围、员工特点以及所要达到的工作目标等因素进行选择。如果希望借绩效计划的机会向员工做一次动员，那么就可以选择召开员工大会；如果只是与某个团队或小组有关，那么仅召开团队会议就完全可以。如果是管理者与某位员工的单独交谈，那就要选择好谈话的时间、地点、程序及表达方式。有的管理者喜欢先向员工介绍公司未来的发展前景和计划，再讨论员工个人的工作目标；也有的管理者喜欢请员工畅谈个人未来发展的想法，之后再引出组织的期望；或者也可以开门见山，直接与员工谈工作和任务。这些方式各有特点，管理者应根据情况加以选择。

2. 沟通阶段

沟通阶段是整个绩效计划阶段的核心。在这个阶段，管理者与员工经过充分的交流，对员工在本次绩效周期内的工作目标和计划达成共识。

（1）营造良好的沟通环境和气氛。

首先，管理者和员工都应该确定一个专门的时间用于绩效计划的沟通。在这个时间段，双方都应该放下手头的工作专心致志地做这件事情。其次，在沟通的时候最好不要有其他人的干扰。很多情况下，沟通是在管理者的办公室中进行的，那么就应该格外注意尽量避免第三者的进入和电话的打扰。因为意外的打扰可能会使双方的思路中断，经常要重复“刚才说到哪了？”之类的问题，严重影响沟通效果。另外，沟通的气氛要尽可能宽松，不要给人太大压力。选择办公室以外的场所（如咖啡厅等）作为沟通环境也是不错的选择，或者在开始之前聊一些轻松的话题等也会起到缓解气氛的作用。

（2）明确沟通原则。

在沟通之前，员工和管理者都应该对几个问题达成共识：第一，双方在沟通中是一种相对平等的关系，是为了本部门的成功而共同出谋划策。第二，认识到员工是真正了解自己所从事工作的人、是其所在领域的专家，因此在制定工作衡量标准时应该更多地发挥员工的主动性，更多地听取员工的意见。第三，管理者的主要职责在于如何使员工个人的工作目标与整个部门乃至组织的目标结合在一起，以及员工如何在组织内部与其他成员或其他业务部门进行协调配合。第四，管理者应该是与员工一起做决定，而不是代替员工做决定，不能将自己的意志强加于员工身上，而是要调动员工的积极性以确保目标的正确和计划的成功。

（3）设计沟通过程。

绩效计划是管理者与员工的双向沟通过程，沟通的过程并无一定之规，这里所讲的只是最普通的一种过程。

①回顾有关的信息。在进行绩效沟通时，往往首先要回顾一下已经准备好的各种信息，包括组织的经营计划、部门的工作计划、员工的工作描述和上一个绩效期间的评估结果。

②确定绩效目标。在组织总体目标的基础上，每个员工需要设定自己的工作目标。

虽然这次沟通没有最终形成绩效目标和契约，但对基本的绩效目标和实现途径进行了确定。形成绩效计划可能不是一次沟通就能够完成的，可能需要几次不同形式的沟通。管理者要注意给员工机会让他们自己去发现问题和明确目标，并且引导员工找到实现目标的途径。

③讨论管理人员提供的帮助。在沟通过程中，管理者还需要了解员工在完成计划时可能遇到的困难和障碍，以便及时为其提供可能的支持和帮助。

④结束沟通。在将要结束绩效计划的沟通时，双方还将约定下一次沟通的时间。

3. 制订阶段

在经过了周密的准备并且与员工进行了充分沟通之后，绩效计划就初步形成了。最后，管理者和员工要对双方协商达成的绩效计划签字确认，也就是签订绩效契约。所谓绩效契约，就是管理者和员工就员工工作的绩效目标和标准达成的一致性契约。在员工的绩效契约中，至少包括以下几方面内容：

（1）员工在本次绩效期间内所要达到的工作目标是什么？

（2）达到目标的具体结果如何？

（3）这些结果可以从哪些方面去衡量，考核的标准是什么？

（4）从何处可以获得员工工作结果的信息？

（5）员工各项工作目标的权重如何？

最后要说明的是，要保证计划的灵活性。也就是说，当情况变化时，必须调整或改变整个计划或其中的部分内容。

9.1.4 使用表单模板、工具方法

本实训项目可能使用的表单模板、工具方法如表 9－1 所示。

表 9－1　　________岗位绩效计划

姓名		职位		直接上级	
绩效周期					
绩效目标	产出结果	完成时间	绩效标准	考核主体	权重
计划执行人（签字）：		直接上级（签字）：		日期：	
备注：					

9.1.5 该项目操作事项

（1）学生分组：6～8 人为一组（成员要有角色分配）。

（2）学习相关理论知识和实训案例 9.1 材料。

（3）根据案例企业的情况进行讨论，确定绩效目标。

（4）对绩效目标进行分析，剔除不合适的绩效目标。

（5）清晰定义绩效目标、产出结果、完成时间、绩效标准、考核主体、权重。

（6）小组讨论结果是否符合实际情况，并进行修正。

（7）制作绩效计划表。

（8）各小组向全班同学分享小组结果，重点解释绩效目标及其权重选取的原因和考虑的因素。

（9）其他小组同学相互点评。

（10）老师总结：简单点评学生操作过程与结果，强调制定绩效计划中管理者与员工的沟通、角色分配和实际工作中需要收集的资料等。

案例 9.1　　大客户经理的绩效计划制订

王明是某公司销售公司经理，根据公司的发展状况，公司决定 2018 年市场占有率将在 2017 年的基础上提高 10%。根据目前销售部的情况，王明计划主要通过增加大客户数量来实现公司的目标。所以，王明决定成立一个大客户部。经过与总公司领导和人力资源管理部沟通后，总公司同意了王明的计划。下一步，王明将会同人力资源管理部为大客户部经理制订 2018 年的绩效计划。

9.2 实训项目二：员工绩效考核指标设计

9.2.1 实训目的

了解员工绩效考核指标设计的重要性、操作流程、使用的工具方法，要能够根据不同的岗位设计出不同的考核指标。

9.2.2 理论知识回顾

1. 绩效考核指标的概念

绩效考核指标是考核因子或评估项目，是绩效目标的具体化，它指出对被考核对象的哪些方面进行考核。如销售人员的绩效目标可以通过销售额、客户满意度等指标来进行考核。只有通过考核指标，绩效考核才具有可操作性。因此，我们可以认为，绩效指标是建立在绩效目标基础之上。

2. 绩效考核指标的构成

（1）指标名称。考核指标内容的概括。

（2）指标定义。指标内容的操作性定义，用于揭示考核指标的关键可变特征。

（3）标志。考核的结果通过表现为将某种行为、结果或特征划归到若干个级别之一。考核指标中用于区分各个级别的特征规定就是绩效考核指标的标志。

（4）标度。标度用于对标志所规定的各个级别包含的范围作出规定，以揭示各级别之间的差异。

3. 绩效考核指标的设计要求

（1）内涵明确清晰。含义明确，用词准确，词义唯一，以避免不同考核者对考核指标产生不同的理解，从而使考核产生误差。

（2）具有独立性。指标之间要有明确的界线，避免同一绩效在多个指标中被考核。

（3）具有针对性。绩效指标是绩效目标的具体化，应根据岗位工作内容及相应的绩效目标和绩效标准制定。

4. 绩效考核指标的分类

（1）根据绩效考核的内容分类。

①工作业绩考核指标。工作业绩就是工作行为产生的结果。一般情况下，工作业绩主要包括工作的数量、工作的质量及成本费用三方面。工作的数量是指所完成工作的总量及按期完成的程度；工作的质量是指完成工作的细致程度、准确程度及工作效率；成本费用是指工作在进行中及最后完成工作花的时间和财物的总量。

②工作能力考核指标。员工具有的或在职务工作中表现出来的基本素质。对业绩考核起补充作用，并引导员工提高自身素质。不同的工作岗位对个人的能力要求不同，在绩效考核中加入工作能力指标，一方面可以明确该岗位所需要的能力，另一方面可以引导员工不断提高自身的工作能力，以与现在的岗位匹配并向更高层的岗位努力。工作能力一般包括体能、智能及技能等。

③工作态度考核指标。员工对待工作所采取的立场和看法。对工作业绩和工作能力指标的补充，并引导员工转变立场和观点，提高工作业绩和工作能力。

（2）根据指标的量化程度分类。

①定量指标。定量指标是以统计数据为基础，把统计数据作为主要评估信息，建立评估数学模型，并以数量表示评估结果的绩效考核指标。定量指标相对客观、公正，可以摆脱主观因素和个人经验的影响，评估结果更加准确、可靠。但是当所依据的数据不准确时，评估结果就难以客观和准确，而且定量指标缺乏灵活性，不能说明工作的质量，难以表现工作的全部事实。

②定性指标。定性指标指无法直接通过数据计算分析考核内容，需对考核对象进行客观描述和分析来反映考核结果的指标。在考核时，主要通过人的主观判断得出考核结果。定性指标可以充分发挥人的主观能动性，在绩效考核时应综合考虑更多因素，使考核更加全面。但定性指标所反映的被考核者的业绩往往是笼统的，对被考核者业绩的总体感觉给出一个印象分，所以，定性指标的准确性相对较差。

考虑到定量指标和定性指标的优点和不足，在实际运用过程中，将两者结合起来。在数据充足全面的情况下，以定量指标为主，以定性指标为辅。缺乏或者难以量化的情况下，以定性指标为主，以定量指标为辅来设定绩效考核指标。

（3）特质指标、行为指标、结果指标。

①特质指标指的是个人的性格和能力，如道德、忠实、敬业、吃苦、领导能力等。特质指标注重的是什么样的人，而不考虑工作成果。

②行为指标指的是工作流程，工作具体如何执行，适用于程序化的工作。

③结果指标是指工作产出，重点是工作成果而不是如何取得结果。

5. 选择绩效考核指标的原则和依据

（1）目标一致性。绩效考核指标要与绩效考核的目的以及绩效考核对象的运行目标相一致。只有这样才能保证绩效考核的有效性。

（2）独立性与差异性。考核指标之间的界限清晰，在含义上没有重复，并能从内容上加以区别。

（3）可测性。考核指标可以测量，能够产生不同的考核结果。

（4）可行性。能够获得有关该指标的信息，并有办法对该指标做出考核。

6. 选择绩效考核指标的方法

（1）工作分析法。工作分析是为了确定某个工作岗位的工作任务、工作职责和完成工作任务应具备的知识和技能。根据工作分析的结果选择绩效考核指标，是一种基本的方法。

（2）个案研究法。选择具有代表性人物或事件作为调查对象，通过对他们的观察和分析，确定考核内容，根据选择绩效考核指标的原则，形成考核指标。

（3）问卷调查法。事先设计出尽可能全面的考核内容，然后通过问卷的形式，收集不同人的意见，以确定考核内容和考核指标。

（4）专题访谈法。就绩效考核指标的确定问题，进行有针对性的面谈。

（5）经验总结法。通过对过去成功和失败案例的分析，设计出正确的绩效考核指标。

9.2.3 该项工作流程

一般可按照如下几个步骤来确定绩效考核指标。

1. 工作分析或岗位分析

根据考核目的，对被考核者的工作性质、内容以及完成这些工作所具备的条件等进行分析和研究，从而了解被考核者在该岗位上工作所应达到的目标、采取的工作方式等，初步确定绩效考核的各项指标。

2. 工作流程分析

绩效考核指标必须在流程中加以把握。根据被考核对象在流程中扮演的角色、承担的责任以及同上游、下游之间的关系，来确定衡量其工作的绩效指标。另外，如果流程不够完善，还应对流程进行优化或重组。

3. 绩效特征分析

可以使用图标标出各指标要素的绩效特征，按需要考核程度分档，例如，可以按照非考核不可、非常需要考核、需要考核、需要考核程度低、几乎不需要考核五个档次对指标要素进行分档，然后根据少而精的原则按照不同的权重进行选取。

4. 理论验证

依据绩效考核的基本原理与原则，对所设计的绩效考核要素指标进行验证，保证其能够有效可靠地反映被考核对象的绩效特征和考核目的的要求。

5. 要素调查，确定指标

根据上述步骤所初步确定的要素，可以运用多种灵活方法进行要素调查，最后确定绩效考核指标体系。在进行要素调查和指标体系的确定时，往往将几种方法结合起来使用，使指标体系更加准确、可靠、完善。绩效考核系统关心的是考核对象对公司战略目标有明显相关的行为因素，而不可能是全部因素。因此，我们在确定考核指标时，必须去寻找那些对组织目标的实现起重要影响的要素。这些关键要素则更进一步地体现在绩效考核指标上。

6. 修订

修订考核指标，使得考核更加准确。

7. 确定指标权重和赋值

权重是指绩效考核指标在考核体系中的重要性或绩效考核指标在总分中所应占的比重，是每个绩效考核指标在整个指标体系中重要性的体现。各个指标相对于不同的考核对象来说，会有不同的地位和作用，因此，要根据不同的考核对象和不同的时期，以及各考核指标对考核对象反映的不同程度恰当地分配与确定不同的权重。

赋值是按照一定的标准，根据指标之间的差异程度，给每一个指标赋予一定的分数。

8. 制表

9.2.4 使用表单模板、工具方法

本实训项目可能使用的表单模板、工具方法如表 9－2 所示。

表 9－2　　________岗位绩效考核指标

绩效指标	指标定义	考核标准	分值	权重	得分
总分					

9.2.5 该项目操作事项

（1）学生分组：6～8 人为 1 组。

（2）学习相关理论知识和实训案例 9.2 材料。

（3）完成对销售员岗位分析和工作流程分析。

（4）确定关键绩效考核指标，剔除不合适的指标。

（5）清晰定义绩效指标、绩效标准、权重等。

（6）小组讨论结果是否符合实际情况，并进行修正。

（7）做表。

（8）各小组向全班同学分享小组结果，重点解释绩效指标及其权重选取的原因和考虑的因素。

（9）其他小组同学相互点评。

（10）老师总结：简单点评学生操作过程与结果，强调绩效指标的设计要求和选择原则等。

案例 9.2

现在公司需要做一份销售人员绩效考核表，表 9－3 已经给出部分定量和定性指标，可依照样板完成其余的指标设计部分。

表 9－3　　　　销售员岗位绩效考核指标

		绩效指标	指标定义	考核标准	分值	权重	得分
工作业绩	定量指标	销售计划完成率					
		销售增长率					
		…					
		…					
	定性指标	市场信息收集情况					
		销售合同管理情况					
		…					
		…					
工作能力		专业知识					
		沟通能力					
		…					
		…					
		…					
工作态度		出勤率					
		规章制度遵守情况					
		…					
		…					
总分							

9.3　实训项目三：员工绩效考核

9.3.1　实训目的

员工绩效考核是绩效管理的核心内容，通过实验进一步掌握员工绩效考核的基本理论，理解员工绩效考核过程模型和操作流程，能够正确处理员工绩效考核过程涉及的考核内容的确定、考核主体的选择、考核周期的确定以及考核方法的选择等事项。要求大家在掌握各种考核方法的同时，学会分析每种方法的适用条件，在实际工作中选择合适的方法完成员工绩效考核工作。

9.3.2 理论知识回顾

1. 员工绩效考核基本概念

绩效的概念、绩效的性质、绩效的影响因素等告诉我们，员工的绩效会因时间、空间、工作条件等相关因素的变化而不同，从而呈现出明显的多样性、多维性和动态性，这也就决定了绩效考核必须是多角度、多方位和多层次的。

员工绩效考核是指一套正式的结构化制度，用来衡量、考核员工的工作行为和结果，考察员工的实际绩效，了解员工的发展潜力，以期获得员工与组织的共同发展。通过绩效考核，判别不同员工的劳动支出、努力程度和贡献份额，有针对性地支付薪酬、给予奖励，并及时向员工反馈信息，促使其调整行为，最大限度地实现组织目标。

2. 员工绩效考核的目的

（1）以实现企业战略目标为目的。

通过绩效考核以及相应的管理，提高企业竞争力，实现企业战略转型。绩效考核根据企业战略目标和部门工作目标，确定各岗位的具体绩效考核指标，通过绩效考核的有效引导，保证战略目标的实现。

（2）以实现人力资源管理为目的。

通过绩效考核，收集有关员工的信息，对组织成员在日常工作中所表现出的能力、态度和业绩，进行以事实为依据的考核，为人力资源管理提供决策依据。如薪酬管理决策、晋升决策、调任决策、临时解雇决策等。

（3）以实现人力资源开发为目的。

绩效考核为了解员工个人优缺点和提高工作绩效提供了一个反馈渠道。通过绩效考核，发现员工的不足，从而有针对性地采取措施，解决问题，达到改进绩效的目的。所以说，绩效考核是绩效管理的重要内容，也是绩效管理的前提条件。

从日常管理的角度看，员工绩效考核最直接的作用表现为：

①通过绩效考核，企业经营者可以迅速地了解企业经营现状及年度目标的完成情况，并考察绩效情况是否与企业发展战略相契合。

②通过绩效考核，员工可以充分了解组织对自己的期望。通过绩效考核，员工个人可以及时了解自己工作的不足，认识到在工作中存在的问题，从而为自己制订一套系统完善的绩效改进计划。

③绩效考核可以激励企业内部人员发挥个人潜能，努力工作，改善绩效。

3. 员工绩效考核的基本原则

（1）公开与开放原则。绩效考核是企业全体员工的共同责任。坚持这一原则，就是要把绩效考核体系公开，并吸收被考核者参与，上下级之间通过沟通完成考核工作。包括考核标准、考核活动和考核结果的公开。

（2）反馈与提升原则。将考核结果及时反馈给被考核者。好的东西要坚持下来，发扬光大；不足之处，要采取措施加以改进。关注员工绩效水平的持续提高。

（3）定期化与程序化原则。绩效考核是一项连续性的工作，它既是对员工工作能力、工作过程、工作结果和工作态度的考核，也是对员工未来行为表现的一种预测。

（4）可靠性与正确性原则。保证考核结果的稳定性和考核内容的准确性，以及信度和效度的问题。

（5）可行性与实用性原则。实施考核方案的客观条件所具备的程度，考核方案符合考核目的要求的程度，考核方案适应本单位人员素质的情况。

4. 绩效考核的内容

（1）工作业绩。所谓工作业绩，就是员工履行岗位工作职责的直接结果。工作业绩考核就是对员工完成岗位工作职责情况进行考核的过程。这个考核的过程不仅要说明各级员工的工作完成情况，更重要的是通过这些考核指导员工有计划地改进工作，以达到企业发展的要求。

（2）工作能力。主要是指员工从事工作的实际能力。一般来说，工作能力由以下四个部分组成：一是常识、专业知识和相关专业的知识；二是技能、技术或技巧；三是工作经验；四是体力。

由于工作能力具有“内在”性，难以衡量和比较。因此工作能力考核要相对困难一些。我们可以通过一系列中介指标来对人的能力进行判断，并不一定是通过直接的能力测评来进行的。

（3）工作态度。从理论上讲，工作能力强弱将导致工作业绩的好坏。但在现实中，工作能力的强弱与工作业绩的好坏之间并非完全的正相关。在工作能力向工作业绩转化的过程中需要借助一种转化剂——工作态度。工作能力强的人可能由于工作态度的原因并不能取得相应的工作业绩；而工作能力较差的员工也可能由于工作态度较好而取得较好的工作业绩。不同的工作态度将可能产生不同的工作结果。事实上我们对员工的工作态度进行考核的意义，就在于希望通过考核，鼓励员工端正工作态度，充分发挥现有的工作能力，最大限度地创造优异的工作业绩。

5. 员工绩效考核的体系要素

完整的员工绩效考核体系由以下六部分组成：

（1）考核目标。解决为什么要进行绩效考核的问题。绩效考核的目标就是通过它的选择、判断、预测和导向作用，实现组织的战略目标。只有这样才能使绩效考核达到真正的效果。

（2）考核对象。主要是针对员工绩效。员工绩效是某位员工在其具体的工作岗位上表现出来的工作结果和行为，由于岗位的性质和工作内容、工作目标等的不同，在建立员工绩效考核体系和实施员工绩效考核时，必须分岗位进行。

（3）考核主体。考核主体是指直接从事考核活动的人或组织。不同的考核对象，需要不同的考核主体。所以绩效考核的主体是多种多样的，不同的考核主体具有不同的特点，以保证绩效考核的有效性。

（4）考核指标。考核内容的具体化。

（5）考核标准。评判考核对象绩效优劣的标准。

（6）考核方法。实施考核的程序和办法。考核方法一般表现为各种考核日程表和考核表格。

6. 考核主体

绩效考核主体就是对被考核者做出考核的人或组织，在绩效考核体系设计时，一定要注意考核主体与考核对象及考核指标的匹配，选择什么样的考核主体很大程度上与考核谁和考核什么密切相关。考核主体选择的原则：

（1）绩效考核主体应掌握所考核的内容。

（2）绩效考核主体应了解所考核岗位的工作内容。

（3）有助于实现一定的管理目的。

现代组织中的岗位设置和专业分工日益复杂，因此，仅凭一个人的观察和考核很难对员工做出全面、准确的判断。上级、下级、同事、员工本人以及外部客户可分别从不同角度接触员工、获得员工绩效信息，因此，都可以参与到考核过程中来，都可以成为绩效考核主体。

不同的考核主体具有不同的特点，在考核过程中的考核职责不同，因此，选择不同的考核主体不仅是绩效考核的需要，而且是实现绩效管理目的的需要。

直接主管在绩效管理过程中自始至终都发挥着十分关键的作用。直接上级是最符合选择考核主体三原则的。

艾伯特·班杜拉（Abert Bandura）的自我强化理论是自我考核的理论基础，如果员工理解对自己的期望、工作目标以及将来考核他们所采用的标准，则员工实际上处于考核自己业绩的最佳位置。自我考核的实施能够提高员工对最终绩效考核结果的接受程度，提倡自我考核的员工会在自我工作技能开发等方面变得更加积极和主动。

同级考核是由被考核者的同级同事对其进行考核。这里的同级不仅包括被考核者所在团队或部门的成员，还包括其他部门的成员。这些人员一般与被考核者处于同一层级，并且与被考核者有经常的工作联系，同级考核的信度和效度比较高。

下级考核使用得当会对提高管理质量、培养组织氛围大有好处，可以使企业的高层管理者对企业的管理风格进行诊断，因此，越来越多的企业让员工以不署名的方式参与对上级的考核，特别是非常普遍地对员工进行广泛的问卷调查，这种方式通常被称之为自下而上的反馈。下级考核给管理者提供了一个了解员工对其管理方式和风格看法的机会，由于下属的视角独特，因此这种自下而上的反馈更多侧重于对管理者管理技能的评判，而不是对其实际工作业绩的考核。适合下级考核的管理技能即常见的指标包括领导能力、口头表达能力、沟通能力、团队协调能力、组织能力等，而与管理者的特定工作职责，如计划、预算、创造力分析等相关的能力由下级考核就不太适当，这些指标很少在下级考核指标体系中出现。

服务业的快速增长以及客户满意度对企业发展的重要性是企业将客户纳入考核体系的重要原因。更为重要的是，由于客户满意度已经成为企业成功的关键因素，因此将客户作为考核主体来引导员工行为可以促进员工更好地为客户提供服务。由于服务所具有的特殊性质——服务的生产和消费往往是在同一时点上发生的，上级、同事和下属都没有机会去观察员工的行为。相反，客户是唯一能在工作现场观察员工绩效的人。因此，客户就成了最好的绩效信息来源。越来越多的企业开始使用内部和外部客户作为员工考核的主体之一。

客户考核最适合在以下两种情况下采用：①员工所从事的工作需要其直接为客户提供服务时，或者需要为客户联系在公司内部所需要的其他服务。②公司希望通过搜集信息来了解客户希望得到什么样的产品或服务时，利用客户考核的方式也是有效的。

总之，绩效本身具有多维性，而不同考核主体从不同角度观察和感受，自然对同一员工的工作绩效判断不同。各种考核主体并不是相互孤立、相互排斥的，而是应该根据岗位特点选择多个考核主体即多视角的方法，以保证考核结果的客观、公正。

7. 考核方法

绩效考核是评定员工个人工作绩效的过程和方法。由于绩效考核的因素很多，所以产生了很多考核方法。每一种方法都各有千秋，任何一种方法单独都无法满足现实的需要，因此，在实践中它们往往被结合起来使用，以满足不同的需要，达到绩效考核的不同目的。

考核方法的分类与考核标准的分类密切相关。一般来说，考核标准可以分为相对标准与绝对标准，与此相对应，可以将考核方法分为相对考核和绝对考核。

相对考核又称比较法，是通过在部门团队内对人员进行相互比较得出考核结论，而不是根据事先统一制定的考核标准进行考核。相对考核法一般有排序法、配对比较法、人物比较法和强制分配法。绝对考核是根据统一的标准尺度衡量相同职位的人，也就是将个人的工作情况与客观工作标准相比较。通常使用量表法来进行考核，一般包括图示量表法、等级择一量表法、行为锚定量表法、混合标准量表法、综合尺度量表法、行为对照量表法、行为观察量表法等。这种利用客观尺度进行的绝对考核是绩效考核发展的大趋势。实施绝对考核之前，必须通过研究和分析，事先确定一个客观的考核标准。这种客观标准的表现形式在各种具体的考核方式中各不相同。例如，可以用数量，质量、时间等因素来表示工作业绩的客观标准（结果导向型考核指标），或者可以用具体的关键事件发生情况作为客观的考核标准（行为导向型考核指标）。绝对考核的标准不以考核对象为转移，是客观存在的、固定的。由于绝对考核的这个特点，可以采用这种方法对组织成员单独进行考核。

此外，还有一种比较特殊的考核方法，即描述法。描述法就是指考核者用描述性的文字对考核对象的能力态度、业绩、优缺点、发展的可能性、需要加以指导的事项和关键事件等做出考核，由此得到对考核对象的综合考核。通常，将这种方法作为其他考核方法的辅助方法。描述法一般包括态度记录法、工作业绩记录法、指导记录法和关键事件法等。

可以说，尽管每一种方法都具有科学性，但在管理上没有完美的方法，管理者的水平，就是要在综合考虑多种影响因素的前提下，从众多的方法中选择出较优的方法，并付诸行动。一个方法能否起到其应有的效果，关键是其适用条件是否具备，是否用其所长。选择绩效考核方法应考虑的因素：

（1）绩效考核的目的。

企业绩效考核的目的将对方法的选择产生重要影响。方法选择不当，不仅达不到绩效考核的目的，反而有可能产生负面作用。例如，比较法不利于开发目的的实现，而量表法总的来讲有利于管理目的的实现。同一个考核指标由于考核结果的应用目的不同，所选择的考核方法也会出现差异。考核结果的应用目的主要是绩效改进和为人力资源管理决策提供依据，由于薪资调整和奖金发放、培训和开发、晋升等不同管理职能需要通过绩效考核提供与之相对应的决策依据，因此选择考核方法时需考虑并满足这一管理需求。

（2）工作特征。

不同的工作只能用相应的考核方法，工作的程序化程度高的工作岗位，适合于量表法，程序化程度低的适合于目标管理法和比较法；工作的独立性程度高的工作岗位，不适合使用以客观考核尺度对员工工作绩效进行考核的方法，如量表法等；工作环境的变动性高的工作岗位，适合于用比较法。

（3）考核方法的特点。

将考核方法的特点与绩效考核目的、考核对象的工作特征进行综合考虑，通过创造合适的条件来充分发挥每一种方法的优点，实现绩效考核的目的。

（4）指标特性。

不同类型指标在结果导向与行为导向、主观与客观、前置与滞后等方面具有各自的特性。一般来说，结果导向的指标多为滞后指标，既包括软指标，也包括硬指标，软指标要通过行为锚定和主观判断相结合的方式来进行考核，而硬指标则只需通过客观数据的统计分析即可作出考核；行为导向的指标多为前置指标和软指标，需要基于关键行为事件和工作记录来作出判断。因此，管理者应该以每个指标的特性为基本依据，确定考核方法类型，并进一步选取具体的考核方法。如销售业务经理的工作业绩维度包括多个指标，其中“客户满意度”是一个依赖客户意见调查的主观判断指标，因此该指标应该选取量表法进行考核，同时这一指标又是一个以结果导向为主，兼具行为导向的综合考核指标，因此可以选取量表法中的综合尺度量表法进行考核。同理，“销售额增长率”是一个滞后指标，完全可以基于客观的销售数据进行绩效分析，因此可以采取比较法中的排序法进行考核。

（5）绩效数据的可获得性。

选择考核方法的时候不仅要考虑该指标的特性，而且要分析获取该指标绩效数据的可行性和便利性。不同的考核指标在衡量难易程度上是有显著差异的，对于绩效数据的类型、来源、规模、采集和分析过程等有相应的具体要求。因此，需要根据指标在绩效数据上的差异化要求选择相应的考核方法。例如，两个主观判断指标“协作性”和“文化认知度”，前者需要通过关键事件记录来分析考核对象在工作协调上的表现，而后者则需要通过认知度调查来收集考核对象对于组织文化的认知程度以及相应的行为表现。

（6）考核方法的使用成本。

管理是需要资源投入的，选用考核方法也不能例外。不同的考核方法对于成本的要求具有较大的差异，相对来说，量表法对专业人员和资金投入的需求要高于比较法，因此对于同一个指标，管理者应该根据自身的实际情况，以形成相对准确的考核结果并满足考核的应用目的为标准，选择恰当的而不是最佳的考核方法。

8. 考核周期

考核周期，即绩效周期，是指多长时间进行一次绩效考核。考核周期太长或太短，都不利于绩效考核工作。一般来讲，考核周期的确定可结合考核指标、行业特征、职位类型以及开展绩效管理的时间等因素来确定。

9. 员工绩效考核过程模型

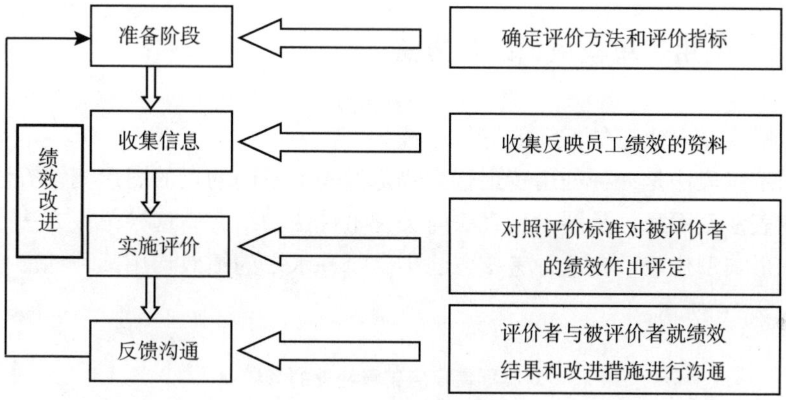

图 9－1　绩效考核过程

9.3.3　该项工作流程

1. 建立绩效考核系统

完成绩效考核目标、绩效考核对象、绩效考核指标、绩效考核标准、绩效考核主体、绩效考核方法的确定。

2. 收集整理数据

准确的数据是保证考核公正性的重要保障，绩效考核的一个主要目的是把管理从依靠直觉和预感转变为以准确的数据和事实为依据。在绩效监控阶段收集的数据一般是零散的，因此有必要把这些零散的数据整理成系统的体系。在绩效监控阶段，我们往往记录了一些关键事件，此时对这些关键事件要在不带任何主观色彩的条件下进行分析、界定、归类，然后将所记录的关键事件、绩效结果和文档归入相应的考核标准级别中。可以说，不带任何主观色彩是很难做到的，但主观判断必须是科学的、反映客观事实的，这就需要考核者具有较高的职业素养和丰富的工作经验。在现实中，此项工作是长期连续性，不是阶段性的，要成为管理者的日常工作。

3. 分析判断

分析判断就是运用具体的考核方法来确定考核结果的过程。考核要根据组织的特点、考核对象的职位特点、考核内容和考核目的，选择合适的方法和形式。高层管理人员的考核指标主要是围绕战略的实施展开的相关指标和管理状况，述职的形式恰好能够达到这样的目的。中层管理者、业务和操作人员的考核相对就比较简单。

4. 输出结果

通过使用适当的考核方法进行考核后，就要对考核对象得出一个具体的考核结果。考核结果不仅是好坏的考核或者简单的绩效得分及绩效排名，而且应当对绩效不佳的具体原因进行分析，以便在下一个绩效周期加以改进。绩效考核结果的运用在整个绩效管理中非常重要。只有详尽的绩效考核输出结果，才能为进一步的绩效反馈和结果应用提供依据。

9.3.4 使用表单模板、工具方法

用行为锚定量表法对员工绩效进行考核。

行为锚定量表法是一种利用特定行为锚定量表上不同的点的图形测评方法，由传统的绩效评定表演变而来，是图示量表法与关键事件法的结合。这种考核方法是行为导向型量表法的最典型代表。在这种考核方法中，每一水平的绩效均用某种标准行为来加以界定，如表9－4所示。

表9－4　对某零售商店销售经理的考核

考核指标	管理与指导下属的能力	
指标定义	使销售人员明确了解自身的工作责任和职权；使用适当的技巧和管理方法处理与下属的关系；公平地、有效地分配工作；对下属进行一定的指导以补充正式培训；不断关注和了解下属销售人员的工作情况，在与下属的协议中符合公司有关政策。	
考核等级（锚定物）	9	能与两个新聘员工合作完成一天的销售任务，并将他们培养成为本部门优秀的销售人员
	8	通过向下属分派部分重要工作，使销售人员增加信心和责任感
	7	从未错过每周一次的培训会议、并向他们传递员工期望的信息
	6	表现得友好、热情且尊重其下属销售人员
	5	提醒销售人员随时准备为顾客服务，而非互相交谈
	4	在下属面前批评企业的内部制度，不利于员工养成良好的工作态度
	3	背弃对下属有关在工作满意度较低的情况下进行换岗的承诺
	2	向下属轻率地承诺将按部门销售额进行工资分配，但双方都了解这种做法不符合公司政策
	1	
考核结果		

在表9－4中，同一绩效指标存在一系列的行为事例（行为锚），分别表示这一指标下的特定绩效水平。

建立行为锚定考核量表的步骤如下所述。

（1）获取关键事件。首先要求对工作内容较为了解的人（通常是工作承担者及其主管人员）找出一些代表优良绩效和劣等绩效的关键事件并进行描述。

（2）初步定义绩效考核指标。然后由这些人将获取的关键事件合并为为数不多的几个绩效考核指标（通常是5～10个），并对绩效指标的内容加以界定，形成绩效考核指标的定义。

（3）对关键事件重新加以分配，确定相应的绩效考核指标。这时由另外一组同样对工作内容比较了解的人来对关键事件进行重新排列，将所有这些关键事件分别放入他们自己认为最合适的绩效指标中去。通常情况是，如果就同一关键事件而言，第二组中某一比例以上（通常是50%～80%）的人将其放入的绩效指标与第一组的人将其放入的绩效指标是相同的，那么，这一关键事件的最后位置就可以确定。

（4）确定各关键事件的考核等级。第二组对关键事件中所描述的行为进行评定（一般是7点或9点等级尺度评定法），以判断它们能否有效地代表某一工作绩效指标所要求的绩效水平。

（5）建立最终的工作绩效考核体系。对于每一个工作绩效指标来说，都将会有一组关键事件（通常每组中有6～7个关键事件）作为其“行为锚”。

具体某一岗位的行为锚定量表和绩效考核汇总表可参考表9－5、表9－6。

表9－5　　＿＿＿＿岗位行为锚定量

考核指标		
指标定义		
考核等级（锚定物）	9	
	8	
	7	
	6	
	5	
	4	
	3	
	2	
	1	
考核结果		

表 9-6 ________岗位绩效考核汇总

绩效指标	指标定义	考核标准	分值	权重	得分
总分					

9.3.5 该项目操作事项

（1）学生分组：将参加实验者分成两组，3~5 人为一组。

（2）学习相关理论知识和实训案例 9.3 材料。

（3）完成对岗位分析和工作流程分析。

（4）第一组确定关键事件、绩效考核指标，剔除不合适的指标，初步定义指标。

（5）第二组进行修正，最终确定考核指标。

（6）两个小组共同清晰定义绩效指标、绩效标准、权重等。

（7）选择至少一个行为指标确定其“锚定物”。

（8）通过对被考核者绩效资料（案例 9.4）的分析，得出考核结果。

（9）各小组向全班同学分享小组结果，重点解释关键事件的选择和锚定物的确定。

（10）其他小组同学相互点评。

（11）老师总结：简单点评学生操作过程与结果，强调关键事件和锚定物的确定，行为锚定量表法的适用条件和优缺点。

案例 9.3　　某房地产销售人员岗位职责

一、项目前期，项目准备工作

1. 服从销售部整体工作安排，接受专案组人员编排决定。

2. 专案培训工作。按时参加销售部或公司组织的案前培训，无故不得缺席。协助专案组进行前期准备工作，积极参与实地观测与市场调查。

3. 参加专案组上岗考核，考核通过后正式编入项目销售专案小组。

4. 协助专案组进行入场准备，按时进场，迅速适应环境并开展日常工作。

二、项目销售期

1. 完成计划销售任务，发挥工作能动性，自主地克服困难完成各阶段及总体项目销售任务，注意销售数量与质量之间的关系，追求销售量高质优的目标。

2. 遵守现场操作流程，以规范行为完成集中引导，促进成交。销售代表在现场应严格按照既定的现场操作流程开展工作，有条理有秩序地进行从楼盘介绍到订购成交的各个环节。

3. 客户跟踪服务，销售代表应对累积潜在的客户进行随时跟踪回访，并正确详细记录于客户接洽表内，以主动出击的精神，争取有效客户，促进销售。销售代表有责任对已成交客户进行售后服务工作，根据客户订购条款内容、特殊情况与专案组其他成员共同完成合同签订、催款、特殊事项协调等售后收尾工作，并确保工作的时效与质量。销售代表有责任对流失客户进行统计与分析，并从中发现自身的操作问题，自主的加以改进，不断提高销售技能与销售质量。

4. 钻研业务，努力学习案场其他人员的销售特点，提高自身业务水准。

5. 维护专案组团结，发挥团队合作精神，增强互相之间的销售配合，积极进行业务技能的交流，共同进步，以公司利益为最高目标。

6. 与专案组外其他部门或单位取得良好沟通，步调一致，顾全大局，协同解决问题。

7. 销售代表的一切销售行为均须符合公司总的业务指令精神，并接受现场销售主管的指示监督，安排与调配。

三、项目收尾期

1. 结合公司工作重心的转移，服从部门工作岗位调整安排。

2. 协助整个专案组进行收尾撤案工作。进行客户遗留问题处理，于撤案前进行合理解决。协助进行现场财、物、档案整理，并安全转移至公司。

3. 完成项目销售个人总结

案例 9.4　　　　工作总结

在房地产行业工作也已经一年多了，经历了上次开盘，从前期的准备到后期的成功销售，整个的销售过程都开始熟悉了。在接待客户当中，自己的销售能力有所提高，慢慢地对于销售这个概念有所认识。从自己那些已经购房的客户中，在对他们进行销售的过程里，我也体会到了许多销售心得。工作总结如下：

第一，最基本的就是在接待当中，始终要保持热情。

第二，做好客户的登记，及进行回访跟踪。做好销售的前期工作，便于后期的销售工作方便展开。

第三，经常性约客户过来看看房，了解我们楼盘的动态。加强客户的购买信心，做好沟通工作，并针对客户的一些要求，为客户做好几种方案，便于客户考虑及开盘的销售，使客户的选择性大一些，避免集中在同一个户型。这样也方便了自己的销售。

第四，提高自己的业务水平，加强房地产相关知识的学习及最新动态的了解。在面对客户的时候就能游刃有余，树立自己的专业性，同时也让客户更加的相信自己，从而促进销售。

第五，多从客户的角度想问题，这样自己就可以有针对性地进行化解，为客户提供最适合他的房子，解决他的疑虑，让客户可以放心的购房。

第六，学会运用销售技巧，营造一种购买的欲望及氛围，适当地促使客户尽快下定决心。

第七，无论做什么如果没有一个良好的心态，那肯定是做不好的。在工作中我觉得态度决定一切，当个人的需要受挫时，态度最能反映出你的价值观念。积极、乐观者将此归结为个人能力、经验的不完善，他们乐意不断向好的方向改进和发展，而消极、悲观者则怪罪于机遇、环境的不公，总是抱怨、等待与放弃。什么样的态度决定什么样的生活。

第八，找出并认清自己的目标，不断坚定自己勇往直前、坚持到底的信心，这个永远是最重要的。一年来我一直坚持做好自己能做好的事，一直做积累，一步一个脚印坚定地向着我的目标前行。

工作中存在的问题分析如下：

1. 首次与房地产工作亲密接触，作为新人实践经验不足。

2. 在引导客户方面有所欠缺。

3. 工作主动意识需进一步加强，特别是在回访客户方面总存在一定心理障碍所以不够积极主动。

4. 缺少统一说辞，面对顾客时的口头传递消息的准确性打了折扣。

新的一年工作计划及目标：

1. 明年公司的任务是4.5个亿，我给自己的任务是5千万元，一步一个脚印踏实前进。

2. 加强销售技巧的锻炼，努力创造出合适自己的销售方法和技巧。

3. 调整心态，建立自信心。

4. 加强业务能力及沟通能力的学习，补充能量，为迎接下一个挑战做好准备。

2017年这一年是有意义的、有价值的、有收获的。公司在每一名员工的努力下，在新的一年中将会有新的突破，新的气象，能够在日益激烈的市场竞争中，占有一席之地。2018年，公司还有更多的挑战在等待着我。房地产公司的前景不被看好，房价也是涨降中来回打转，让人摸不着头脑，所以房地产行业是极难做的。不过相信只要我们全体员工一致努力，做好自己的本职工作，我们就会取得一个不错的结局，相信我们一定能够做好2018年的工作。走过“动荡”的2017年，迎来“辉煌”的2018年。在未来的岁月里，愿我们与成功有约，与快乐有约。

9.4 实训项目四：绩效考核反馈面谈

9.4.1 实训目的

了解员工绩效考核反馈面谈的重要性、基本内容、操作流程，掌握沟通技巧。

9.4.2 理论知识回顾

1. 绩效反馈面谈的含义

绩效反馈面谈是指在绩效考核结束后，管理者与下属通过面谈将考核结果反馈给下属，并共同分析绩效不佳的表现和原因，制订绩效改进计划的过程。对于个人层面的绩效反馈，参加者是评价对象本人及其直接上级。

2. 绩效反馈面谈的目的

（1）总结和交流员工的绩效表现。

在一个绩效周期结束后，员工需要了解他在整个绩效周期中的表现，以及管理者和其他同事对自己的看法。根据这些反馈信息，员工可以总结经验和教训，在下一个绩效周期中不断改进并提高自己的绩效水平。此外，员工也需要就一些工作中的问题、想法与管理者进行交流，绩效反馈的过程其实也为双方提供了这样交流的机会。

（2）对绩效考核结果达成共识。

虽然绩效管理制度的设计力求客观、科学，但绩效考核中不可避免地包含了一些主观判断的成分。即使是客视的考核指标和标准，也存在对于采集客观数据的手段和考核工具是否认同的问题。更何况由于考核者和被考核者的不同地位和角色，双方对于绩效水平的看法必然存在差异，对考核结果的认同也必须经过一个沟通的过程。只有通过面谈得到双方认可的考核结果才会被员工接受，才能被应用到人力资源管理职能中去。否则就会受到员工的抵制。

（3）制订绩效改进计划。

在管理者和员工就绩效考核结果达成一致意见之后，双方应该针对面谈中提出的各种绩效问题制订一个详细的绩效改进计划。在现实中，不仅绩效不佳或者绩效平平的员工存在一些不足的地方，绩效优良的员工同样也有需要改进的地方。因此除了被告知考核结果之外，员工希望能够有人帮助自己找出存在的问题和解决问题的方法，而且有时候绩效不佳的原因并不在员工，可能是管理或是其他方面的问题，因此对于双方来说，共同寻找绩效问题的原因和对策是非常有意义的。

（4）明确下一阶段绩效目标和计划。

绩效计划制订的过程和绩效反馈面谈的过程是不可分割的。一个绩效周期的结束恰恰是下一个绩效周期的开始。有些时候，绩效反馈面谈和绩效计划面谈可以放在一起进行。绩效反馈所确认的考核结果和改进计划为下一个绩效周期的绩效目标和绩效计划提供了依据，也为员工有的放矢地实施绩效改进提供了具体的目标。

（5）为员工的个人发展提供信息。

员工的职业规划和个人发展是建立绩效管理体系的目的之一，因此在绩效反馈阶段管理者应当鼓励员工讨论和提出个人发展的目标，以便建立起有利于达成这些发展的目标和路径。双方共同探讨员工进一步发展所需要的技能、在哪些方面需要培训和学习，管理者应当在今后提供一定的资源和机会，为员工的发展提供支持。

3. 绩效反馈面谈的原则

绩效反馈面谈是一种面对面的沟通，对组织、部门及个人绩效水平的提高，组织成员间关系的改善等问题具有非常大的影响，因此在实施绩效反馈面谈时要重点把握好以下几个原则。

（1）直接具体原则。面谈交流要直接具体，不能抽象地泛泛面谈或仅作一般性评价。对于上级领导来说，无论是赞扬还是批评，都应有具体、客观的结果或事实来支撑，使面谈对象明白哪些地方做得好，清楚地了解存在的差距与缺点。如果面谈对象对绩效评价结果有不满或质疑的地方，可以向上级领导进行申辩或解释，唯有如此，绩效评价结果的反馈才能够具体、准确、透明、公平，真正取得实效。

（2）互动原则。面谈是一种双向的沟通，为了获得对方的真实想法，管理者应当鼓励面谈对象多说话，充分表达自己的观点。由于职位和沟通角色的差异，管理者常常处于发话、下指令的位置，下属只是在被动地接受，然而，有些时候管理者得到的信息不一定是真实情况，为此，管理者应当允许下属针对模糊或疑惑之处进行询问和辩解，而不应打断与压制，要对下属提出的好建议予以充分肯定，从而提高绩效反馈面谈的效果。

（3）基于工作原则。绩效反馈面谈所涉及的是评价对象的工作绩效，即具体工作是怎么做的，采取了哪些行动与措施，效果如何，等等。因此，上级在进行绩效反馈面谈时必须以下属的工作情况为基础，而不应掺杂与工作无关的情况和个人情感因素。在明确客观事实的基础上，面谈双方才能够根据绩效评价结果展开深入的分析和讨论，以便达到绩效反馈面谈的目标。

（4）相互信任原则。绩效反馈面谈是上下级交流的过程，缺乏信任的面谈会使双方都感到紧张、急促，充满冷漠，进而产生抵触情绪。绩效反馈面谈应是一个双方沟通的过程，沟通要想顺利地进行，最终促进双方的相互理解和共识的达成必须营造一种彼此互相信任的良好氛围。

4. 绩效反馈与面谈方式和技巧

（1）对正确行为的反馈。

管理者往往容易忽视对正确行为的反馈，这可能是由于他们对所谓的“正确行为”理解不全面而无法确认，也可能是没能掌握好对正确行为进行反馈的方式，或者认为员工正确做事是理所当然的，不需要反馈。在实际工作中，对正确行为的反馈具体表现为管理者对员工的表扬和赞赏。表扬是一种积极的鼓励、促进和引导，表扬员工不仅仅能够实现对员工优秀绩效的反馈，也是激发员工工作热情、提高工作积极性的重要手段，因此也是管理者应当掌握的重要沟通技巧。在具体做法上有下述四点努力方向：

①要善于寄希望于表扬之中。当一个人因工作上的成绩受到表扬时，就会产生一种成就感、荣誉感和自豪感，这种积极的心理反应不仅会使其感到心情愉快，还能使其自信心大增。在这种状态下，如果对其提出带有希望性的要求与建议，不仅不会引发其反

感，而且会使其真正从中感悟到上级的关心与爱护，这是员工最易接受上级希望的绝好时机。因此，表扬不能满足于对其成绩的肯定，而应趁热打铁，在表扬中提出有针对性的希望，给受表扬者以新的目标，比如，对工作中成绩一贯突出、积极向上的员工进行表扬时，要不断提出新的希望目标，促使其更加发奋努力，更好地发挥自己的优势。

②要善于寓道理于表扬之中。既然是表扬，就应注意以事论理、以理服众。如需公开表扬，一定要在员工取得公认的成绩时再采取这种方式，以免让其他员工感到管理者偏心、不公正，从而产生逆反心理；在表扬中要尊重客观事实，尽可能多地引用受表扬者的有关实例与数据，用事实来化解某些人的消极逆反心理。不要就事论事，要善于抓住事情的精神实质，给人以启迪，但切忌任意拔高、故弄玄虚。

③要善于寓经验于表扬之中。管理者在表扬员工时，不应仅仅简单地说一句“干得不错”，而应善于借表扬将成功者的经验与方法传授给更多的员工，实现以点带面与资源共享。优秀员工应该成为学习和模仿的榜样，其经验是难得的资源，作为管理者在对受表扬者进行表扬之前，应进行深入细致的调查分析，归纳总结其成功的经验和有效的方法，不仅要让表扬激励优秀员工本人，更要使大家能从受表扬者的经验与方法中有所得益。

④要善于融鞭策于表扬之中。成熟的管理者总是善于在表扬中一箭双雕：既鼓励了先进，又鞭策了落后。事实上，对先进者的表扬，本身也就意味着对落后者的批评。由于这种批评是婉转的、间接的，是种引导与鞭策，往往比直接地批评更有说服力，更有利于激发落后者的内在动力。因此，作为管理者在表扬先进的同时，要善于不点名地指出落后者存在的相关问题，启示他们在对比中看到差距，认识自我，明确努力的方向。

（2）对错误行为的反馈。

对错误行为的反馈与对正确行为的反馈同样重要，两者的最终目的都是提高员工绩效。对正确行为的反馈是为了强化该种正确的行为，而对错误行为的反馈是将注意力集中于减少不好的行为。管理者针对员工的错误行为进行反馈的目的，是通过让员工了解自身存在的问题而纠正其错误。对错误行为的反馈就是通常人们所说的批评。批评不一定非要是消极的，实际上批评也可以是积极的和建设性的。所谓建设性反馈就是针对员工的错误行为加以指出，并且提出改进的意见供对方参考，而不是横加指责和批评。

①建设性反馈是有计划性的。这是指应当有计划地对错误行为进行反馈。有时管理者和员工由于受到当时谈话气氛的影响而对自己的言行失去控制，这种在情绪失控下进行的反馈不仅毫无意义，并且会产生负面影响。事前充分明确反馈的目的、组织好思路、控制好情绪并选择恰当的语言，可以有效地避免这种情况发生。

②建设性反馈是以进步为导向的。绩效反馈应该着眼于未来，而不应该抓住过去的错误不放。应当认识到错误的批评方式会使员工产生抵触心理，这将对绩效反馈的效果起消极作用。只有以进步为导向的批评，才能够真正达到绩效反馈的最终目的——提高员工的未来绩效。

③建设性反馈应维护对方自尊。自尊是每个人在进行人际交往时都要试图维护的，管理者在绩效反馈时应当考虑到员工自尊。消极的批评容易伤害人、打击对方的自尊心，对人际关系具有破坏性。要认识到维护员工自尊的重要性，最简单的方法就是在与对方进行反馈之前进行换位思考。

④建设性反馈应掌握时机和场合。建设性反馈应发生在适当的环境中，应充分考虑时间、地点以及周围环境，寻找最佳时机以保证员工能够接受反馈的意见。

⑤建设性反馈是灵活的。灵活性要求管理者在反馈时应当根据不同的对象和不同情况采取不同的方式，并在反馈的过程中根据对方的反应调整反馈方式。

⑥建设性反馈是互动式的。批评往往是单向传递信息，这种方式会由于管理者单方的控制而引起员工的抵触和反感，从而产生排斥心理。建设性反馈主张让员工参与到整个绩效反馈过程之中，即所谓互动式绩效反馈。管理者应当通过有效的引导，让员工提出自己的看法和建议。

⑦建设性反馈是对员工的指导。建设性反馈不仅仅是传递单纯的好、坏、对、错这类信息，更应当为员工提供具体的、明确的建议，以表明管理者帮助员工的愿望。管理者应该让员工感受到对他们的关注以及信心，并使员工相信自己能够得到来自管理者的充分帮助。这种信息的传递不仅有助于改善绩效，而且有助于改善管理者与员工之间的关系，提高相互之间的信任感。在对员工的错误行为进行反馈时，通常可以遵循下面四个步骤：

第一步，行为描述（behavior description），简写为 B；

第二步，表达后果（express consequence），简写为 E；

第三步，征求意见（solicit input），简写为 S；

第四步，着眼未来（talk about positive outcome），简写为 T。

这被称为 BEST 模型。

9.4.3 该项工作流程

1. 绩效反馈面谈的前期准备

为了充分实现绩效反馈面谈的目的，参加绩效反馈面谈的双方都应该做好充分的准备，主要包括以下几方面：

（1）选择合适的面谈时间。

绩效反馈面谈的时间选择对于最终的绩效反馈效果有很大影响。一般来说，管理者应该根据工作安排并在征得下属同意的前提下确定面谈时间。尽量不要将绩效反馈面谈安排在临近上下班的时间和非工作时间。需要指出的是，确定的时间并不是一个时间点，而应当是一个合适的时间段。时间段的长短要适宜，过长会引起疲倦、注意力不集中，增大信息交流误差；过短则会由于信息没有被充分、完全地传递而达不到沟通的目的。

（2）选择合适的面谈地点和环境。

面谈的地点和环境会对反馈效果产生重要的影响。一般来说，在办公环境下，主要的反馈地点有管理者的办公室、会议室、接待室，其中小型会议室或接待室是比较理想的选择，因为这些地方一般都远离电话、传真，是不易被干扰的场所。但现实中往往由于条件所限，管理者的办公室成为最常见的选择。在办公室进行绩效反馈面谈，要务必确保面谈不被干扰或者中途打断。管理者最好能够拒绝接听任何电话，停止接待来访的客人，以避免面谈受到不必要的干扰。面谈的场所最好是封闭的，因为开放的办公区城比较容易受周围环境的影响。当然，反馈面谈的地点也可以选择工作场所之外的地方，比如选择咖啡厅、茶楼等地点。这种非正式办公地点的选择可以有效地营造管理者与下属之间的亲近关系，使下属和管理者在轻松的环境中充分表达自己的真实感受。

（3）收集、整理面谈所需要的信息资料。

管理者和面谈对象都要收集和整理日常积累的有关绩效的各种信息。绩效反馈面谈之前，管理者必须准备并且熟悉面谈所需的资料，这些资料主要包括绩效评价表格、工作情况的记录和总结、该绩效周期的绩效计划、绩效考核结果以及考核对象的基本信息，在面谈的过程中，面谈对象往往会根据自己的实际情况陈述整个周期的工作情况，因此也应该充分收集、整理一些能够表明自己绩效状况的事实依据等，另外还可以准备好一些与绩效管理有关的问题，以便在面谈中向管理人员提问和咨询。

2. 绩效反馈面谈的过程

事先设计完整而合理的绩效面谈过程是成功实施绩效反馈面谈的保证。在进行面谈前，负责面谈的管理人员应该对面谈的内容进行详细的计划。绩效反馈面谈的过程主要包括开场白、面谈的实施和面谈的结束。

（1）面谈的开场白。

在绩效反馈面谈的开始阶段，管理者应该向面谈对象简要说明面谈的目的和基本程序。管理者可以从一个轻松的话题入手，帮助下属放松心情，以使下属能够在面谈中更好地阐明自己的看法。当然，如果下属了解面谈的目的，已经为面谈做好了充分的准备，那么开门见山是最好的选择。

（2）面谈的实施。

在绩效反馈面谈的实质阶段，管理者和面谈对象要就绩效考核结果、绩效改进计划深入交换意见，达成共识。一般来讲，管理者要先就下属的上一周期绩效表现做一个总体的回顾，并告知其绩效考核结果。对于下属表现好的方面，管理者要适时鼓励；对于绩效不佳的方面，要采取建设性沟通的方式。

如果下属对绩效考核结果有异议，管理者要耐心倾听，并就存在争议的问题给出合理满意的答复。紧接着，管理者和面谈对象要就导致绩效不良的原因进行分析，找出问题所在并共同制订绩效改进计划和符合员工自身实际情况的个人发展计划。最后，管理者要与下属就下一个绩效周期的工作任务、工作目标及其衡量指标等进行商定，并签订绩效计划协议。

（3）面谈的结束。

当面谈的目的已经达到或由于某些原因无法取得预期进展时，应当适时结束面谈。在绩效反馈面谈的结束阶段，管理者要对面谈对象进行正面激励，让面谈对象鼓足干劲，以满怀斗志的状态开始下一绩效周期的工作。

3. 绩效反馈面谈的总结和改进

在绩效反馈面谈结束之后，管理者要对面谈的整体情况和效果进行评估，对面谈过程中所记录的内容进行反思与总结，对于面谈对象提出的疑问或要求予以高度重视，并采取具体的方法和手段加以解决。此外，管理者也要对自己在面谈过程中的表现进行反思，如是否采用建设性的沟通方式，是否为下属提供了有效的支持与帮助等，以便在下一次绩效反馈面谈中取得良好效果。

9.4.4 使用表单模板、工具方法

本实训项目可能使用的表单模板、工具方法如表 9－7 所示。

表 9－7　　绩效反馈面谈和改进计划表

面谈对象		岗位		面谈时间	
面谈者		岗位		面谈地点	
绩效考核结果：					
本期不良绩效陈述：					

续表

本期不良绩效原因分析			
影响绩效的维度		具体问题	原因分析
员工	知识		
	技能		
	态度		
	……		
主管	指导		
	……		
环境	内部		
	外部		
	……		
…			
备注：			

绩效改进计划				
项目	预期目标	改进措施	执行者/责任人	执行时间
备注				
面谈对象签字			面谈者签字	

9.4.5 该项目操作事项

（1）学生分组：2 人一组（角色分配）。

（2）学习相关理论知识和实训案例 9.5。

（3）分析被考核者的绩效考核结果。

（4）考核者与被考核者准备反馈过程所需材料。

（5）按照绩效考核反馈面谈程序开始绩效反馈。

（6）填写绩效反馈面谈和改进计划表。

（7）各小组向全班同学分享小组结果，重点解释绩效反馈面谈中的难点和自己的处理方法。

（8）其他小组同学相互点评。

（9）老师总结：简单点评学生操作过程与结果，强调绩效反馈面谈的原则。

案例 9.5

绩效考核测评表示例见表 9-8，年度考核汇总表示例见表 9-9。

表 9-8　　　　绩效考核测评表

<table>
<tr><td>姓名</td><td>王明</td><td colspan="2">绩效周期　　2018 年 1 月 1 日 ~1 月 31 日</td></tr>
<tr><td>绩效项目</td><td>关键绩效指标（KPI）</td><td>绩效标准</td><td>得分</td></tr>
<tr><td rowspan="7">工作业绩（70 分）</td><td>档案管理（10 分）</td><td>满分标准：根据档案工作管理办法，完成档案的收集、整理、归档、保管、统计和使用。
出现错误或违反规定，扣 1 ~6 分</td><td>8</td></tr>
<tr><td>人事与劳资（10 分）</td><td>满分标准：建立健全员工档案，做好人员招聘计划、录用、培训、薪酬核定等基础性工作。
视工作效果，酌情扣 1 ~4 分</td><td>8</td></tr>
<tr><td>社保工作（10 分）</td><td>满分标准：严格按照规章制度办事，及时办理五险一金，且无差错。
出现错误或延误，扣 1 ~4 分</td><td>9</td></tr>
<tr><td>考勤工作（10 分）</td><td>满分标准：考勤客观公正，记录完整及时，无遗漏现象。
考勤记录不真实或遗漏，扣 1 ~4 分</td><td>8</td></tr>
<tr><td>文件、资料的保管（10 分）</td><td>满分标准：专用登记簿登记准确，交接记录完整，无任何差错。
出现差错，扣 1 ~4 分</td><td>9</td></tr>
<tr><td>文件的打印、发放（15 分）</td><td>满分标准：打印文件规范，发放及时，材料无错误。
出现延时、错误，扣 1 ~6 分</td><td>10</td></tr>
<tr><td>出勤情况（5 分）</td><td>党政事务部评分</td><td>5</td></tr>
<tr><td>小计</td><td colspan="2"></td><td>57</td></tr>
<tr><td rowspan="7">工作态度（15 分）</td><td>言行举止（2 分）</td><td>说话语气缓和，能够耐心细致地解释相关问题，能够主动积极地进行沟通。工作过程中不带有任何不满情绪，精神饱满地投入到工作中。</td><td>1.5</td></tr>
<tr><td>纪律性（2 分）</td><td>遵守各项规章制度，工作纪律观念强，能起到模范带头作用。</td><td>1</td></tr>
<tr><td>协作性（2 分）</td><td>善于协调，能够主动与同事合作，工作中不相互扯皮，积极帮助别人处理工作中的问题，配合效果好。</td><td>1.5</td></tr>
<tr><td>积极性与责任心（2 分）</td><td>自觉主动对自己的行为和结果负责，责任心强，不逃避或推卸责任，能圆满完成本职工作。</td><td>1.5</td></tr>
<tr><td>服从性（2 分）</td><td>听从领导的工作安排，能够按时完成领导交办的各项工作，不找借口，不推诿，执行力度强，效果好。</td><td>1.5</td></tr>
<tr><td>出勤（2 分）</td><td>遵守考勤制度。</td><td>2</td></tr>
<tr><td>绩效评价的客观性（3 分）</td><td>能够客观地对他人的绩效做出评价</td><td>2.5</td></tr>
<tr><td>小计</td><td colspan="2"></td><td>11.5</td></tr>
</table>

续表

姓名	王明	绩效周期	2018年1月1日~1月31日	
绩效项目	关键绩效指标（KPI）	绩效标准		得分
工作能力（15分）	业务能力（2分）	熟练掌握本职工作流程，工作中办事效率高，质量好，业务能力强。		2
	沟通能力（2分）	能够积极主动与人沟通，言语表达清楚，大家非常满意，认为是交际能手。		2
	学习能力（2分）	能够自觉、主动地进行学习，有较好的记忆力和理解力，掌握知识快，能够不断地更新知识、提高业务技能水平。		2
	协调能力（2分）	团队协作观念强，工作中主动协调，能积极融入团队，使工作顺利展开。		1.5
	分析问题、解决问题的能力（2分）	工作中有问题意识，善于发现问题并能妥善解决。		1.5
	工作日志（5）			4
小计				13
合计				81.5
考核组组长签字		考核日期	2018年2月5日	

表9-9 ________年度考核结果汇总表

序号	部门	姓名	月考核得分												年度考核得分
			1	2	3	4	5	6	7	8	9	10	11	12	
1	行政部	王明	81.5												

10 综合实训六：员工薪酬管理

10.1 薪酬管理实验平台——企业

进行薪酬管理实验为的是将我们学习到的理论知识，应用到实际的人力资源管理工作之中，通过实践的应用提高对知识的理解和掌握，对将来的实际工作能力也是一种提高。

实验是以能找到的公司为平台，这个平台在很大程度上会影响实验的结果。

10.1.1 寻找一个企业，进行实验

寻找企业的时候需要考虑的因素：

（1）企业的地理位置，应尽量在本城市，以方便双方的沟通交流。

（2）企业的性质。对于大部分国有性质的企业，组织结构相对稳定，但是由于企业中存在计划经济时代所遗留的种种弊端（组织结构、思想观念等），薪酬制度缺乏灵活性，在工作中可能会遇到很多的障碍，难以达到预期效果。

对于大多数私有性质或者股份制的企业，他们欢迎合理的薪酬改革，但是，由于大部分的企业处于起步期或者快速成长期，他们的组织结构、岗位职责等具有很大的不确定性，他们需要对组织中的各个岗位的设置进行随时地更改，以适应组织的发展和环境的变化。

因此在选择何种性质的企业进行我们的实验时，我们要考虑到不同企业的特点，做好准备以应对可能出现的问题。

（3）企业的规模。规模比较大的企业，岗位设置比较多，组织结构比较复杂，由于我们实验小组的能力及人员数量有限，做起来可能会比较困难。

规模较小的企业，岗位比较少，人员也不是很复杂，在实验中工作量就不会很大。

规模大的企业的组织结构比较健全，各个岗位的职责比较稳定，很多设置比较符合在书本上学到的知识，所以在工作分析等实验项目中，可能会比较容易一些。而小规模的企业，很多岗位的职员需要完成多个岗位的职责，而且，组织结构也不是很稳定，很多岗位的职责需要经常变化，而实验要持续至少一个学期的时间，这样就不利于实验的连贯性与一致性。

（4）企业的配合程度。在与企业进行初步接触的时候，应该善于观察企业人力资源管理的负责人对于实验的看法及配合的意愿，能否为我们以后的实验提供一些便利。

10.1.2 采用企业进行实验

J开发有限公司成立于1997年7月，在呼和浩特市进行地产开发多年，开发建筑面积超过百万平方米，具有房地产开发二级资质。经营范围多样，包括建筑公司、投资股份公司、外墙系统公司、物业公司等多个公司，公司现拥有员工102人，80%以上员工具有大中专及以上学历。公司设有办公室、工程管控中心、财务管控中心、销售服务中心等部门。公司中高级管理人员曾陆续到清华大学等高等院校学习深造，具备了相关专业的管理能力；公司通过了ISO 9001质量体系认证及ISO 14001环境管理体系认证，是全区同行业中比较早的双认证房地产企业。

表10－1～表10－13给出了该公司相关部门的职位说明书。

薪酬管理实验一和实验六可以用自己寻找的企业进行实验，实验二到实验五可以使用自己寻找的企业进行实验，也可以使用上述案例中所给的材料进行实验。

表10－1　人事行政部经理职位说明书

职位描述				
标识	岗位名称	人事行政部经理	所属部门	人事行政部
关系	直接上级	副总经理	直接下属	人力资源主管、行政主管
	内协	1. 协调公司内部各部门各岗位之间的工作关系； 2. 协助总经理考察、考核各部门主要管理人员。		
	外联	1. 接待同行及协作单位来访的领导，为公司建立和保持良好的公共关系； 2. 负责处理公司与地方政府、主管部门的关系。		
职业发展前景	副总经理			
劳动资料	电脑、传真机、电话机、办公桌、椅、文件夹等			
劳动条件	室内作业，有空调，室温恒定，采光充足，环境舒适			

续表

劳动强度	多采用坐姿工作，8 小时/天，周末休息
工作任务和职责	1. 负责制定公司人事行政战略及其具体的实施、调整和监控的运行体系； 2. 批转各类文件、报告，并提出意见供总经理参考； 3. 协助总经理协调各部门之间的工作关系； 4. 接待同行及协作单位来访的领导，为公司建立和保持良好的公共关系； 5. 参加公司的经营检讨会、总经理办公会等； 6. 审查、修改各部门呈送总经理的报告，提出处理意见后，转送总经理； 7. 审核以公司名义发出的所有报告、文件，并转报总经理、副总经理签发； 8. 组织安排总经理办公会及公司其他有关会议或其他活动； 9. 协助总经理考察、考核各部门主要管理人员； 10. 审核薪酬福利发放、员工奖惩、劳动争议等事务； 11. 负责人事行政方面的沟通协调和汇报工作，处理与人事行政部相关的与地方政府、主管部门的关系； 12. 控制公司部门各项预算费用与开支； 13. 负责总经理、副总经理交代事宜的督办、协调和控制； 14. 负责公司企业文化的建设及相关活动的策划、组织和评估工作； 15. 结合公司品牌建设工作，对公司内外公关具有建议权； 16. 完成领导交办的其他工作。
权限	1. 建议权：对公司内外公关具有建议权； 2. 处罚权：对人事行政部的员工的错误行为有处罚权； 3. 经费使用权：可使用公司人员招聘、培训和公司企业文化组织的活动经费，经费数额限定________元； 4. 部门管理权：对人事行政部所属员工及各项业务工作有管理权。
员工任职资格	
职业道德要求	有良好的职业道德，遵守职业相关的纪律和要求
知识要求	1. 学历要求：人力资源管理、行政管理或相关专业大学本科及以上； 2. 基础知识：了解劳动法、合同法等相关法律、法规；熟练使用办公软件及相关的人事管理软件；较好的中文听、说、读、写能力； 3. 专业知识：人事心理学、组织行为学、服务心理学、消费心理学、管理心理学、工程心理学、人力资源管理学、行政管理学、公共关系学等，并能熟练运用； 4. 背景知识：熟悉房地产有关的行业知识，有一定的人文、社科知识基础。
技能要求	1. 做事：对人事行政事务性的工作有娴熟的处理技巧，熟悉人事行政工作流程； 2. 做人：善于沟通，待人公平，能与公司各部门人员处理好关系，富有团队精神； 3. 具备独立解决公司人事行政方面重大问题的能力。
工作经历要求	1. 5 年以上的人事、行政及相关企业管理经验； 2. 3 年以上的企业人力资源经理工作经验。
身体素质要求	1. 年龄要求：28 岁以上、45 岁以下； 2. 身体素质良好、没有传染病、五官端正。
心理素质要求	1. 能力素质：智力水平正常，组织、协调、沟通能力强，有较强的观察、应变、思维和交际能力，富有创造力； 2. 动力素质：有正确的价值观，对人事行政管理有强烈的兴趣； 3. 人格素质：有较强责任心，待人公平，富有团队精神，工作原则性强。

表 10－2　　人力资源主管职位说明书

职位描述				
标识	岗位名称	人力资源主管	所属部门	人事行政部
关系	直接上级	人事行政部经理	直接下属	人力资源文员
	内协	1. 协助公司组织结构的设计、规划与调整； 2. 协助公司领导做好相关工作，保持良好的工作关系。		
	外联	处理与人力资源部相关的与地方政府、主管部门的关系，联络、疏导对内、对外的各机构		
职业发展前景	人力资源部经理、相关部门经理			
劳动资料	电脑、电话机、办公桌、椅、文件夹等			
劳动条件	室内作业，有空调，室温恒定，采光充足，环境舒适			
劳动强度	多采用坐姿工作，无特别生理或心理紧张，8 小时/天，周末休息			
工作任务和职责	人力资源战略和规划	1. 协助公司组织结构的设计、规划与调整； 2. 协助公司部门职责与权责的划分，根据部门职责制定、调整公司的人员编制； 3. 制定并执行人力资源的年、季、月度计划； 4. 制定公司人力资源管理的各项制度。		
	招聘和人才库管理	1. 建立和更新人才库，尤其是行业内的高级人才、特殊岗位人才的跟踪和联系； 2. 负责制订、落实公司年度招聘计划； 3. 建立内部竞争机制。		
	薪酬福利管理	1. 协助制定、执行公司薪酬福利政策，提出薪酬福利规划、预算和控制方案； 2. 负责薪酬核定、员工社会统筹、劳动保护、企业福利、员工奖惩、劳动争议、劳动纪律等日常事务。		
	绩效管理	1. 配合公司战略规划的实施体系，指导、组织公司及各部门根据部门职责和岗位职责的要求，制定绩效管理体系； 2. 负责公司月度、季度、年度的绩效管理工作并组织实施，对各部门绩效管理进行指导、跟踪和培训工作； 3. 对业绩考核结果进行反馈，并为员工制订、调整职业发展规划和培训计划，提出薪资的调整和相应职位调整的建议。		
	职业生涯规划	制定员工的职业生涯规划，并进行实施过程的跟踪和指导。		
	培训管理	1. 收集、分析和汇总公司人才培训需求，制定相应的人才培训计划和年度培训计划并组织实施； 2. 预算培训经费； 3. 调查、分析和评估培训效果，针对性提出培训效果改善方法和计划。		
	人力资源行政管理	1. 负责公司员工信息收集和档案管理工作；管理劳动合同，调配员工； 2. 负责人力资源方面的沟通协调和汇报工作，处理与人力资源部相关的与地方政府、主管部门的关系，联络疏导对内、对外的各机构；控制、使用部门内各项预算费用； 3. 负责对公司各部门工作的监督、跟进、协调及将有关情况总经理汇报。		
	配合企业文化的相关工作。			
权限	1. 建议权：对员工的薪资调整和相应职位调整有建议权； 2. 处罚权：对人力资源管理文员造成的有损公司利益的行为、不尽职行为有处罚权。			

续表

员工任职资格	
职业道德要求	有良好的职业道德，遵守职业相关的纪律和要求
知识要求	1. 学历要求：人力资源管理、行政管理专业大专及以上； 2. 基础知识：了解劳动法、合同法等相关法律、法规；熟练使用办公软件及相关的人事管理软件；较好的中文听、说、读、写能力； 3. 专业知识：人事心理学、组织行为学、服务心理学、人力资源管理学、人员素质测评、行政管理学、公共关系学等，并能熟悉运用； 4. 背景知识：熟悉房地产有关的行业知识，有一定的人文、社科知识基础。
技能要求	1. 做事：对人力资源管理事务性的工作有娴熟的处理技巧，熟悉人事工作流程； 2. 做人：善于沟通，待人公平，能与公司各部门人员处理好关系，富有团队精神； 3. 具备独立解决公司人力资源管理方面重大问题的能力。
工作经历要求	1. 2 年以上的人事、行政及相关企业管理经验； 2. 1 年以上的企业人力资源主管工作经验。
身体素质要求	1. 年龄要求：28 岁以上、45 岁以下； 2. 身体素质良好、没有传染病、五官端正。
心理素质要求	1. 能力素质：智力水平正常，组织、协调、沟通能力强，文字和口头表达能力强，有较强的观察、应变、思维和交际能力，富有创造力； 2. 动力素质：有正确的价值观，对人力资源管理有强烈的兴趣； 3. 人格素质：有较强的责任心，踏实稳重，待人公平，富有团队精神，工作原则性强。

表 10－3　　行政主管职位说明书

职位描述				
标识	岗位名称	行政主管	所属部门	人事行政部
关系	直接上级	人事行政部经理	直接下属	车辆管理员
	内协	1. 公司内部各办公室人员的衔接、协调； 2. 协助公司领导做好相关工作，保持良好的工作关系。		
	外联	处理与人力资源部相关的与地方政府、主管部门的关系，联络疏导对内、对外的各机构		
职业发展前景	人事行政部经理、相关各部门经理			
劳动资料	电脑、电话机、办公桌、椅、文件夹等			
劳动条件	室内作业，有空调，室温恒定，采光充足，环境舒适			
劳动强度	多采用坐姿工作，8 小时/天，周末休息			

续表

工作任务和职责	日常事务管理	1. 后勤保障、安全保卫、卫生水电等； 2. 公司会务管理； 3. 日常接待及对外公关等活动的组织安排； 4. 各类活动的组织及后勤工作； 5. 档案管理及公司各类证、照的办理、年检等； 6. 办公用品购买及发放； 7. 公司电话费的缴纳； 8. 公司所有实物资产的管理； 9. 公司车辆的使用、调配、维修等管理； 10. 考勤管理； 11. 法律咨询，纠纷事宜的处理； 12. 公司印章的管理、使用； 13. 各部门日常行为规范的监督、检查； 14. 公司行政处罚文书的上传下达； 15. 公司办公区域钥匙的领用、监督及管理； 16. 各办公室人员的衔接、协调； 17. 对现场清洁卫生进行管理，督促相关人员做好保洁工作； 18. 完成领导交办的其他工作。
	文件资料管理	1. 文件的编号、印发； 2. 公司内、外文件初审、分流、递签、催办； 3. 公司所有文件的归档整理。
	协助工作	1. 公司员工社会保险的办理； 2. 协助经理部分工作。
权限	1. 建议权：对外公关等活动的组织安排有建议权； 2. 处罚权：对车辆管理员造成的有损公司利益的行为、不尽职行为有处罚权。	
员工任职资格		
职业道德要求	有良好的职业道德，遵守职业相关的纪律和要求	
知识要求	1. 学历要求：行政管理或相关专业大专及以上； 2. 基础知识：了解劳动法、合同法等相关法律、法规；熟练使用办公软件；较好的中文听、说、读、写能力； 3. 专业知识：人事心理学、组织行为学、服务心理学、人力资源管理学、行政管理学、公共关系学等，并能熟悉运用； 4. 背景知识：熟悉房地产有关的行业知识，有一定的人文、社科知识。	
技能要求	1. 做事：对行政管理事务性的工作有娴熟的处理技巧，熟悉行政工作流程； 2. 做人：善于沟通，待人公平，能与公司各部门人员处理好关系，富有团队精神； 3. 具备独立解决行政方面重大问题的能力。	
工作经历要求	1. 2 年以上的人事、行政及相关企业管理经验； 2. 1 年以上的企业行政主管工作经验。	
身体素质要求	1. 年龄要求：28 岁以上、45 岁以下； 2. 身体素质良好、没有传染病、五官端正。	
心理素质要求	1. 能力素质：智力水平正常，组织、协调、沟通能力强，文字和口头表达能力强，有较强的观察、应变、思维和交际能力，富有创造力； 2. 动力素质：有正确的价值观，对行政管理有强烈的兴趣； 3. 人格素质：踏实稳重，有较强责任心，正直，虚心，具有灵活性。	

表 10－4　　文员职位说明书

<table>
<tr><td colspan="5">职位描述</td></tr>
<tr><td>标识</td><td>岗位名称</td><td>文员</td><td>所属部门</td><td>人事行政部</td></tr>
<tr><td rowspan="3">关系</td><td>直接上级</td><td colspan="3">人力资源主管</td></tr>
<tr><td>内协</td><td colspan="3">1. 协助人力资源主管、行政主管完成部分工作；
2. 协助公司领导做好相关工作，保持良好的工作关系。</td></tr>
<tr><td>外联</td><td colspan="3">引见、招待、接送来宾</td></tr>
<tr><td>职业发展前景</td><td colspan="4">人力资源主管</td></tr>
<tr><td>劳动资料</td><td colspan="4">电脑、电话机、办公桌、椅、文件夹等</td></tr>
<tr><td>劳动条件</td><td colspan="4">室内作业，有空调，室温恒定，采光充足，环境舒适</td></tr>
<tr><td>劳动强度</td><td colspan="4">多采用坐姿工作，8 小时/天，周末休息</td></tr>
<tr><td rowspan="3">工作任务和职责</td><td>日常事务管理</td><td colspan="3">1. 电话总机接听、转告工作；
2. 负责前台接待、登记；
3. 引见、招待、接送来宾；
4. 监督打卡和汇总考勤；
5. 负责锁门，检查灯光、门窗；
6. 负责收发报刊函件及整理保管报纸；
7. 保管、登记和按规定发放公司办公文具与器材；
8. 承担总经理办公区域的卫生保洁检查工作。</td></tr>
<tr><td>文件资料管理</td><td colspan="3">1. 负责文件、资料的打印、登记、发放、复印、装订；
2. 负责传真收发与登记；
3. 负责公司收发文的管理；
4. 负责周工作计划情况汇总。</td></tr>
<tr><td>协助工作</td><td colspan="3">1. 协助人事主管、行政主管完成部分工作；
2. 完成领导交办的其他工作。</td></tr>
<tr><td>权限</td><td colspan="4">建议权：对部分日常事务管理和文件资料管理有建议权</td></tr>
<tr><td colspan="5">员工任职资格</td></tr>
<tr><td>职业道德要求</td><td colspan="4">有良好的职业道德，遵守职业相关的纪律和要求</td></tr>
<tr><td>知识要求</td><td colspan="4">1. 学历要求：文秘或相关专业大专及以上；
2. 基础知识：了解相关法律、法规，熟练操作办公软件，较好的中文听、说、读、写能力；
3. 专业知识：礼仪学、服务心理学、档案资料管理学、行政管理学、公共系学等，并能熟练运用；
4. 背景知识：熟悉房地产有关的行业知识，有一定的人文、社科知识。</td></tr>
<tr><td>技能要求</td><td colspan="4">1. 做事：能运用礼仪学和资料管理等方面的知识熟练完成各项工作任务；
2. 做人：善于沟通，性格温和、礼貌、热情大方，能与公司各部门人员处理好关系；
3. 有独立解决问题的能力。</td></tr>
<tr><td>工作经历要求</td><td colspan="4">1. 相关文职类工作经验；
2. 1 年以上的文员工作经验。</td></tr>
<tr><td>身体素质要求</td><td colspan="4">1. 年龄要求：20 岁以上，26 岁以下；
2. 身体素质良好、没有传染病、五官端正。</td></tr>
</table>

续表

心理素质要求	1. 能力素质：智力水平正常，协调、沟通、交际能力强，有较强的观察、应变、思维和交际能力，富有创造力； 2. 动力素质：有正确的价值观，对接待、管理有强烈的兴趣； 3. 人格素质：善于沟通，性格温和、礼貌、热情大方，踏实稳重。

表 10－5　　销售部经理职位说明书

<table>
<tr><td colspan="5">职位描述</td></tr>
<tr><td>标识</td><td>岗位名称</td><td>销售部经理</td><td>所属部门</td><td>营销中心</td></tr>
<tr><td rowspan="3">关系</td><td>直接上级</td><td>营销中心主任</td><td>直接下属</td><td>销售主管、招商主管</td></tr>
<tr><td>内协</td><td colspan="3">1. 协调与各部门之间的相互协作关系；
2. 协助营销中心主任和销售员的部分工作。</td></tr>
<tr><td>外联</td><td colspan="3">经常联系公司的大客户，并联系新的客户资源</td></tr>
<tr><td>职业发展前景</td><td colspan="4">营销中心主任</td></tr>
<tr><td>劳动资料</td><td colspan="4">电脑、电话机、办公桌、椅、文件夹等</td></tr>
<tr><td>劳动条件</td><td colspan="4">室内作业，有空调，室温恒定，采光充足，环境舒适</td></tr>
<tr><td>劳动强度</td><td colspan="4">多采用坐姿工作，8 小时/天，周末休息</td></tr>
<tr><td>工作任务和职责</td><td colspan="4">1. 负责销售员的日常接待、销售以及协调销售员工作；
2. 组织开展销售员日常学习交流、市场调查工作，保持良性竞争的工作环境；
3. 负责对当日接待销售进行记录汇总，对反馈信息进行整理分析；
4. 负责对劳动纪律、仪容仪表、接待规范、销售技能进行监督、管理、考核；
5. 充分调动大家工作积极性及热情，对于工作中的问题和不良倾向及时上报；
6. 帮助销售员开展工作，促进工作有序良好开展；
7. 负责考核所属下级的业务水平和业绩；
8. 负责对项目整体进行招商工作；
9. 针对招商业态进行市场调研、分析、总结；
10. 对客户资源、信息进行收集、寻找、挖掘工作；
11. 负责对现场客户、招商客户进行商务谈判；
12. 负责对大客户的调查、跟踪、谈判的工作；
13. 协调与各部门之间的相互协作关系；
14. 完成上级交付的工作。</td></tr>
<tr><td>权限</td><td colspan="4">1. 建议权：对公司的销售和客户管理工作有建议权；
2. 处罚权：对销售员造成的有损公司利益的行为、不尽职行为有处罚权。</td></tr>
<tr><td colspan="5">员工任职资格</td></tr>
<tr><td>职业道德要求</td><td colspan="4">有良好的职业道德，遵守职业相关的纪律和要求</td></tr>
<tr><td>知识要求</td><td colspan="4">1. 学历要求：市场营销或相关专业大学专科及以上；
2. 基础知识：了解合同法、广告法等相关法律、法规，熟练操作办公软件，较好的中文听、说、读、写能力；
3. 专业知识：熟悉市场营销学、消费心理和行为学、推销学、商务礼仪、商务谈判、市场调研与预测、广告学、策划学、公共关系学等，并能熟练运用；
4. 背景知识：熟悉房地产有关的行业知识，有一定的人文、社科知识。</td></tr>
</table>

续表

技能要求	1. 做事：对营销中心事务性的工作有娴熟的处理技巧，熟悉营销工作流程； 2. 做人：具备优良的敬业精神与团队合作精神，优秀的沟通、协调能力，有较好的人际关系网或营销互联网，能与公司各部门人员处理好关系； 3. 有独立解决问题的能力。
工作经历要求	1. 5年以上的市场营销或相关企业管理经验； 2. 3年以上的企业营销经理工作经验。
身体素质要求	1. 年龄要求：28岁以上、45岁以下； 2. 身体素质良好、没有传染病、五官端正。
心理素质要求	1. 能力素质：智力水平正常，有较强的观察、应变、思维和交际能力，富有创造力； 2. 动机素质：有正确的价值观，对市场营销有强烈的兴趣； 3. 人格素质：稳重，有较强责任心，市场开拓能力强，能承受工作压力并经常出差。

表10－6　　财务部经理职位说明书

<table>
<tr><td colspan="5">职位描述</td></tr>
<tr><td>标识</td><td>岗位名称</td><td>财务部经理</td><td>所属部门</td><td>财务部</td></tr>
<tr><td rowspan="3">关系</td><td>直接上级</td><td>副总经理</td><td>直接下属</td><td>主管会计、出纳</td></tr>
<tr><td>内协</td><td colspan="3">1. 协助副总经理的部分工作；
2. 协助公司其他部门人员的工作，保持良好的工作关系。</td></tr>
<tr><td>外联</td><td colspan="3">保持对外同行业的联系，维护公司对外的形象</td></tr>
<tr><td>职业发展前景</td><td colspan="4">副总经理</td></tr>
<tr><td>劳动资料</td><td colspan="4">电脑、电话机、办公桌、椅、文件夹等</td></tr>
<tr><td>劳动条件</td><td colspan="4">室内作业，有空调，室温恒定，采光充足，环境舒适</td></tr>
<tr><td>劳动强度</td><td colspan="4">多采用坐姿工作，8小时/天，周末休息</td></tr>
<tr><td>工作任务和职责</td><td colspan="4">1. 全面负责组织公司财务会计核算与管理工作；
2. 组织编制公司年度预算及公司整体资金营运工作；
3. 落实公司的目标任务和具体工作，协调、配合与各方关系，确保政令畅通和部门工作的正常开展；
4. 帮助、负责起草、制定公司各项财务管理规定；
5. 收集、处理信息和提出建议，为总经理办公室经营管理、成本管理的决策提供科学依据；
6. 负责公司的全年预算的制定及预算执行情况的报告；
7. 负责定期进行公司财务情况的分析；
8. 管理和控制本部门活动经费；
9. 合理安排资金，发挥资金的最大效益，以降低财务风险；
10. 做好各种资金收支活动的检查、监督工作，以保证公司资金的安全；
11. 制定成本控制制度及参与拟定相关经济责任目标；
12. 搞好会计队伍的建设及营造良好的内、外部经营环境；
13. 参与公司重大经营决策及资本营运工作；
14. 组织工程项目的预决算工作；
15. 对本部门员工的工作情况进行检查、监督和考核；
16. 负责保守公司财务秘密；
17. 完成上级布置的其他工作。</td></tr>
</table>

续表

权限	1. 建议权：对公司重大财务决策有建议权； 2. 处罚权：对本部门员工的有损公司利益的行为有处罚权； 3. 经费使用权：支配本部门活动经费，20000 元； 4. 部门管理权：对财务部所属员工及各项业务工作有管理权。
员工任职资格	
职业道德要求	坚持原则，廉洁奉公，有良好的职业道德，遵守职业相关的纪律和要求
知识要求	1. 学历要求：财务管理专业大专及以上，有会计中级职称； 2. 基础知识：熟悉税法、会计法规及经济法规，熟练操作财务办公软件； 3. 专业知识：熟悉财务管理、资产评估、资本运营、成本会计、税法、经济法、审计、会计、会计电算化等，熟练掌握财务会计制度、税务条例、资金往来操作、预算管理、成本管理及内部控制管理，并能熟练运用； 4. 背景知识：熟悉房地产有关的行业知识，有一定的人文、社科知识。
技能要求	1. 做事：对财务管理事务性的工作有娴熟的处理技巧，熟悉财务、业务流程； 2. 做人：善于沟通，待人公平，能与公司各部门人员处理好关系，富有团队精神； 3. 具备独立解决公司财务方面重大问题的能力。
工作经历要求	1. 5 年以上的财务管理或资本运营经验； 2. 3 年以上的企业财务管理经理工作经验。
身体素质要求	1. 年龄要求：28 岁以上、45 岁以下； 2. 身体素质良好、没有传染病、五官端正。
心理素质要求	1. 能力素质：智力水平正常，有较强的观察、应变、思维和交际能力，富有创造力； 2. 动力素质：有正确的价值观，对财务管理类工作有强烈的兴趣； 3. 人格素质：稳重，有较强责任心，坚持原则，廉洁奉公，正直，细心。

表 10－7　　主管会计职位说明书

职位描述				
标识	岗位名称	主管会计	所属部门	财务部
关系	直接上级	财务部经理	直接下属	审计
	内协	1. 协助财务部经理做好部分相关工作； 2. 协助公司其他部门人员的工作，保持良好的工作关系。		
	外联	保持对外同行业的联系，维护公司对外的形象		
职业发展前景	财务部经理			
劳动资料	电脑、电话机、办公桌、椅、文件夹等			
劳动条件	室内作业，有空调，室温恒定，采光充足，环境舒适			
劳动强度	多采用坐姿工作，8 小时/天，周末休息			

续表

工作任务和职责	1. 会计核算（凭证、账、报、表）； 2. 财务状况、经营成果分析； 3. 拟订月度收支计划及考核执行情况； 4. 进行会计电算化； 5. 税务衔接、申报、交纳； 6. 费用审核、报销； 7. 出纳账务及权证发放稽核； 8. 二级单位会计核算； 9. 统计报表及统计、建设、财政衔接； 10. 会计资料整理归档； 11. 会计档案管理； 12. 完成其他临时工作。
权限	1. 举报权：对不正常财务现象有举报权，监督权； 2. 处罚权：对本部门下属员工有损公司利益的行为有处罚权。
员工任职资格	
职业道德要求	坚持原则，廉洁奉公，有良好的职业道德，遵守职业相关的纪律和要求
知识要求	1. 学历要求：大专及以上； 2. 基础知识：了解相关法律、法规，熟练操作财务办公软件； 3. 专业知识：熟悉财务管理、资产评估、资本运营、审计、会计、会计电算化等工作，并能熟练运用； 4. 背景知识：熟悉房地产业有关的行业知识，有一定的人文、社科知识基础。
技能要求	1. 做事：能运用市场营销各方面的知识完成各项工作任务； 2. 做人：具有较强的人际交往和沟通技巧，能与公司各部门人员处理好关系； 3. 有独立解决问题的能力。
工作经历要求	1. 3 年以上的会计或财务管理类经验； 2. 2 年以上的企业会计主管工作经验。
身体素质要求	1. 年龄要求：20 岁以上、35 岁以下； 2. 身体素质良好、没有传染病、五官端正。
心理素质要求	1. 能力素质：智力水平正常，协调、沟通能力强，有较强的观察、应变、思维和交际能力，富有创造力； 2. 动力素质：有正确的价值观，对财务管理类工作有强烈的兴趣； 3. 人格素质：稳重，有较强责任心，坚持原则，廉洁奉公，正直，细心。

表 10－8　　出纳职位说明书

职位描述				
标识	岗位名称	出纳	所属部门	财务部
关系	直接上级	财务部经理	直接下属	
	内协	1. 协助财务部经理做好部分相关工作； 2. 协助公司其他部门人员的工作，保持良好的工作关系。		
	外联	保持对外同行业的联系，维护公司对外的形象		

续表

职业发展前景	财务部经理
劳动资料	电脑、电话机、办公桌、椅、文件夹等
劳动条件	室内作业，有空调，室温恒定，采光充足，环境舒适
劳动强度	多采用坐姿工作，8 小时/天，周末休息
工作任务和职责	1. 现金收付审核及管理； 2. 银行账务核算及电算化核算； 3. 销售统计（数量、价格、欠款、合同、产权）月周销售及资金分析报告； 4. 现金日、周、月报； 5. 支票及相关票据的管理； 6. 银行结算及工作衔接； 7. 对不正常现象及时提出建议； 8. 资料整理归档； 9. 其他临时工作。
权限	举报权：对不正常现象及时举报
员工任职资格	
职业道德要求	坚持原则，廉洁奉公，有良好的职业道德，遵守职业相关的纪律和要求
知识要求	1. 学历要求：财务管理或会计专业大专及以上； 2. 基础知识：了解税法、合同法等相关法律、法规，熟练操作财务办公软件； 3. 专业知识：熟悉财务管理、资产评估、资本运营、审计、会计、会计电算化等，并能熟练运用； 4. 背景知识：熟悉房地产有关的行业知识，有一定的人文、社科知识基础。
技能要求	1. 做事：能运用市场营销各方面的知识完成各项工作任务； 2. 做人：具有较强的人际交往和沟通技巧，能与公司各部门人员处理好关系； 3. 有独立解决问题的能力。
工作经历要求	1 年以上的企业出纳工作经验
身体素质要求	1. 年龄要求：20 岁以上、26 岁以下； 2. 身体素质良好、没有传染病、五官端正。
心理素质要求	1. 能力素质：智力水平正常，协调、沟通能力强，有较强的观察、应变、思维和交际能力，富有创造力； 2. 动力素质：有正确的价值观，对财务管理类工作有强烈的兴趣； 3. 人格素质：稳重，有较强责任心，坚持原则，廉洁奉公，正直，细心。

表 10－9　项目部技术主管职位说明书

职位描述				
标识	岗位名称	项目部技术主管	所属部门	项目部
关系	直接上级	项目部副经理	直接下属	
	内协	1. 协助项目部经理的部分工作； 2. 协助公司其他部门人员的工作，保持良好的工作关系。		
	外联	保持与同行业的联系，维护公司的形象		

续表

职业发展前景	项目部副经理
劳动资料	电脑、电话机、办公桌、椅、文件夹等
劳动条件	室内作业，有空调，室温恒定，采光充足，环境舒适
劳动强度	多采用坐姿工作，8 小时/天，周末休息
工作任务和职责	1. 负责工程技术管理工作，对工程技术和质量承担主要责任； 2. 负责与项目设计单位、施工图设计单位、地质勘察单位的衔接工作； 3. 参与工程评估与规划、设计、施工图的会审； 4. 参与工程质量抽查及技术监督管理工作； 5. 负责工程给排水、强弱电及市政管线配套设施协调工作； 6. 负责室外环艺工程质量监控工作； 7. 负责推广、运用新材料，提高工程科技含量； 8. 负责工程项目技术资料收集，整理归档报送； 9. 参与工程竣工验收，工程决算审查工作； 10. 负责工程材料的送检抽查工作； 11. 负责项目部内部业务管理工作； 12. 完成领导交办的其他工作。
权限	建议权：对工程建设过程中的问题有建议权
员工任职资格	
职业道德要求	有良好的职业道德，遵守职业相关的纪律和要求
知识要求	1. 学历要求：工程管理或相关专业大专及以上； 2. 基础知识：了解相关法律、法规，熟练操作工程制图相关软件； 3. 专业知识：熟悉工程力学、建筑结构、系统工程、运筹学、工程施工、施工组织学、定额原理、工程预算、工程造价管理、工程项目管理等，并能熟练运用； 4. 背景知识：熟悉房地产有关的行业知识，有一定的人文、社科知识。
技能要求	1. 做事：能运用项目管理和工程管理各方面的知识完成各项工作任务； 2. 做人：具有较强的人际交往和沟通技巧，能与公司各部门人员处理好工作关系； 3. 有独立解决问题的能力。
工作经历要求	1. 3 年以上的项目管理、工程管理类经验； 2. 2 年以上的项目经理工作经验。
身体素质要求	1. 年龄要求：28 岁以上、45 岁以下； 2. 身体素质良好、没有传染病、五官端正。
心理素质要求	1. 能力素质：智力水平正常，协调、沟通能力强，有较强的观察、应变、思维和交际能力，富有创造力； 2. 动力素质：有正确的价值观，对项目管理类工作有强烈的兴趣； 3. 人格素质：情绪稳定，有较强责任心，正直，细心，具有灵活性。

表 10－10 招商主管职位说明书

<table>
<tr><td colspan="5">职位描述</td></tr>
<tr><td>标识</td><td>岗位名称</td><td>招商主管</td><td>所属部门</td><td>营销中心</td></tr>
<tr><td rowspan="3">关系</td><td>直接上级</td><td>销售部经理</td><td>直接下属</td><td>招商员</td></tr>
<tr><td>内协</td><td colspan="3">1. 协助营销中心主任做好部分相关工作；
2. 协助公司其他部门人员的工作，保持良好的工作关系。</td></tr>
<tr><td>外联</td><td colspan="3">1. 保持联系和维持公司的新老客户；
2. 保持对外同行业的联系，维护公司对外的形象。</td></tr>
<tr><td>职业发展前景</td><td colspan="4">销售部经理</td></tr>
<tr><td>劳动资料</td><td colspan="4">电脑、电话机、办公桌、椅、文件夹等</td></tr>
<tr><td>劳动条件</td><td colspan="4">室内作业，有空调，室温恒定，采光充足，环境舒适</td></tr>
<tr><td>劳动强度</td><td colspan="4">多采用坐姿工作，8 小时/天，周末休息</td></tr>
<tr><td>工作任务和职责</td><td colspan="4">1. 制订公司的招商计划，并监督实施；
2. 每日向领导汇报当日工作情况；
3. 负责招商部日常事务性工作；
4. 负责对客户工作进展的督促；
5. 负责客户信息资源的开发及资料管理；
6. 负责对外关系的建立和维护；
7. 年终汇总全年招商引资项目，总结年度招商引资任务完成情况；
8. 确认年度招商引资受奖单位，核算奖励金额；
9. 评选年度招商引资先进单位和先进个人；
10. 完成上级领导下达的各项工作。</td></tr>
<tr><td>权限</td><td colspan="4">建议权：对客户资源管理工作有建议权</td></tr>
<tr><td colspan="5">员工任职资格</td></tr>
<tr><td>职业道德要求</td><td colspan="4">有良好的职业道德，遵守职业相关的纪律和要求</td></tr>
<tr><td>知识要求</td><td colspan="4">1. 学历要求：市场营销或相关专业大专及以上；
2. 基础知识：了解合同法、广告法等相关法律、法规，熟练操作办公软件，较好的中文听、说、读、写能力；
3. 专业知识：熟悉市场营销学、消费心理和行为学、招商管理、商务礼仪、商务谈判、策划学、公共关系学等，并能熟练运用；
4. 背景知识：熟悉房地产业有关的行业知识，有一定的人文、社科知识。</td></tr>
<tr><td>技能要求</td><td colspan="4">1. 做事：能运用市场营销及招商方面的知识完成各项工作任务；
2. 做人：具有较强的人际交往和沟通技巧，能与公司各部门人员处理好关系；
3. 具备独立解决工作问题的能力。</td></tr>
<tr><td>工作经历要求</td><td colspan="4">1. 2 年以上的招商或市场营销经验；
2. 1 年以上的招商主管工作经验。</td></tr>
<tr><td>身体素质要求</td><td colspan="4">1. 年龄要求：20 岁以上、35 岁以下；
2. 身体素质良好、没有传染病、五官端正。</td></tr>
<tr><td>心理素质要求</td><td colspan="4">1. 能力素质：智力水平正常，协调、沟通能力强，有较强的观察、应变、思维和交际能力，富有创造力；
2. 动力素质：有正确的价值观，对市场营销和招商类工作有强烈的兴趣；
3. 人格素质：情绪稳定，有较强责任心，正直，虚心，具有灵活性。</td></tr>
</table>

表 10－11　　工程预（决）算员职位说明书

职位描述				
标识	岗位名称	工程预（决）算	所属部门	项目部
关系	直接上级	项目部副经理	直接下属	
	内协	1. 协助项目部经理的部分工作； 2. 协助公司其他部门人员的工作，保持良好的工作关系。		
	外联	保持与同行业的联系，维护公司的形象		
职业发展前景	项目部副经理			
劳动资料	电脑、电话机、办公桌、椅、文件夹等			
劳动条件	室内作业，有空调，室温恒定，采光充足，环境舒适			
劳动强度	多采用坐姿工作，8 小时/天，周末休息			
工作任务和职责	1. 负责编（审）工程预（结）算书； 2. 参与图纸会审及工程招投标； 3. 负责收集造价，工程造价法规等相关资料； 4. 参与变更及签证工作； 5. 负责收集整理工程相关结算资料； 6. 负责办理相关工程付款手续、协助财务办理工程竣工结算工作； 7. 负责整理工程竣工结算资料存档； 8. 负责对工程费用进行经济分析总结； 9. 负责与公司其他部门的业务联系； 10. 完成领导交办的其他工作。			
权限	建议权：对工程建设过程中的问题和分析总结有建议权			
员工任职资格				
职业道德要求	有良好的职业道德，遵守职业相关的纪律和要求			
知识要求	1. 学历要求：工程管理或相关专业大专及以上； 2. 基础知识：了解相关法律、法规，熟练操作工程制图相关软件； 3. 专业知识：熟悉工程力学、建筑结构、系统工程、运筹学、工程施工、施工组织学、定额原理、工程预算、工程造价管理、工程项目管理等，并能熟练运用； 4. 背景知识：熟悉房地产有关的行业知识，有一定的人文、社科知识。			
技能要求	1. 做事：能运用项目管理和工程管理各方面的知识完成各项工作任务； 2. 做人：具有较强的人际交往和沟通技巧，能与公司各部门人员处理好工作关系； 3. 有独立解决问题的能力。			
工作经历要求	1. 3 年以上的项目管理、工程管理类经验； 2. 2 年以上的项目经理工作经验。			
身体素质要求	1. 年龄要求：28 岁以上、45 岁以下； 2. 身体素质良好、没有传染病、五官端正。			
心理素质要求	1. 能力素质：智力水平正常，协调、沟通能力强，有较强的观察、应变、思维和交际能力，富有创造力； 2. 动力素质：有正确的价值观，对项目管理类工作有强烈的兴趣； 3. 人格素质：情绪稳定，有较强责任心，正直，细心，具有灵活性。			

表 10－12 销售员职位说明书

<table>
<tr><td colspan="5">职位描述</td></tr>
<tr><td>标识</td><td>岗位名称</td><td>销售员</td><td>所属部门</td><td>营销中心</td></tr>
<tr><td rowspan="3">关系</td><td>直接上级</td><td colspan="3">销售主管</td></tr>
<tr><td>内协</td><td colspan="3">1. 协助营销中心主任做好部分相关工作；
2. 协助公司其他部门人员的工作，保持良好的工作关系。</td></tr>
<tr><td>外联</td><td colspan="3">1. 联系和留住公司的新老客户；
2. 保持对外同行业的联系，维护公司对外形象。</td></tr>
<tr><td>职业发展前景</td><td colspan="4">销售主管</td></tr>
<tr><td>劳动资料</td><td colspan="4">电脑、电话机、办公桌、椅、文件夹等</td></tr>
<tr><td>劳动条件</td><td colspan="4">室内作业，有空调，室温恒定，采光充足，环境舒适</td></tr>
<tr><td>劳动强度</td><td colspan="4">多采用坐姿工作，8 小时/天，周末休息</td></tr>
<tr><td>工作任务和职责</td><td colspan="4">1. 开展客户接待、客户服务工作；
2. 努力完成各阶段销售目标任务；
3. 做好客户跟踪及后续工作；
4. 负责客户现场洽谈、签约、贷款资料的收集工作；
5. 协助客户交款及催款工作；
6. 做好来电、来访登记工作；
7. 进行市场调研工作并及时掌握市场信息进行反馈；
8. 参加公司组织的各项培训和学习；
9. 开展售后服务工作；
10. 做好客户的接待和介绍项目的工作；
11. 接受销售部门的各项培训；
12. 完成客户的关怀工作；
13. 完成上级交付的其他工作。</td></tr>
<tr><td>权限</td><td colspan="4">建议权：对公司的销售工作和客户管理有建议权</td></tr>
<tr><td colspan="5">员工任职资格</td></tr>
<tr><td>职业道德要求</td><td colspan="4">有良好的职业道德，遵守职业相关的纪律和要求</td></tr>
<tr><td>知识要求</td><td colspan="4">1. 学历要求：市场营销专业大专及以上；
2. 基础知识：了解合同法、广告法等相关法律、法规，熟练操作办公软件，较好的中文听、说、读、写能力；
3. 专业知识：熟悉市场营销学、消费心理和行为学、推销学、服务营销、商务礼仪、商务谈判、策划学、公共关系学等，并能熟练运用；
4. 背景知识：熟悉房地产有关的行业知识，有一定的人文、社科知识。</td></tr>
<tr><td>技能要求</td><td colspan="4">1. 做事：对销售工作有娴熟的处理技巧，熟悉营销工作流程；
2. 做人：具备优良的敬业精神与团队合作精神，优秀的沟通、协调能力，有较好的人际关系网或营销互联网，能与公司各部门人员处理好关系；
3. 有独立解决销售过程中问题的能力。</td></tr>
<tr><td>工作经历要求</td><td colspan="4">1 年以上的推销工作经验</td></tr>
<tr><td>身体素质要求</td><td colspan="4">1. 年龄要求：20 岁以上、26 岁以下；
2. 身体素质良好、没有传染病、五官端正。</td></tr>
</table>

续表

心理素质要求	1. 能力素质：智力水平正常，协调、沟通能力强，有较强的观察、应变、思维和交际能力，富有创造力； 2. 动力素质：有正确的价值观，对市场营销和推销类工作有强烈的兴趣； 3. 人格素质：情绪稳定，有较强责任心，正直，细心，具有灵活性。

表 10－13　　车辆管理员职位说明书

<table>
<tr><td colspan="5">职位描述</td></tr>
<tr><td>标识</td><td>岗位名称</td><td>车辆管理员</td><td>所属部门</td><td>人事行政部</td></tr>
<tr><td rowspan="3">关系</td><td>直接上级</td><td>行政主管</td><td colspan="2"></td></tr>
<tr><td>内协</td><td colspan="3">1. 协助完成人事行政部经理交办的工作；
2. 协助公司领导做好相关工作，保持良好的工作关系。</td></tr>
<tr><td>外联</td><td colspan="3">保持对外同行业的联系，维护公司形象</td></tr>
<tr><td>职业发展前景</td><td colspan="4">行政主管</td></tr>
<tr><td>劳动资料</td><td colspan="4">车辆、手套等</td></tr>
<tr><td>劳动条件</td><td colspan="4">室内作业，有空调，室温恒定，采光充足，环境舒适</td></tr>
<tr><td>劳动强度</td><td colspan="4">多采用坐姿工作，8 小时/天，周末休息</td></tr>
<tr><td>工作任务和职责</td><td colspan="4">1. 保证公司公务的及时出车；
2. 负责公司车辆的保养及故障维修；
3. 填写运行记录及维修等费用报表；
4. 购买车辆保险及办理车损理赔；
5. 负责车辆的年审、年检工作；
6. 根据车况，合理调度车辆；
7. 完成人事行政部经理交办的其他工作。</td></tr>
<tr><td>权限</td><td colspan="4">建议权：对公司车辆的保养和维修有建议权</td></tr>
<tr><td colspan="5">员工任职资格</td></tr>
<tr><td>职业道德要求</td><td colspan="4">有良好的职业道德，遵守职业相关的纪律和要求</td></tr>
<tr><td>知识要求</td><td colspan="4">1. 学历要求：中学以上；
2. 基础知识：了解交通法等相关的法律，法规；
3. 专业知识：熟悉机动车驾驶，车辆保养和维修等知识，并能熟练运用；
4. 背景知识：熟悉房地产有关的行业知识，有一定的人文、社科知识。</td></tr>
<tr><td>技能要求</td><td colspan="4">有较强的车辆驾驶和维修技术</td></tr>
<tr><td>工作经历要求</td><td colspan="4">5 年以上的驾驶员工作经验</td></tr>
<tr><td>身体素质要求</td><td colspan="4">1. 年龄要求：25 岁以上，48 岁以下；
2. 身体素质良好、没有传染病、五官端正。</td></tr>
<tr><td>心理素质要求</td><td colspan="4">1. 能力素质：智力水平正常，有一定的沟通能力；
2. 动力素质：有正确的价值观，对驾驶有强烈的兴趣；
3. 人格素质：为人忠实可靠，保守秘密，有较强责任心，细心，有灵活性。</td></tr>
</table>

10.2 实训项目一：薪酬满意度调查

10.2.1 实训目的

通过本实验，掌握调查员工薪酬满意度的方法。

了解员工对现行薪酬体系的看法，掌握公司现有的薪酬状况。根据调查情况提出改革、纠正现有薪酬体系的具体措施，尝试为企业提供咨询服务。

10.2.2 理论知识简单回顾

1. 薪酬满意度内涵

所谓薪酬满意度，是指员工对获得企业的经济性报酬和非经济性报酬与他们的期望值相比较后形成的心理状态。从广义上看，是员工对其劳动所得的所有报酬的一种态度；从市场的角度看，是人力资源价格给员工造成的心理态度；从分配角度看，是企业对人力资源要素的回报是否符合员工心理的期望值。

员工薪酬满意度是一个相对的概念，一般认为超出期望值表示满意，达到期望值表示基本满意，低于期望值表示不满意。

2. 薪酬满意度的多维建构

薪酬满意度的维度即是一个从单一到多维度的发展过程。目前，薪酬满意度多维度划分已经被国内外学者普遍接受，但因为研究维度以及各国国情的不同，国内外对维度的具体划分，至今还没有一个标准的定论。

美国心理行为学家赫尼曼通过目前已被西方学术界普遍接受的修正差异理论，把薪酬分解为下列四个不同的维度：薪酬水平、薪酬结构、薪酬体系和薪酬形式。薪酬水平是指企业中各职位、各部门以及整个企业的平均薪酬水平，薪酬水平决定了企业薪酬的外部竞争性。薪酬结构是指同一组织内部的不同职位所得到的薪酬之间的相互关系，它涉及的是薪酬的内部一致性问题。薪酬体系决策的主要任务是确定企业的基本薪酬以什么为基础。国际上通行的薪酬体系有三种，即职位或岗位薪酬体系、技能薪酬体系以及能力薪酬体系，其中以职位薪酬体系的运用最为广泛。薪酬形式是指员工所得到的总薪酬的组成成分。通常情况下，薪酬形式划分为直接薪酬和间接薪酬，前者主要是指直接以货币形式支付给员工所提供的与工作时间有关的薪酬，后者则包括福利、有形服务等一些具有经济价值但以非货币形式提供给员工的报酬。

薪酬满意度可以相应地被划分为对薪酬上述四个维度的满意，即薪酬水平满意、薪酬结构满意、薪酬体系满意、薪酬形式满意。

（1）薪酬水平满意度影响因素。

薪酬水平决定了企业薪酬的外部竞争性。在全球经济一体化以及竞争日趋激烈的市场环境中，已经有越来越多的企业对薪酬的外部竞争性方面的考虑超过对内部薪酬一致性的考虑，也更多地关注职位与职位之间或者是不同企业同类工作之间的薪酬水平对比，而非传统的企业平均薪酬水平的对比。

对于企业的薪酬水平满意度产生影响的主要因素有：同行业或地区中竞争对手相同或相近职位之间薪酬水平的比较；同行业或地区中竞争对手支付的平均薪酬水平的比较；企业内部薪酬水平差距是否合理；与劳动力市场平均薪酬水平的比较。

（2）薪酬结构满意度影响因素。

薪酬结构涉及的是薪酬的内部一致性问题，企业内部的薪酬结构反映了企业对于职位重要性以及职位价值的看法，以及薪酬结构的合理与否会对员工的流动率和工作积极性产生重大影响。

对于企业的薪酬结构满意度产生影响的主要因素有：企业相同职位内部的价值比较；企业内部不同职位之间的横向价值比较；企业内部不同职位之间的纵向价值比较；灵活多元化的分配机制。

（3）薪酬体系满意度影响因素。

薪酬体系有三种，即职位或岗位薪酬体系、技能薪酬体系和能力薪酬体系。企业在确定员工的基本薪酬水平时所依据的分别是员工所从事的工作自身的价值、员工所掌握的技能水平以及员工所具备的能力或任职资格。

对于企业的薪酬体系满意度产生影响的主要因素有：企业对员工绩效行为能力的合理评价；员工的职位价值及其对组织贡献的客观评价；职位的等级数是否能满足员工的晋升需求；能否做到薪酬信息的有效沟通。

（4）薪酬形式满意度影响因素。

薪酬形式是指员工所得到的总薪酬的组成成分。对于企业的薪酬形式满意度产生影响的主要因素有：员工所得薪酬与应得薪酬的比较；员工所得薪酬与预期所得薪酬的比较；薪酬与绩效的关联程度；总薪酬的各部分分配比例是否合理。

3. 薪酬满意度调查目的

（1）诊断公司潜在的管理问题。实践证明，员工薪酬满意度调查是员工对各种公司管理问题的满意度的一个非常敏感的晴雨表，通过员工薪酬满意度的调查，能够诊断出公司潜在的管理问题。

（2）找出公司现阶段出现的主要问题的原因。针对公司存在的一些管理问题，通过薪酬满意度调查就会找出导致问题发生的原因，以确定是否有员工工资过低、薪酬制度不合理、薪酬缺少竞争力等原因存在。

（3）为建立一个有效合理的薪酬管理体制提供基本的依据。

(4) 评估薪酬变化对员工可能带来的影响，促进公司与员工之间的沟通和交流。由于保证了员工自主权，那么员工就会畅所欲言地反映平时管理层听不到的声音，这样就起到了信息向上和向下沟通的催化剂和安全渠道的作用。

(5) 培养员工对企业的认同感、归属感，不断增强员工对企业的向心力、凝聚力。由于员工满意度调查活动使员工在民主管理的基础上树立以企业为中心的群体意识，从而潜意识地对公司产生信任感。

10.2.3 员工薪酬满意度调查步骤

(1) 选择被调查的企业。

(2) 确定调查任务：与企业管理层讨论决定调查的主要内容，之后以内容决定任务。

(3) 制订调查方案：设计调查提纲，列出调查问题，确定调查范围，选取调查对象，提出调查方法，如决定是进行普查还是抽样调查。

(4) 收集调查资料：实施调查过程，完成调查问卷的收回，确保调查的数量和质量。

(5) 处理调查结果：整理调查资料，检验、归类、统计，形成调查结果的图表、文字、总体评价，提供综合调查报告。

10.2.4 该项目操作事项

(1) 学生分组：6 ~ 8 人为一组。

(2) 学习相关理论知识。

(3) 选择被调查的公司。

(4) 确定调查任务。

(5) 设计薪酬满意度调查问卷。

(6) 发放调查问卷给被调查者。

(7) 回收问卷，剔除无效答卷。

(8) 统计分析数据。

(9) 分析公司管理中存在的问题，并提出解决对策。

(10) 撰写薪酬满意度调查结果分析报告。

(11) 各小组向全班同学分享薪酬满意度调查结果，尤其要说出如何确定调查目的、确定调查内容、怎样统计调查数据，确定调查内容的考虑因素。

(12) 其他小组同学相互点评。

(13) 老师总结：简单点评学生操作过程与结果。

10.3 实训项目二：职位评价

10.3.1 实训目的

根据工作内容、所需的技能、对组织的价值、组织文化以及外部市场，系统地确定职位之间的相对价值，建立目标企业的职位结构。

10.3.2 理论知识简单回顾

职位评价是职位薪酬体系的重要工作基础。对于以职位薪酬体系作为基本薪酬确定基准的薪酬体系来说，其核心工作就是对职位本身的价值及其对组织的贡献度进行评价，并根据这种评价以及外部劳动力市场的薪酬状况来确定不同职位的薪酬水平高低，而能够帮助企业确定不同职位在企业中重要程度的技术就是职位评价。国际劳工组织（ILO）认为，职位评价（job evaluation）是一个系统分析某种工作并对员工提出各种相对要求的过程，即对一位标准任职者为了正常履行某种特定职位上的工作职责而必须达到的各种要求进行评估和比较的过程。故职位评价是系统地确定职位之间的相对价值，从而为组织建立一个职位结构（job structure）的过程。职位评价是以工作内容、技能要求、对组织的贡献、组织文化以及外部劳动力市场等为综合依据。同时，职位评价还是一个有力的沟通和管理工具，它可以告诉员工：组织的治理结构如何，承担不同工作的员工对于组织成功所扮演的角色有何不同。

1. 职位评价的原则

职位评价是一项技术性强、涉及面广、工作量大的活动，为了保证工作的顺利开展，提高职位评价的科学性、合理性和可靠性，并获得企业内部广大员工的认同，在组织实施过程中应该注意遵守以下原则。

（1）对岗不对人原则。职位评价的对象是职位而不是职位中的员工，在评价过程中虽然也会涉及员工，但它是以职位为中心，即以职位所担负的工作任务为对象进行的客观评比和估计。作为职位评价的对象，职位相对于其具体的承担者——员工具有更大的稳定性，同时，它能与企业的组织结构设置，专业分工和劳动定员定额等相统一，有利于职位评价结果保持一定的稳定性和其他各项人力资源相关政策的稳定性。当然，由于职位的工作是由员工承担的，所以，在职位评价的过程中，必然也离不开对劳动者的总体考察和分析。

（2）适用性原则。职位评价必须从企业的业务性质、管理架构和文化环境等各方面的实际情况出发，选择最切实可行的评价方法、评价程序和评价标准。职位评价的方法和评价要素并不是对所有的企业都适用，对某一个企业适用的评价方法和评价要素照搬到另外一个企业很可能就无法得出科学合理的结果，因此，在选择评价方法、评价要素和设计评价程序时需要考虑企业的实际情况，以期顺利实现职位评价的目的。

（3）评价方法、标准统一原则。为了保证职位评价工作的规范化和评价结果的可比性，提高评价工作的科学性和工作效率，职位评价必须采用统一的评价方法和评价标准，在规定范围内，作为评价工作中共同遵守的准则和依据。职位评价的统一原则具体表现在评价标准的统一性、各评价指标的评价标准、评价技术方法的统一规定和数据处理的统一程序等方面。

（4）过程参与原则。职位评价涉及企业中所有的职位，职位评价方法的正确性、职位评价要素和评价标准的准确性、评价数据处理的规范性等最终都会影响职位在企业中的相对价值和地位，员工对此都非常地关心，同时，员工通常是对自己的职位最为了解的人，因此，适当地让员工参与到职位评价工作中来，容易让他们对职位评价的结果产生认同，也有利于增强职位评价结果的合理性。

（5）结果公开原则。职位评价的结果应该向员工公开。透明化的职位评价标准和职位价值序列有助于员工对企业价值取向的理解和认同，明确自己的努力方向，并可降低薪酬管理中可能出现的随意性过大等风险，同时提高员工对薪酬的满意度。

2. 选取报酬要素需要注意的选择标准

（1）报酬要素应该与总体上的职位价值具有某种逻辑关系。

（2）报酬要素必须得到清晰的界定和衡量。

（3）报酬要素必须对准备在某一既定职位评价系统中进行评价的所有职位具有共通性。

（4）报酬要素必须能够涵盖组织愿意为之支付报酬的、与职位要求相关的所有主要内容。

（5）报酬要素必须是与被评价职位相关的。

（6）报酬要素之间避免出现交叉和重叠。

（7）报酬要素的数量应该便于管理。

10.3.3 职位评价的程序

（1）选取合适的报酬要素。报酬要素（compensation factor）是一个组织认为在多种不同职位中都包括的对其有价值的特征，这些特征有助于组织战略以及组织目标的实现。并将报酬要素进一步细分到子要素。实际工作中，常见的报酬要素主要是责任、技能、努力以及工作条件。报酬要素相关内容见表 10－14。

（2）对每一种报酬要素的各种不同程度、水平或者层次加以界定；把每一个报酬要素的等级划分填入表 10－15。

（3）确定不同报酬要素在职位评价中所占权重或者相对价值，把权重填入表 10－14。

（4）确定每一种报酬要素的不同等级所对应的点数，填入表 10－16。

（5）运用这些报酬要素评价岗位，可应用表 10－17。

（6）将所有被评价岗位的点数进行排序，建立职位等级价值结构。

表 10－14　　　　职位评价要素释义及点数设置

报酬要素名称	子要素名称	子要素释义	权重分配	点数分配
报酬要素 1	子要素 1			
	子要素 2			
	子要素 3			
报酬要素 2	子要素 1			
	子要素 2			
	子要素 3			
……	……			

表 10－15　　　　报酬要素的等级界定表

等级	等级定义
n	
……	
2	
1	

表 10－16　　　　报酬要素等级的点数表

报酬要素	报酬子要素	报酬要素等级	该报酬要素对应等级的点数
报酬要素	子要素 1	1	
		2	
		……	
		n1	
	子要素 2	1	
		2	
		……	
		n2	
报酬要素	……	1	
		2	
		……	
		n3	

表 10－17　职位的评价过程表

报酬要素	报酬子要素	报酬子要素等级	点数
报酬要素 1	报酬子要素 11	m11	x11
	报酬子要素 12	m12	x12
	……	……	……
报酬要素 2	报酬子要素 21	m21	x21
	报酬子要素 22	m22	x22
	……	……	……
报酬要素 3	报酬子要素 31	m31	x31
	报酬子要素 32	m32	x32
	……	……	……
……	……	……	……
合计			$\sum$

10.3.4　使用表单模板、工具方法

本实训项目可能使用的表单模板、工具方法如表 10－14～表 10－17 所示。

10.3.5　该项目操作事项

（1）学生分组：6～8 人为 1 组。

（2）学习相关理论知识。

（3）选择最具有典型意义的报酬要素，进行子要素的设置和释义。

（4）根据案例企业的情况进行点数、权重安排。

（5）做表，清晰列出要素、释义、权重、点数。

（6）将被评价职位进行要素的试评价，剔除不合适的要素或者子要素。

（7）将评价点数一一列出，并对岗位按照点数进行排序。

（8）小组讨论排序结果是否符合实际情况，并进行修正。

（9）得出职位结构。

（10）各小组向全班同学分享小组结果，尤其要说出选取报酬要素的原因和考虑的要素。

（11）其他小组同学相互点评。

（12）老师总结：简单点评学生操作过程与结果，强调要素计点法进行岗位评价注意的事项，包括选择报酬要素的原则、权重分配的依据、点数设置的技巧、实际评价需要的前提资料等。

10.4 实训项目三：市场薪酬调查

10.4.1 实训目的

通过本实验，更好地掌握薪酬调查的相关知识，提高应用能力。

通过薪酬调查，了解企业所在的劳动力市场薪酬水平以及企业的外部竞争力，为企业薪酬体系的制定提供依据。

10.4.2 理论知识简单回顾

1. 薪酬调查的目的

（1）检查企业薪酬现状的合理性。

（2）确定合理的整体薪酬水平。

（3）确定合理的薪酬结构。

（4）确定合理的各岗位薪酬水平。

2. 设计薪酬调查问卷的技巧

设计薪酬调查问卷的一些技巧包括：确保问卷易读、易懂、易回答；将问题和每一页纸都标上页码；以有利于将来数据分析的方式来组织数据的搜集格式；为回答者留出充足的书写空间；每一个问题只提问一个信息；在问卷结尾留下一个开放式问题；在关键字句下加横线或者是加黑；提供调查者的联系方式以便被调查者有问题的时候可以联系；如果调查将会再次重复进行，则可以请求被调查者对调查的内容和方式等提出意见和建议，以便下次调查时进一步改善。

10.4.3 薪酬调查的程序

1. 界定相关劳动力市场

要确定薪酬水平、薪酬结构或者评估竞争对手的劳动成本，相关劳动力市场应界定为与本企业竞争员工的其他企业，薪酬调查只能包括部分代表性企业，主要有以下几类：

（1）与本企业竞争从事相同职业或具有同样技术员工的企业。

（2）与本企业在同一地域范围内竞争员工的企业。

（3）与本企业竞争同类产品或服务的企业。

2. 选择被调查的公司

应考虑以下几点：

（1）薪酬制度类似。被选中的公司应具备与调查公司相同的职位评价制度。

（2）行业。如果可能，被选中的公司应与调查公司在相同行业中。

（3）规模。需要体现出企业规模差异。

（4）被调查公司的数量。没有确定的数字，采取领先型薪酬策略的大企业一般仅与几个（6～10个）支付高薪酬的竞争对手交换数据。小型组织一般仅调查小的竞争对手。咨询公司进行的全国性调查一般超过100家企业。

为资料获取和调查的便利，学生可以选定本校所在地的某行业进行行业薪酬调查的设计，并设计薪酬调查问卷。

3. 选择被调查的职位

由于获得一个组织中全部工作的资料往往难以办到，所以通常只调查一些基准职位，基准职位能够代表其所属的工作职系，是大部分参加工作调查的企业都有的且相对稳定的，有详细的描述和界定，可以反映整个薪酬水平。

4. 决定要收集的信息

信息的采集取决于调查的目的和调查中所包括的职位或技术。通常情况下，薪酬调查应该包括企业本身的一些信息和相应职位的薪酬信息，其中薪酬信息包括：

（1）基本薪酬及其结构。

（2）年度奖金和其他年度现金支付。

（3）股票期权或股票计划等长期激励计划。

（4）各种补充福利计划。

（5）薪酬政策等方面的信息。

5. 决定薪酬调查方法

自己在进行薪酬调查的过程中，可以采用电话采访、邮寄问卷、集体访谈、派出调查等调查方式。由于各种调查方法有不同的优缺点，通常情况下，调查者会采用邮寄问卷的方法。

6. 设计调查问卷并进行测试

在问卷设计完成后，先做一次内部测试，调查者可以将自己的数据试着填写一遍，或者请不参与调查的其他企业试着填写一遍，以发现需要改进的问题。

7. 实施调查

在实施调查的过程中，调查者还需要与被调查者保持联系，以确保有足够的问卷能够得到回收。

8. 回收调查问卷

完成调查问卷后，需要进行调查问卷的回收工作。

9. 核查数据

首先要做的是对每一份调查问卷的内容作逐项的分析，以判断每一个数据是否存在可疑之处。对于发现的疑点，需要给接受调查的公司打电话来询问和核对数据。

10. 分析数据

数据分析方法一般包括：频度分析、趋中趋势分析、离散分析和回归分析。

10.4.4 使用表单模板、工具方法

1. 薪酬调查数据分析清单

薪酬调查数据分析清单可参考表 10－18。

表 10－18　　薪酬调查数据分析清单

公司代码	职位名称	工作报告对象	下属人数	正规薪酬浮动范围			基本薪酬（元/月）	奖金	
				最低（元/月）	中间值（元/月）	最高（元/月）		数量（元/月）	目标（%）

2. 数据分析方法

薪酬数据分析方法一般包括：频度分析、趋中趋势分析、离散分析以及回归分析。

（1）频度分析。所谓频度分析，就是将所得到的与每一职位相对应的所有薪酬调查数据从低到高排列，然后看落入每一薪酬范围之内的公司数目。

如果被调查单位没有给出某类职位完整的薪酬数据，只能采集到某类职位的平均薪酬数据，在进行数据分析时可以采取频度分析。

（2）趋中趋势分析。趋中趋势分析又可以进一步分为简单平均数、加权平均数、中值等几种数据分析方法。

（3）离散分析。在通常情况下，离散分析的方法有两种：标准差分析和四分位、百分位分析。

（4）回归分析。利用回归分析来测试两个或者多个变量之间的相互关系，然后利用可以得到的其中一个变量的值来预测另外一个变量的值。

10.4.5 该项目操作事项

（1）学生分组：6～8 人为一组。

（2）学习相关理论知识。

（3）界定相关劳动力市场。

（4）选择被调查的公司，考虑到小组的能力和人员规模，建议选择一个行业的10～15个公司进行市场薪酬调查。

（5）决定要收集的薪酬信息。

（6）设计薪酬调查问卷，请不参与调查的企业人员进行测试并提出改进意见，修改并完善调查问卷（这项工作需要在课下进行）。

（7）邮寄调查问卷给被调查者，并给被调查者留出约15天左右的时间来回答问卷（这项工作需要在课下进行）。

（8）回收问卷。

（9）核查数据并分析数据。

（10）撰写薪酬调查结果分析报告，要有对市场薪酬水平各百分位的曲线分析，从而可以确定目标企业的薪酬水平。

（11）各小组向全班同学分享薪酬调查结果，说出选取被调查企业、被调查职位、确定要收集的薪酬信息的考虑因素。

（12）其他小组同学相互点评。

（13）老师总结：简单点评学生操作过程与结果。

10.5 实训项目四：薪资结构设计

10.5.1 实训目的

通过本实验，更好地掌握基本薪酬设计的相关知识，提高应用能力，为企业建立基本薪酬结构。

10.5.2 理论知识简单回顾

1. 薪资结构内涵

薪资结构是指对同一组织内部的不同职位或者是技能之间的工资率所做的安排。它所要强调的是职位或者技能等级的数量、不同职位或者技能等级之间的薪资差距以及用来确定这种差距的标准。

一个完整的薪资结构包括三项内容：

（1）薪资的等级数量。

（2）同一薪资等级内部的薪资变动范围。

（3）相邻两个薪资等级之间的交叉与重叠关系。

2. 与薪资结构相关的概念

（1）薪资变动范围与薪资变动比率。

薪资变动范围是指在某一薪资等级内部允许薪资变动的最大幅度。

薪资变动比率是指同一薪资等级内部的最高值与最低值之差与最低值之间的比率。薪资变动比率的大小取决于特定职位所需的技能水平等综合因素。

（2）薪资区间中值与薪资区间渗透度。

薪资区间中值通常代表了该薪资等级中的职位在外部劳动力市场上的平均薪资水平。

薪资比较比率，表示员工实际获得的基本薪资与相应薪资等级的中值或者是中值与市场平均薪资水平之间的关系。

薪资区间渗透度，反映的是一位特定的员工在其所在薪资区间中的相对地位。

（3）相邻薪资等级之间的交叉与重叠。

薪资等级之间的薪资区间交叉与重叠程度取决于两个要素：一是薪资等级内部的区间变动比率，二是薪资等级的区间中值之间的级差。

10.5.3 薪资结构设计程序

1. 通观被评价职位的点值情况，根据职位评价点数对职位进行排序

这一步骤的目的在于从整体上观察通过计点法得到的被评价职位的点值情况，看一看有没有明显是有出入的点值。对于明显不合理的点数，需要予以调整。

2. 根据职位的评价点数确定职位等级的数量及其点数变动范围

在划分职位等级时，不仅要考虑典型职位的情况，还要考虑非典型职位的情况。最终划定的等级数量不仅依赖于企业中的职位数量和职位之间的差异大小，而且受企业的报酬哲学和管理理念的影响。

这一步可以采用以下四种方法来进行不同职位等级内部的点数区间划分：

（1）恒定的绝对级差方式。

（2）变动的绝对级差方式。

（3）恒定的差异比率。

（4）变动的差异比率（递增）。

由于前两种方法，往往会出现随着职位等级的升高，相邻两个职位等级的最大点数之间的差异比率会变小，与职位对企业的贡献的差异不符。所以在管理实践中，应采用后两种方法。

3. 薪资趋势线的获得

将职位等级划分、职位评价点数与市场薪酬调查数据结合起来，拟合后得到一条能够体现不同职位等级的薪资趋势线。

我们通过实验二和实验三可以得到典型职位的职位评价点数和市场薪酬调查数据两

组数据。接下来，可以运用最小二乘法对两列数据进行拟合，得到一条薪酬趋势线：Y = a + bX。

4. 将各职位等级中点的点数代入薪资趋势线中，得到各职位等级中点所对应的薪资

在得到薪酬趋势线后，将各职位等级中点的点数代入，这样就得到职位等级中点所对应的薪酬，即薪资区间的中值。

5. 考察薪资区间中值与市场水平的比较比率，对问题职位的区间中值进行调整

理想的薪资结构应该体现两个方面的关系：一个是所评价职位之间的关系，另一个是推导出的职位所对应的薪酬区间中值与外部市场薪酬之间的关系。通常，比较比率减去 100% 之后结果在 10% 以内是可以接受的，如果超出这个范围，可以考虑调整。

6. 根据确定的各薪资等级的区间中值建立薪酬结构

考虑各薪资等级内部各种职位的价值差异大小及相应的外部市场薪资水平，确定各个薪酬区间的变动比率，我们可以建立起一个薪酬结构。

10.5.4 使用表单模板、工具方法

本实训项目可能使用的表单模板、工具方法如表 10 – 19 所示。

表 10 – 19　　薪资结构设计模拟数据

顺序	职位名称	点数	市场薪酬水平（元）
1	车辆管理员	160	1600
2	出纳	210	1800
3	文员	260	2030
4	销售员	335	2300
5	工程预（决）算员	345	2300
6	行政主管	355	2430
7	招商主管	370	2650
8	主管会计	405	2920
9	人力资源主管	425	3160
10	项目部技术主管	450	3500
11	人事行政部经理	545	4900
12	财务部经理	550	5300
13	销售部经理	565	5700

10.5.5 该项目操作事项

（1）学生分组：6 ~ 8 人为一组。

（2）学习相关理论知识。

（3）选择 10～15 个典型职位，并进行职位评价，获得职位评价点数。[①]

（4）对典型职位进行市场薪酬调查。[②]

（5）通过观察被评价职位的点值情况，根据职位评价点数对职位进行排序。

（6）根据职位的评价点数确定职位等级的数量及其点数变动范围。

（7）将职位等级划分、职位评价点数与市场薪酬调查数据结合起来；拟合后得到一条能够体现不同职位等级的薪资趋势线：$Y = a + bX$。

（8）将各职位等级中的点数代入薪资趋势线中，得到各职位等级中点所对应的薪资（即薪资区间中值）。

（9）考察薪资区间中值与市场水平的比较比率，对问题职位的区间中值进行调整。

（10）确定各个薪资区间的变动比率，再结合确定的各薪资等级的区间中值建立薪资结构。

（11）各小组向全班同学分享小组结果，尤其要说出选取报酬要素的原因和考虑的要素。

（12）其他小组同学相互点评。

（13）老师总结：简单点评学生操作过程与结果，强调薪资结构设计的事项，包括选择薪资趋势线的拟合方法、薪资区间中值的确定、薪资区间变动比率的确定等。

10.6 实训项目五：绩效激励薪酬设计

10.6.1 实训目的

通过本实验，更好地掌握绩效奖励与认可计划的相关知识，提高应用能力。为目标企业设计合理有效、明确具体、切实可行的绩效奖励计划。

10.6.2 理论知识简单回顾

1. 绩效奖励计划的内涵

绩效奖励计划是指员工的薪酬随着个人、团队或者组织绩效的某些衡量指标所发生变化的一种薪酬设计。

2. 绩效奖励计划的基础——激励理论

图 10－1 是由管理学家斯蒂芬·罗宾斯提出的包括期望理论、公平理论、强化理论

① 这一步可以使用薪酬管理实训二的结果，如果没有做实训二，可以使用本实验给出的表 10－19 数据。

② 这一步可以使用薪酬管理实训三的结果，如果没有做实训三，可以使用本实验给出的表 10－19 数据。

等多种激励理论思想在内的一个综合激励模型。这个模型图清晰地指出了绩效奖励对于员工激励的重要作用。从图中我们可以看出，具备既定能力和素质的员工在工作安排得当、资源配置充分的情况下，其个人绩效水平的高低主要取决于员工的工作动机以及由这种工作动机所决定的工作努力程度，而员工的这种努力程度的高低主要取决于其个人目标在组织中的实现程度。换言之，一个人的行为是受其个人目标引导的。一般情况下，员工在一个组织中工作的时候，常常需要实现两个方面的目标：一是获得公平对待，二是个人的绩效能够得到适当的报酬和认可。从薪酬管理的角度来说，员工个人的绩效能够得到公正的评价并获得相应的报酬和认可无疑是同时实现上述两大目标的关键因素。当然，有时对员工绩效的认可即使不采取货币或货币等价物的方式，也会因为满足了员工的自我实现需要和成就感需要而被员工认为是一种有价值的报酬方式。但是，对于绝大多数员工来说，个人绩效与薪酬之间的联系无疑仍然是一种最有力，也最直接的激励手段，因为它一方面能够满足员工的经济需要，另一方面还能满足员工的成就心理需要。因此，如何公平合理地对员工的绩效提供报酬，是企业薪酬管理中必须关注的一个非常重要的问题。

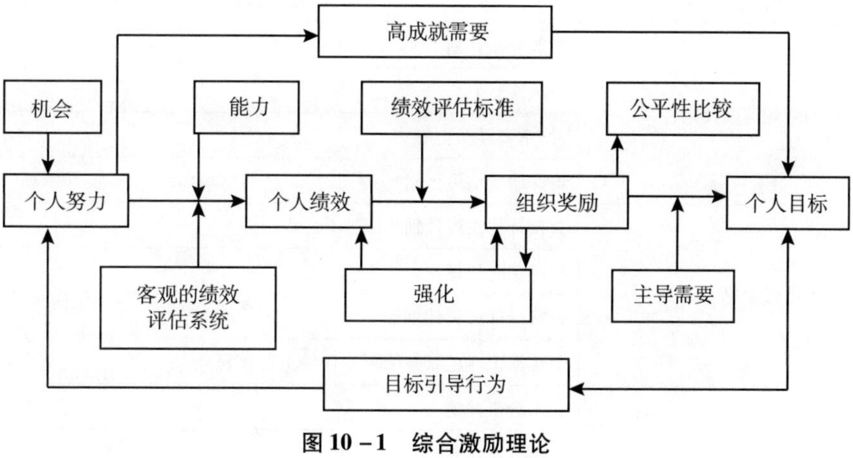

图 10－1　综合激励理论

3. 绩效奖励计划的优缺点

（1）优点。

①有利于引导员工实现企业的目标；

②减轻了企业在固定成本方面开支的压力；

③有利于组织总体绩效水平的改善。

（2）缺点。

①在产出标准不公正的条件下，绩效奖励计划可能会流于形式；

②可能导致不利于组织总体利益的竞争；

③可能会增加管理层与员工之间产生摩擦的机会；

④可能会破坏企业与员工之间的心理契约；

⑤有时候过于复杂，员工难以理解。

4. 绩效奖励计划的实施要点

（1）绩效奖励计划只是企业整体薪酬体系中的重要组成部分，它尽管对于激励员工的行为和绩效有着重要作用，但不能取代其他薪酬计划。

（2）绩效奖励计划必须对那些圆满完成组织绩效或行为并与组织目标一致的员工给予回报。

（3）要想实施绩效奖励计划，企业必须建立起有效的绩效管理体系。

（4）有效的绩效奖励计划必须在绩效和奖励之间建立起紧密的联系。

（5）绩效奖励计划必须获得有效沟通战略的支持。

（6）绩效奖励计划需要保持一定的动态性。

5. 绩效奖励计划的种类

绩效奖励计划的具体种类如表 10－20 所示。

表 10－20　　绩效奖励计划的种类

绩效奖励计划大类	绩效激励计划
短期绩效奖励计划	绩效加薪计划
	一次性奖金
	月/季度浮动薪酬
	特殊绩效认可计划
个人绩效奖励计划	直接计件工资计划
	标准工时计划
	差额计件工资计划
	与标准工时相联系的可变计件工资计划
群体绩效奖励计划	利润分享计划
	收益分享计划
	成功分享计划
	风险收益计划
长期绩效奖励计划（股票所有权计划）	现股计划
	期股计划
	期权计划

10.6.3　绩效奖励计划设计程序

（1）寻找一个企业，通过与企业领导层沟通，或者阅读企业的经营资料，了解其经营特点。

（2）选择一个群体，可以是一个团队、一个部门、多个相关部门甚至是整个组织，分析该团队的工作特点。

（3）针对组织特点和选定群体的特点，确定将要施行绩效奖励计划的类型。

（4）确定谁有资格参与该绩效奖励计划，是一个群体中的全体成员，还是其中的一部分成员。

（5）确定资金来源，需要考虑施行该绩效奖励计划会帮助组织实现哪些组织目标，计算出绩效目标的实现能够为组织带来多大的经济价值，奖励资金是分享企业原来的收益还是该计划创造的收益的一部分。

（6）确定支付频率，奖励计划的支付频率应取决于企业的经营周期或者收益产生的周期，一般以能够有效衡量绩效的最短周期为基础。

（7）确定支付数量，绩效奖励计划的支付数量取决于公司层次的决策。只有实行该绩效计划的群体业绩达到计划中所提出的最低要求，才会获得奖励，随着该群体业绩提高，奖金也会提高，还要考虑要不要设置奖励上限。

（8）确定群体内部分配规则，在支付时，是群体中的员工人均一份，或者是以基本薪酬为依据支付，或者是根据实际工作小时数按统一单价支付。

（9）确定支付形式，以现金形式支付或者是采用现金加非现金形式支付。

10.6.4 该项目操作事项

（1）学生分组：6~8 人为一组。

（2）学习相关理论知识。

（3）寻找一个企业，了解组织的经营特点。

（4）选择一个群体，分析该团队的工作特点。

（5）针对组织特点和选定群体的特点，确定将要施行绩效奖励计划的类型。

（6）确定谁有资格参与该绩效奖励计划。

（7）确定资金来源。

（8）确定支付频率。

（9）确定支付数量。

（10）群体内部分配规则。

（11）确定支付形式。

（12）撰写绩效奖励计划。

（13）各小组向全班同学分享小组结果，重点要说出组织的经营特点和所选群体的特点，选择该绩效奖励计划的原因和考虑因素。

（14）其他小组同学相互点评。

（15）老师总结：简单点评学生操作过程与结果，强调绩效奖励计划的实施要点等。

10.6.5 阅读材料

一碗牛肉面的思考

我跟朋友在路边一个不起眼的小店里吃面，由于客人不多，我们就顺便和小老板聊了会儿。谈及如今的生意，老板感慨颇多，他曾经辉煌过，于兰州拉面最红的时候在闹市口开了家拉面馆，日进斗金啊！后来却不做了。朋友心存疑虑地问他为什么。

“现在的人贼呢！”老板说，“我当时雇了个会做拉面的师傅，但在工资上总也谈不拢”。

“开始的时候为了调动他的积极性我们是按销售量分成的，一碗面给他5毛的提成，经过一段时间，他发现客人越多他的收入也越多，这样一来他就在每碗里放超量的牛肉来吸引回头客”，“一碗面才四块，本来就靠个薄利多销，他每碗多放几片牛肉我还赚哪门子啊！”

“后来看看这样不行，钱全被他赚去了！就换了种分配方式，给他每月发固定工资，工资给高点也无所谓，这样他不至于多加牛肉了吧？因为客多客少和他的收入没关系。”

“但你猜怎么着？”老板有点激动了，“他在每碗里都少放许多牛肉，把客人都赶走了！”“这是为什么？”现在开始轮到我们激动了。“牛肉的分量少，顾客就不满意，回头客就少，生意肯定就清淡，他（大师傅）才不管你赚不赚钱呢，他拿固定的工钱巴不得你天天没客人才清闲呢！”

啊！结果一个很好的项目因为管理不善而黯然退出市场，尽管被管理者只有一个。

（资料来源：陈启华．一碗牛肉面，万千管理经［N］．企业家日报，2013-01-28.）

10.7 实训项目六：员工福利设计

10.7.1 实训目的

通过本实验，更好地掌握员工福利设计的相关知识，提高应用能力，为目标企业设计合理有效的员工福利计划及福利项目。

10.7.2 理论知识简单回顾

1. 员工福利的内涵

员工福利是指组织对员工生活的照顾，是员工因其被组织雇用及其在组织中的职位而获得的间接报酬，通常表现为延期支付的非现金收入。

2. 福利的特点

（1）福利是员工报酬的重要组成部分。

（2）福利通常表现为非现金收入，采取间接支付的形式发放。

（3）福利一般不是按工作时间和员工的个人贡献给付的，只要是组织的正式员工都可以均等地获得福利，带有一定的普惠性质。

（4）福利的基本目的是照顾员工生活，为他们提供各种必需的保障，使之安心工作。

3. 员工福利对于企业的影响

（1）政府的法律规定。

（2）劳动力市场竞争的压力。

（3）集体谈判。

（4）企业有目的地吸引员工、保留员工、培养员工忠诚度的行为。

（5）享受国家的优惠税收政策，提高企业成本支出的有效性。

4. 员工福利对于员工的影响

（1）税收的优惠。

（2）集体购买的优惠或规模经济效应。

（3）员工的偏好。

（4）平等和归属的需要。

5. 员工福利的不足

（1）企业的福利项目越多，企业的管理成本越高。

（2）福利对员工绩效的激励程度不如直接薪酬更有效。

（3）过于优厚的福利可能会导致员工的工作动机弱化。

（4）福利剥夺了员工自由选择对自己有价值的商品或者服务的机会。

（5）不同的员工对于福利的看法不同，同一员工所处的职业生涯阶段对于福利的看法也不同。

6. 员工福利的构成

（1）法定福利。

①法定社会保险：包括基本养老保险、基本医疗保险、失业保险、工伤保险、生育保险。

②住房公积金。

③法定假期：包括法定节假日、公休假日、带薪年休假、加班补偿。

④特殊假期：包括病假、事假、产育假、婚丧假、探亲假。

（2）企业福利（非法定福利）。

①企业补充养老金计划：包括团体养老金计划、延期利润分享计划和储蓄计划。

②团体人寿保险计划。

③健康医疗保险计划：包括集体投保和加入健康维护组织。

④员工服务福利计划：包括员工援助计划、咨询服务、教育援助计划、儿童看护帮助、老人护理服务、饮食服务、健康服务等。

⑤弹性福利计划：包括附加福利计划、混合匹配福利计划、核心项目福利计划和标

准福利计划等。

10.7.3 福利计划实验程序

1. 了解本企业现有福利项目及实施情况

了解现有福利项目及水平，把企业各层级员工享有的福利项目及标准填入表 10－21 和表 10－22。由表 10－21 和表 10－22 汇总入表 10－23，估算出企业各岗位员工现有年度福利总额。

2. 比较企业员工现有福利水平与市场行情水平

通过市场薪酬调查及相关资料的汇总分析，企业相关岗位的市场薪酬、福利水平可以填入表 10－24 中，以确定企业相对于市场的薪酬水平位置。

3. 确定企业员工福利水平定位

由企业现有福利水平估算、相关行业市场福利水平分析及企业经营特征及业务前景等因素的综合分析，在制定企业整体福利水平时，根据不同岗位、级别，设计、定位其福利水平。

4. 制定员工福利规划

根据对企业现在福利与市场行情的比较分析，以及企业未来福利定位分析，综合考虑薪酬设计中薪酬、绩效、福利的比例关系，在此基础上，制定企业各岗位员工福利占薪酬总额的比例、年度福利标准及划分。具体见表 10－25 和表 10－26。

企业每位员工享受基本福利计划时，其额度及标准将依据的企业薪酬制度或政策会有所不同。

5. 选择福利项目

在基本福利计划外，设计一些弹性福利计划，可以包括交通津贴、通信津贴、医疗保健体检计划、职业年金计划等，针对中、高层员工还可以选择一些特殊的福利项目，如教育培训津贴计划、旅游福利计划。

设计福利调查问卷，让员工在自己的弹性福利额度内选择企业实行的弹性福利。

6. 回收问卷并调整福利计划

完成调查问卷后应及时回收问卷，并由问卷得到的反馈调整福利计划。

表 10－21　　企业员工原有福利项目及标准（统一福利）

福利项目	享受范围	享受额度	说明

表 10－22　　企业员工现有福利项目及标准（非统一福利）

职位级别	福利项目			合计

表 10－23　　企业员工年度福利总额估算

职位级别	年度福利总额估算（未考虑五险一金部分）	年度福利总额估算（考虑五险一金部分）

表 10－24　　与市场相关行业类似岗位薪酬的福利水平比较

职位级别	福利水平	
	市场水平（中位值）	企业

表 10－25　　企业岗位员工福利标准

职位级别	岗位/职务	年度薪酬	除去四金的福利占年度薪酬的比例（%）	年度福利标准

表 10－26　　企业员工福利享受标准

职位级别	薪酬等级分布	福利比例	年度福利额度	基本福利额度	弹性福利额度

注：弹性福利额度＝年度福利总额标准－基本福利额度。

10.7.4　使用表单模板、工具方法

本实训项目可能使用的表单模板、工具方法如表 10－21～表 10－26 所示。

10.7.5　该项目操作事项

（1）学生分组：6～8 人为一组。

（2）学习相关理论知识。

（3）寻找一个企业，了解本企业现有福利项目及实施情况。

（4）比较企业员工现有福利水平与市场行情。

（5）确定企业员工福利水平定位。

（6）制定员工福利规划。

（7）发放福利调查问卷，让员工在自己的弹性福利额度内选择福利项目。

（8）回收问卷并调整福利计划。

（9）各小组向全班同学分享小组实验结果，说出在福利规划中为员工提供某些福利项目的原因和考虑的要素。

（10）其他小组同学相互点评。

（11）老师总结：简单点评学生操作过程与结果，强调现有福利项目的诊断和新的福利计划设计的事项，包括比较企业员工现有福利水平与市场行情、确定企业员工福利水平定位的方法，如何实施弹性福利计划等。

11 综合实训七：员工关系管理

11.1 实训项目一：劳动合同管理

11.1.1 实训目的

了解劳动合同管理的重要性，熟悉劳动合同的订立、执行、变更与解除的基本程序，了解相关的法律法规，依法处理企业与员工的关系。

11.1.2 理论知识回顾

1. 劳动合同的概念与特征

（1）劳动合同的概念。

在我国，劳动合同也称劳动协议或劳动契约，是指企业、个体经济组织、事业组织、国家机关、社会团体等与劳动者之间建立劳动关系，明确劳动双方权利和义务的协议。依法订立的劳动合同受国家法律的保护，对订立合同的双方当事人产生约束力。劳动合同是处理劳动争议的法律依据。

（2）劳动合同的特征。

劳动合同是合同的一种，它除具有合同的一般特征之外，还有其自身的基本特征：

①劳动合同的主体是特定的。必须一方是用人单位，另一方是劳动者，都具有法律的特定性。用人单位是依法具有使用劳动力的权利能力和行为能力的企业、事业组织、国家机关、个体经济组织、社会团体等。劳动者是依法具有劳动权利能力和劳动行为能力的自然人。

②劳动合同是确立劳动关系的法律凭证，具有较强的法定性。劳动合同一经订立，就成为规范双方当事人劳动权利和义务的法律依据。任何一方违反劳动合同，都有可能受到法律的约束和制裁。

③劳动合同主体意志具有一定的限制性。劳动合同的建立除需经双方当事人平等、

自愿、协商达成一致意见外，还受国家干预的影响，包括劳动合同的内容、形式、期限和订立、履行、变更、终止、解除的原则和程序等多个方面。国家通过其干预对用人单位施加限制，对劳动者及其供养的直系亲属予以救济，使“劳动合同具有以国家意志为主导、当事人意志为主体的特征”。

④劳动合同的内容主要以劳动法律、法规为依据。劳动权利和义务具有统一性和对应性。任何一方行使权力都必须以履行义务为前提，且双方的权利义务必须是对等的。

2. 劳动合同的内容

根据《劳动合同法》第十七条规定，劳动合同的条款分为必备条款和可备条款两类：

（1）必备条款。

①用人单位的名称、住所和法定代表人或者主要负责人。

②劳动者的姓名、住址和居民身份证或者其他有效证件号码。

③劳动合同期限。劳动合同期限主要分为有固定期限、无固定期限和以完成一定的工作为期限三种。

④工作内容和工作地点。工作内容是劳动法律关系所指向的对象，即劳动者具体从事什么种类或什么内容的劳动。工作地点指劳动合同的履行地，是劳动者从事劳动合同中所规定的工作内容的地点。劳动合同的工作内容和工作地点条款一般要求规定的明确、具体，便于遵照执行。

⑤工作时间和休息休假。工作时间（劳动时间），是指劳动者在用人单位中，必须用来完成其所负担的工作任务的时间。工作时间一般包括工作时间的长短、工作时间方式的确定。休息休假时间是指劳动者按规定不需要进行工作，而自行支配的时间。

⑥劳动报酬。劳动报酬是用人单位根据劳动者劳动的数量和质量而支付给劳动者的报酬。劳动报酬一般包括计件工资、计时工资、效益工资等形式。但是在劳动合同中，必须遵守法律的有关规定。

⑦社会保险。社会保险是国家通过立法建立的一种社会保障制度，目的是使劳动者在市场经济条件下，因年老、患病、工伤、失业、生育等原因，丧失劳动能力或中断就业，本人和家属失去工资收入时，能够从社会（国家）获得物质帮助。我国的社会保险目前包括基本医疗保险、基本养老保险、工伤保险、失业和生育保险。

⑧劳动保护、劳动条件和职业危害防护。劳动保护指用人单位为了防止劳动过程中的事故、减少职业危害、保障劳动者的生命安全和健康而采取的各种措施；劳动条件是指用人单位为保障劳动者履行劳动义务、完成工作任务，而提供的必要物质和技术条件；职业危害防护是指用人单位应该为劳动者创造符合国家职业卫生标准和卫生要求的工作环境和条件，并采取措施保障劳动者获得职业卫生保护。

⑨法律、法规规定应当纳入劳动合同的其他事项。

（2）可备条款。

除上述9项必备条款以外，劳动合同还可以有可备条款（约定条款），它是指法律不作强制性规定，由当事人自己在合同中任意约定的条款。可备条款的缺少一般不影响劳动合同的成立。一般包括下列条款：

①试用期条款。劳动合同期限三个月以上不满一年的，试用期不得超过一个月；劳动合同期限一年以上不满三年的，试用期不得超过两个月；三年以上固定期限和无固定期限的劳动合同，试用期不得超过六个月。同一用人单位与同一劳动者只能约定一次试用期。以完成一定工作任务为期限的劳动合同或者劳动合同期限不满三个月的，不得约定试用期。试用期包含在劳动合同期限内。劳动合同仅约定试用期的，试用期不成立，该期限为劳动合同期限。劳动者在试用期的工资不得低于本单位相同岗位最低档工资或者劳动合同约定工资的80%，并不得低于用人单位所在地的最低工资标准。

在试用期中，除劳动者有《劳动合同法》第三十九条和第四十条第一项、第二项规定的情形外，用人单位不得解除劳动合同。用人单位在试用期解除劳动合同的，应当向劳动者说明理由。

②培训条款。培训是按照职业或工作岗位对劳动者提出的要求，以开发和提高劳动者的职业技能为目的的教育和训练过程。《劳动合同法》第二十二条规定，用人单位为劳动者提供专项培训费用。对其进行专业技术培训的，可以与该劳动者订立协议，约定服务期。

劳动者违反服务期约定的，应当按照约定向用人单位支付违约金。违约金的数额不得超过用人单位提供的培训费用。用人单位要求劳动者支付的违约金不得超过服务期尚未履行部分所应分摊的培训费用。

③保守商业秘密条款。商业秘密是不为公众所知悉、能为权利人带来经济利益、具有实用性并经权利人采取保密措施的技术信息和经营信息。用人单位与劳动者可以在劳动合同中约定保守用人单位商业秘密的保密事项。

④竞业禁止条款。用人单位可以根据企业自身的性质，在劳动合同或者保密协议中与劳动者约定竞业限制条款，并约定在解除或者终止劳动合同后一定期限内（不超过2年），不能到与用人单位生产同类产品或经营同类业务且有竞争关系的其他单位任职，也不得自己生产、经营同类产品或业务，但用人单位应当给予劳动者经济补偿。劳动者违反竞业限制约定的，应当按照约定向用人单位支付违约金。

⑤补充保险和福利待遇条款。补充保险是指除了国家基本保险以外、用人单位根据自己的实际情况为劳动者建立的一种保险，它用来满足劳动者高于基本社会保险需求的愿望。补充保险国家不作强制性的统一规定，用人单位可根据自身的经济承受能力，自愿选择参加，福利待遇一般包括交通补贴、住房补贴、医疗补贴、通信补贴，以及用人单位提供解决职工生活需要的各种福利设施等。

3. 劳动合同的订立、履行、变更、解除与终止

（1）劳动合同的订立。

根据《劳动法》的规定，劳动合同的订立是指劳动者和用人单位双方就各自的权利义务协商一致而签订的对双方具有约束力的，并以书面形式明确双方责任、义务以及权力的法律行为。

劳动合同的订立应当遵循三项基本原则：①平等自愿原则。平等是指在订立劳动合同时，劳动者和用人单位双方在法律地位上的平等。自愿指合同的订立完全是出于双方的意愿，任何方都不得以欺诈、威胁和乘人之危等手段把自己的意愿强加于对方。②协商一致原则。协商一致指劳动者和用人单位就合同的所有条款进行充分协商，达成一致意见。③合法原则。合法指劳动合同的订立不得违反国家法律法规的规定。包括主体合法、内容合法、程序合法。主体合法，指主体符合法律规定的条件，如劳动者必须具备法定年龄和其他条件。内容合法，指当事人不得订立内容违法或对社会公共利益有害的劳动合同。程序合法，指当事人订立劳动合同应遵循一定的程序。

（2）劳动合同的履行。

劳动合同的履行是指劳动合同订立后，劳动者和用人单位双方按照合同条款的要求，共同实现劳动过程和相互履行权利和义务的行为过程。劳动合同履行，必须遵守以下原则：

①实际履行的原则。实际履行是指合同双方当事人要按照合同规定的标的履行自己的义务和实现自己的权利，不得以其他标的或方式来代替。

②亲自履行原则。亲自履行是指双方当事人要以自己的行为履行合同规定的义务和实现合同规定的权利，不得由他人代为履行。

③正确履行的原则。正确履行是指当事人要按照合同规定的内容，原原本本的全面履行，不得打折扣，不得改变合同的任何内容和条款。

④协作履行的原则。协作履行是指双方当事人在合同的履行过程中要发扬协作精神，要互相帮助，共同完成合同规定的义务，共同实现合同规定的权利。

（3）劳动合同的变更。

劳动合同的变更是指劳动关系双方当事人就已订立的劳动合同的部分条款达成修改、补充或者废止协定的法律行为，而不是签订新的劳动合同。

（4）劳动合同的解除。

劳动合同的解除，是指劳动合同签订后，尚未履行完毕之前，劳动合同一方或双方当事人依法提前终止劳动合同的履行，解除双方劳动权利和义务关系的法律行为。与劳动合同的订立、变更不同，劳动合同的解除可以是双方的，也可以是单方的法律行为。劳动合同的解除分为法定解除和协商解除两种。法定解除是指出现国家法律、法规或合同约定的可以解除劳动合同的情况时，不需要当事人双方一致同意，合同效力都可以自然或单方提出提前终止；协商解除是指当事人双方因某种原因，在完全自愿的情况下，通过协商，一致同意提前终止劳动合同关系的法律行为，协商解除的最大特点是双方完全自愿。用人单位解除与劳动者的劳动合同应具备法律规定的条件，若违反法律的规定将承担相应的法律责任。法律规定的解除劳动合同的条件，因解除的原因不同而有所不同。

①双方协商解除。《劳动合同法》第三十六条规定："用人单位与劳动者协商一致，可以解除劳动合同"。劳动合同作为双方的"合意"行为，既可以通过合意来订立、变

更，也可以通过合意而提前终止。

②用人单位单方解除劳动合同。《劳动合同法》第三十九条规定，当劳动者符合下列情形之一的，用人单位可以解除劳动合同：a. 在试用期间被证明不符合录用条件的；b. 严重违反用人单位规章制度的；c. 严重失职、营私舞弊，给用人单位造成重大损害的；d. 劳动者同时与其他用人单位建立劳动关系，对完成本单位的工作任务造成严重影响，或者经用人单位提出，拒不改正的；e. 因以欺诈、胁迫的手段或者乘人之危，使对方在违背真实意思的情况下订立或者变更劳动合同致使劳动合同无效的；f. 被依法追究刑事责任的。

这 6 种情况是由于劳动者本身的原因造成的，劳动者主观上有严重过失，因此用人单位有权随时解除合同。

过失性解除不受提前通知的限制，不受用人单位不得解除劳动合同的法律限制，且不给予经济补偿。

非过失性解除。《劳动合同法》第四十条规定，当劳动者有下列情形之一的，用人单位可以解除劳动合同，但是应当提前 30 日以书面形式告知劳动者本人，且要依法给予劳动者经济补偿。a. 劳动者患病或者非因公负伤，在规定的医疗期满后不能从事原工作，也不能从事由用人单位另行安排的工作；b. 劳动者不能胜任工作，经过培训或者调整工作岗位，仍不能胜任工作的；c. 劳动合同订立时所依据的客观情况发生重大变化致使劳动合同无法履行，经用人单位与劳动者协商，未能就变更劳动合同内容达成协议的。

经济性裁员。《劳动合同法》第四十一条规定，用人单位还可以通过裁员的形式解除劳动合同。有下列情形之一，需要裁减人员 20 人以上或者裁员不足 20 人但占企业职工总数 10% 以上的，用人单位应提前 30 日向工会或者全体职工说明情况，听取工会或者职工的意见后，裁减人员方案经向劳动行政部门报告，可以裁减人员。a. 依照企业破产法规定进行重组的；b. 生产经营发生严重困难的；c. 企业转产、重大技术革新或者经营方式调整、经变更劳动合同后，仍需裁减人员的；d. 其他因劳动合同订立时所依据的客观经济情况发生重大变化，致使劳动合同无法履行的。裁减人员时，应当优先留用下列人员：a. 与本单位订立较长期限的固定期限劳动合同的；b. 与本单位订立无固定期限劳动合同的；c. 家庭无其他就业人员，有需要扶养的老人或者未成年人的。经济性裁员，应提前书面通知，且受用人单位不得解除合同的限制，并向劳动者支付经济补偿。

根据《劳动合同法》第四十二条的规定，劳动者有下列情形之一的，用人单位不得进行无过失解除合同和经济性裁员：a. 从事接触职业病危害作业的劳动者未进行离岗前职业病健康检查，或者疑似职业病病人在诊断或者医学观察期间的；b. 在本单位患职业病或者因工负伤并被确认丧失或者部分丧失劳动能力的；c. 患病或者非因工负伤，在规定的医疗期内的；d. 女职工在孕期、产期、哺乳期的；e. 在本单位连续工作满 15 年，且距法定退休年龄不足 5 年的；f. 法律、行政法规规定的其他情形。

③劳动者单方解除劳动合同的情形。

a. 劳动者在试用期内提前3日通知用人单位，可以解除劳动合同。并且无须说明理由或者承担赔偿责任。b. 用人单位以暴力、威胁或者非法限制人身自由的手段强迫劳动者劳动的，或者用人单位违章指挥、强令冒险作业危及劳动者人身安全的，劳动者可以立即解除劳动合同，不需要事先告知用人单位。c. 劳动者提前30日以书面形式通知用人单位，可以解除劳动合同。

（5）劳动合同的终止。

劳动合同的终止，是指劳动合同期限届满或双方当事人约定的终止条件出现，合同规定的权利、义务即行消灭的制度。

《劳动合同法》第四十四条规定，有下列情形之一的，劳动合同终止：①劳动合同期满的；②劳动者开始依法享受基本养老保险待遇的；③劳动者死亡，或者被人民法院宣告死亡或者宣告失踪的；④用人单位被依法宣告破产的；⑤用人单位被吊销营业执照、责令关闭、撤销或者用人单位决定提前解散的；⑥法律、行政法规规定的其他情形。

劳动合同终止，意味着劳动合同当事人协商确定的劳动权利和义务关系已经结束。但是需要特别注意的是，劳动合同约定的终止条件已经出现，但是有下列情形之一的，劳动者提出延缓终止劳动合同的，劳动合同不能立即终止，应当续延至相应的情形消失时才能终止：①从事接触职业病危害作业的劳动者未进行离岗前职业病健康检查，或者疑似职业病病人在诊断或者医学观察期间的；②在本单位患职业病或者因工负伤并被确认丧失或者部分丧失劳动能力的；③患病或者非因工负伤，在规定的医疗期内的；④女职工在孕期、产期、哺乳期的；⑤在本单位连续工作满15年，且距法定退休年龄不足5年的；⑥法律、行政法规规定的其他情形。丧失或者部分丧失劳动能力劳动者的劳动合同的终止，按照国家有关工伤保险的规定执行。

11.1.3 劳动合同的订立程序

劳动合同的订立一般包括以下程序：

（1）起草劳动合同草案。一般由用人单位提供劳动合同草案。内容必须符合国家相关法律的规定。劳动者有权知悉劳动合同的条款，并提出修改的意见。

（2）协商劳动合同内容。双方就劳动合同内容进行充分的讨论、协商，最后就合同所有条款达成一致意见。

（3）签订劳动合同。在确认合同内容准确无误的基础上，双方当事人签字、盖章。合同若不需要签证，则具有法律效力。

（4）合同鉴证。这个环节是按照国家法律规定或当事人的要求，用人单位将合同文本送交合同签订地或履行地的合同鉴证机构或劳动行政主管部门，要求对合同依法审查、鉴订合同的合法性。

11.1.4 使用表单模板、工具方法

劳动合同书（样本）

签订日期：________年________月________日

甲方：________________________有限公司

地址：________________________________

法定代表人：__________________________

乙方：________________________________

性别：________________________________

居民身份证号码：______________________

出生日期：________年______月______日

在甲方工作起始时间：____年___月___日

家庭住址：____________________________

邮政编码：____________________________

鉴于甲方业务发展的需要，雇佣乙方为____________有限公司提供劳务服务，经双方协商订立正式《劳务雇佣合同书》如下：

一、合同期限

第一条　本合同于________年____月____日生效，期限________年，其中试用期至________年____月____日止。

如双方需要，可在合同期满前一个月协商续签劳务雇佣合同。如合同期已满，双方不再续签合同，但受雇方从事的有关工作和业务尚未结束，则合同应顺延至有关工作业务结束。

二、甲、乙双方的义务和责任

第二条　乙方同意根据甲方工作需要，承担__________________________岗位（工种）工作。

第三条　乙方工作应达到甲方规定该岗位职责的要求和甲方对该岗位之特别规定（详见《岗位责任书》）的标准。

第四条　乙方每周工作时间为________天，每天工作________小时；乙方应按照工作职责保证完成甲方规定的工作和任务。

第五条　乙方应接受甲方的绩效考核。

第六条　未经甲方许可，乙方不得承接与乙方职责相关的个人业务。

第七条　甲方应向乙方提供乙方所承担工作中必需的工作条件。

第八条　按国家有关规定缴纳的各类社会劳动保险费用及乙方档案，均由乙方原单位保管缴纳。

第九条　乙方应严格遵守本合同的附加条款。

三、劳务报酬

第十条　甲方每月11日前以货币形式支付乙方劳务报酬，标准为________元/月或按董事会拟定的标准额执行。

乙方在试用期间的劳务报酬为转正后的80%~90%或双方约定。

甲乙双方对劳务报酬的其他约定________________________。

甲方在以下情况有权扣除乙方相应额度的劳务报酬：1. 因乙方的过失给甲方造成经济损失的；2. 乙方违反公司管理制度的；3. 双方约定的其他情况。

四、合同的终止与解除

第十一条　合同期满如未续签，则视为《劳务雇佣合同书》自行终止，双方应及时办理相关手续。

第十二条　经甲乙双方协商一致，本合同可以解除。

第十三条　乙方有下列情形之一，甲方可以解除本合同：

（一）在试用期间被证明不符合录用条件的；

（二）严重违反甲方有关规定及按照本合同约定可以解除劳务合同的；

（三）严重失职，营私舞弊，对甲方利益造成重大损害的；

（四）被依法追究刑事责任的。

五、双方约定的其他内容

第十四条　甲乙双方约定本合同增加以下内容：

（一）乙方有义务向甲方提供真实的个人信息与相关证明，并如实填写《劳务人员登记表》，否则甲方有权随时解除本合同，并且不给予经济补偿。

（二）甲方有权对公司的有关规定进行修改、完善。修改后的内容对本合同具有同等效力。

（三）甲方可以在合同有效期内，根据需要调整乙方的岗位职责和工作范围，劳务报酬等事项也将做出相应调整。乙方愿意服从甲方的安排。

（四）乙方在合同期内承担的甲方工程项目中的工作及责任的，在该项目未结束前，乙方不得未经甲方同意擅自离职。

（五）甲方将定期或不定期对乙方进行工作绩效考核，考核不合格者，甲方有权解除或终止本合同。

（六）本合同到解除日期时，乙方应按照《____________________有限公司员工手册》中的离职制度办理离职手续，否则甲方有权扣除或拒绝支付乙方劳务报酬。

第十五条　本合同一式两份，甲乙双方各执一份。

甲方（盖章）：________________

法人或委托代理人

签字或盖章：________________

乙方（签字）：________________

签订日期：__________________

11.1.5 该项目操作事项

（1）学生分组：6～8人为1组。

（2）学习相关理论知识和实训案例11.1和案例11.2。学习《公司法》《劳动法》《劳动合同法》《社会保险法》及其配套实施条例、实施细则和司法解释等。

（3）两人负责记录合同签订过程中劳动者和用人单位的活动情况。

（4）用人单位人力资源管理人员依据案例材料自拟一份劳动合同。

（5）人力资源管理人员认真审查劳动者的主体资格。

①劳动者身份的审查。人力资源管理人员首先要对劳动者提供的身份证原件及复印件进行审查核对，然后让其在复印件上签字确认。明确“复印件与原件一致，由本人提供。如有虚假，愿意承担一切法律责任”。

②劳动者学历、资格及工作经历的审查。人力资源管理人员应让劳动者提供学历、资格的原件及复印件，并让其签字确认提供的原始证件是真实的。同时对劳动者提供的工作经历也应让其进行书面确认，明确“若有虚假，愿意承担一切法律责任”。

③审查劳动者与其他用人单位是否还存在劳动关系。一个劳动者只能与一个用人单位签订劳动合同，确认一个劳动关系。一定要劳动者提供与原用人单位解除或终止劳动关系的证明，还包括要求劳动者提供失业等证明。还要注意审查劳动者是否存在竞业限制和竞业禁止的情况。对此，一定要让劳动者作出书面承诺，并签字确认。

④查验劳动者身体健康证明。因可能涉及录用条件和医疗期及职业病的可能，为了减少风险，可要求劳动者提供县级以上或公司规定的医院出具的健康证明。

（6）双方履行告知义务。

根据《劳动合同法》第八条规定，人力资源管理人员应如实告知劳动者工作内容、工作条件、工作地点、职业危害、安全生产状况、劳动报酬，以及详细解答劳动者要求了解的其他情况，让劳动者签署设计好的《告知书》，并妥善保存。同时，听取劳动者相对应的告之情况，并做好书面记录，让录用员工签字确认。

（7）签署劳动合同。

劳动合同文本应该提前一天时间交给劳动者查阅。对于双方要协商的情况，有一定的时间进行沟通，达到有效沟通、协商一致的目的。双方协商一致后签订劳动合同。

在签署劳动合同时，应当注意必须双方当事人在一起当面签字。一般先让劳动者签字，再由用人单位法人或委托人签字后统一盖章。要做到最后有盖章，每页还有骑缝章。这样确保书面合同签字的真实性和有效性，以防被篡改。最后将两份劳动合同，一份交给劳动者保管，并有劳动者领取的签收凭单；另一份用人单位保存并及时归档。

到此，劳动合同的签订手续基本告一段落，将进入办理入职手续阶段。

（8）对自拟劳动合同进行分析，从劳动者和用人单位两个角度总结签订劳动合同的注意事项。

(9) 分析劳动合同履行过程中可能出现的问题，提出防范措施。

(10) 小组向全班同学分享小组结果，重点解释劳动合同签订过程中容易出错的问题。

(11) 其他小组同学相互点评。

(12) 老师总结：简单点评学生操作过程与结果，强调依法加强劳动合同的管理。

案例 11.1　　HT 员工招聘启事

一、公司简介

HT 市建设开发投资有限责任公司是经市人民政府批准于 2013 年 1 月成立的国有独资公司，注册资本人民币 3344611 万元。主要负责市城北新区政府性投资项目的建设管理和承担市城市公共基础设施建设的投融资及被授权承担国有资产的经营管理等。

二、招聘职位及条件

(一) 职位：总公司设计审核。

(二) 人数：1 名

(三) 学历及专业：建筑学等相关专业，本科及以上学历。

(四) 职位描述：协助总工程师负责工程项目设计审核技术交底等相关工作。

(五) 任职要求：熟悉建筑规划设计工作和设计规范、设计审图等，具有 5 年以上建筑专业设计工作经历；中级职称，有设计单位工作经历者优先。

(六) 薪酬待遇：月工资 8000 ~ 10000 元，其他奖金福利待遇享受公司正式员工待遇。

三、工作地点：HT 市区。

四、招聘程序及办法

本次招聘按照发布招聘简章、报名（资格复核）、体检、聘用等五个步骤实施。具体程序和方法如下：

(一) 发布招聘简章

在报名期间，分别通过 HT 人才网、现场报名公告等向社会发布《HT 市建设开发投资有限责任公司简章》，同时公布咨询电话。

(二) 报名

1. 报名采取招聘现场报名和网上报名方式，在报名的同时接受资格复核。

现场报名：HT 市建设开发投资有限责任公司（HT 市滨江北路 18 号），报名时间：2017 年 2 月 16 日 ~2017 年 2 月 26 日。

网上报名：HT 人才网，报名时间：2017 年 2 月 16 日 ~2017 年 2 月 26 日。

2. 报名时须提供以下资料：

(1) 本人有效居民身份证原件及复印件；

(2) 毕业证书、学位证书原件及复印件；

(3) 专业技术职务资格证书、职业资格证书原件及复印件；

(4) 本人近期免冠寸照1张；

(5) 报名条件确定的需要提供的其他相关证件（材料）。

(三) 面试

对应聘人员资格复核通过后，另行通知本人参加面试的时间、地点。

(四) 体检

对应聘人员面试考核合格后，另行通知本人体检时间、地点。

(五) 聘用

对经面试考核、体验合格的应聘人员发放聘用通知书，并在规定时间内办理签订劳动合同等有关聘用手续。

HT市建设开发投资有限责任公司

2017年1月8日

案例11.2

HT公司规章制度（节选）

第一章　工作时间

本公司员工的上下班时间及工作安排，由本公司按该员工岗位性质及需要，与政府法规所定范围做出决定，员工每日工作时间不多于8个小时，每周工作时间不多于40个小时。本公司有权根据经营情况调整工作时间。工作时间：早上8：30～中午12：30，下午1：30～5：30。

第二章　考勤制度

1. 公司实行打卡考勤制度，无论何时上下班，出入办公地点都应打卡。

2. 迟到时间：超过8：30。超过规定时间打卡记迟到，迟到一次扣发10元。

3. 上班时间如需外出，说明原因后经部门主管批准执行，如发现在工作时间未经批准私自外出者，发现一次扣发50元。

4. 休假需事前申请，经批准后执行。因事不能打卡，均需如实向办公室填写说明，在缺勤发生一个工作日内提交，如逾期仍未补交说明的按旷工记录。员工请假，均在事前填写“请假单”（请假两日以上必须附上相关证明），经副总经理签字批准后方为有效；若员工因突发事件未能按照上述手续事前请假，则应在当日上班前亲自打电话向副总经理申请，说明请假理由，经批准后方为有效，次日到公司补办手续；凡未经批准或者无合理理由不到公司的视为旷工，旷工员工将被扣除相应工资，并按有关规定做出处理。

5. 公司组织安排的活动或者会议，任何人不得缺席，如果因特殊原因确实不能参加，必须提前向总经理说明原因，经批准后填写请假条按请假处理。

6. 公司有权根据情况对考勤制度作出修改，并拥有解释权。

……

第十二章　商业操守

公司高级管理人员离职后五年内不得从事与本公司相同或类似的业务。所有员工均不得索取或接受任何与职务有关的个人利益，违者严肃处理。所有员工必须保守公司的商业秘密，对外维护公司形象。严禁在言语或行为上骚扰其他同事、客户或其他人士，如有违反，公司报警处理。

……

第十四章　福利

1. 凡在本公司服务满3年的员工，自第四年起，每月增加工龄补贴100元，服务满6年的员工每月增加工龄补贴200元。

2. 凡在公司服务满2年的员工有权休假，休假时间为3天，服务满5年者每年休假时间为5天。每次休假提前7日以书面形式向总经理申请，经同意后方可休假。

……

本规章制度自2016年7月1日起执行。

11.2　实训项目二：劳动争议管理

11.2.1　实训目的

了解劳动争议管理的重要性和劳动争议的内容，掌握劳动争议的处理原则和程序，增强学生劳动争议管理的实际操作技能，能够在劳动争议出现时，合理维护企业的合法权益。

11.2.2　理论知识回顾

1. 劳动争议的概念

劳动争议是指企业劳动关系的双方（用人单位和劳动者）主体之间在实现劳动权利和履行劳动义务等方面产生的争议或纠纷。劳动争议具有以下特征：

（1）劳动争议的主体是特定的。劳动争议的主体是彼此存在劳动关系的用人单位和劳动者。用人单位指聘用或雇用劳动者并与劳动者订立劳动合同的企业、事业单位、国家机关、个体经济组织或者其他社会组织。劳动争议正是以他们为当事人所产生的有关劳动权利义务的争议。因此，如果争议不是发生在有劳动关系的当事人之间，而是发生在职工与职工之间、企业与企业之间、企业与国家机关之间，即使劳动争议的内容涉及劳动问题，也不能构成劳动争议。

（2）劳动争议的范围是限定的。劳动争议以劳动法律关系为前提，只有在当事人之间建立劳动关系的基础上，才能产生劳动争议。劳动争议的范围限定在法律规定的范围之内。只要属于法律规定范围内的劳动争议，当事人均可向当地的劳动争议仲裁委员会申诉。

（3）不同的劳动争议适用不同的程序。劳动争议处理的一般程序包括协商、调解、仲裁和诉讼。我国法律规定，劳动争议发生后，当事人应当协商解决；不愿协商或协商不成的，可以向本企业劳动争议仲裁委员会申请调解；调解不成的，可以向劳动争议仲裁委员会申请仲裁。当事人也可以直接向劳动争议仲裁委员会申请仲裁。对仲裁裁决不服的，可以向人民法院起诉。我国现行劳动争议处理制度的基本原则是自愿选择企业调解，仲裁是劳动争议诉讼的前置程序，发生劳动争议的职工一方在3人以上，并有共同理由的，应当推选代表参加调解或者仲裁活动。

2. 劳动争议的内容

企业劳动争议的内容是多方面的，根据我国《劳动争议调解仲裁法》的有关规定，劳动争议主要包括以下几种：

（1）因确认劳动关系发生的争议。

（2）因集体合同的执行、解除、变更和终止发生的争议。

（3）因劳动合同的订立、履行、变更、解除和终止劳动合同发生的争议。

（4）因工人的录用、除名、辞退和辞职、工资变动、离职发生的争议。

（5）因工会的成立、运作、管理和代表权的承认等发生的争议。

（6）因工作时间、休息休假、社会保险、福利、培训以及劳动保护发生的争议。

（7）因工作安全和劳动卫生等发生的争议。

（8）因工资、津贴、奖金、工伤医疗费、经济补偿或者赔偿金等发生的争议。

（9）法律、法规规定的其他劳动争议。

3. 处理劳动争议的组织和机构

根据国家的有关规定，有权负责受理劳动争议案件的专门调解组织有：

（1）企业劳动争议调解委员会。

（2）依法设立的基层人民调解组织。

（3）在乡镇、街道设立的具有劳动争议调解职能的组织。

有权负责受理劳动争议案件的专门机构有：

（1）地方各级劳动争议仲裁委员会。劳动争议仲裁委员会下设办事机构，负责办理劳动争议仲裁委员会的日常工作；

（2）同级人民法院。

4. 处理劳动争议应遵循的原则

《劳动法》规定，调解原则适用于仲裁和诉讼程序，解决劳动争议，应当根据合法、公正、及时处理的原则，依法维护劳动争议当事人的合法权益。

（1）合法原则。在处理劳动争议时，要求调解委员会、仲裁委员会及人民法院都必须对争议的事实进行深入、细致、客观的调查、分析，查明事实真相，依法进行调解、仲裁和审判。处理争议的程序要依法，处理的结果要合法。

（2）公正原则。公正原则体现为劳动争议双方当事人在适用法律上一律平等。这一原则要求，调解委员会、仲裁委员会、人民法院在处理劳动争议案件时，对劳动争议的任何一方当事人都应同等对待，其法律地位完全平等，法律赋予当事人的权利义务双方当事人平等地享有和承担，不应因身份、地位的不同而采取不同的标准对待。

（3）调解原则。调解贯穿于劳动争议处理的全过程，是解决劳动争议的基本手段。调解在仲裁程序上表现为，仲裁委员会受理争议案件后可以先进行调解，在调解不成的情况下应尽快进行裁决，而在裁决做出前的任何阶段都可以进行调解。仲裁程序上的调解与裁决具有同等的法律效力。调解在诉讼程序上表现为，人民法院在不同的审判阶段可以先进行调解，在调解不成的情况下，应尽快做出判决。人民法院主持下达成的调解协议，与判决具有同等的法律效力。调解的原则并不意味着强制调解，而是要求在自愿的前提下，尽量调解解决劳动争议。调解协议的内容还必须符合有关法律、法规的规定，否则自愿达成的协议也无效。

（4）及时处理原则。及时处理原则要求劳动争议当事人、劳动争议调解委员会、劳动争议仲裁委员会及人民法院在劳动争议案件处理过程中，必须按照法律规定及时行使权利、履行职责。具体包括：

①当事人应及时申请调解或仲裁，超过法定时间将不予受理；

②企业调解委员会对案件调解不成，应在规定的时效内及时结案，避免当事人丧失申请仲裁的权利；

③劳动争议仲裁委员会对案件先行调解不成，应及时裁决；

④法院在调解不成时，应及时判决。我国《劳动法》规定，提出仲裁要求的当事人一方应当自劳动争议发生之日起60日内向劳动争议仲裁委员会提出书面申请。仲裁裁决一般应在收到仲裁申请的60日内做出。

5. 劳动争议处理的程序

根据我国劳动法律、法规的有关规定，劳动争议当事人可以有四条途径解决其争议。

（1）协商解决。协商是劳动争议双方当事人采取自治的方法解决纠纷。双方在自愿的基础上进行协商，达成协议，解决纷争。这是最佳的解决劳动争议的途径，当事人双方都可以很方便快捷的解决争议，既节约时间成本，又有利于双方之间的团结，不至于将关系搞得太僵。

（2）调解解决。调解是以第三方介入的方式解决纠纷。当劳动争议双方当事人不愿自行协商或达不成协议的，可自愿向第三方——企业劳动争议调解委员会、基层人民调解组织、乡镇、街道设立的具有劳动争议调解职能的组织申请调解。当事人申请劳动争议调解可以书面申请，也可以口头申请。口头申请的，调解组织应当当场记录申请人基本情况、申请调解的争议事项、理由和时间。

企业调解委员会或其他调解组织所做的调解活动主要是在接受争议双方当事人的调解申请后，首先应当充分听取双方当事人对事实和理由的陈述，查明事实、明确责任，在此基础上，根据有关法律法规和集体合同或劳动合同的规定，通过自己的说服、耐心疏导，最终促使双方当事人在相互让步的前提下自愿达成解决劳动争议的协议，并制作调解协议书。调解协议书由双方当事人签名或者盖章，经调解员签名并加盖调解组织印章后生效，对双方当事人具有约束力，当事人应当履行。

以调解的方式解决劳动争议，具有程序简易、费用低廉、有利于促进当事人之间的团结和维护正常生产秩序等优点。而且，由于调解协议完全出于双方自愿，一般都能严格执行。但是，并非所有的劳动争议都能够达成调解协议，有时即使争议双方达成了调解协议，由于调解完全依靠当事人自愿，所以也难以保证所有劳动争议都得到解决。因此，除了这种方式之外，还必须有更加具有权威性的解决途径——仲裁与诉讼。

如果劳动争议调解组织收到调解申请之日起 15 日内未达成调解协议，当事人可以依法申请仲裁；如果达成调解协议后，一方当事人在协议约定期限内不履行调解协议的，另一方当事人也可以依法申请仲裁；因支付拖欠劳动报酬、工伤医疗费、经济补偿或者赔偿金事项达成调解协议，用人单位在协议约定期限内不履行的，劳动者可以持调解协议书依法向人民法院申请支付令，人民法院应当依法发出支付令。

（3）仲裁解决。劳动争议仲裁是指劳动争议仲裁委员会对用人单位与劳动者之间发生的劳动争议，在查明事实、明确是非、分清责任的基础上，依法做出裁决的活动。劳动争议仲裁委员会由劳动行政部门代表、工会代表和企业方面代表组成。劳动争议仲裁委员会组成人员应当是单数。

申请人申请仲裁应当提交书面仲裁申请，并按照被申请人人数提交副本。劳动争议仲裁委员会收到仲裁申请之日起 5 日内，认为符合受理条件的，应当受理，并通知申请人；认为不符合受理条件的，应当书面通知申请人不予受理，并说明理由。对劳动争议仲裁委员会不予受理或者逾期未做出决定的，申请人可以就该劳动争议事项向人民法院提起诉讼。

当事人申请劳动争议仲裁后，可以自行和解。达成和解协议的，可以撤回仲裁申请。仲裁庭在做出裁决前，应当先行调解。调解达成协议的，仲裁庭应当制作调解书。调解书应当写明仲裁请求和当事人协议的结果。调解书由仲裁员签名，加盖劳动争议仲裁委员会印章，送达双方当事人。调解书经双方当事人签收后，发生法律效力。调解不成或者调解书送达前，一方当事人反悔的，仲裁庭应当及时做出裁决。

仲裁庭裁决劳动争议案件，应当自劳动争议仲裁委员会受理仲裁申请之日起 45 日内结束。案情复杂需要延期的，经劳动争议仲裁委员会主任批准，可以延期并书面通知当事人，但是延长期限不得超过 15 日。逾期未做出仲裁裁决的，当事人可以就该劳动争议事项向人民法院提起诉讼。仲裁庭裁决劳动争议案件时，其中一部分事实已经清楚的，可以就该部分先行裁决。

劳动争议申请仲裁的时效期间为 1 年。仲裁时效期间从当事人知道或者应当知道其权利被侵害之日起计算。

劳动争议仲裁具有较强的专业性，是准司法性的裁决。其程序与司法程序相比，较为简便、及时。仲裁委员会的裁决书具有法律上的强制约束力。在我国，仲裁是处理劳动争议的必经中间环节，也是劳动争议诉讼的前置程序。

（4）诉讼解决。诉讼解决是指劳动争议当事人不服劳动争议仲裁委员会的裁决，在规定的期限内向人民法院起诉，人民法院依照民事诉讼程序，依法对劳动争议案件进行审理的活动。劳动争议法律诉讼一般由起诉与受理、调查取证、调解、开庭审理和判决执行5个阶段组成。

当事人对仲裁裁决不服的，可以自收到仲裁裁决书之日起15日内向有管辖权的人民法院提起诉讼。人民法院根据《中华人民共和国民事诉讼法》的有关规定，受理和审理劳动争议案件。人民法院审理案件遵循权利同等原则，以事实为根据、以法律为准绳原则，独立行使审批权原则、调解原则和回避原则。人民法院适用普通程序审理的案件，应当在立案之日起6个月内审结。有特殊情况需要延长的，由本院院长批准，可以延长6个月；还需要延长的，报请上级人民法院批准。人民法院适用简易程序审理案件，应当在立案之日起3个月内审结。人民法院实行两审终审制。当事人对人民法院一审判决不服的，可以依法提起上诉，二审法院应当在第二审立案之日起3个月内审结。二审判决是生效判决，当事人必须执行。

此外，劳动争议的诉讼，还包括当事人一方不履行劳动仲裁委员会已发生法律效力的裁决书或调解书，另一方当事人申请人民法院强制执行的活动。劳动争议诉讼是处理劳动争议的最终程序，它通过司法程序保证了劳动争议的最终彻底解决。

11.2.3 劳动争议调解和仲裁流程

1. 劳动争议的调解程序

（1）申请和受理。

当事人在其权利受到侵害之日起30天内向调解委员会提出申请，并填写《劳动争议调解申请书》，发生争议的职工一方在3人以上，可视为集体劳动争议。调解委员会接到调解申请后，应征询对方当事人的意见，对方当事人不愿参加调解的，应做好记录，在3日内以书面形式通知申请人。对方当事人愿意参加调解的，调解委员会应在4日内做出受理或不受理申请的决定。对不受理的，应向申请人说明理由。

（2）调查与调解。

①指派调解委员对争议事项进行调查核实；

②调解委员会主任主持双方当事人参加调解会议；简单争议，可指派1～2名调解委员调解；

③调解委员听取双方陈述，并依法进行调解。

（3）制作调解协议或调解意见书。

经调解达成协议的，制作调解协议书，双方当事人应自觉履行。调解不成的，应作记录，并在调解意见书上说明情况。

（4）调解期限。

调解委员会调解劳动争议，应当自当事人申请调解之日起30日内结束，到期限未调解结束的，视为调解不成。

2. 劳动争议仲裁的程序

（1）申请与受理。

当事人应当从知道或应当知道其权利被侵害之日起一年内以书面形式向仲裁委员会申诉。仲裁委员会应当自收到申诉书之日起7日内做出受理或不受理的决定。对于职工一方在30人以上的集体劳动争议，仲裁委员会应于收到仲裁申请书之日起3日内做出受理与不受理决定。仲裁委员会做出受理决定后，应在做出决定之日起7日内向申诉人和被诉人发出书面通知，并要求被诉人在15日内提交答辩书和证据。认为不符合受理条件的，应当书面通知申请人不予受理，并说明理由。

（2）仲裁准备。

仲裁准备包括组成仲裁庭、审阅案卷材料、进行庭审前的调解。

（3）开庭审理与裁决。

仲裁员应当听取申请人的陈述和被申请人的答辩，主持庭审调查、质证和辩论、征询当事人最后意见，并进行调解。

（4）仲裁文书的送达。

仲裁文书的送达包括直接送达、留置送达、委托送达、邮寄送达、公告送达、布告送达。

11.2.4 使用表单模板、工具方法

劳动争议调解申请书（样本）

申请人：____________________

性别：____________________

地址：____________________

职务（岗位）：____________________

法定代表人：____________________

职务：____________________

委托代理人：____________________

被申请人：____________________

性别：____________________

地址：____________________

职务（岗位）：____________________

法定代表人：____________________

职务：____________________

委托代理人：____________________

事由：____

（事由）产生争议，申请调解。

调解请求：______________________________

事实与理由：______________________________

为此，向______________________________

劳动争议调解委员会申请调解，请依法调解。

申请人：__________（签名或盖章）

年______月______日

说明______________________________

劳动争议调解书（样本）

甲方（公司）：

乙方：（员工）

兹就乙方解除与甲方劳动关系纠纷事宜，经甲乙双方友好协商一致，达成如下协议，以期共同遵守。

1. 对于×××之违纪事宜，乙方已经充分理解到自己的做法确实给甲方造成了不良影响，乙方对此向甲方表示歉意，对甲方因此解除劳动关系之决定不再持有异议。

2. 考虑到乙方在甲方工作期间的实际情况，及目前的实际处境，甲方经研究决定向乙方支付一次性补助金，金额为人民币两万元整；甲方支付乙方之补助费用，已经充分考虑了乙方的实际情况，并本着以人为本的原则，充分体现甲方对乙方的人文关怀，而做出的一次性补助。

3. 本协议书签订后，乙方须在三日内向区劳动争议仲裁委员会对双方间的劳动争议案件提出撤回申请，并向甲方提供该仲裁委员会制作的撤回申请裁定文书，甲方在收到乙方提供的该裁定文书后当日支付一次性补助费用。

4. 甲方将以工资形式支付乙方一次性补助费用，将该补助费用直接存入所代乙方开立的银行存折，乙方或者其代理人签收领取该存折后即视为甲方已经履行完毕支付义务。

5. 乙方承诺自本协议履行完毕后，甲乙双方之间不再存在任何其他未了纠纷，乙方承诺不得再以任何理由向甲方主张任何其他民事权利。

6. 甲乙双方约定，双方均应积极履行完毕本协议第三条约定的事项，甲方应按约定向乙方或者经其特别授权的代理人交付上述约定款项，乙方（或者特别授权代理人）收到后应签署收款凭据。如果甲方不按照约定履行付款义务，应该承担相应的违约责任。

7. 本协议自双方代理人签字之日起生效。

8. 本协议一式四份，双方各执一份，由甲方向有关部门备案两份。

甲方：×××

年　月　日

乙方：×××

年　月　日

劳动争议仲裁申请书（样本）

申诉人：____________________

姓名：______________________

性别：______________________

年龄：______________________

被诉人：____________________

法定代表人：________________

地址：______________________

请求事项：____

____

事实和理由（包括证据和证据来源，证人姓名和住址等情况）：________________

____

____

此致

劳动争议仲裁委员会

申诉人（单位）：____________（签名或盖章）

________年______月______日

附：

1. 副本__________份
2. 物证__________份
3. 书证__________份

裁决书（样本）

裁决书（样本）

××市劳仲案字〔20××〕第××号

申请人：×××，男，汉族，19××年××月××日出生，住××省××县××镇××村××号。

被申请人：×××有限公司。

法定代表人：××，董事长。

住所：×××市××路××楼。

委托代理人：××，员工。

申请人×××因签订劳动合同、解除劳动关系与被申请人×××有限公司发生争议，向本会申请仲裁，本会受理后，依法指定独任庭进行了审理。申请人×××、被申请人委托代理人××到庭参加审理。现本案审理终结。

申请人诉称：我于20××年××月入职被申请人处任行政部保安，虽多次签订劳动合同，但一直都是担任该职，现仍在合同有效期内。20××年7月，被申请人单方将我调至市场中心营销部销售现场担任保安及接待员职务。20××年10月20日，被申请人又要将我调至另一下属企业（×××市××物业管理有限公司）上班，我没有同意，于是当天即被停止上班，考勤记录信息也被删除，违法单方解除了合同。根据《劳动合同法》等相关法律法规规定，被申请人违法解除劳动合同，依法应按经济补偿标准的二倍支付赔偿金给我，被申请人违反规定不与我订立无固定期限劳动合同，自应当订立无固定期限劳动合同之日起向我每月支付二倍的工资。故请求裁决被诉人向我支付：1. 违法解除劳动合同的赔偿金30600元（17个月，1800元/月）；2. 应订立而未订立无固定期限劳动合同之日起每月一倍的工资68000元（2008年1月至20××年10月）。

被申请人辩称：我司并未解除与申请人的劳动关系，也不存在因我司过错而到申请人主动解除劳动合同的情形，因此申请人要求我司支付经济补偿金无任何依据；按《劳动合同法》规定，需于2008年以后连续签订过两次固定期限劳动合同后，第三次签订劳动合同时才需要签订无固定期限劳动合同，而申请人的情况不符合该法规定，因此申请人要求我司支付未签订无固定期限劳动合同双倍工资无事实和法律依据；申请人作为我司×××项目销售现场保安及接待员，不能按照我司的合理工作安排来完成工作任务，是申请人不能胜任工作，我司依法通知其参加岗位培训，但申请人拒不参加培训，此后便不上班工作，其行为既属旷工，亦属严重违反用人单位规章制度。

经查：申请人于20××年××月进入被申请人处工作，双方最近一期劳动合同于2009年8月1日签订，劳动合同约定：合同期限自20××年8月1日至2011年××月××日止，申请人担任被申请人行政部保安，申请人月工资为××元。20××年7月1日，被申请人向申请人发出人事调动函，将申请人调至被申请人营销部担任现场保安及接待员职务，申请人在函上签名。

庭审时，申请人认为：除了7月1日的调动，被申请人还曾于6月口头称要调申请人到被申请人所属物业公司工作，申请人认为双方签订的劳动合同不是物业公司的，所以不愿意去；被申请人于10月20日解除与申请人的劳动关系原因是申请人不能胜任工作，申请人当天起未再上班。被申请人则认为：7月1日调动是因为营销部需要人手，调动后申请人同意并有上班，公司未解除过申请人的劳动合同；申请人在营销部工作中不能胜任工作，公司决定对其进行培训，申请人拒不参加，公司一直未对申请人作出处理。

申请人向本委提供证据有：1. 双方于2009年8月1日签订的劳动合同；2. 申请人工资表；3. 被申请人于20××年7月1日向申请人发出的人事调动函。

被申请人向本委提供证据有：1. 被申请人于20××年7月1日向申请人发出的人事调动函；2. 20××年9月17日的月度考评面谈记录表，记录申请人有3项需改善的工作，有申请人签名；3. 被申请人于20××年10月20日作出的培训通知，称针对申请人在×××销售现场任现场保安及接待员一职不能胜任，现安排申请人进行再培训。

本会认为：申请人原为被申请人行政部保安，后于7月1日被调至被申请人营销部担任现场保安及接待员职务，申请人在函上签名并已到岗，双方已经就原合同岗位进行了变更，没有证据证明被申请人对申请人进行第二次调整岗位和对申请人进行解除劳动合同，故申请人要求被申请人支付违法解除劳动合同的赔偿金的请求没有事实依据，不予支持；申请人连续在被申请人工作未满10年，且双方最近所签订的劳动合同未到期，申请人要求被申请人支付应订立而未订立无固定期限劳动合同之日起每月一倍的工资68000元的请求没有事实依据，不予支持。

本会现依照《中华人民共和国劳动合同法》第十四条、第四十八条和《中华人民共和国劳动争议调解仲裁法》第四十二条、第四十七条的规定，裁决如下：

驳回申请人对被申请人的申诉请求。

如不服本裁决，可在本裁决书送达之日起15日内向××区人民法院起诉；逾期不起诉，本裁决发生法律效力。

仲裁员：×××

二〇××年××月××日

书记员：×××

11.2.5 该项目操作事项

（1）学生分组。

8人为1组，1人为劳动者，1人为企业代表，其他6人分别组成调解委员会、仲裁庭；

（2）学习相关理论知识和实训案例11.3材料。学习《民事诉讼法》《公司法》《劳动法》《劳动合同法》《劳动争议调解仲裁法》《社会保险法》及其配套实施条例、实施细则和司法解释等，如《企业劳动争议调解委员会组织及工作规则》《劳动争议仲裁委员会办案规则》。

（3）调解委员会调解。

①劳动者口头申请劳动争议调解，调解员当场记录申请人基本情况、申请调解的争议事项、理由和时间，并分析是否受理。

②调解委员听取双方陈述，对争议事项进行调查核实，并依法进行调解。

③经调解达成协议的，制作调解协议书。协议书应写明争议双方当事人的姓名（单位、法定代表人）、职务、争议事项、调解结果及其他应说明的事项，由调解委员会主任以及双方当事人签名或盖章，并加盖调解委员会印章，调解协议书一式三份（争议双方当事人、调解委员会各一份）；

调解不成的，应作记录，并在调解意见书上说明情况，由调解委员会主任签名、盖章，并加盖调解委员会印章，调解意见书一式三份（争议双方当事人、调解委员会各一份）。

（4）仲裁庭仲裁。

①审查书面仲裁申请。

②仲裁员应当听取申请人的陈述和被申请人的答辩，主持庭审调查、质证和辩论、征询当事人最后意见，并进行调解。

③开庭情况记入笔录，由仲裁员、记录人员、当事人和其他仲裁参加人签名或者盖章。

④调解达成协议的，仲裁庭制作调解书。调解书由仲裁员签名，加盖劳动争议仲裁委员会印章，送达双方当事人。调解书经双方当事人签收后，发生法律效力。

⑤调解不成或者调解书送达前，一方当事人反悔的，仲裁庭应当及时作出裁决。裁决书应当载明仲裁请求、争议事实、裁决理由、裁决结果和裁决日期。裁决书由仲裁员签名，加盖劳动争议仲裁委员会印章。对裁决持不同意见的仲裁员，可以签名，也可以不签名。送达当事人。

（5）小组向全班同学分享小组结果，解释调解结果和裁决结果的法律依据。

（6）其他小组同学相互点评。

（7）老师总结：简单点评学生操作过程与结果，强调依法调解和仲裁。

案例 11. 3

2014 年全国十大劳动争议典型案例

一、东莞最大鞋厂少缴社保　上千员工大罢工

4 月 14 日，广东东莞最大鞋厂裕元鞋厂上千员工罢工，员工们拉起红色横幅，上面写着“还我社保，还我住房公积金”等字眼。东莞裕元鞋厂是广东东莞最大的鞋厂，隶属于台湾宝成集团，是阿迪达斯、耐克等多个世界名牌运动鞋的最大生产基地，为全球 30 多家著名品牌鞋类产品公司进行代工。这次停工维权源于裕元鞋厂未足额为工人购买社保，按照东莞社保局的规定，工人的社保应包括工伤、养老、医疗、失业及生育保险，社保缴费率规定企业需缴纳员工总收入的 11%，员工个人承担 8%，有员工前不久查了自己的社保缴费，发现工厂只帮他缴了他自己所缴的部分，但没有缴纳企业应该缴纳的那一部分。而部分工人陆续请假去社保局查询自己的社保缴费情况，纷纷发现裕元鞋厂缴交的社保额度不足，缴交的标准很混乱。

二、沃尔玛常德店关门　“解散”之说引争议

3 月 5 日，沃尔玛（湖南）百货有限公司常德水星楼分店负责人向全体员工宣布，因该店经营效益不佳，决定于 3 月 19 日关店，同时为员工提供转岗安置和领取相关经济补偿终止劳动合同两种安置方案。对于安置方案，沃尔玛常德水星楼分店工会和部分员工提出质疑，认为店方未履行提前 30 天通知全体员工或工会的法定义务，事先也未就安置方案和员工或工会进行沟通，系违法解除劳动合同，双方形成劳动纠纷。4 月 25 日，沃尔玛常德水星楼分店 69 名员工和分店工会分别向常德市劳动人事争议仲裁委员会提起劳动争议仲裁申请，要求确认被告终止劳动合同的决定违法；判决被告支付违法终止劳动合同补偿金 2 倍的赔偿金。常德市劳动人事争议仲裁委员会 6 月 25 日发出的裁决书，驳回劳方全部仲裁请求。但仍有 6 名员工不服仲裁结果，并向法院提起诉讼。7 月 21 日，常德武陵区法院驳回了劳方的诉讼请求。

三、王茁诉上海家化　高管争议成焦点

王茁于 2004 年 1 月 1 日进入上海家化，担任副总经理一职，2012 年 12 月 18 日起

担任总经理。2013 年 11 月 19 日王茁与上海家化签订了无固定期限劳动合同，合同约定王茁每月工资税前 51900 元。2014 年 3 月起，王茁的月工资调整为 54495 元。2014 年 5 月 13 日，上海家化以“总经理王茁的工作责任心不强，导致普华永道对公司出具了否定意见的审计报告，这严重违反公司规章制度。对于公司内部控制否定意见的审计报告经新闻媒体负面报道，给公司造成恶劣影响，公司形象及名誉出现重大损害”为由与王茁解除劳动合同。6 月 24 日，王茁诉上海家化的劳动仲裁在上海市虹口区劳动人事争议仲裁委员会开庭审理。王茁请求恢复其与上海家化之间的劳动关系，并赔偿被违法解除劳动合同期间自己的工资损失。上海市虹口区劳动人事争议仲裁委员会对王茁要求与上海家化恢复劳动关系的请求予以支持，并要求上海家化在裁决书生效七日之内，向王茁支付恢复劳动关系期间的工资，共计 42355.17 元。上海家化已向虹口区人民法院提起劳动争议诉讼。

四、新东方烹饪限招男性　浙江就业歧视第一案宣判

7 月 8 日，黄蓉通过杭州市西湖区人民法院起诉新东方烹饪学校（招聘广告上为新东方烹饪学校，注册名为杭州市西湖区东方烹饪职业技能培训学校）。在应聘该企业的文案这一职位时，她多次被以“限招男性”为由拒绝，对于这种不问能力只问性别的歧视行为，她选择了向法院提起诉讼。几经辗转后，法院最终在 8 月 13 日决定受理本案，并于 9 月 10 日进行了公开审理。11 月 12 日，法院判决黄蓉胜诉，认定新东方烹饪学校就业性别歧视成立，并判决新东方赔偿精神损害抚慰金 2000 元。对于这样的结果，黄蓉表示不满意，“杭州新东方烹饪对女性的性别歧视对我造成了极大影响，必须要道歉。”于是，她决定要再次提起上诉。

五、辞职数次遭拒绝　员工怒捅部门经理

2014 年 10 月 7 日上午，中山市三角镇联兴纺织印染有限公司内发生血案，该公司漂染部员工欧某拿剪刀捅死了部门经理方某，案发后欧某报警自首。据了解，案发前，欧某在一个月内曾多次向方某辞职，但都遭到对方拒绝。三角镇人社分局证实，9 月底，欧某曾向该局申请调解。根据这份 9 月 28 日签订的劳动争议调解申请书，双方争议的事实为：2014 年 8 月 27 日辞职，2014 年 9 月 27 日经理不同意，不批。申请人要求：结清工资。

六、参加相亲节目被辞退　员工告华为无视法律

一名叫卢和平的网友，在微博上称“本人因参加《非诚勿扰》节目（2014 年 6 月 1 日五号嘉宾），被所在的华为海洋网络有限公司认为是不安定因素，被单方面解除了劳动合同。”卢和平还在微博上说：“参加电视节目纯属个人私事，对华为这种无视《劳动法》的行为表示抗议。”华为公司相关负责人表示：“卢和平是今年 6 月份才参加《非诚勿扰》的节目录制，这两件事情没有必然的联系。主观地将两件事情联系起来，纯属炒作。”但卢和平声称：“我手上还有充分证据，证明公司是因为我参加《非诚勿扰》才解雇我的。但因为还在和华为协商，所以不愿公布证据。”

七、网易、“陌陌”掐架　唐岩被指违反竞业限制

12 月 10 日凌晨，在陌陌将要赴美上市之际，网易公司突然发布声明称，陌陌公司

创始人、CEO唐岩在网易工作期间私创“陌陌”，违反竞业限制的承诺，丧失职业操守，利用职务之便为其妻子所在公司输送利益，并且还因个人作风问题于2007年被中国警方拘留10日。声明称，唐岩自2003年12月至2011年9月期间在网易工作。2011年7月，唐岩擅自在外开设陌陌公司谋取私利。唐岩在职期间，利用职务之便，获取网易提供的各种信息、技术资源，私创“陌陌”，从而窃取网易公司商业利益，丧失基本职业操守。其行为违反《劳动合同法》及对公司做出的在职期间竞业限制的承诺，严重违背职业道德。

八、员工偷盗劳动合同　反诉企业讨赔偿

去年年初，梦想方舟公司得到消息：公司的保安梅某和朱某分别向南长区劳动争议仲裁委员会提出仲裁申请，以公司未和他们二人签订劳动合同为由，要求公司补偿双倍工资赔偿。公司的人事工作人员清楚记得，和梅某、朱某签订了合同，可是翻找了公司的人事档案，就是没找到。因为公司无法向劳动争议仲裁委员会提供合同证据，只好支付了梅某5万多元。随后，公司的保安黄某如法炮制，提请仲裁，要求梦想方舟公司支付双倍工资，也“成功”获得了公司赔偿的2万多元。随后公安机关调查发现，是梅某等人利用职务之便，将自己的纸质劳动合同偷了出来。2012年12月的一天，三人在一起合谋，梅某和朱某利用值班时间，相互配合，关闭了公司部门监控视频，从公司人事部办公室窃走了他们三人的合同。无锡市南长区法院对此案进行了公开审理。

九、奔丧员工遭解雇　终审改判诺基亚败诉

9月，北京二中院终审改判诺基亚奔丧员工胜诉。2012年8月24日，诺基亚通信系统技术（北京）有限公司的万先生因岳母去世，回湖南老家处理丧事，于8月28日返回北京。2012年9月5日，公司以万先生“连续旷工3天以上”为由，做出与其解除劳动合同的决定。万先生于2013年6月申请仲裁，要求公司继续履行合同，被仲裁委及一审法院驳回。北京市二中院审理后认为，万先生在休假前曾通过电子邮件向公司说明了其要休假，并要求相关人员告知需如何办理请假手续，但相关人员并未明确答复，公司的员工手册对此亦未明确说明。今年9月，北京二中院终审改判，支持万先生诉求。

十、员工离职后再入职　重新签订试用期获法院支持

2011年5月3日，李晨进入曙光公司工作，担任研究顾问职务。双方签订为期两年的劳动合同，试用期3个月。2012年4月23日，李晨提出辞职，并签署离职结算单。2012年6月19日，李晨再次进入曙光公司工作，双方签订了新的劳动合同，工作内容和薪资与离职前完全相同，可重新签订的劳动合同中又约定了3个月的试用期。没想到，还没过试用期李晨就被单位以试用期内不符合录用条件解除劳动合同。“两次约定试用期是违法的!”李晨向劳动人事争议仲裁委员会提出申诉，要求曙光公司支付违法约定试用期赔偿金1.35万元。经仲裁裁决，对该请求不予支持；李晨不服，向法院提起诉讼。上海一中院二审判决驳回了李晨的诉讼请求。

（资料来源：中国劳动法律援助网，http：//www.labourlaw.org.cn。）

11.3 实训项目三：劳务派遣管理

11.3.1 实训目的：

了解劳务派遣的法律规定，掌握《劳务派遣协议》签订的有关内容和方法。

11.3.2 理论知识回顾

（1）劳务派遣。劳务派遣又称人力派遣、人才租赁、劳动派遣、劳动力租赁、雇员租赁，是一种招聘人与使用人相分离的劳动力经营模式。劳务派遣是指由劳务派遣单位（用人单位）与被派遣劳动者订立劳动合同，把劳动者派向接收派遣单位（用工单位），再由接收派遣单位（用工单位）向劳务派遣单位（用人单位）支付一笔服务费用的一种用工形式。劳动力给付的事实发生于被派遣劳动者和接收派遣单位（用工单位）之间，接收派遣单位（用工单位）向劳务派遣单位支付服务费，劳务派遣单位（用人单位）向劳动者支付劳动报酬。

劳动合同用工是我国的企业基本用工形式。劳务派遣用工是补充形式，只能在临时性、辅助性或者替代性的工作岗位上实施。用工单位应当严格控制劳务派遣用工数量，使用的被派遣劳动者数量不得超过其用工总量的10%。

（2）劳务派遣单位（用人单位）劳务派遣管理。劳务派遣单位（用人单位）就是与被派遣员工签订劳动合同，建立劳动关系，承担《劳动法》规定义务的用人单位。劳务派遣单位（用人单位）虽然没有实际指挥被派遣员工进行劳动，而只是将被派遣员工组织起来，统一管理，并根据用工单位的要求安排被派遣员工前往进行工作。但是，由于劳务派遣单位（用人单位）实际与被派遣员工签订了劳动合同，建立了劳动关系，在《劳动法》上，劳务派遣单位（用人单位）就是与被派遣员工相对的用人单位一方，并必须依照《劳动法》和《劳动合同法》的规定对被派遣员工承担义务。

①经营劳务派遣业务应当具备下列条件：

a. 注册资本不得少于人民币二百万元；

b. 有与开展业务相适应的固定的经营场所和设施；

c. 有符合法律、行政法规规定的劳务派遣管理制度；

d. 法律、行政法规规定的其他条件。

经营劳务派遣业务，应当向劳动行政部门依法申请行政许可；经许可的，依法办理相应的公司登记。未经许可，任何单位和个人不得经营劳务派遣业务。

②劳务派遣单位（用人单位）应当与被派遣劳动者订立二年以上的固定期限劳动合同。劳务派遣单位（用人单位）与被派遣劳动者订立的劳动合同，除应当载明一般劳动合同事项外，还应当载明被派遣劳动者的用工单位以及派遣期限、工作岗位等情况。

③劳务派遣单位（用人单位）派遣劳动者应当与接收以劳务派遣形式用工的单位（用工单位）订立劳务派遣协议。劳务派遣协议应当约定派遣岗位和人员数量、派遣期限、劳动报酬和社会保险费的数额与支付方式以及违反协议的责任。被劳务派遣单位（用工单位）应当根据工作岗位的实际需要与劳务派遣单位（用人单位）确定派遣期限，不得将连续用工期限分割订立数个短期劳务派遣协议。劳务派遣单位（用人单位）应当将劳务派遣协议的内容告知被派遣劳动者。

④建立培训制度，对被派遣劳动者进行上岗知识、安全教育培训。

⑤劳务派遣单位按月支付劳动报酬；被派遣劳动者在无工作期间，劳务派遣单位应当按照所在地人民政府规定的最低工资标准，向其按月支付报酬。不得克扣用工单位按照劳务派遣协议支付给被派遣劳动者的劳动报酬。劳务派遣单位和用工单位不得向被派遣劳动者收取费用。劳务派遣单位跨地区派遣劳动者的，被派遣劳动者享有的劳动报酬和劳动条件，按照用工单位所在地的标准执行。

⑥按照国家规定和劳务派遣协议约定，依法为被派遣劳动者缴纳社会保险费，并办理社会保险相关手续。

⑦督促用工单位依法为被派遣劳动者提供劳动保护和劳动安全卫生条件。

⑧依法出具解除或者终止劳动合同的证明。

⑨协助处理被派遣劳动者与用工单位的纠纷。

⑩劳务派遣单位（用人单位）出资或者合伙设立的劳务派遣单位，不得向本单位或者所属单位派遣劳动者。

⑪劳务派遣单位（用人单位）不得以非全日制用工形式招用被派遣劳动者，但是，可以将招用的劳动者派遣至用工单位从事非全日制岗位工作。

⑫被派遣劳动者可以依照《劳动合同法》第三十六条、第三十八条的规定与劳务派遣单位解除劳动合同。被派遣劳动者有《劳动合同法》第三十九条和第四十条第一项、第二项规定情形的，用工单位可以将劳动者退回劳务派遣单位，劳务派遣单位依照本法有关规定，可以与劳动者解除劳动合同。

⑬劳务派遣单位或者被派遣劳动者依法解除、终止劳动合同的经济补偿，依照《劳动合同法》第四十六条、第四十七条的规定执行。

劳务派遣单位违法解除或者终止被派遣劳动者的劳动合同的，依照《劳动合同法》第四十八条的规定执行。

⑭劳务派遣单位（用人单位）或用工单位对被派遣劳动者造成损害的，劳务派遣单位与用工单位承担连带责任。

（3）接收劳务派遣单位（用工单位）劳务派遣管理

①用工单位是《劳动合同法》中所指的接受派遣单位。用工单位通过与劳务派遣

企业签订劳务派遣协议，从劳务派遣企业引进符合其要求的员工，在其安排的工作岗位上进行工作。虽然从表面上来看，被派遣员工是在用工单位的场所内，在其管理之下为其工作，但双方不存在劳动关系，用工单位无须承担劳动法和劳动合同上的义务，它与被派遣员工之间只是法律上的劳务关系，根据其双方之间的聘用合同或劳务合同享受权利和承担义务。

②用工单位应当直接向劳动者履行下列义务：

a. 执行国家劳动标准，提供相应的劳动条件和劳动保护；

b. 告知被派遣劳动者的工作要求和劳动报酬；

c. 支付加班费、绩效奖金，提供与工作岗位相关的福利待遇；

d. 对在岗被派遣劳动者进行工作岗位所必需的培训；

e. 连续用工的，实行正常的工资调整机制。

③用工单位应当按照劳务派遣协议使用被派遣劳动者，不得将被派遣劳动者再派遣到其他用人单位。对于劳务派遣员工，应当实行和本企业员工一样同工同酬。

④被派遣劳动者有《劳动合同法》第三十九条和第四十条第一项、第二项规定情形的，用工单位可以将劳动者退回劳务派遣单位。

⑤有下列情形之一的，用工单位可以将被派遣劳动者退回劳务派遣单位：

a. 用工单位有《劳动合同法》第四十条第三项、第四十一条规定情形的；

b. 用工单位被依法宣告破产、吊销营业执照、责令关闭、撤销、决定提前解散或者经营期限届满不再继续经营的；

c. 劳务派遣协议期满终止的。

11.3.3 劳务派遣的操作流程

1. 被劳务派遣单位（用工单位）

（1）发布劳务派遣需求信息。

（2）审核劳务派遣公司资质。

（3）签订协议。与劳务派遣单位（用人单位）协商修改《劳务派遣协议》，确定协议文本及签订日期。劳务派遣协议应当载明下列内容：

①派遣的工作岗位名称和岗位性质；

②工作地点；

③派遣人员数量和派遣期限；

④按照同工同酬原则确定的劳动报酬数额和支付方式；

⑤社会保险费的数额和支付方式；

⑥工作时间和休息休假事项；

⑦被派遣劳动者工伤、生育或者患病期间的相关待遇；

⑧劳动安全卫生以及培训事项；

⑨经济补偿等费用；

⑩劳务派遣协议期限；

⑪劳务派遣服务费的支付方式和标准；

⑫违反劳务派遣协议的责任；

⑬法律、法规、规章规定应当纳入劳务派遣协议的其他事项。

（4）接收被派遣劳动者。

（5）将被派遣劳务人员纳入日常管理。

2. 劳务派遣单位（用人单位）工作流程

（1）与被劳务派遣单位（用工单位）沟通，介绍本公司性质、劳务派遣的特点、劳务派遣能够给企业带来的优势等；

（2）根据用工单位的用工岗位和具体状况，到现场实地了解工作场所和劳动防护情况；

（3）了解劳务人员的构成情况、劳务人员的月工资标准以及在用工单位享受的福利待遇等；

（4）判断此项业务是否可行。

（5）根据业务洽谈的具体情况，拟定《劳务派遣协议》，并与被劳务派遣单位（用工单位）协商修改，确定合同文本及签订日期。

（6）双方签订《劳务派遣合同》。

（7）与被派遣劳动者签订《劳动合同》。

（8）完成对劳务人员的登记工作。

（9）对劳务人员根据用工单位及实际岗位的需要进行用工制度及岗位培训。

（10）为被派遣劳动者办理相关手续。

（11）劳务派遣。

11.3.4 使用表单模板、工具方法

劳务派遣协议（样本）

甲方（劳务派遣单位）全称：____________________

单位类型：________法定代表人（或负责人）：________

登记注册地：____________邮编：____________

实际经营地：____________邮编：____________

组织机构代码证号：________________________

联系部门：____________联系人：________联系电话：____________

乙方（实际用工单位）全称：____________________

单位类型：________法定代表人（或负责人）：________

登记注册地：________________邮编：____________

实际经营地：________________邮编：____________

组织机构代码证号：________________________

联系部门：____________联系人：________联系电话：________

乙方因生产（工作）需要，与甲方本着平等自愿、协商一致、公正公平、诚实信用的原则，根据《中华人民共和国劳动合同法》及有关法律法规规定，签订本协议，并承诺共同遵守。

一、协议期限

本协议自________年____月____日起至________年____月____日止。协议期满前30日内，双方应以书面方式办理续延或终止手续。

二、派遣岗位、人数和期限：

1. 乙方需要接收派遣人员（以下简称员工）的岗位和人员数量如下：

（1）______岗位，____人数，工作的内容____________，工作地点____________派遣期限自________年____月____日起至________年____月____日止。

（2）______岗位，____人数，工作的内容____________，工作地点____________派遣期限自________年____月____日起至________年____月____日止。

（3）

……

2. 乙方保证以上岗位工种符合国家关于劳务派遣一般在临时性、辅助性或者替代性的工作岗位上实施的要求，并没有将延续用工期限分割订立数个短期劳务派遣协议的情形。

3. 甲方按照乙方用工需求，负责推荐符合条件的劳务人员供乙方择优使用。甲方承担对员工的用人单位义务，乙方承担对接收的员工的连带责任义务。

三、工作时间和休息休假

1. 工作时间：员工在乙方实行（标准、综合计算、不定时）工时工作制。其中，标准工时工作制度为________人，为（常白班、____班____运转工作制）；实行综合计算工时工作制或不定时工时工作制____人，由乙方负责向甲方提供报经劳动行政部门批准的行政许可决定，并告知员工。

2. 乙方负责保障员工享有法定休息休假和带薪年休假权利。员工具体休息办法和时间按乙方规定商定。乙方因工作需要安排员工延长工作时间或在节假日加班的，应当征得员工同意，并依法支付加班加点工资。

四、劳动报酬

1. 员工享有与乙方同岗位或相近岗位劳动者同工同酬和福利待遇的权利。甲方不得克扣乙方支付给员工的劳动报酬。

2. 甲方与乙方商定的员工工资发放日为每月________日，工资发放形式为（由甲方发放、由乙方直接发放、由甲方或乙方委托银行发放）。

3. 甲方与乙方协商确定，员工的工资标准采用下列第（　　）方式：

(1) 员工实行月薪制，每月为____元，具体办法按照乙方________规定执行。

(2) 员工实行基本工资和绩效奖金相结合的工资分配办法，员工的基本工资为每月______元；绩效奖金考核发放办法根据乙方______规定执行。绩效奖金由乙方直接发放。

(3) 员工实行计件工资制，计件工资的劳动定额管理按照乙方________规定执行，定额单价为________。乙方确定、调整劳动定额应当保证员工与本单位同岗位90%以上的劳动者在法定工作时间内能够完成。超过法定工作时间以外劳动定额，应当按照法定加班工资的标准计算计件工资。

4. 员工从事可能产生职业病危害的岗位工种、夜班劳动、高温等作业的津贴、补贴，按国家和乙方有关规定或集体合同执行，并由乙方直接支付。

5. 员工在乙方连续工作的，乙方应当按照同工同酬的规定，为员工实行工资调整。

五、社会保险

1. 员工的社会保险由甲方负责，甲方和员工应当按时足额申报缴纳社会保险费，其中员工应缴纳的社会保险费由甲方代扣代缴。

2. 双方商定，员工的社会保险按照下列第（　　）方式结算：

(1) 由甲方负责发放员工工资，乙方直接发放加班工资和绩效奖金的，乙方应当每月向甲方结算一次员工的加班工资和绩效奖金应交纳的社会保险费；

(2) 由乙方负责发放员工工资、加班工资和绩效奖金的，乙方负责按月向甲方结算应交纳的社会保险费。

六、劳动保护、劳动条件和职业危害防护

1. 乙方保证执行国家劳动标准，提供相应的劳动条件和劳动保护。甲乙双方共同负责教育员工遵守国家和乙方规定的劳动安全规程。

2. 乙方安排员工的工作（属于、不属于）国家规定的有毒、有害、特别繁重或者其他特种作业。员工从事有职业危害作业的，乙方负责定期为员工进行健康检查。

3. 乙方及其管理人员负责保障员工的生命安全和身体健康。员工有权拒绝乙方管理人员违章指挥、强令冒险作业，并不视为违反本协议。员工对危害生命安全和身体健康的行为，有权提出批评、检举和控告。

4. 员工因工作遭受事故伤害或患职业病，甲乙双方均有负责及时救治、保障员工依法享受各项工伤保险及相关待遇的连带义务。甲方应按规定为员工申请工伤认定和劳动能力鉴定。

5. 员工患病或非因工负伤，甲乙双方共同承担保证其享受国家规定的医疗期和相应的医疗待遇的连带义务。

七、劳动合同的履行、变更、解除和终止

1. 甲乙方共同负责教育员工，按照本协议和劳动合同的约定，三方全面履行各自的义务。

2. 员工按约定在乙方工作期限届满，乙方需要留用的，应当与甲方及员工协商续延工作期限；乙方不留用的，员工由甲方安排。

3. 乙方未按本协议约定承担对员工义务，或者出现《劳动合同法》第三十八条情形，致使员工行使单方解除权的，由乙方承担对员工的义务，甲方承担连带责任。

4. 员工因违反《劳动合同法》第三十九条及乙方依法制定的劳动规章乙方有权退回甲方，由甲方按规定处理；员工因出现《劳动合同法》第四十条、四十一条有关情形，乙方需退回的，应与甲方协商妥善处理办法。

5. 员工有《劳动合同法》第四十二条情形之一的，派遣期间，乙方不得退回甲方，派遣期满的，应当续延至相应的情形消失时终止。甲方和乙方承担连带责任。

八、本协议履行中相关问题的处理

1. 本协议履行过程中，若甲乙双方或一方变更名称、法定代表人或者主要负责人、投资人等事项，不影响本协议履行；若甲乙双方或一方发生合并或分立等情况，本协议继续有效，由承继单位继续履行。

涉及劳动者切身利益的条款内容或重大事项变更时，双方应当协商一致，以书面方式变更本协议。

2. 本协议的解除或终止，应当在妥善处理好员工合法权益的基础上进行。双方或一方违反法律规定解除或终止本协议，给员工造成损失的，应当按《劳动合同法》第四十八条规定处理。

3. 甲乙双方不得向员工收取任何费用。

九、劳务费用结算：

1. 劳务费用的构成：

2. 费用结算标准和方式：

十、本协议未尽事宜，法律法规有规定的，按法律法规规定执行；法律法规没有规定的，由双方协商解决；双方协商一致，可以变更本合同。若双方协商不成或者发生争议，应当依法处理。若因员工问题发生劳动争议，甲乙双方应当积极协调解决，并依法承担连带责任。

十一、本协议一式两份，自双方签字盖章之日起生效；双方各执一份。甲方应按规定建立职工名册备查，向劳动部门办理备案手续，并依法将本协议内容告知员工。

甲方（盖章）	乙方（盖章）
法定代表人、负责人	法定代表人、负责人
或委托代理人（签名）：	或委托代理人（签名）：
年　　月　　日	年　　月　　日

劳务派遣合同（样本）

甲方（劳务派遣单位）：________________

法定代表人：__________________________

地址：_______________________________

乙方（被派遣人员）：________________

身份证号码：________________________

家庭住址：__________________________

甲方招聘并派遣乙方到____________（被派遣单位）岗位从事工作，为明确双方的权利、义务，根据《中华人民共和国劳动法》、《中华人民共和国劳动合同法》、人社部《劳务派遣暂行规定》以及相关法律、法规的规定，经平等自愿、协商一致，特制定本合同，以便共同遵守。

第一条　聘用合同期为________个月。从________年____月____日至________年____月____日止。其中试用期____个月。

第二条　甲方负责为乙方核发聘用制工资、代收代缴基本养老保险、基本医疗保险、失业保险、工伤保险，并有偿提供保管人事档案。

第三条　甲方根据被派遣单位每月提供的薪酬标准，在收到被派遣单位支付的款项后________日内发放给乙方。各项社会保险费用按当地统一的标准和比例，由甲方代收代缴。

第四条　在派遣合同期内乙方应遵守国家法律、法令；服从领导，遵守用工单位的劳动纪律、职业道德和岗位职责，执行劳动安全卫生规程，提高职业技能和安全操作水平；忠于职守、履行职责、诚实可靠、作风正派、服从管理、积极完成被派遣单位分配的各项任务，维护企业利益。

第五条　乙方在被派遣单位工作期间，按岗位（工种）享受劳动保护用品待遇。

第六条　在合同期间乙方违反被派遣单位管理规章或操作规程给被派遣单位造成经济损失或损害声誉的，按被派遣单位的有关规定，由乙方负责赔偿。乙方在合同期内中遇特殊情况需解除合同时，必须提前30天以书面形式向甲方提出申请，经甲方同意，与替岗人员妥善办理交接手续并及时向被派遣单位交回设备、工具等物品后方可离岗，否则造成的有关经济损失由乙方负责。

第七条　乙方应承担保密义务，不得以任何形式向外界提供或泄露被派遣单位的商业秘密，保障被派遣单位的合法权益，维护被派遣单位的利益和社会声誉，造成不良影响的，由乙方承担责任。

第八条　乙方如因工致伤、残、亡，乙方或其家属应及时通知甲方，甲方会同被派遣单位协助乙方或其家属，按国家和当地的有关规定进行处理。

第九条　在合同期内有下列情况之一的，甲方可单方解除合同：

1. 合同期满或因故解除；

2. 乙方在试用期间被证明不符合聘用条件；

3. 乙方严重违反劳动纪律或违法犯罪被追究刑事责任；

4. 乙方严重失职，营私舞弊，泄露企业秘密等，在经济或企业形象等方面给被派遣单位造成严重损失或不良影响；

5. 乙方因主观原因，不能按质按量完成规定的劳动定额和工作任务；

6. 乙方患病或非因工负伤，医疗期满后不能从事原工作，也不能从事由被派遣单位另行安排的工作；

7. 劳动法律法规确定的其他情形；

8. 因被派遣单位生产经营等情况发生变化，业务范围缩小或取消时，被派遣单位对甲方派出人员进行精简等原因乙方不能继续工作的；

9. 国家法律法规规定的其他情况。

第十条　在合同期内有下列情况之一的，乙方可单方解除合同：

1. 经国家有关部门确认，被派遣单位劳动安全、卫生条件恶劣，严重危害乙方身体健康的；

2. 甲方不能按照合同规定支付劳动报酬的；

3. 甲方不履行合同，或者违反国家政策、法规，侵害乙方合法权益的。

第十一条　甲乙双方在合同期内提出解除合同，均应提前30日书面通知对方。合同期满，合同自然终止。双方需要并愿意续签合同时，应在合同到期当月办妥续签手续。

第十二条　合同期内任何一方违反合同规定，给对方造成损失或损害对方声誉的，均应根据后果和责任大小予以经济赔偿。责任在乙方，除经济赔偿外，还要赔偿培训期间的一切费用。

第十三条　在履行合同中发生争议时，由甲乙双方协商解决；协商不成的，任何一方可依法申请调解、仲裁或提起诉讼。

第十四条　本合同未尽事宜，双方协商解决后可签订补充协议，补充协议与本合同具有同等法律效力。

第十五条　本合同一式三份，甲乙双方、被派遣单位各持一份，自签订之日起生效。

甲方（盖章）：________　　　　乙方：（签字）________

________年____月____日　　　　________年____月____日

签证机关（盖章）________　　　　签证人（签章）________

　　　　________年____月____日

11.3.5　该项目操作事项

（1）学生分组：6～8人为一组。角色分配：2人为劳动者，其他人分为2组，分别为劳务派遣单位和被劳务派遣单位。

（2）学习相关理论知识和实训案例11.4材料。

（3）签订《劳务派遣协议》和《劳动合同》。

①被劳务派遣单位（用工单位）发布劳务派遣需求信息。

②被劳务派遣单位（用工单位）审核劳务派遣单位（用人单位）资质，了解劳务

派遣单位（用人单位）的情况，决定是否合作。

③劳务派遣单位（用人单位）与被劳务派遣单位（用工单位）沟通，介绍本公司性质、劳务派遣的特点、劳务派遣能够给企业带来的优势等。

④劳务派遣单位（用人单位）分析被劳务派遣单位（用工单位）发布的劳务派遣需求信息，了解劳务人员的构成情况、劳务人员的月工资标准以及在用工单位享受的福利待遇等。

⑤劳务派遣单位（用人单位）判断此项业务是否可行。

⑥根据业务洽谈的具体情况，劳务派遣单位（用人单位）拟订《劳务派遣协议》，并与被劳务派遣单位（用工单位）协商修改，确定合同文本及签订日期。劳务派遣协议应当载明下列内容：

a. 派遣的工作岗位名称和岗位性质；

b. 工作地点；

c. 派遣人员数量和派遣期限；

d. 按照同工同酬原则确定的劳动报酬数额和支付方式；

e. 社会保险费的数额和支付方式；

f. 工作时间和休息休假事项；

g. 被派遣劳动者工伤、生育或者患病期间的相关待遇；

h. 劳动安全卫生以及培训事项；

i. 经济补偿等费用；

j. 劳务派遣协议期限；

k. 劳务派遣服务费的支付方式和标准；

l. 违反劳务派遣协议的责任；

m. 法律、法规、规章规定应当纳入劳务派遣协议的其他事项。

⑦劳务派遣单位（用人单位）与被劳务派遣单位（用工单位）签订《劳务派遣合同》。

⑧劳务派遣单位（用人单位）与被派遣劳动者签订《劳动合同》。

（4）小组向全班同学分享小组结果，解释劳务派遣和合同制的区别，强调劳务派遣的法律风险。

（5）其他小组同学相互点评。

（6）老师总结：简单点评学生操作过程与结果，强调依法完成劳务派遣。

案例 11.4

呼和浩特市公安局 2017 年公开招聘劳务派遣制辅警简章

一、招聘简介

呼和浩特市公安局依据内蒙古自治区公安厅、财政厅下发的《内蒙古自治区公安机关向社会购买警务辅助人员服务实施意见》的文件精神和规定，按照政府采购程序，通过公开招标的方式确定中标单位内蒙古蒙安人力资源有限公司（以下简称：蒙安人力）

为此次辅助人员承接服务主体。

二、招聘计划

本次招聘计划为480名警务辅助人员

（一）招聘对象

1. 具有呼和浩特市区户籍，国民教育序列大专及以上毕业生，毕业生学历取得时间截至2017年12月31日。

2. 呼和浩特市地区近5年高中以上学历的退役士兵。

（二）招聘名额分配

1. 具有呼和浩特市区户籍，国民教育序列大专及以上毕业生260人。

2. 呼和浩特市地区近5年高中以上学历的退役士兵220人。

3. 招聘女辅警的比例不超过15%。

（三）招聘人数及岗位分配详见附件职位表（略）。

（四）辅警人员工作职责

警务辅助人员是指根据社会治安形势发展和公安工作实际需要，面向社会招聘，为公安机关日常运转和警务活动提供辅助支持的非人民警察身份人员，统称警务辅助人员。

按照公安厅的规定，辅警人员在公安机关及其人民警察的指挥和监督下，开展治安巡逻、安全防范宣传教育、保护案件现场、制止各类违法犯罪行为、保护公共财产和人民群众人身财产安全等工作，执行公安机关根据实际情况布置的其他非执法性工作任务。

三、报考条件

（一）报考者应具备以下条件：

1. 拥护宪法，遵守法律、法规和社会公德。

2. 具有履行职责所需要的身体素质和工作能力。

3. 自愿从事警务辅助工作，服从组织安排和分配。

4. 具有拟聘职位所需要的其他资格条件。

（二）下列人员不得报考：

1. 曾因犯罪受过刑事处罚的人员。

2. 涉嫌违法违纪正在接受审查，尚未作出结论的人员。

3. 曾被辞退或开除公职的人员。

4. 在公务员、事业单位等各类招考中被认定有舞弊行为且不得报考的人员。

5. 法律法规规定不得聘用的人员。

凡身体有残疾者或身体机能处于非正常状况者应在报名资格初审阶段通过公布的咨询电话向工作领导小组办公室提前声明，经确认符合报名条件后，方可报名；凡未提前声明且经确认影响正常履行职责的，取消其聘用资格。

四、报名程序

（一）报名采用网络报名方式进行。

考生登录网站报名：

内蒙古人才网（http：//www. nmgrc. com）

或蒙安人力网站（http：//www. nmgmengan. com）

（二）报名时间

2017 年 12 月 27 日 9：00 至 2017 年 12 月 29 日 17：00。

报考者须用第二代居民身份证报名，且报名与参加考试所使用的证件必须一致。

（三）填写登记表

报考者须按要求在网上填写《报名登记表》相关信息，并上传本人近期正面免冠 2 寸数码彩照（jpg 格式、大小为 20KB 以下）。在填写个人简历时，报考者须完整填写本人学习经历（从高中填写包括起止时间、专业、院校等）；须完整填写入伍及工作经历（填写工作起止年月，工作单位，所从事的主要工作）否则审核不予通过。

报考者在反复核对所填每一项信息均准确无误后点击提交。提交信息后，要打印《报名登记表》并再次核对每一项信息，发现错误的请及时修改（特别提醒：姓名和身份证号提交后将无法修改，其他信息在资格审查通过后也将无法修改）。

报考者须对网上所填报信息的真实性、准确性和完整性负责，填报虚假信息或隐瞒重要信息情节严重的，取消其考试或聘用资格，并记入本人诚信档案。

报考者在报名时提供的个人联系方式，要在整个招聘过程中保持畅通，以便于接收重要事项的通知。

（四）资格初审与缴纳报名费

1. 资格初审工作网上进行。

资格初审时间为：2017 年 12 月 27 日至 2018 年 1 月 2 日 17：00。

2. 报名费缴纳

报考者在网上成功提交报名信息后缴纳报名费，报名费每人 100 元（此次招聘不属于国家专项拨款范畴，不享受国家补贴），在报名截止时间前未完成交费的视为放弃报考。

报考者网上提交报名表且缴费成功后 1 日内提出审查意见（报名截止后不再提出审查意见）；审查未通过的，应在资格审核栏中简要说明理由；对填报信息不全，应及时退回报考者补充。不合格者不予报考，退还报名费。

（五）准考证打印

报名成功确认的报考人员可登录报名系统，自行下载打印准考证（A4 纸）。准考证打印时间另行通知。报名期间，规定时间内安排专人解答报考者的咨询，咨询电话：0471－2884066。

（六）报考人数未达到岗位招录人数的，对招录计划进行调剂。

五、考试程序

考试由蒙安人力公司委托有资质的第三方考试机构共同组织实施。

（一）笔试

笔试采取闭卷考试进行，满分100分。根据拟定最低分数线确定资格复审人员。本次笔试只提供汉语试题，考生只能用汉语答题。

蒙古族、鄂温克族、鄂伦春族、达斡尔族少数民族考生用汉语答题笔试成绩加2.5分。考试时间120分钟，不指定参考书目。

笔试总成绩=笔试成绩+民族加分

（二）资格复审

按照笔试总成绩由高到低进行排序。进入资格复审范围的考生，须登录报名网站自行下载打印《报名登记表》《资格复审通知书》，按照规定时间和地点参加资格复审。考生参加资格复审时，须携带《报名登记表》（一式二份）、《资格复审通知书》（一式二份）、身份证、户口簿（或户口簿首页、户主页和本人页复印件）或户口所在公安派出所出具的户籍证明原件及复印件、退伍证原件及复印件，毕业证原件及复印件，享受加分的考生需提供加分证明原件及复印件。资格复审不合格人员取消资格。资格复审时间、地点及有关要求提前3天在报名网站上进行公告通知。

在参加资格复审时，考生属于企业职工并签有劳动合同的，须向招聘单位提交本人所在企业同意报考的证明。

（三）体能测试

体能测试按照男女分别组织测试。测评标准参考《公安机关录用人民警察体能测试项目和标准（试行）》等要求进行。

对体能测评不合格的报考者或怀孕、伤病等个人原因不能在规定时间内参加的报考者，取消其面试资格。并按笔试总成绩由高到低的顺序进行递补。

体能测试、面试的时间和地点另行通知。体能测试、面试费用每人100元由报考者自行承担，体能测试未通过的人员退还50元面试费用。

（四）面试

通过体能测试的报考人员进入面试。面试采用非结构化面试，主要测试人员的综合分析能力、语言表达能力、应变能力、仪表仪态等，满分100分。时间、地点及有关要求提前3天在报名网站上进行公告通知。

（五）总成绩计算

1. 考试总成绩计算

总成绩=（笔试总成绩50%）+（面试成绩50%）

2. 同岗位进入体检与政审范围的报考者最后一名考试总成绩出现并列的，并列人员以笔试成绩高低排序，笔试成绩也相同的，通过加试成绩高低排序。

（六）体检与政审

1. 按照考生总成绩从高分到低分的顺序和招聘计划人数等额确定进入体检和政审人选。

2. 体检参照《公务员录用体检通用标准》及《公务员录用体检特殊标准》等有关

规定进行，体检医院需要具备体检资质。无正当理由不按时参加体检、体检不合格或在体检过程中弄虚作假致使体检结果失真的，取消其聘用资格，所空名额依次递补。体检医院另行通知，体检费用考生自理。

3. 政审。政审工作由市公安局按照有关规定和要求组织实施，考生考察不合格的，取消聘用资格。

六、公示

（一）根据考生的总成绩以及体检和考察结果确定拟聘用人员。拟聘用人员名单在报名网站上进行公示，公示期为7天。

（二）公示期间反映考生有影响聘用的问题且查有实据的，不予聘用；对反映的问题一时难以查实的，可暂缓聘用，待问题查清后再决定是否聘用。

七、培训与聘用

（一）公示期满后由蒙安人力组织人员培训，培训期为30天。培训期满且合格的办理聘用审批手续。

（二）考生在办理聘用审批手续后放弃聘用资格或被取消聘用的，记入本人诚信档案。

（三）新聘用人员按规定实行试用期制度，试用期为3个月。试用期满合格的，正式聘用，与内蒙古蒙安人力资源有限公司签署劳务派遣合同。不合格的，取消聘用。

（四）取消聘用资格人员，按考试成绩由高到低次序递补。

八、薪资待遇

签订正式劳动合同后，根据《呼和浩特市公安机关本级警务辅助人员薪酬待遇实施细则》执行。由蒙安人力按照社会保险费缴纳比例的规定统一缴纳社会保险（养老保险、医疗保险、失业保险、工伤保险、生育保险等）。

九、其他

（一）由于公安局负责对报考人员的资格审查贯穿招聘全过程，任何阶段发现报考人员弄虚作假的，一经查实，即取消其相应资格。对违反规定的已受聘人员，一经查实，解除聘用合同，予以清退。

（二）本次招考不指定复习范围和考试参考书，不举办也不委托任何机构举办考试辅导培训班。社会假借考试命题组、专门培训机构等名义举办的辅导班、辅导网站或发行的出版物，均以本次考试无关。

（三）本次公开招聘简章中未尽事宜及有关信息，将在网上发布，请予关注。

（四）呼和浩特市公安局对此次招聘全程监督。

（五）本简章由内蒙古蒙安人力资源有限公司负责解释。

招聘使用单位：呼和浩特市公安局

招聘服务单位：内蒙古蒙安人力资源有限公司

报考咨询电话：0471－2884066/2884055

（资料来源：内蒙古人才网，http：//www.nmgrc.com。）

11.4 实训项目四：员工调配管理

11.4.1 实训目的

了解员工调配的重要性，掌握员工调配管理的基本内容、操作流程、使用的工具方法，增强员工调配管理的实际工作能力。

11.4.2 理论知识回顾

1. 员工调配的概念

员工调配是指经主管部门决定而改变员工的工作岗位职务、工作单位或隶属关系的人事变动。包括企业之间和企业内部的变动。一般意义上的员工调配主要是员工在企业内部的单位之间，以及单位内部的职位（或岗位）或职务（工种）的变更。这种变更是经过人事部门认定并办理手续的较长时间的职位或职务改变。不包括临时借到其他单位帮助工作或参加项目小组，以及由于工作任务不平衡而暂时抽出一部分人员承担临时任务的工作变动。

2. 员工调配目的和意义

员工调配的目的和意义，从根本上讲是促进人与事的配合及人与人的协调，充分开发人力资源，实现组织目标。

（1）员工调配是实现组织目标的保证。

组织的外部环境、内部条件及组织目标和任务是不断变化的，只有不断进行员工调配，才能适应这些变化，维持组织的正常运转和推动组织的发展壮大。

（2）员工调配是人尽其才的手段。

人各有所长，也各有所短。只有放在合适的岗位上，才能充分发挥自己的潜能。人与事的最佳结合，不是一劳永逸的，而是动态的，需要及时进行相应的调整。

（3）员工调配是实施人力资源计划的重要途径。

人力资源计划中所确立的员工培训和劳动力转移等方案，都要通过员工调配手段来实现。

（4）员工调配是激励员工的有效手段。

员工调配包括职务的升降和平行调动。职务晋升和平行调动，都能对员工产生一种内在的激励、新鲜感和应对挑战的亢奋，有利于挖掘其潜在的潜能。

（5）员工调配是改善组织气氛的措施之一。

对于风气不正的部门，可以通过员工调配，来改变不良风气。

3. 员工调配管理的内容

（1）制定《员工调配管理制度》。

（2）岗位胜任分析。依据绩效考核等手段，全面分析企业现有员工岗位绩效表现。

（3）员工能力测评。测定员工具有的或在职务工作中表现出来的基本素质。不同的工作岗位对个人的能力要求不同，通过能力测定可以实现岗位匹配。

（4）供需分析。在岗位胜任和员工能力测评的基础上，结合企业目前的工作需要（晋升、降职、工作调换、工作轮换、人员重新聘请等），提出员工调配计划并报批。

（5）实施员工调配，办理相关的人事手续。

4. 员工调配的原则

（1）因事择人。

选择配备人的目的在于做事，故所用之人必须是能做事的人。因此，因事择人是员工调配的首要原则。

（2）因人施配。

人与人之间存在的个性差异包括能力差异和人格差异。前者主要表现在智力和体力两个方面，后者主要是指人的气质、动机、兴趣、追求、态度、性格、价值观等方面的差异。在人事调配中根据员工不同的个性特点来分配适宜的工作，以求人适其职，这样才能避免人事调配的“一刀切”，提高人事管理的科学性。

（3）合理流动，协商一致。

在员工调配中只有人畅其流，才能人尽其才，才尽其用。合理的人才流动是做好人事调配工作的必要前提。企业内外的人员流动都要搞活，才能使企业内部人才合理分布，同时把积压的人才“放走”，让他们调到更能发挥其作用的企业，引进自己需要的新生力量和优秀人才。

（4）尊重个人兴趣，尽量给予满足。

兴趣是人对客体的特殊的认知倾向。这种认知倾向具有持久的、稳定的特性，是促使人们从事实践活动的强有力的动力之一。

11.4.3 员工调配工作程序

员工调配工作的具体程序如图 11－1 所示。

11.4.4 该项目操作事项

（1）学生分组：6～8 人为 1 组。

（2）学习相关理论知识和实训案例 11.5 材料。

（3）学生自拟招聘考试结果。

（4）根据招聘结果，完成员工调配工作流程。

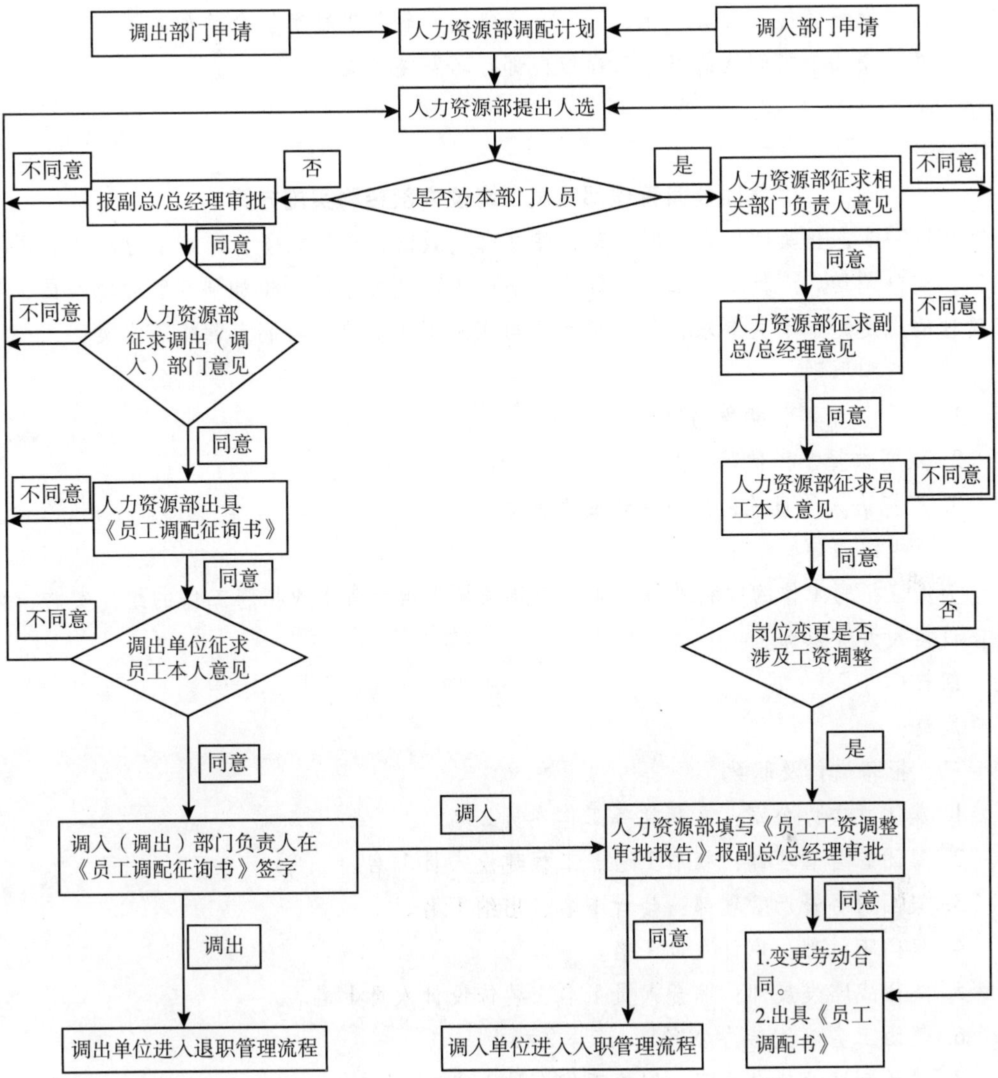

图 11－1　内部人员调配流程

（5）向全班同学分享小组结果。

（6）其他小组同学相互点评。

（7）老师总结：简单点评学生操作过程与结果。

案例 11.5

关于集团公司管理部室员工岗位内部招聘的通知

集团各部室、各成员企业：

为加强集团公司各部室人才队伍建设，进一步激发集团年青员工的工作积极性、创造性，根据集团公司各部室实际工作需要，对各部室部分岗位进行内部招聘，现将《集团公司管理部室员工岗位内部招聘实施方案》下发给你们，请各部室、各成员企业高度重视，认真做好宣传、动员工作，让符合条件的年轻员工都有机会参加竞聘。

附件：集团公司管理部室员工岗位内部招聘实施方案

附件：

集团公司管理部室员工岗位内部招聘实施方案

为进一步深化集团人事制度改革，建立有效激励、择优竞争、充满活力的选人用人机制，充分调动广大员工的工作积极性，根据集团《关于进一步加强经营管理人员、员工管理的规定》的有关要求，结合集团公司实际工作需要，特制定此招聘方案：

一、招聘原则

1. 公开、平等、竞争的原则。

2. 双向选择、择优聘用原则。

3. 严把进人质量关，坚持逢进必考原则。

二、组织领导

为保证招聘工作的顺利进行，成立招聘领导小组负责本次招聘工作的组织实施，办公室设在人力资源部。

组长：

成员：

三、招聘岗位及职数

1. 集团党委办公室：专职党务工作人员 2 名。

2. 集团综合管理部：秘书 1 名、工程建设人员 1 名。

3. 集团财务资产管理部：会计 1 名、出纳 1 名。

4. 集团审计部：审计人员 1 名。

5. 集团战略发展部：综合人员 1 名、装饰设计人员 1 名。

6. 集团工会（宣传办公室）：综合文秘 1 人。

7. 集团制度巡视办公室：纪检工作人员 1 名。

8. 集团人力资源部：综合人员 2 名。

9. 文化产业促进会（集团代管）：综合人员 1 名。

10. 发行协会（集团代管）：综合人员 2 名。

四、招聘范围及基本条件

（一）招聘范围：集团各部室及各成员企业符合条件的人员。

（二）招聘基本条件

1. 能够遵守国家法律法规和企业规章制度，作风正派，有良好的职业道德。

2. 具有强烈的事业心、责任感，具备本岗位所需的基本技能。

3. 有 2 年以上基层工作经验，具有相关岗位专业全日制本科以上学历。

4. 身体健康，年龄在 35 周岁以下。

5. 特殊专业人才可适当放宽年龄、学历要求。

6. 在集团公司各部室实习的员工同等条件下可优先考虑。

五、实施步骤及时间安排

1. 报名及资格审查

（1）参加招聘人员应经所在单位、部门同意后，按要求填写《集团公司管理部室员工岗位内部招聘报名表》，并将报名表以扫描件的方式报至集团人力资源部邮箱。

（2）报名时间：2017 年 11 月 1 日至 11 月 10 日。

（3）资格审查：招聘工作领导小组按招聘岗位的条件，对报名人员进行资格审查。

2. 招聘形式

招聘采取笔试面试相结合的形式，笔试成绩占总分值的 40%、面试成绩占总分值的 60%。

3. 招聘时间另行通知

附件：《集团公司管理部室员工岗位内部招聘报名表》

附件：

集团公司管理部室员工岗位内部招聘报名表

姓名		性别		籍贯		民族	
出生日期		参加工作时间					
政治面貌		入党时间					
工作部门							
现任职务				任职时间			
学历		职称					
应聘岗位							
学习工作简历							
工作设想和思路	（可附后） 签名：						
单位（部门）意见	盖章：　　日期：						
资格审查意见	盖章：　　日期：						

第三篇　实验实训报告

12　实验实训报告模板

实验（实训）报告是检验学生对所做实验（实训）了解程度的总结，也是进行知识回顾的一个重要过程。在课程安排的时间内，对所进行的实验和实训项目有选择地撰写实验（实训）报告，其模板如下所示。

实 验 报 告

课程名称________________________

实验项目名称____________________

姓名组长（执笔人）_____**系别班级**________**组别**________

同组者姓名______________________

实验时间　年　月　日—　年　月　日（第　周）

指导教师____________**职称**____________

实验地点		软件平台	
实验设备		实验类型	

实验目的：

续表

预习的基本知识点：
实验方法、步骤及内容：
实验结论与分析、存在的问题：
指导教师评语： 成绩：__________ 指导教师签字：__________ ______年___月___日

13 实验实训心得及感受

进行完实验和实训之后，因为实验课程的特殊性，不进行期末考试，所以除了要求学生撰写实验和实训报告之外，还要求学生在线上传其对于本学期实验实训课程的感想与心得，具体要求和内容可以包括以下项目：

（1）对实验和实训的感想及个人学习体会；

（2）通过实验实训明确不同角色在人力资源管理工作中的分工情况；

（3）明晰人力资源管理工作对于人力资源管理从业者的要求；

（4）人力资源管理理论与实践的区别和联系（可以预测将来实际工作中最需要的专业技能）；

（5）对于本次使用的人力资源管理实验软件平台的要求和建议；

（6）对于人力资源管理实验实训课程的意见和建议。

参考文献

[1] 吴国华、崔霞：《人力资源管理实验实训教程》，东南大学出版社 2008 年版。

[2] 祝宝江：《人力资源管理项目实训教程》，浙江大学出版社 2011 年版。

[3] 李浇、支海宇：《人力资源管理实训教程》，东北财经大学出版社 2009 年版。

[4] 袁声莉、刘莹：《培训与开发》，科学出版社 2012 年版。

[5] 孙宗虎、姚小凤：《员工培训管理实务手册》，人民邮电出版社 2010 年版。

[6] 董克用：《人力资源管理概论》，中国人民大学出版社 2017 年版。

[7] 刘昕：《薪酬管理》，中国人民大学出版社 2014 年版。

[8] 刘爱军：《薪酬管理理论与实务》，机械工业出版社 2016 年版。

[9] 居茜：《薪酬管理实务》，中国物资出版社 2010 年版。

[10] 王瑞永、李亚慧等：《工商管理类系列案例——人力资源管理分册》，经济科学出版社 2015 年版。

[11] 赵静：《薪酬满意度影响因素的量化分析》，载于《山东经济》2007 年第 9 期。

[12] 方振邦：《战略性绩效管理》，中国人民大学出版社 2014 年版。

[13] 徐延利：《绩效管理》，经济科学出版社 2013 年版。

[14] 林忠：《绩效管理》，东北财经大学出版社 2008 年版。

[15] 池永明：《绩效考核与管理》，人民邮电出版社 2014 年版。

[16] 胡晓东：《公共管理部门人力资源管理实验实训教程》，华中科技大学出版社 2014 年版。

[17] 伊辉勇：《人力资源管理实验实训教程》，北京交通大学出版社 2008 年版。

[18] 李宝元：《绩效管理》，机械工业出版社 2009 年版。

[19] [美] 加里·德斯勒：《人力资源管理》，曾湘泉译，中国人民大学出版社 2007 年版。

[20] 张小兵：《人力资源管理》，机械工业出版社 2010 年版。

[21] [美] 劳伦斯·克雷曼：《人力资源管理》，吴培冠译，机械工业出版社 2009 年版。

[22] 陈维政：《人力资源管理》，高等教育出版社 2016 年版。

[23] 周勇、张敏：《组织行为与人力资源管理技能实训教程》，科学出版社 2014 年版。